史论杂稿

李鸿宾 著

中央民族大学出版社

图书在版编目（CIP）数据

史论杂稿/李鸿宾著.—北京：中央民族大学出版社，2009.12
ISBN 978-7-81108-687-4
Ⅰ.史… Ⅱ.李… Ⅲ.史学—中国—文集 Ⅳ.K207.53

中国版本图书馆 CIP 数据核字（2009）第 084472 号

史论杂稿

著　　者	李鸿宾
责任编辑	张　山
封面设计	布拉格
出版者	中央民族大学出版社
	北京市海淀区中关村南大街 27 号　　邮政编码：100081
	电　话：68472815（发行部）　传真：68932751（发行部）
	68932218（总编室）　　　　68932447（办公室）
发行者	全国各地新华书店
印刷厂	北京骏驰印刷有限公司
开　　本	880×1230（毫米）　1/32　　印张：14.375
字　　数	360 千字
版　　次	2009 年 12 月第 1 版　2009 年 12 月第 1 次印刷
书　　号	ISBN 978-7-81108-687-4
定　　价	38.00

版权所有　翻印必究

序　言

　　这部集子的缘起，应当说是我承担的教育部"新世纪优秀人才支持计划"项目过程中一个新的想法，或者说是附带性的科研成果。

　　根据我所服务的中央民族大学公布的教育部下发的文件精神，我于2004年下半年提出申请，2005年上半年承蒙不弃得到批准，于是就按照自己事先设定的课题一步一步地实现。我当初拟订的课题大致有两个：一是"唐朝对河北边地的经营与蕃族的互动"，二是"唐后期北方的边地与民族问题"；成果的形式也分成两种类型，即论文和论文集。先是一篇一篇地完成论文，适当的时候再将有关的论文结成集子。我之所以选择这种方法，感觉到每篇论文都应当有新意，再将这些文章汇集在一起，就能形成一个专题式的文集，学术质量可能会好一些。因为过去老一代史学家大多采用这种形式，他们的成果主要集中在单篇的论文里，所以我总有一个想法：论文因为篇幅较小，不容易说套话，新意应当比著作更多。著作固然也是很好的写作方式，但需要长期研磨，方可有较高的学术质量，短期之内出来的成果，我直观感觉，学术含量是要打一定折扣的。所以自己在相对比较短的时间内要想出版高质量的专著，难度比较大，而论文和论文集，在给定的时间内，学术性效果要比专著似乎强一些。

　　当然，我接触到的学术界，包括学校里，目前似乎有种意向，就是专著比论文集要好，甚至评奖之类的也注重专著，而将文集排除在外，除非你是国内外响当当的学家名流，另当别论。但考虑到史学老辈学者一生心血的结集，以文集或论文集为形式的出版者不在少数（甚至是大部分），我内心就始终有种认同感。所以考虑前考虑后，自己承担的课题，还是选择了论文和论文集的形式。在这种思想指导下，我拟订的第一个课题，最终是以《隋唐对河北地区的经营与双方的互动》为名，于2008年3月由中央民族大学出版社出版。后一个题目，目前正在进行当中，也是采取先发表单篇论文、再结集出版的方式，具体情形，我会在那部集子里有详细的说明。

正是在运作这两个课题的过程中，我又产生了对以往和目前所进行的其他论文和文章结集出版的想法。这些文章有的与课题本身有直接关系，因种种原因不便收入到上述两个集子里的，有的则是本项目以前写就的，还有的是针对自己教学和科研中出现的某些问题进行探索、表达某种想法和观点的，等等，这些也都属于自己从事本项目的一个组成部分，所以打算将它们收罗起来，以《史论杂稿》为名，作为这个项目的附带成果。这就是本集子出炉的前后背景。

这部集子由6个部分组成。文章写于不同时期，性质不一，有些是专题论文，有些则是一般性介绍，还有书评、会议综述、回忆性文字和教学体会等，因而在行文风格、技术编排、文中注释等各方面也颇不一致。这次将各文搜集在一起，对文章内容不做改动，基本保持原貌，只是对文章中的注释和格式做了部分修正，凡是与本书规定的体例不合的地方，均做改正，以求全书的统一。关于内容编排，我曾征求本学院钟焓、崔岷二位青年教师的意见，并做了适当的调整，以使编排更为合适一些。现将编排的具体设想简述如下：

第一编"唐史与中古史论述"中包括《从历史角度看生态环境与开发的对应关系——以中国历史发展的某种线索为例》、《〈徙戎论〉的命运与天下一家的格局》、《唐朝中央集权与民族融合分解之关系——以北方区域为线索》、《〈水部式〉与唐朝的水利管理》、《论裴度》、《谋士敬翔》、《郭崇韬其人其事》和《我对"金界壕"与"长城"概念的理解》等8篇文章，大体上以朝代先后为序，几个人物尽可能集中排列。

第二编"其他史学论述"中由《一代宗师陈寅恪——陈寅恪先生的生平与学术》、《学术大师悬想》、《民族史研究若干问题蠡测》、《历史工程与艺术审美》、《邓小平理论与史学研究》、《中国传统王朝国家（观念）在近代社会的变化》、《传统与近代的对接——从地域和民族角度论述中国传统王朝的近代境遇》、《臣民与民族、王朝与国家——古今转变的范式问题》等8篇文章构成，编排的程序依次为人物、一般性史学论述，最后几篇涉及古代向近代的转换问题。

第三编"史著评论"有《通鉴学》、《西域史研究的一部力作》、《中西学术之间：荣新江教授〈中古中国与外来文明〉》、《高宗其人之真相——孟宪实教授〈唐高宗系列讲座〉之评论》、《李志贤先生〈杨炎及其两税法研究〉书后》、《对王震邦教授〈陈寅恪论学的四个面向〉博士论文的阅后意见》、《田晓岫〈中华民族发展史〉读后感》和《一部值得中外读者阅读的长城书品——评介〈话说长城：英汉对照〉》等8文，排列基本先唐史，后其他；唐史内则依据书评内容和发表先后排列。

第四编"学术综述"中只有《一九八三年我国敦煌吐鲁番学研究概况》和《长城学研究的一次盛会——首届长城国际学术研讨会概述》2文，以发表先后为序。

第五编"其他文论"中包含《关于长城保护与发展的几点看法》、《关于〈长城保护条例〉的解读》、《我对长城入选'新世界七大奇迹'的想法》、《潘光旦先生与他的学术研究——纪念潘光旦先生百年诞辰》、《传统与现代之间——西部开发引生的少数民族现代化问题》、《我对构建和谐民族关系的理解》、《期望中的国家民族博物馆》和《我在北大历史系学习的点滴记忆》等8文，先长城方面的文论，后其他，以内容编排。

第六编"教学文论"由《我对美国高等教育的几点看法——以康奈尔大学为例》、《有关我校本科教学质量的若干想法——以历史系为例》、《历史文化学院本科生质量的评估——一个教师的感觉和臆测》、《我对"中国古代史"教学中"人文"概念的理解》和《师生问答录》等5篇文字组成，基本以发表的先后为序。

还要特别说明的是，集子里的文章，有些是我用电脑之前手写的，这次一并用电脑录入，我就请我的研究生袁本海（中央民族大学历史文化学院专门史专业2007级博士生）、丁平平、乔玲（历史文化学院中国古代史专业2006级硕士生）、孟乐、蒻研（历史文化学院中国古代史专业2007级硕士生）等同学分别负责，将手写稿全部打印出来，大大加快了集子的编辑速度。嗣后，我又对全书所收各篇再仔细校对、修改，基本成型，就是读者见到的这个样子。另外，书稿成形之后，我又请在出版社工作的郎洁同学帮我校对一遍。这里，对学生们的辛勤工作表示衷心的感谢！

本书承蒙中央民族大学出版社出版。民族大学是我硕士研究生毕业之后一直工作、服务和生活的地方，作为学校的一名教师，自己的研究成果能够在学校的出版社出版，也是我向往并感到荣幸的。国外学者能够在大学出版社出版自己的著作，是作者荣耀的事情，因为大学本是教学和研究机构，出版社出版的图书大都集中在学术作品上，这是他们的传统。中国目前的出版社分布较广，而大学出版社的定位亦多以教学、科研为主，我校出版社也同样如此，选择它出版著作，自然是最理想的安排，而自己以前也蒙幸在本校出版社出书，这次又是如此，自己感到十分的高兴。这里特表示衷心的感谢！

李鸿宾　谨识
2009年3月10日

目 录

第一编　唐史与中古史论述 …………………………………（1）
从历史角度看生态环境与开发的对应关系
　　——以中国历史发展的某种线索为例 …………（2）
《徙戎论》的命运与天下一家的格局 ……………………（12）
唐朝中央集权与民族融合分解之关系
　　——以北方区域为线索 …………………………（20）
《水部式》与唐朝的水利管理 ……………………………（48）
论裴度 ………………………………………………………（54）
谋士敬翔 ……………………………………………………（63）
郭崇韬其人其事 ……………………………………………（69）
我对"金界壕"与"长城"概念的理解 ……………………（77）

第二编　其他史学论述 ………………………………………（93）
一代宗师陈寅恪
　　——陈寅恪先生的生平与学术 …………………（94）
学术大师悬想 ………………………………………………（117）
民族史研究若干问题蠡测 …………………………………（126）
历史工程与艺术审美 ………………………………………（133）
邓小平理论与史学研究 ……………………………………（141）
中国传统王朝国家（观念）在近代社会的变化 …………（148）
传统与近代的对接
　　——从地域和民族角度论述中国传统王朝的近代
　　　　境遇 ……………………………………………（161）
臣民与民族、王朝与国家

——古今转变的范式问题 …………………………（174）
第三编　史著评论 ………………………………………（189）
　　通鉴学 ……………………………………………………（190）
　　西域史研究的一部力作 …………………………………（235）
　　中西学术之间：荣新江新著《中古中国与外来文明》…（240）
　　高宗其人之真相
　　　　——孟宪实教授《唐高宗系列讲座》之评论 ……（246）
　　李志贤先生《杨炎及其两税法研究》书后 ……………（253）
　　对王震邦教授《陈寅恪论学的四个面向》博士论文的
　　　　阅后意见 ………………………………………（262）
　　田晓岫《中华民族发展史》读后感 ……………………（271）
　　一部值得中外读者阅读的长城书品
　　　　——评介《话说长城：英汉对照》 ………………（277）
第四编　学术综述 ………………………………………（281）
　　一九八三年我国敦煌吐鲁番学研究概况 ………………（282）
　　长城学研究的一次盛会
　　　　——首届长城国际学术研讨会概述 ………………（303）
第五编　其他文论 ………………………………………（313）
　　关于长城保护与发展的几点看法 ………………………（314）
　　关于《长城保护条例》的解读 …………………………（329）
　　我对长城入选"世界新七大奇迹"的想法 ………………（337）
　　潘光旦先生与他的学术研究
　　　　——纪念潘光旦先生百年诞辰 ……………………（342）
　　传统与现代之间
　　　　—— 西部开发引生的少数民族现代化问题 ………（349）
　　我对构建和谐民族关系的理解 …………………………（362）
　　期望中的国家民族博物馆 ………………………………（375）
　　我在北大历史系学习的点滴记忆 ………………………（381）

第六编　教学文论 ……………………………………（391）
　　我对美国高等教育的几点看法
　　　　——以康奈尔大学为例 …………………………（392）
　　有关我校本科教学质量的若干想法
　　　　——以历史系为例 ………………………………（405）
　　历史文化学院本科生质量的评估
　　　　——一个教师的感觉和臆测 ……………………（419）
　　我对"中国古代史"教学中"人文"概念的理解 ……（431）
　　师生问答录……………………………………………（441）

第一编
唐史与中古史论述

从历史角度看生态环境与开发的对应关系
——以中国历史发展的某种线索为例

一、环保问题的提出

中国从政府角度重视环境保护大约是在20世纪70年代以后的事。前几年曾经任职国家环保部门的负责人回忆说，那时的环保还是作为资产阶级的问题予以批判，人们是不敢随便提及的。这在某种程度上反映出政府对环保的认识是相当晚近的事实[①]。

那么，中国人什么时候对环保有清醒和系统的认识呢？就个人而言，我们无从具体论证，你可以追溯到老子、庄子甚至更遥远的时代，但是具有像今天这样比较严格意义的环保概念，我认为中国古代是不存在的，原因不难理解：因为他们还没有遭受今天这样的环境破坏问题。中国社会对环境的认识，作为有组织、有意识并以集体力量回应的，是在20世纪70年代和80年代的时候。与西方相比，我们要落后得多。仔细追究起来，西方对这个问题的关注，是经过工业化对环境造成破坏的情况下才开始考虑这一问题的。中国在工业化之前，人们不可能认识所谓的"环保问题"。那么，在古代社会，有没有这类问题呢？答案可能是这样的：不存在工业污染的环境破坏；但却有环境污染和生态破坏的现象。

[①] 我是在电视上一个访谈的节目里看到的，因时间久远，具体的年月和栏目细节已记不清楚了。

二、环境开发的形式与时间

古代社会环境破坏的问题主要体现在农业耕作地区的扩大，特别是对非农业地区的浸染。在中国，主要表现在农耕地区对游牧地区的浸透，通常的手法是在邻接农业地区的草原进行耕作，将草地变成耕地。历史上，这种情况从西汉中期开始，以后持续不断。开发的形式一是组织军队开荒，二是招募百姓开垦，目的是在边区形成稳固的保护防线，让戍边的人员有充足的粮食供应。直到20世纪50年代至70年代新疆北部的生产建设和黑龙江北大荒的开垦，都可以与历史上的同类事件相提并论。

三、开发的原因

开荒和耕地的扩大，不同的时候有不同的原因。简单说，主要有这么几个理由：

第一，农耕地区为保护自己，就要组织军队进行防守，而军队的粮草供应直接影响防守的稳固。一般说，粮草由内地供应，交通是个大问题，比如秦始皇曾派军队北上进攻匈奴，辟地千里，在河套地区以黄河为界，与匈奴对峙。为了保护边地，秦朝"发天下丁男以守北河"，"又使天下蜚刍、挽粟，起于东腄、琅邪负海之郡，转输北河，率三十钟而致一石"①。但以当时的运输条件而言，从远方调剂粮草，成本过大。所以汉武帝元朔二年（前127）卫青等率领汉军夺得河南地（即河套地区）之后，武帝采纳主父偃的建议，在那里设置朔方郡，构筑朔方城，随即迁徙10万口民众充实其地②。7年之后，山东水灾，百姓饥乏，汉朝又

---

① 见《资治通鉴》卷18汉武帝元朔元年（前128）十二月条，北京：中华书局，1956年，第600页。
② 见《资治通鉴》卷18汉武帝元朔二年（前127）正月、三月条，第604—605页。

将贫民迁往关西和朔方达 70 余万口①。这前后 80 余万口都是内地的农民,他们到那些地区当然是开荒种地了。《资治通鉴》说:"是后匈奴远遁,而漠南无王庭。汉渡河自朔方以西至令居,往往通渠,置田官。"② 这田官就是负责农业生产的官吏。《汉书》卷 24 下《食货志下》中所谓"朔方亦穿溉渠",讲的都是有关开荒种粮的事情。用兵匈奴开拓边地,除了调剂粮草用于支持军队之外,征调民力到边地开发种粮,就成为支撑军队戍边的手段,就地开荒因此成为首选的措施。而边防之地基本上处在游牧或半游牧地带,开荒首先在这里进行。越是强盛的王朝,这种行为就越加突出。比如隋文帝开皇三年(583),"突厥犯塞,吐谷浑寇边,转输劳弊,乃令朔方总管赵仲卿于长城以北大兴屯田"③。这种情形又超出了汉朝。继其之后的唐朝,中原的防守范围扩大到长城甚至以北地区,他们要防备游牧势力的南下,都在这些地区派驻军队,修建防御工事,如唐中宗时期张仁愿在河套黄河北岸修筑三座受降城,外围又设置东西 1800 里的烽火线,派驻军队进行防守④。出于生活的需要,开荒种地和经商坐贾就成为生存的方式了。到后来,长城沿线地区的农业随着人口的增加而增多。

第二,在中国历史上,农耕地区扩大的根本原因是人口增加的结果。伴随着人口增加的则是中华民族的强大;繁殖人口、扩大耕地是王朝强盛的象征,也是古人最具有活力、成为主流的话语。例如西汉强盛时期的武帝调动大军进攻匈奴,一改汉朝的委曲求全的姿态,夺取河套战略要地,设置朔方郡,迁徙汉人数十万口充实朔方等地,那里的农业人口随之大增。不久后,汉军又

---

① 见《汉书》卷 24 下《食货志下》,北京:中华书局,1962 年,第 1162 页。
② 见《资治通鉴》卷 19 汉武帝元狩四年(前 119)夏月条,第 645 页。
③ 见《通典》卷 2《食货二·屯田》,王文锦等点校,北京:中华书局,1988 年,第 44 页。
④ 参见拙著:《唐朝朔方军研究——兼论唐廷与西北诸族的关系及其演变》,长春:吉林人民出版社,2000 年,第 75—80 页。

攻占河西走廊，设置酒泉、武威等郡，"徙民以充实之"，"以绝匈奴与羌通之道"①。汉朝的目的是削弱匈奴，采取的办法是设立郡县，徙民充边，这些充边的人大都要开荒种田。上文曾列举《资治通鉴》朔方至令居的田官设置，到后来，"自敦煌西至盐泽往往起亭，而轮台、渠犁皆有田卒数百人，置使者、校尉领护"②。关于河西走廊的徙民与种田，桑弘羊等人的奏疏中说得很明白：

> 轮台东有溉田五千顷以上，可遣屯田卒，置校尉三人分护，益种五谷；张掖、酒泉遣骑假司马为斥候；募民壮健敢徙者诣田所，益垦溉田，稍筑列亭，连城而西，以威西国。③

汉朝以后的唐朝，是另一个强盛的王朝，它开边拓土的幅度远大于汉朝。唐太宗和高宗时期，相继征服了东西突厥，特别是东突厥的降服，使唐朝边地向北大大地推进了。作为农耕和游牧民族共同尊奉的皇帝、天可汗，唐朝开创了中国历史和疆土的新天地。唐朝疆土开辟的途径大体上也是以耕地开垦为表现形式，我们可以从两个角度观察，一是周边游牧势力的汉化，二是缘边地区营田机构的确立和职务的设置。

所谓游牧势力的汉化，其生活方式的农业化是重要的特征。而这些势力之汉化的前提就是他们归顺王朝。根据岑仲勉先生对中唐以前的统计，西起甘、凉，东迄幽、燕，外族融合于汉族者有数十万之多④；而吴松弟先生研究的成果告诉我们，仅唐初贞观年间北部突厥、铁勒、粟特等民族内迁的就多达百万；高宗武则天时期周边移民也同样多达百万，占北方人口的五六分至七八分之一⑤。

---

① 见《资治通鉴》卷 20 汉武帝元鼎二年（前 115）年末条，第 658 页。
② 见《资治通鉴》卷 21 汉武帝太初四年（前 101）春月条，第 707—708 页。
③ 见《资治通鉴》卷 22 汉武帝征和四年（前 89）六月条，第 738—739 页。
④ 见岑仲勉：《隋唐史》下册，北京：中华书局，1982 年，第 468 页。
⑤ 见吴松弟：《中国移民史·隋唐五代时期》，福州：福建人民出版社，1997 年，第 138—140 页。

他们内迁的方式可能有多种多样，有的保持原来的游牧生活方式，如贞观四年（630）唐朝平定东突厥之后朝廷就如何安置他们进行讨论，太宗最后采纳了大臣温彦博的建议，将突厥降户安置在长城沿线地区，以保持他们原有的生活习性①。但是随着内迁之后他们与汉人长期的交往和联系，游牧生活向农耕生活的转变就不可避免。例如居住在河套的六州胡人，他们是在东突厥降服唐朝的同时归顺朝廷的，原来不属于农业生产的民族，但自从定居之后，农业的比重就开始增加，有如"兰池胡久从编附，皆是淳柔百姓，乃同华夏四人（民）"一般②。玄宗开元九年（721），六胡州发生康待宾等人的叛乱，旋被平定，唐将六州胡人迁往内地，但他们后来还是回到了六州故地，玄宗下令宰相牛仙客"于盐夏等州界内，选土地良沃之处，都置一州，量户多少置县"③。六胡州从设置到后来的变迁，其趋势是这里的人户逐渐转向农业生活，上文中"选土地良沃之处"就是农业生活典型的写照。

值得指出的是，《新唐书》卷 53《食货志三》所谓"贞观、开元后，边土西举高昌、龟兹、焉耆、小勃律，北抵薛延陀故地，缘边数十州戍重兵，营田及地租不足以供军，于是初有和籴"，这说明，唐朝在边疆地区开垦土地、种植庄稼以供军队的现象十分普遍，而且设置专门的机构和人员进行管理。同书同卷说："唐开军府以扦要冲，因隙地置营田，天下屯总九百九十二。司农寺每屯三十顷，州、镇诸军每屯五十顷。水陆腴瘠、播殖地宜与其功庸烦省、收率之多少，皆决于尚书省。"④可见，边疆地区土地开垦已成为有专门机构和专职官员进行管理的事务，垦殖的多少和

---

① 参见拙著：《唐朝朔方军研究》，第 16—17 页。
② 见《册府元龟》卷 986《外臣部·征讨五》，北京：中华书局，1960 年，第 11584 页。
③ 见《唐大诏令集》卷 128《遣牛仙客往关内诸州安辑六州人敕》，上海：学林出版社，1992 年，第 633 页。
④ 见《新唐书》卷 53《食货志三》，北京：中华书局，1975 年，第 1373、1372 页。

好坏则成为官吏是否尽职的考核标准。

上述事例告诉我们,中国历史发展过程的特点,首先表现在农耕生活的扩展,即儒家文化熏陶下的农业民族的扩大;其次是农业民族扩大并融合的基本对象是游牧势力,融合的趋势是使游牧民族农业化①,当然是在儒家化的覆盖下完成的。也就是说,农业化的增长是在侵吞游牧草场的过程中实现的。而农业发展的主要因素之一,就是人口数量的增长。我们看到,凡是朝代强盛或兴旺发达的时候,都是人口增加的时期,原来的土地不敷需求,就开垦荒原野岭,到明清时期,凡能开垦的地区都已开垦完毕,于是目标就瞄准向了边疆②。这些都是在维护政权和王朝的名义下实现的。易言之,对游牧地区的开垦是为了维护王朝的利益。

第三,20世纪50年代新疆建设兵团的开发和北大荒的开垦,前者是出于稳固边疆领土和国家安全的角度着眼;后者则是知识青年上山下乡进行锻炼的产物,其主旨是让青壮年接受贫下中农的再教育,背后隐藏的经济因素则是城市人口暴涨,容纳有限,只好将部分人口转移到农村去,北大荒等地正是人迹罕至之处,将人口疏散到那里,可以缓解这种压力。

四、隐藏在某种观念之下

所以,中国历史发展的过程有一种现象值得我们思考,即生态环境的变化,以及这种变化的特点,基本呈现这样的趋势:首

---

① 以奚人为例,在《旧唐书》卷199下《北狄·奚国传》里,他们的风俗被描写成"并与突厥,每随逐水草,以畜牧为业,迁徙无常",到《新五代史》卷74《四夷附录第三·奚传》里其王去诸所在的部落就"颇知耕种,岁借边民荒地种穄,秋熟则来获"了。这说明奚人中至少有部分开始从事农业耕作的事实。

② 以北京地区为例,在唐朝时期幽州是农牧的分界线,此地北部属半牧地区(参见史念海:《唐代河北道北部农牧地区的分布》,载同作者:《唐代历史地理研究》,北京:中国社会科学出版社,1998年),到了明朝,通过军屯和民屯等方式耕作,军队和山东、山西等地的外来者开始落居在半山区和山区,逐渐形成以营、屯为名称的村庄(参见韩光辉:《北京历史人口地理》,北京:北京大学出版社,1996年,第357—358页)。

先构成中国文明的因素是农业和游牧生产两大方式。其次是农业活动呈现扩大的趋势，而游牧生活逐渐缩小。第三，伴随农业的扩大，耕地侵占草场就成为必需。第四，农业扩大的主因是人口的增加，而人口的增加是朝廷的追求目标，它要索取更多的赋税，就鼓励生产，生产的结果可以稳定政权，强化国家。于是，这个目标就成为全民族的认同理念，也成为中原王朝和中国文明的核心要素被人们视为理所当然的事情而尊奉不替。历史上的生态变化，就是隐藏在这样的观念之下。

五、中国历史的基本特点

说到底，农业侵占牧业，是人口增长造成的直接后果。中国历史上人口的增长与统治者治理国家政绩的好坏联系在一起，并赋予伦理道德观念，使人口增加与国运昌盛结合在一起，构筑了稳定的发展机制。这是中国文明的内在动力，它支配了中国历史的发展。然而，它也给中国带来了新的问题。这个问题是在全球联系紧密的情况下出现的。也就是说，全球各个国家发展进步程度的比较，凸显了中国社会人口过多带来的压力，它使中国发展进程受阻。但是人们并没有认真地对待人口的压力，相反，人们更多地从其他方面寻找原因去解释。现在看来，古人找到的最佳办法就是向游牧的草场和高原推进，从那里获得生存的粮食。这种情况到明清时期表现得最为典型。而同一时期西方开始进入到资本主义时代，从农业（牧业）国家向工业国家转变。其生产方式进入到分工明确和细致的阶段，许多工业原料和农业资源从其他地区和国家索取，甚至到海外寻觅。资源的掠夺成为资本主义生产的有效手段之一。欧洲工业化发展的道路，形成了这样的格局：工业化国家本土成为制造的中心，其原料供应地则成为边缘，在很大程度上讲，工业国的发展是以牺牲边缘地为代价的。这虽然不道德，但却很实用。

中国文明的发展模式则是由农业生产为中心的中原和由草原高地为边疆的边缘共同组成的。核心区的扩大是指向边缘地区的，换句话说，核心区的扩展只能是边缘区的缩小。历史上，核心区不论是政治、经济还是文化，都占据主导地位，是中国文明的核心；边缘区向核心区的靠拢，或者变成核心区的一部分，既是中央王朝追寻的目标，也是边缘区进化的方式（这至少是多数人的理念）。伴随着核心区扩大的生产方式就是农业的扩展和草原高地的被开垦以及由此引起的边缘区的农业化，这才是中国历史发展的基本特点。

六、生态破坏的现代形式

现代条件下生态环境的恶化，在中国表现的形式主要有两种，第一是传统的农业化侵占；第二是工业化的破坏。后者的破坏力度在很多方面超出了前者，表现在大气污染、臭氧层破坏、气温上升、河流水道污染、高科技改变生态等等。前者的破坏仍旧持续，表现在耕地造成的土壤沙化、森林植被的缩小，现在则是耕地商用化的加强导致耕地本身被侵占的现象越来越严重。今天生态的破坏大大超出了历史上的任何时期，而今天的生态破坏是在建设中进行的，正如古代社会农业化扩大，当时的破坏也是生产行为，或者说是农业社会的生存压力造成的，今天就更是如此。从这个角度说，中国今天生产的建设本身就是以生态破坏做代价的。因此，我们今天在中国强调的"生态保护"实际上是"生态的限制性保护"，这种概念具有相对性，可解释的空间很大，甚至有随意的成分。如果拿我们与美国、加拿大、澳大利亚和俄罗斯相比，这个标准就很低了。导致"生态限制性保护"的理由是中国人地关系明显不同于美、加、澳和俄罗斯那样宽松，因为中国的人口数字庞大，而适合生存的地区又局限在中东部，这样的人地关系就很紧张，而上述国家则不存在这类问题。因而，我们所谓的生态保护,也只能就中国具体的情况而言。如此,我们远远达不到其他国家的水准,但是其他国家的环境保护又是我们参考和学习的榜样,如何将二者比较好地结合起来,形成中国特有的生态保护理念和行为,是我们追寻的目标。

七、结果预测

上面的情况,我认为就是中国目前面临的实际。这样估计,可能带有悲观的色彩,但事实可能就是这样。从发达国家已经走过的历程来看,中国目前发展的道路还很漫长,对资源、能源的利用只是开头,大规模的还在后头,这意味着中国生态保护问题更加艰巨,也就是说,我们现在虽然认识到生态环境的重要性,但并不等于说我们的环保问题获得解决了,恰恰相反,艰巨的任务还在后面。至于什么时候中国生态环保问题达到现在发达国家的水平,不好估计,但是今后相当长的一段时期里这个问题将会伴随着我们。今天的研究告诉我们,生态环境保护的问题更实质地体现在:我们如何较少地,或比较轻微地恶化环境,而不是过度恶化。尽管人们在观念上不愿意承认,但事实可能是这个样子。因此,我们更愿意用"生态限制性环保"或"有限生态环保"的概念用以描写今天事实上的生态环保内涵。

那么,中国生态问题什么时候能够得到比较满意的解决呢?换句话说,中国什么时候能达到现在发达国家的水平?这个问题既取决于中国自己,也取决于中国与周边国家的共处,特别是国际社会对中国发展的认可程度;它不单是个性问题,而是整体问题;不仅是经济发展的问题,也是国家关系的共处问题。好在当今国人对环保问题已不再陌生,甚至可以说在相当的程度上已经有了某种共识,至少"环境保护"这样的问题没有任何人在观念和态度上与之对抗或拒绝,这是我们谈论这个问题的出发点和基础,我们愿意以积极乐观的态度看待中国环境保护的前景,争取有更好的对待和处置，当它真的到了人们必须关注、否则无法生存的时候，解决的方法和措施也许更加丰富和到位了。

（本文是为2005年1月5—6日在北京香山别墅由中央民族大学民族学与社会学学院举行的"西部发展研究中心年会"准备的论文。后刊于侯远高、刘明新主编：《西部开发与少数民族权益保护》，北京：中央民族大学出版社，2006年，第103—112页。此处收录，略有增订）

《徙戎论》的命运与天下一家的格局

一、《徙戎论》的内容与背景

西晋末年，山阴县令江统向朝廷上了一道奏章，内容涉及内地夷狄的定居和分布问题，这就是世人皆知的《徙戎论》。江统说："夫夷蛮戎狄，谓之四夷，九服之制，地在要荒。《春秋》之义，内诸夏而外夷狄。……当今之宜，宜及兵威方盛，众事未罢，徙冯翊、北地、新平、安定界内诸羌，著先零、罕幵、析支之地；徙扶风、始平、京兆之氐，出还陇右，著阴平、武都之界。廪其道路之粮，令足自致，各附本种，反其旧土，使属国、抚夷就安集之。戎晋不杂，并得其所，上合往古即叙之义，下为盛世永久之规。"[①]

这段话的中心意思就是将关中地区的外族迁回他们原来居住地，不要华夷混合。江统的理由是：这些人与汉人语言不通，使用的货币不同，礼法规则也很奇怪，甚至人种都有差别，他们不向国家交纳租税，连中原的正朔也不尊奉。江统认为夷狄居住在华夏之间，只能扰乱华夏秩序，破坏中华礼法，将他们迁出，才能有效地维护中华正统。

就在江统上奏之后的不足十年，北方和西北地区的匈奴、鲜卑、羯、氐、羌等外族开始进兵中原，在黄河流域上下及整个北方地区建立政权，即旧史中所谓的"五胡乱华"。就其先见之明，江统确实抓住了当时社会的一个主要矛盾，而江统思想的内容，

[①] 参见《晋书》卷56《江统传》，北京：中华书局，1974年，第1529、1532页。

也无疑代表了传统社会华夷之别的观念。于是，我们不得不就这样的问题做一个简略的回溯。

华夷聚居是中国历史的特性。至少在我们所知的历史范围内，今天我们称为"民族"的群体就成为中国社会的组成要素。《诗经·小雅·北山》中所谓"溥天之下，莫非王土；率土之滨，莫非王臣"，本身就涵盖不同的群体和部落，这些群体依据文化和社会发展的程度，以及居住的地区，被中原的华夏人称为"夷狄"，即他们在文化上是落后华夏的，他们居住地区的环境也不如中原理想。根据周人的划定，当时的天下由华夏夷狄构成，华夏居中，戎狄蛮夷居边，华夏与戎狄蛮夷构成所谓的"五方格局"，由华夏的都城向外分布，分别是甸、侯、绥、要、荒五服。周人与他们之间存在着文化上的差异，这使周人自认为或被认为自己先进于周边外族。

这种观念至少盛行于西周，可能早在夏朝就已成型。苏秉琦先生总结的新石器时期中国文明六大区系的划分，说明在王朝之前的时代，居住在现今中国境内的古人就已经形成了自己特定的区域[①]。正因为有了自己的区域，彼此扩大自己的势力和范围，于是区系之间的竞争最终导致权力中心和王朝的出现。居住在中原的群体具有优越于其他地区的条件，最早的王朝就在这里产生（如夏朝），其周围则拱卫中原，逐渐形成所谓内外服的华夷五方格局[②]。

这种格局不仅是理论上的，而且是实践运作的结果。正因为如此，它也会随着形势的变化而改变。商人征服夏，周人征服商，都是外围群体进入中原，并在中原建立王朝。他们建立王朝后，

---

① 参见苏秉琦：《关于重建中国史前史的思考》，载《考古》1991年第12期；苏秉琦：《中国文明起源新探》，北京：生活·读书·新知三联书店，1999年，第33—127页。
② 关于华夷五方格局，参见陈连开：《华夷五方格局与东夷、南蛮、西戎、北狄》，载同作者：《中华民族研究初探》，北京：知识出版社，1994年，第190—237页。

就以正统自居，称为华夏。这种情况到秦始皇建立中央集权的大一统帝国时，达到了新的高度，中华一体多民族组成的帝国体系正式确立。所以，中国历史的发展，离不开不同民族群体的组合。问题是，人们如何看待这种民族群体的组合呢？

如果单就某种静止的状态来看，譬如西周初期的华夏居中、四夷居边的五服格局颇为理想，也为后人所称道。到春秋战国时代，华夷之别出现了新的局面：商周的华夷经过交往、认同与磨合，逐渐走向一体；与此同时，周边新兴之外族随着他们与中原接触的增多，也不断涌进，成为华夏新的磨合对象。到秦始皇统一，中原的华夏早已将先前的外族融会贯通了。这就是说，中国历史上出现的戎狄蛮夷，他们在与华夏接触碰撞的过程中，双方和多方之间由原来的彼此分别相互协调，逐渐融合，最终变成一体了。

然而，强调华夷之别的言论也不绝于耳。但仔细分析起来，古人对这类问题的认识主要是从文化观念的角度着眼的。文化是后天学习和积累的结果，只要进入中原文化之内，进入者就成为华夏，反之则被列入戎狄。作为中原文化的保护者和承传者，中原王朝的统治阶级在维护王朝运作的时候，首先强调文化的属性以接纳不同的群体，大一统观念本身就将不同群体的纳入作为考虑的首选。只不过在王朝强盛之时，它吸纳其他群体更能加强自己的利益，就表现出异常的宽厚和开放；然而当它力量薄弱而吸纳外族会威胁自身时，它就转而阻止外族介入，"华夷有别"的观念也被刻意强化。说到底，华夷观是中原王朝处理国家政治和族群关系的一种工具。它将众多民族群体汇聚在一个王朝政权的控制下，经过磨合，逐渐形成一体，这是秦汉帝国强盛的基础。

然而，东汉末年，中央王朝衰竭，各地新兴的军事势力膨胀并引发军阀混战，一统格局被打破，继之出现三国之分立；虽然西晋又重新统一，但在末年，王朝又面临北方、西方边地外族的威胁，而这些外族大多是匈奴各系属与其他部落的联合体，他们趁西晋内部矛盾混战之时，相继南下，角逐中原权力。江统上疏的时候，这种迹象已经显现，江统当然要站出来向朝廷禀报，企图阻止其发生。这就是江统上奏的背景。

二、从区域国家到王朝一体

如上所述，江统注意到了即将出现的外族入内引发混乱的危险；他对问题敏锐的观察能力也获得时人的赞赏。但是他的疏奏并没有被采纳，具体原因史籍没有留下记载，但若仔细观察当时社会的形势，江统上奏所反映的内容，恐怕非一时一事所能改变。

江统所反对的民族杂居的现象，正是此前历史发展的结果。上文已经清楚地说明了这一点。秦朝的统一也是借助民族融合的结果，即使秦始皇建立长城以阻隔匈奴，也被后来的汉武帝打破；汉朝开始与匈奴发生联系，不论武力征讨，还是安抚处置，汉与匈奴之关系成不解之缘，最终控制了南匈奴而使其归顺。

汉朝对周边的举措，以及由此与匈奴等游牧势力发生的关系，背后隐藏的就是民族文化统合的思想。当汉、匈奴两强对峙之时，他们强调的是彼此分别；然而当一方超越另一方的时候，则强调文化的一统。中原王朝强盛之际，它有容乃大，兼容并包，周边民族同样认同中央王朝；可是在中央王朝衰竭之时，他们也可能乘机向中原发展，建立政权并取而代之。导致他们如此行为的，正是中原文化影响的结果。他们向中原发展的同时，刻意地强调对中原文化的认同，以换取正统的声誉地位。譬如最早向西晋叫板的刘渊，本是匈奴人，却自称"汉氏之甥，约为兄弟；兄亡弟绍，不亦可乎"[①]。刘渊以汉朝的继任者自居，向西晋挑战，他打出的牌就是文化血统的同一以换取社会的支持。他的偶像是：

[①] 见《资治通鉴》卷85晋惠帝永兴元年（304）十月条，北京：中华书局，1956年，第2702页。

"大丈夫当为汉高、魏武,呼韩邪何足效哉!"①内心深处充满了刘邦、曹操这类英雄豪杰的形象,他明确地拒斥呼韩邪,反映出他自觉追寻中原文化传统的价值取向。其后的羯人石勒,亦以大志著称,"与韩、彭比肩;若遇光武,当并驱中原"②。这都表现了周边各族对中原文化认同的心态。因此,五胡十六国表面上是各国各族的相互纷争和厮杀,但背后潜藏了各国张大自己、谋求统一和文化统合的欲望。据《资治通鉴》记载,正是这位刘渊的后继者刘聪,当他为自己建造宫殿的时候,遭到廷尉陈元达的反对,他说:"陛下践阼以来,已作殿观四十余所,加之军旅数兴,馈运不息,饥馑、疾疫,死亡相继,而益思营缮,岂为民父母之意乎!今有晋遗类,西据关中,南擅江表;李雄奄有巴、蜀;王凌、刘琨窥窬肘腋;石勒、曹嶷贡禀渐疏;陛下释此不忧,乃更为中宫作殿,岂目前之所急乎!"③ 陈元达上奏的核心就是要刘聪像刘渊那样,胸怀全国,最终复兴大业,上下一统。无独有偶,后来的前秦苻坚,仗恃统一北方的迅速快捷,兵锋直转东晋。他向南进攻,同样是要建构一体的中央王朝,他说:"吾每思天下不一,未尝不临时辍哺,今欲起天下兵以讨之(指东晋)。"④ 苻坚思想的深处,同样是历史与民族乃至文化的统合意识。

与此对应的南方,虽然丧失了传统的根基之地,但却念念不忘收复中原旧土。早在此前,即晋室丧乱之际,祖逖就大声呼吁:"晋室之乱,非上无道而下怨叛也,由宗室争权,自相鱼肉,遂使戎狄乘隙,毒流中土。今遗民既遭残贼,人思自奋,大王诚能命将出师,使如逖者统之以复中原,郡国豪杰,必有望风响应者矣!"⑤ 在祖逖看来,中原故土的丢弃,使晋朝颜面尽失,现在

---

① 见《资治通鉴》卷85 晋惠帝永兴元年(304)八月条,第2701页。
② 见《资治通鉴》卷95 晋成帝咸和七年(332)正月辛未条,第2981页。
③ 见《资治通鉴》卷88 晋愍帝建兴元年(313)三月条,第2792页。
④ 见《晋书》卷114《载记·苻坚下》,第2911页。
⑤ 见《资治通鉴》卷88 晋愍帝建兴元年(313)八月条,第2801页。

要做的就是收复故土,重新回到统一的局面之上。以正统自居,在南方朝廷里成为人们的共识。他们视北方民族进入中原为"胡贼猾夏"[①],虽然他们的能量不足,但复求故土却是他们内心的自觉。

三、天下一家格局的确立

不论是初起的五胡,还是被迫南迁的汉人,他们都在追寻一统王朝的局面。对北人而言,进入中原必须获得华夏的认同,于是他们就在历史中寻求华夏情节,在血缘上与华夏相合,追求正统地位。《魏书》卷95《匈奴刘聪等传》的前序说:"(本朝)太祖奋风霜于参合,鼓雷电于中山,黄河以北,靡然归顺矣。世祖睿略潜举,灵武独断,以夫僭伪未夷,九域尚阻,慨然有混一之志。"

"混一之志"就是要统一全国;而要统一全国,首先承认自己是华夏的正统继承者;要承认自己的正统地位,对手的合法性自然就不被认可。上文开篇"所谓天无二日,土无二王"的思想证明北魏自己就是统辖全国的唯一继承者,因此,《魏书》将与北方对峙的东晋视作"僭",将南朝诸代视作"岛夷",这些中原华夏原本用来形容和描写周边戎狄蛮夷的词句,现在反过来被鲜卑拓跋部建立的北魏用作描写中原汉人建立的东晋和南朝,历史在这里开了一个极大的玩笑。不过,仔细追究起来,北魏所建立的这种观念是确立在它统一的基础之上的。中国历史的精妙之处,就在于谁能主宰全国,谁就有建立政权的资格。北魏从代北到统一北方,进而有"混一之志",是他们领受中原文化精义的直观反映,也是中国历史文化大一统于不同民族群体之间的再现。

大一统的真正实施,则是在承继北周之后的隋朝完成的。隋

---

① 见《资治通鉴》卷90晋元帝太兴元年(318)十一月条,第2863页。

朝及紧随其后的唐朝,其统治集团多来源宇文泰创立的关陇集团。这个集团是鲜卑贵族为代表的北方游牧势力与汉人结合的产物,既有游牧生猛的味道,又有中原文化的熏陶,具备强烈的开拓精神。在与东魏北齐的对峙之中,西魏北周扭转乾坤,征服北齐,统一北方,大有并吞全国的架势。正是承此基业,隋朝以关中经营山东,宰制全国,不仅恢复了全国一统的气势,而且其疆域和民族涵盖的范围也超出前代。隋文帝的思想意识是:"朕受天命,爱育率土,……普天之下,皆为朕臣。"① "朕受命于天,抚育四海,望使一切生人皆以仁义相向。"② 唐太宗更说:"自古皆贵中华,贱夷、狄,朕独爱之如一,故其种落皆依朕如父母。"③ 不论是隋朝还是唐朝,其君主的宏阔与天地的关怀,都超越了以往,但又是以往的继承。没有南北朝民族的混通,就没有各民族的聚合;没有五胡南下与中原的交往,汉人建立的王朝不可能有如此的气度和辉煌。而汉人与非汉人、汉文化与非汉文化的结合,不仅是中国各族人民的选择,更是历史走向的必然。魏晋南北朝给周边各民族进入中原提供了前所未有的机会,它使汉人以外的群体和文化大规模地进入中原,它固然给中原带来了战争,但是在战争厮杀的背后,也使汉人、非汉人得到空前的结合。正是有这样的基础,才能出现隋唐大一统的局面。这种局面既是秦汉的继承,也是发展;隋唐的民族群体涵盖了更多更新的成分,使中华民族在新的基础上得到升华,这是五胡十六国、南北朝对中华民族的贡献。从这个角度出发,不管江统《徙戎论》提出的警告多么醒目,他个人对时政有多么准确的判定,但他警告背后的事实,则是中华民族形成和发展基本轨迹的展现。《徙戎论》反映了汉人为主体的中原王朝衰竭之时对外族动向的警戒,但是它挽救不了

---

① 见《隋书》卷81《东夷·高丽传》,中华书局,1973年,第1815页。
② 见《隋书》卷83《西域·吐谷浑传》,第1843页。
③ 见《资治通鉴》卷198唐太宗贞观二十一年(647)五月庚辰条,第6247页。

外族进入中原的趋势,这种趋势是民族认同和融合的某种过程,江统感觉到了这个过程对汉人的"威胁",却认识不了它所蕴涵的意义和价值。

（本文原载《河北学刊》2005年第3期,第77—79页；又转载于中国人民大学书报资料中心复印报刊资料《历史学》2005年第8期,第9—12页。当时为求刊物文章格式的一致,删掉了文中的题目；这次编排,保留了原貌,恢复了注释,并对个别地方进行了订正）

唐朝中央集权与民族融合分解之关系

——以北方区域为线索

唐朝民族众多,民族关系复杂[①],学术界给予了充分关注,从不同角度讨论唐朝的民族关系问题,几成热点之一[②]。本文认

[①] 汉语中的"民族"一词是从欧洲(经过日本)传入中国的。欧洲近代社会随着资本主义的兴起,各个民族组成的独立国家也随之崛起,于是以单一(或若干)民族为主的民族国家思潮成为近代社会的主流趋向。随着它们在世界各地的拓展,其思潮也就影响到全世界。中国在19世纪末和20世纪初,随着推翻清王朝革命运动的展开,革命党人也将汉人与满人的概念移入到"民族"之中,于是"民族"一词就被中国人所接受。此前的中国文献对民族的称谓一般用"族"、"类"、"种"、"性"或具体的名字,如匈奴、鲜卑、契丹等。现今研究历史上民族问题的学术界基本上用民族、民族关系等现代词语,特别是民族史学界运用这些词语时不再作任何的解释。但是在某些特定的场合,可能还要有特别的说明。本文在解释唐朝的民族势力及其关系时,也采用了"民族"、"民族关系"这样的称谓,同时与具体的民族名称互用。特此说明。

[②] 有关这方面研究的论文和著作相当多,择其要者有熊德基:《唐代民族政策初探》,载《历史研究》1982年第6期;袁伯诚:《晚唐五代时期西北少数民族在中原地区的历史作用——兼论晚唐五代时期的民族斗争与民族融合》,载《固原师范专科学校学报》1984年第4期;吕光天等:《隋唐时期北方民族与中原的关系》,载《宁夏社会科学》1984年第4期;林超民:《羁縻府州与唐代民族关系》,载《思想战线》1985年第5期;黄正廉:《论唐代的民族关系和民族政策》,载《云南教育学院学报》1987年专辑;周伟洲:《试论隋唐时期西北民族融合的趋势和特点》,载《西北大学学报》1990年第3期;《唐代关中民族的分布及融合》,载《中国历史地理论丛》1992年第3期;傅永聚:《论唐代胡汉民族之间的混融互补》,载《山东大学学报》1992年第3期;《唐代民族观念新论》,载《齐鲁学刊》1993年第4期;张乃翥:《武周政权与中古胡化现象关系之探索》,载《西北史地》1992年第4期;崔明德:《河朔地区胡化与汉化的两种趋向》,载《甘肃社会科学》1992年第6期;汤勤福、傅永聚:《唐代的民族混血及其社会功能》,载《北方论丛》1994年第3期;马驰:《试论蕃人仕唐之盛及其姓名之汉化》,载《唐文化研究论文集》,上海:上海人民出版社,1994年;上官鸿南、马驰:《大唐创业与北朝蕃姓余裔》,载《唐都学刊》1995年第1期;林正根:《论纳异心态与唐代气魄》,载《中国史研究》1995年第3期等。相关的著作有章群:《唐代蕃将研究》,台北:联经出版公司,1986年;《唐代蕃将研究续编》,台北:联经出版公司,1990年;马驰:《唐代蕃将》,西安:三秦出版社,1990年;崔明德:《隋唐民族关系探索》,青岛:青岛海洋大学出版社,1994年;卢勋等:《隋唐民族史》,成都:四川民族出版社,1996年。

为，唐朝的民族关系固然有多种形式的表现，决定这种关系表现的因素也相当繁复，但是中央政治权力的制约则是诸因素中最重要的，而中央政治权力行使的前提是中央王朝集权体制的建构与强盛。唐朝近300年的运作，特别是前后期的对照比较，这个现象十分突出。

一、唐朝的建立与多民族发展

唐朝与其前的隋朝直接建立在魏晋南北朝民族融合的基础之上。魏晋时期中央王权的削弱导致地方势力的崛升，周边各民族势力相继进入中原，他们将自己扮成中原文化的继承者，打着复兴中原正统的旗号，以武力征服，迅速扩展[①]。到南北朝时期，北方鲜卑人建立北魏王朝，在魏孝文帝统治下，开始完全汉化，旨在建立稳固的受中原百姓认同的王朝。北魏之后的北周与北齐，二者相争的结果是北方区域的重新统一。在这一过程中，不同民族集团的相互调适及其关系的平衡，成为统治集团着力解决的重大问题，此问题的妥善解决，关系到王朝的政治稳定和军事的强大。北周处置得当，使它甩掉被动弱势之地位，一举征服北齐，统一北方。隋唐王朝就是建立在这个基础之上[②]。由于处在北方多民族共存的环境之内，唐朝建立的基础就是民族互动与融合。陈寅恪曾提出的关陇集团就是由鲜卑人与汉人结合而成的统治集团，其民族成分混杂使得李唐王朝建立的基础相当雄厚。他说："若以女系母统言之，唐代创业及初期君主，如高祖之母为独孤氏，太宗之母为窦氏，即纥豆陵氏，高宗之母为长孙氏，皆是胡种，而非汉族。故李唐皇室之女系母统杂有胡族血胤，世所共知，

[①] 这个又是学术界重视的问题，相关的讨论很多，因此问题非本文所关注，故不出注。
[②] 白翠琴从民族关系的角度对这个时期影响隋唐的情况进行了总结，见同作者著：《魏晋南北朝民族史》，成都：四川民族出版社，1996年，第498页。

不待阐述。"①

然而，建立在民族互动之上的唐朝，也不断地面临并解决新的民族问题。这是因为唐朝在前朝民族关系基础上建立，它同时又承受着新的民族势力的挑战。唐朝立国之后，它面对的最大势力是北方草原的东突厥人。隋末，其北部边地的军事集团如薛举、刘武周、梁师都、李轨、窦建德等都曾依违于突厥，借以壮大自己的力量②，就连李渊起兵之初也不得不接受突厥的援助③。但是唐朝建立以后，突厥人意识到它对自己构成了威胁，就转而与唐作对，相继地向南发动进攻。贞观四年（630），唐朝调派大军趁东突厥内部矛盾激化和自然灾害之机，将东突厥征服④，随后又解决了薛延陀势力坐大的威胁，漠北铁勒系统的势力纷纷投附于唐朝，据《资治通鉴》（以下简称《通鉴》）卷193唐太宗贞观四年三月条记载："四夷君长诣阙请上（唐太宗）为天可汗，上曰：'我为大唐天子，又下行可汗事乎！'群臣及四夷皆称万岁。是后以玺书赐西北君长，皆称天可汗。"将中原王朝的天子称号——皇帝与游牧政权的最高首领称号——可汗集中于一人身上，前无古例，其势头超越了前此任何朝代。我想申述的是，唐太宗及其王朝之能被北方和西北方各个民族、各支势力所认同，既是当时政治斗争和军事较量的结果，更是民族观念淡漠、族属不分、民族

---

① 见陈寅恪：《唐代政治史述论稿》，上海：上海古籍出版社，1982年，第1页。陈寅恪在本书和《隋唐制度渊源略论稿》（北京：中华书局，1963年）等书中系统地论证了隋唐二朝的来源及建立等问题。他指出，这个时期最重要的问题有两个，一是文化，二是种族，文化的意义高于种族（见《唐代政治史述论稿》第1、17页）。隋唐之建立，与吸收胡族文化血脉关系十分密切。

② 参见拙著：《唐朝朔方军研究——兼论唐廷与西北诸族的关系及其演变》，长春：吉林人民出版社，2000年，第11页。

③ 较早揭示这一问题的是陈寅恪，见《论唐高祖称臣于突厥事》，载同作者：《寒柳堂集》，上海：上海古籍出版社，1980年。

④ 今人分析东突厥灭亡的原因，更注重在其自身因素，参见陈寅恪：《唐代政治史述论稿》，第130—131页；复见吴玉贵：《突厥汗国与隋唐关系史研究》，北京：中国社会科学出版社，1998年，第214页。

融合的结果。《通鉴》卷 198 贞观二十一年（647）五月庚辰条云：

> （太宗）问侍臣曰："自古帝王虽平定中夏，不能服戎、狄。朕才不逮古人而成功过之，自不喻其故，诸公各率意以实言之。"群臣皆称："陛下功德如天地，万物不得而名言。"上曰："不然。朕所以能及此者，止由五事耳。……自古皆贵中华，贱夷、狄，朕独爱之如一，故其种落皆依朕如父母。此五者，朕所以成今日之功也。"

从上述记载可以看出，以唐太宗为代表的唐朝决策集团，在处理唐与北方民族势力的关系问题上，采取的是淡化彼此种族的态度，将唐与北方势力视作中央王朝与边疆地方的关系。太宗这样做的，与当时的民族融合观念，特别是唐朝统治集团的胡汉相融具有直接的关系，但也是出于策略上的考虑。因为我们看到，唐人在议论这些问题时，他们与北方民族之间的界限还是很清楚的。《新唐书》卷 115《狄仁杰传》记载他向皇帝上书称："贞观中，克平九姓，册拜李思摩为可汗，使统诸部，夷狄叛则伐，降则抚，得推亡固存之义，无远戍劳人之役。"同书卷 125《张说传》记他上书称："今四夷请和，使者入谒，当接以礼乐，示以兵威，虽曰戎夷，不可轻也。"张九龄也说："今百谷嘉生，鸟兽咸若，夷狄内附，兵革用弭，乃怠于事天，恐不可以训。"[①] 类似的例子不胜枚举，这反映了唐人内心里一直存在着族属的差别，这是不争的事实。问题是，唐人这类观念，较诸其他王朝而言要淡化得多，尤其是太宗时期，唐朝的政治实力和军事能力处于上升和强化阶段，唐朝对周边地区形成了战略攻势[②]，所以唐朝处理周

---

① 见《新唐书》卷 126《张九龄传》，北京：中华书局，1975 年，第 4425 页。
② 唐长孺先生指出，唐高宗仪凤以前，唐朝国力强盛，而周边诸族势力相对衰弱，唐朝处于明显的优势地位，因此采取的是攻势战略；在这之后，随着吐蕃等势力的崛起，双方的力量对比开始发生变化，唐军的攻势战略转为守势战略。转引自孙继民：《唐代行军制度研究》，台北：文津出版社，1995 年，第 21—22 页；参见张国刚：《唐代藩镇形成的历史考察》，载同作者《唐代藩镇研究》，长沙：湖南教育出版社，1987 年，第 35—37 页。

边民族势力的关系，显示出了强大的优势。为了笼络周边民族势力，太宗集团在民族观念上采取开化姿态，以华夷一家构成其民族政策的核心①。

二、胡族南下与羁縻控制

唐朝征服了北方民族势力之后，对它们的处置就成为朝廷应对的首要问题。北方民族归降中原王朝，它们开始进入到游牧与农耕的交界地区，其南下形成规模正是从太宗时开始的。《新唐书》卷43下《地理志七下》记云："唐兴，初未暇于四夷，自太宗平突厥，西北诸蕃及蛮夷稍稍内属，即其部落列置州县。其大者为都督府，以其首领为都督、刺史，皆得世袭。……突厥、回纥、党项、吐谷浑隶关内道者，为府二十九，州九十。突厥之别部及奚、契丹、靺鞨、降胡、高丽隶河北者，为府十四，州四十六。突厥、回纥、党项、吐谷浑之别部及龟兹、于阗、焉耆、疏勒、河西内属诸胡、西域十六国隶陇右者，为府五十一，州百九十八。……大凡府州八百五十六，号为羁縻云。"

周边民族的南下，主要表现为西北、北方和东北等地区的民族，包括突厥、铁勒、稽胡、吐谷浑、吐蕃、党项、西域诸胡、契丹、奚、靺鞨、高丽、百济、新罗等。吴松弟所著《中国移民史》第三卷（第二至第四章）对此进行了比较详细的研究。根据

---

① 潘蛟在谈到"民族"的问题时说道，"民族"一词不是概念的问题，而是权力关系，脱离权力内容的"民族"观念事实上是不存在的。"自秦汉以降的中央集权统治者大都倾向于采取'天下主义'，或倾向于那种强调华夷之间有尊卑、主从之分，但主要以'礼'和文化，而不是以种族血统为界的'民族'观。其原因实际上并不复杂，那就是这样的民族观有利于构建中央帝国扩张和统治的合法性。……而当自己的国势日衰并遇到了强大的异族挑战，再次遇到'中国不绝若线'的情景时，旧有帝国守护们就会在政治上重新提出'攘夷'问题，在思想上记忆起'裔不谋夏，夷不乱华'、'戎狄豺狼，不可厌也'等'古训'。""象唐太宗这样的帝王大都是信奉'天下主义'的。但是，也应该指出，这种'天下主义'一般都是以自己为'天下之主'为背景的。当自己的天下受到异族威胁，或这个天下被异族夺得时，汉族统治阶级则又会转向'华夷之辨'，重新强调'夷夏大防'。"见《"民族"的舶来及相关的争论》，北京：中央民族大学博士论文，2000年，第26—27、29—30页。

他的研究，太宗贞观年间东突厥、铁勒诸部、粟特、薛延陀、高昌、高丽、契丹等部移民的数目大致有六七十万人，仅贞观三四年（629、630）间平定东突厥时内迁的就有四五十万人，如将不见记载的移民也计算在内，总数可达 100 余万人。贞观十三年（639）全国有统计的人数约 1235 万人，内迁民族移民约占总人口的 6—7%，其中关内、河南、河东、河北、陇右等北方五道约有人口 570 万，移民约占人口的七八分之一 ①。高宗和武周时期，西突厥、铁勒诸部、薛延陀、吐谷浑、高丽、百济等五次移民，其数目达七八十万人，包括未曾提及的零星迁移，总数达 100 万人。玄宗开元、天宝年间，仅铁勒各部的内迁人数便有二三十万。他说："考虑到贞观十三年移民占北方人口的七八分之一，此后又有高宗和武周时期的迁移浪潮，估计天宝十四载安史之乱前，周边民族移民及其后裔可能占北方人口的五六分或六七分之一。"②另据王育民《中国人口史》和赵文林、谢淑君的《中国人口史》对进入内地的外族统计比率分别占总人口的 10%和 19% ③。

需要指明的是，今人所作的统计，均根据现有的资料文献，由于缺佚脱漏，精确的统计是不可能的。尽管如此，上述的统计数字仍然为我们提供了唐朝汉系与胡系民族数目分布的大致情况。这个统计表明，唐朝的主体民族是以农耕为主的汉系民族，游牧、半游牧和从事农业生产的非汉系民族则是少数，且多居住在边疆地区，本文论及的北方民族则多聚集在长城沿线及其北部。

那么，唐朝政府对内迁的民族势力是如何安抚和控制的呢？本文以东突厥为例进行说明。

根据《资治通鉴》等文献记载，唐朝在征服东突厥之后，就

---

① 见《中国移民史》第三卷《隋唐五代时期》，福州：福建人民出版社，1997 年，第 138—139 页。
② 同上，第 140 页。
③ 见王育民：《中国人口史》，南京：江苏人民出版社，1995 年，第 213 页、237—238 页；赵文林、谢淑君：《中国人口史》，北京：人民出版社，1988 年，第 158 页。

如何安置突厥的问题，太宗与大臣们进行了仔细认真的讨论。朝臣们提出了大致三种意见，第一种意见是将突厥余部迁往中原，散属内地州县，改变他们原来的生活方式；第二种意见是将他们遣回黄河以北地区任其自生自灭；第三种意见是温彦博提出的主张，按照东汉旧例，置突厥于河套之地①。第一种观点是大部分朝臣的主张，他们意图将突厥降户安置在中原百姓中间，经过时日磨合，完全改变突厥的生活方式。但是这一观点遭到权臣的反对，他们认为这样的看法过于理想，不切合实际，如此之众放置中原，一旦生变，则后果难料。这些人据此又提出将突厥安置在黄河南岸（今河套）塞下地区，另一部分则主张干脆让突厥居于原地，但居旧地与其灭亡之前相近，尚有变故之虞②。

仔细分析，安置突厥于何处与是否改变其生活习俗密切相关。拒绝南迁意味着短期之内改变习性已属不能，继续旧有故地之生活又担心其覆变，那么最佳的选择方式就是居于二者之间。这个区域，就是历史上的长城沿线。唐太宗之采纳温彦博的建议，可能考虑到这是个两全其美的办法：既可照顾到突厥人的游牧习俗，又要他们接受农耕的熏染③。

---

① 参见《通鉴》卷193唐太宗贞观四年（630）四月条，北京：中华书局，1956年，第6075—6077页；《通典》卷197《边防十三》，王文锦等点校，北京：中华书局，1988年，第5414—5415页；《唐会要》卷73《安北都护府》，北京：中华书局，1955年，第1311—1314页；岑仲勉《突厥集史》收罗较完备，见该书上册，北京：中华书局，1958年，第197—200页。

② 吴玉贵对此有详细讨论，参见《突厥汗国与隋唐关系史研究》，第237页。

③ 太宗一朝及高宗之初，唐廷又曾先后数次安置了北方降户。参见王永兴先生：《论唐代前期朔方节度》，载同作者：《唐代前期西北军事研究》，北京：中国社会科学出版社，1994年，第254页。

唐朝安置这些降户的办法之一，是所谓的羁縻府州制度①。羁縻府州是指外族附唐部落受到朝廷的册封而形成的州府体制，其中的都督和刺史等均由原部族首领充任，他们有觐拜朝廷、贡赋版籍的义务，但实际事务仍旧归自己掌握②。太宗以前，中原王朝控制北方和西北方部族的具体措施，比如西汉武帝击败匈奴后，在河西建立敦煌、酒泉、张掖和武威四郡，又在西域设立使者校尉，形成了西域都护府。这以后设置了护羌校尉、使匈奴中郎将、护乌桓校尉以及金城、安定、辽东属国一套建置③。这样一套系统又被魏晋时期的中原王朝所继承。但是，这套控制方式是以军事为主，含有政治意图，控制的区域则是以点带面，一旦出现变故，机构极易破坏，中原王朝的影响力迅速下降。与此对应，羁縻府州克服了这种弱点。它是以整体的区域为单位的，这些地区当然因其距离都城的远近而有不同的分别，但都属于王朝的控制区。就贞观四年以后设置的安抚颉利降户诸州府而论，唐太宗还有更长远的意图，那就是在安抚北方势力后，他打算向西域进军，力图在那里有更大的作为。而在这之间，他也调动军队向东北进军，完成隋朝用兵高丽的未竟事业。为达到东、西扩展的目的，太宗决策集团势必要保持北方的稳定，也就是说，东突厥征服之后，唐朝对他们的处置，是以照顾到他们的利益为条件

---

① 这个概念，在《旧唐书》卷62《李大亮传》中有记载："时颉利可汗败亡，北荒诸部相率内属。……以大亮为西北道安抚大使以绥集之，多所降附。……（大亮上疏曰）'其自竖аждый称藩附庸者，请羁縻受之，使居塞外，必畏威怀德，永为蕃臣，盖行虚惠，而收实福矣。'"李大亮在这份奏疏中明确地提到了"羁縻"办法。他反对温彦博的措置，认为突厥"置于内地，去京不远，虽则宽仁之义，亦非久安之计"，所以他提出的羁縻，如同"周室爱人攘狄，竟延七百之龄"；"汉文养兵静守，天下安丰。"与此对照，他反对秦始皇、汉武帝发动的大规模征战。这反映出他的"羁縻"概念，是逢遭征战之后对外族诸部的一种安抚和控制的办法，这种抚控有制度安排的意义。
② 参见谭其骧：《唐代羁縻州述论》，载同作者：《长水集续编》，北京：人民出版社，1994年，第133—135页；王小甫：《唐、吐蕃、大食政治关系史》，北京：北京大学出版社，1992年，第7—8页。
③ 见赵云田：《中国边疆民族管理机构沿革史》，北京：中国社会科学出版社，1993年，第75—91页。

而保持北方安宁的[①]。

从后来的事态发展看,唐朝采取的这种措施是有效的。唐军在西域和东北先后平定了西突厥,征服了高丽[②]。在这些地区,唐朝同样设置了羁縻府州。因此,这种控制的方式是唐朝决策集团安置周边地区和民族势力的有效办法。但是,此后形势发生的变化,又超出了羁縻控制的限度。《通鉴》卷198唐太宗贞观二十一年(647)四月条称:"丙寅,置燕然都护府,统瀚海等六都督、皋兰等七州,以扬州都督府司马李素立为之。"当时的情况是,薛延陀继东突厥之后迅速发展,很快成为漠北草原的强盛力量。它的坐大,特别是薛延陀欲趁唐太宗东封之际向唐进攻,严重地威胁了唐朝的利益。贞观十二年(638),太宗封薛延陀可汗夷男二子为小可汗,分化他的力量。十五年,夷男下令其子大度设勒兵进攻北渡黄河御边的突厥李思摩部,唐则调派李勣率军征讨。贞观十九年(645),夷男死,其少子袭杀长兄自立为多弥可汗。他趁太宗征伐高丽之时进兵夏州(治朔方,今陕西靖边北白城子),但被唐军击溃,多弥逃遁被擒杀。次年,太宗下令乘胜追击多弥余部,他本人亲幸灵州(治回乐,今宁夏灵武西南),"其铁勒诸部相继至数千人,仍请列为州县,北荒悉平"[③]。贞观二十一年(647)正月,唐太宗册立铁勒诸部为都督府州[④],至四月,又设燕然都护府以统铁勒六府七州。至此,一种新型的御边机构得以确立。

[①] 孟彦弘说:"贞观初平北突厥后不置都护府,是由于唐朝取代它而成为东亚霸主,太宗也应诸蕃酋长之请而称'天可汗',成为其共主,自以为已可完全控制北疆之故。"见《唐前期的兵制与边防》,载《唐研究》第一卷,北京:北京大学出版社,1995年,第250—251页。

[②] 关于唐朝征服西突厥、高丽,参见吴玉贵:《突厥汗国与隋唐关系史研究》第八章至十三章;卢勋等著:《隋唐民族史》第一章第三节;解如智:《试论隋唐时期对高丽的战争》,载《社会科学》(甘肃)1989年第6期;刘进宝:《"唐丽战争"初探》,载《兰州学刊》1990年第5期。

[③] 见《旧唐书》卷199下《北狄·铁勒传》,第5347页。

[④] 见《通鉴》卷198唐太宗贞观二十一年(647)正月丙申条,第6244—6245页。

都护府的基本职责是:"掌抚慰诸蕃,辑宁外寇,觇候奸谲,征讨携离。"① 与羁縻府州相比,都护府除了具有安抚诸蕃的职能外,它还有征讨叛离和外寇的任务②。以较早设立的安西都护府为例,它是唐朝军队征服高昌之后在其地建立的旨在维护王朝在西域安全的军政机构。《通鉴》卷 195 太宗贞观十四年(640)八月条称:唐军侯君集部突袭至高昌都城,"可汗惧而西走千余里,叶护以城降。(高昌王麹)智盛穷蹙,癸酉,开门出降。……九月,以其地为西州,以可汗浮图城为庭州,各置属县。乙卯,置安西都护府于交河城,留兵镇之。"这个记载很清楚地说明了都护府的军事性质,今人称之为"在边区用以统辖羁縻地区的军事行政机构"③。燕然都护府之设,主因是薛延陀乘东突厥败亡坐大漠北并伺机南侵对唐朝决策层产生了刺激和震动,唐廷不得不在协调它自身与铁勒诸部之间关系的同时解决北方地区对中原产生压力的问题,并最终确立了唐朝对周边诸族的强势基础。

然而,后来的事态发展,证明这种控制的方式仍然只能满足于一时。北方形势骤变之后,这种羁縻控制的办法的有限性就暴露出来了。先看《通鉴》的一段记载:

> (高宗调露元年,679)冬,十月,单于大都护府突厥阿史德温傅、奉职二部俱反,立阿史那泥熟匐为可汗,二十四州酋长皆叛应之,众数十万,遣鸿胪卿单于大都护府长史萧

---

① 见《唐六典》卷 30《都护府》,陈仲夫点校,北京:中华书局,1992 年,第 755 页。

② 唐启淮将都护府的职能概括为:第一,负责维持本府辖区内的统治秩序,对内附民族进行安辑;第二,保卫本府所辖各府州的安全,防止其他势力侵犯;第三,考核本府下属各府州都督、刺史与中央合作的情况及其"治绩",叙录功勋;第四,镇压人民的反抗,征讨民族上层的分裂叛乱。"这几条说明,唐代都护府是管辖民族地区的军政机关,既统军事,也预民政,其职能远远超过了以前都护拥有的'督察'或'专征讨'的范围。"见《唐代都护府述略》,载《西南师范学院学报》1982 年第 1 期。

③ 见周维衍:《都护府》,载《中国大百科全书·中国历史》(一),北京:中国大百科全书出版社,1992 年,第 189 页。王小甫先生对安西府的军事职能也有论述,见《唐、吐蕃、大食政治关系史》,第 3—9 页。

嗣业、右领军卫将军花大智、右千牛卫将军李景嘉等将兵讨之。嗣业等先战屡捷，因不设备；会大雪，突厥夜袭其营，嗣业狼狈拔营走，众遂大乱，为虏所败，死者不可胜数。大智、景嘉引步兵且行且战，得入单于都护府。嗣业减死，流桂州，大智、景嘉并免官。①

这段记载是说单于大都护府管内的突厥降部发动叛乱，都护府长史萧嗣业等率军进行镇压，结果反被击败。《通鉴》说失败的原因是唐军获胜后轻敌，其说比较勉强。因为都护府的军力一般都不多②，而叛乱的突厥部众多达数十万人，显然，二者不可同日而语：可以应付较小规模军事战争的单于都护府在这样大的叛乱中，显得束手无策。唐朝紧急调派裴行俭募集18万大军，连同其他将领率领的军队，共计30万人前去镇压③。裴的职务是定襄道行军大总管，这属于当时唐廷征伐叛乱势力的惯常行动。裴行俭的行军发挥了作用，他很快地征服了突厥势力。

但是，我们还发现，突厥人的叛乱是个持续的过程。上述二部被镇压后，阿史那伏念又掀起新一轮的反叛，他自称可汗，与

---

① 见《通鉴》卷202唐高宗调露元年（679）十月条，第6392页。
② 《贞观政要》卷9《安边第三十六》称："仍以西州为安西都护府，每岁调发千余人，防遏其地。"唐启淮根据《旧唐书》卷38《地理志一》统计了各都护府的兵额数目，即安东：8500人；安南：4200人；安西：24000人；安北：6000人；北庭：20000人；单于：9000人。（见《唐代都护府述略》，载《西南师范学院学报》1982年第1期）这个统计的时间是唐玄宗天宝元年（742），而《通鉴》卷215同年正月条也记载了十节度、经略使管辖的军队数额，即安西节度使：24000人；北庭：20000人；河西：73000人；朔方：64700人；河东：55000人；范阳：91400人；平卢：37500人；陇右：75000人；剑南：30900人；岭南：15400人。两相对照，可以看出，《旧唐书·地理志》记载的都护府兵额应当是《通鉴》节度使的一部分（其中北庭二书所记相同，疑《旧志》有误，而这个时期节度使体制已经发展起来，并且取代了都护府体制，原来的都护府均被纳入到节度使之内，因此《旧志》记载的都护府兵额数还不是本文讨论时期的对应数目。尽管我们不知道各都护府的具体军额，但其军队数目不会超越节度使军队，这一点应无问题。《旧唐书》卷194上《突厥传上》说萧嗣业与突厥交战中"兵士死者万余人"，花大智率余部且战且退，得入单于府（《通鉴》卷202唐高宗调露元年（679）十月条，这个数字显然要比上面的9000人多得多，但也可能就在一二万人之间。
③ 见《通鉴》卷202唐高宗调露元年（679）十月条，第6392—6393页；参见《新唐书》卷84《裴行俭传》。

阿史德温傅联合，失败后，其余党在骨笃禄的率领下再一次抗衡唐廷，这次的规模不仅超越了前此数叛，而且建立了政权。看来，突厥人的叛乱并不是民众的散乱行为，数次大规模的连续行动，表现出他们不屈不挠的精神背后，隐藏的是他们对自己权力的渴求。事实证明，突厥人的复国是他们追寻的目标，他们选择的时机正是利用了唐朝战略处于转变的不利局面。根据学者们的研究，唐高宗仪凤年间（676—679），唐军刘仁轨部与吐蕃展开了大规模的军事冲突，唐军遭到惨败，这个事件表明唐朝对周边诸族的进攻受到了强有力的挑战，进而改变了唐朝的攻势战略，唐从此之后由攻势战略转向了守势战略[①]。吐蕃的崛起，特别是它的攻势，打乱了唐朝的整体军事战略。这个变化又被突厥人所利用，他们趁唐朝外部形势不利，内部处于决策层矛盾龃龉的时机，在北方降地挑起事端，力图恢复他们旧日的帝国[②]。

唐朝这一方对此的准备显得不够充分，他们没有料到突厥人如此规模的叛乱，以至于都护府的机制根本不能起到作用。仓促之间，唐廷调集行军救急，但是这同样没能阻止突厥人的复国行动。形势的变化，需要唐廷作新的调整。唐长孺先生在论述唐朝军事变化的问题时有两段话说得比较透彻，前一段话是：

> 唐代边境的威胁主要来自北方游牧族。……为了避免远道调发，为了明确防御责任，为了在较大地区内有统一的指挥，高宗以后，临时性统率的远征的行军大总管逐渐演变为

---

① 转引自孙继民《唐代行军制度研究》，第21—22页。
② 突厥人大规模反叛发生在高宗调露元年（679），而此前一年正是唐军刘仁轨部溃败吐蕃之时。文献上虽然没有将突厥人反叛与吐蕃势盛联系在一起，但是从时间上看，突厥人显然很清楚唐军的失败并利用了这个机会。陈寅恪在谈到唐朝内政与外患之关系时说："唐太宗、高宗二朝全盛之世，竭中国之力以取高丽，仅得之后，旋即退出，实由吐蕃炽盛，唐室为西北之强敌所牵制，不得已乃在东北取消极退守之策略。然则吐蕃虽与高丽不接土壤，而二者间之连环关系，实影响中夏数百年国运之隆替。"（见《唐代政治史述论稿》，第139—140页）他将唐朝内政与外族的关系视为互相影响，即所谓的连环性，对分析突厥反叛的问题，具有方法上的启示作用。所以本文将突厥的复兴视为唐蕃军事关系转变所产生的连锁反映。

大军区的常任最高长官。……高宗以后玄宗初为了统一边防指挥而设置的名称不一的边境军事长官大致在开元中一律称为节度使。

后一段话是:

> 唐代前期在边境要地设置军镇,改变了分散单弱的传统镇戍制度。为了适应新的边境形势,为了巩固边防避免调发之烦,需要有常备的边防军,还需要有常任的统率本地区诸军镇的军事长官。这类长官的名号不一,以后一律称为节度使。由分散而集中,从临时到久任,其演变过程就是大军区设置的经过。①

这很清楚地论述了以防御为务的节度使体系确立的因由和过程。至于最早的节度使是河西的贺拔延嗣还是幽州的薛讷②,本文不予置论,但是有一点,即唐廷所置较早的节镇,均在北方地区,河西与幽州均是唐朝用以防范突厥、契丹等势力而采取的办法。从这方面说,突厥的复兴,是导致唐朝以驻军防御为基础的节度使军队取代行军征讨方式的直接原因。如此看来,从太宗镇抚东突厥设置羁縻府州予以安排,到玄宗时期陆续建立的节度使体制,中间历经将近百年,唐朝对边疆(特别是北方边地)的控制措施发生了明显的变化。唐初施行的羁縻府州体制,是唐朝征服东西突厥以及北方其他势力的基础上采取的以安抚为主的措置。这个时期,唐朝处于不断上升并向周边拓展的趋势,它的实力超越了周边地区任何一个势力,在这种强势的情况下,它自认为无须采用特别的防范措施对付已经降服了的势力。而在这以后,节度使体系的形成,则反映了唐朝遭受边疆势力的骚扰和进攻不得不采

---

① 见《魏晋南北朝隋唐史三论——中国封建社会的形成和前期的变化》,武汉:武汉大学出版社,1993年,第428—432页。

② 关于节度使最早的设置,参见张国刚:《唐节度使始置年代考定》,载同作者:《唐代藩镇研究》。

用驻军防守的方式御边。从安抚到防御,说明唐朝的军事战略发生了由进攻到防守的转变。促成转变的因素,是7世纪中后期亚洲强权力量格局的转化。具体说在青藏高原崛起的吐蕃政权,它的迅速坐大,使它开始与唐展开控制周边势力的角逐,进而打破了唐朝的战略攻势格局。对唐朝而言,自从建国以来,它征服东突厥并降服北方铁勒诸部所形成的"天可汗"霸主地位,遭受了前所未有的挑战。就军事战略讲,唐太宗时期的开边拓地使唐朝崛兴强大,现在的任务就是如何巩固这种局面。我们发现,倾其全力保有太宗的果实,成为高宗以后朝廷的重要任务了。受此影响,唐朝的军事格局不得不进行改变,改变的结果,是攻势战略被防守战略所替代①。

我们还看到,唐朝经营周边地区采取的羁縻府州体制,在形势变化其作用逐渐丧失的情况下,中央对边区民族势力控制的方式也相应地发生了变化,这就是原来羁縻府州监管的蕃族诸部现在逐渐地改由节度使进行管理了。这个方式的变化体现出唐朝与这些民族关系发生改变的事实。如果说前期羁縻府州体制是在唐太宗"华夷一家"或彼此不分的思想指导下出现的经管蕃族的具体措施,那么,这种措施是建立在唐朝与周边势力对比强势的基础上,因为它处于攻势的位置,唐人在处理民族关系上就不必担心自己被弱化,其观念中表现出积极进取的姿态,以此笼络和团结周边各族。到了战略转向守势以后,其强势地位受到挑战,唐朝对北方和西北边区势力采取防御政策,所以设置节度使防边,并监督控制所在地区各民族。按一般常理,军事控制手段是第一级或初步的,行政经营则是更高一级的控制方式,后者较前者更

---

① 张作理也注意到了这个问题,他针对《通鉴》所记玄宗"有吞四夷之志",解释说玄宗在政策上已改变为防守御边,他在周边部署的军队不是扩张,而是和服"四夷",分疆而治。情况之所以转变,乃是唐朝与周边少数民族关系的复杂性所决定。但是他并没有作进一步的解释。见《唐玄宗"有吞四夷之志"辨》,载《文史哲》2000年第1期。

有稳定性而被人们所认可和接受。然而唐朝对周边民族的经营却是从行政性转变成了军事为主的控制（这不是说唐朝最早动用军队征服各地的事情不存在，而是在经营的整体策略上，的确是从羁縻制向节度使制转化，即由行政控制转向军事控制）。在中央王朝看来，这种集行政权和军权为一体的节度使体制，更能有效地保卫边疆，也能有效地处理当地的各种事务，边地蕃族就是这样转成为节度使体系的组成部分。如此看来，唐朝统治集团关于民族的基本概念到此时已发生了与太宗时代不一样的转变，即彼此之间的界线呈凸现、分化的趋势。这种情形正如潘蛟分析的那样：

> 人们的民族观念不仅会因为他们所处的时代不同、应对的权力情势不同而有差异，而且还会因他们所处的权力位置不同而赋予民族不同的含义。民族究竟是种族的还是文化的，这实际上并不取决于民族事实上究竟是什么，而是取决于人们应对、预设和构建的权力关系是什么。作为权力叙事，民族概念的变化并不是进化的，而是跟随着人们应对、预设和构建的权力关系摇摆、甚至循环的。[①]

唐朝对待民族观念的前后变化，主因就是将民族纳入王朝体制之内，以政治权力为衡量的尺度，这样就把民族视为王朝政治的产物而做出主观性的解释。

三、东北的失控与安禄山反叛

节度使体制确立的目的是保护长安、洛阳为核心的唐朝腹地，它的形成正是在羁縻府州和都护府体系不能有效地应付周边地区外族大规模反叛的情势下。但是，这种体制确立后，它反过来也被掌握一方军政大权的将领所利用。安禄山以自己控制的范阳、平卢、河东三镇为基础，经过长期的积蓄，最后向中央王朝发难。

[①] 见《"民族"的舶来及相关的争论》，第71页。

安禄山叛乱的原因今人已多有讨论①，本文要提及的是他属下的胡系兵将构成了叛乱的主力。而胡系兵将则是唐初以来华夷一家形势的自然产物。陈寅恪说：

> 太宗既任部落之酋长为将帅，则此部落之酋长必率领其部下之胡人，同为太宗效力。功业成后，则此酋长及其部落亦造成一种特殊势力。如唐代中世以后藩镇之比。至若东突厥败亡后而又复兴，至默啜遂并吞东西两突厥之领土，而建立一大帝国，为中国大患。历数十年，至玄宗初期，以失政内乱，遂自崩溃。此贞观以来任用胡族部落酋长为将领之覆辙，宜玄宗以之为殷鉴者也。职此之故，玄宗之重用安禄山，其主因实以其为杂种贱胡。……由是言之，太宗之用蕃将，乃用此蕃将及其所统之同一部落。玄宗之用蕃将，乃用此蕃将及其统领之诸种不同之部落也。太宗、玄宗任用蕃将之类别虽不同，而有任用藩将之必要则相等。②

陈先生谈到太宗与玄宗同样重用藩将，是因为他们有部落组织和骑射技术，这些远远高于汉人的战斗力。而唐朝之重用胡系兵将，正是有上文论及的社会背景，即胡汉民族与文化的融合。《旧唐书》卷106《李林甫传》记载：

> 国家自武德、贞观已来，蕃将如阿史那社尔、契苾何力，忠孝有才略，亦不专委任大将之任，多以重臣领使以制之。开元中，张嘉贞、王晙、张说、萧嵩、杜暹皆以节度使入知政事，林甫固位，志欲杜出将入相之源，尝奏曰："文士为将，怯当矢石，不如用寒族、蕃人，蕃人善战有勇，寒族即无党援。"帝以为然，乃用（安）思顺代林甫领使。自是高仙芝、

---

① 岑仲勉从军事布局的角度谈到玄宗时期增强节度使边兵的问题时，认为安史之乱不是边兵之弊，而在于节度使之权过重。见《隋唐史》上册，北京：中华书局，1982年，第225—238页。

② 见《论唐代之藩将与府兵》，载同作者：《金明馆丛稿初编》，上海：上海古籍出版社，1980年，第268页。

> 哥舒翰皆专任大将，林甫利其不识文字，无入相由，然而禄山竟为乱阶，由是得专大将之任故也。

李林甫在这里提出了边区专用蕃将胡人的建议，不妨说有他个人的私心杂念，但是他提出的意见确是当时形势的基本状况，唐玄宗采纳他的意见也是出自同样的形势。如是讲，我们可以说，重用不重用蕃将，并不是朝廷所可选择的问题，朝廷所能做到的是重用哪个或哪一部分蕃将。安禄山之被重用，据《旧唐书》卷200上《安禄山传》记载：

> 性巧黠，人多誉之。授营州都督、平卢军使。厚赂往来者，乞为好言，玄宗益信向之。天宝元年（742），以平卢为节度，以禄山摄中丞为使。入朝奏事，玄宗益宠之。三载，代裴宽为范阳节度使，河北采访、平卢节度使如故。采访使张利贞常受其赂；数载之后，黜陟使席建侯又言其公直无私，裴宽受代，及李林甫顺旨，并言其美。数公皆信臣，玄宗意坚不摇矣。后请为贵妃养儿，入对皆先拜太真，玄宗怪而问之，对曰："臣是蕃人，蕃人先母而后父。"玄宗大悦。

安禄山巧妙地利用了唐朝君臣之间的关系，博得玄宗的好感和信任，其地位迅速擢升，身兼范阳、平卢、河东三个节度使。从体制上看，一人兼任的现象不独安禄山，但是以他的势力为最大。安禄山正是利用他的特殊身份，以节度使的实力挑起叛乱。整体而言，安禄山事件在性质上属于军队将领的叛乱，但他利用了民族问题，在民族概念彼此不分之下隐藏着的民族相异心理，被他严重地激化了。他起兵反叛之时，"以同罗、契丹、室韦曳洛河，兼范阳、平卢、河东、幽、蓟之众，号为父子军"[①]，这都可以证明安禄山确实在利用民族问题。他作为唐朝的一方将领长期抗衡奚和契丹，然而他的军队却收罗不少的奚人和契丹兵，这说明

---

① 见（唐）姚汝能：《安禄山事迹》卷上，曾贻芬校点，上海：上海古籍出版社，1983年，第22页。

安禄山对这两支民族势力早有用心,而河北当地的胡汉民族聚居也给予了他很多的条件。这是我们对安禄山叛乱的认识。

四、中央王权的衰弱与文化的分区

安史之乱对唐王朝的打击是沉重的,其结果是王朝从此以后走向了与此前不同的发展道路。在这之前,唐朝经济呈现发展的态势,政治基本处于稳定的状态之中,军事上则向周边拓展,文化上吸纳各民族、各国家的优秀成分,制度完备,展现给世人的是强盛局面。而在这之后,王朝则倾斜下滑,中央的权威逐渐丧失,它的中心任务由防御周边势力转向了处理内部藩镇,这牵扯了朝廷的主要精力。而边务,特别是防范吐蕃等,则变成王朝处置的另一个中心,不过这是依附于内政,受内政支配的[①]。地方作为一种势力而登上政治舞台,它们与王朝之间那种隶属的等级关系被地方的肆意擅权所取代,地方的节度使体制原本是由中央建构的防御体系,现在其中的一部分则转变成与中央抗衡的力量,至少不再完全、毫无保留地听命于中央;民族势力不再受更多的羁制而呈现活跃和分离的趋势,最终与地方势力结合形成新的力量格局。导致前后期如此迥异局面的重要因素,是唐王朝权威的丧失。中央威势是国家正常发展的前提,也是国家强大的基础,安史之乱则使得这个基础遭到严重的削弱,甚至被瓦解,在基础不存在的条件下,唐王朝经历的路程就与前期不可能一样了。

中央王权威势的弱化,给唐朝的发展带来了前所未有的变化。自从秦始皇建立中央集权一体的政治体制之后,中国社会的发展,一直受到这个体制的强烈制约;中国社会发展的基本模式,就是建立在这种体制之下的。中央的权威发挥着核心的作用,在它的支配下,中国社会呈现着发展的态势;一旦权威遭受挑战或受到

---

① 参看拙著:《唐朝朔方军研究》第九章。

削弱，一统的国家政治就会受到强烈的刺激，甚至被瓦解。魏晋南北朝时代社会的动乱和分裂割据得以出现，其根本原因，就是中央王朝一体的政治格局被打破；中央丧失了权威，地方势力才有可能不受限制地崛起兴盛，周边民族势力不再受任何的羁制而任意地扩张自己的力量。隋唐结束了南北朝的分裂局面，而其之所以结束，也正是中央王朝威势重新确立以后才实现的。唐朝前期社会的安稳和发达，国力的擢升和强盛，正因为有中央王权的强化；倘若中央王朝自身不振，这种局面是不可能出现的。现在，王朝遭受安史之乱，其威势受到冲击，中央王权受到严重的削弱，它对地方的控制权大大地减弱了。安史之乱以后的地方权力的加强，是以地方节度使势力的增加为表现特征的，到代宗执政结束时，至少幽州、魏博、成德、平卢、襄阳和淮西这些节度使自行其是，不再完全听命于中央。陈寅恪在谈到安史之乱的问题时说道：

> 唐代自安史乱后，长安政权之得以继续维持，除文化势力外，仅恃东南八道财赋之供给。……除拥护李氏皇室之区域，即以东南财富及汉化文化维持长安为中心之集团外，尚别有一河北藩镇独立之团体，其政治、军事、财政等与长安中央政府实际上固无隶属之关系，其民间社会亦未深受汉族文化之影响，即不以长安、洛阳之周孔名教及科举仕进为其安身立命之归宿。故论唐代河北藩镇问题必于民族及文化二端注意，方能得其真相者所在也。[①]

河北地区胡化的标志，一是分布着数量较多的胡人，二是胡化汉人之存在。安史军队将领基本上是父子承传，安禄山、安庆绪、史思明、史朝义等都是这样；魏博的何进滔、何弘敬，镇冀的李宝臣、李惟岳，卢龙的李怀仙、李茂勋等也都是父子相传，

---

① 见《唐代政治史述论稿》，第20、25—26页。

而且持续数代几十年甚至更长的时间 ①。他们(很多出自胡系民族)专擅节度军队,把持一镇的军权、行政和经济财政权,这是人所皆知的事实。那么,河北在前期和后期同样有胡人活动,为什么在前期他们的踪迹不明显,而在后期却频频引起朝廷的不安呢?我认为,根本的原因就是,在前期,中央王朝威势强盛,它对地方行使着有效的控制权,地方均听命于朝廷,河北的胡族也同样处于王朝的羁縻和控制之下,它作为唐朝北部的组成部分而显现;这里的各个民族势力均在王朝体制之内,展现的是各个民族之间、他们与汉系民族之间的交往和联系。中期以后,中央王朝的威势被叛乱严重地削弱,王朝自身陷入严重的危机,它对地方的有效控制不复存在,地方在没有羁制的情况下迅速地崛起,并很快地建立自己的权力网络,形成新的权力核心。在此种情形之下,民族意识得以升华,忠诚于朝廷的胡系部族因中央权威的丧失而处在肆意发展的状态。于是,我们看到,地方势力的崛起与民族意识的觉醒,使得二者逐步结合,开始向新型权力结构转变。

中央权威丧失的另一个直接后果是,地区内部自我中心的意识随着民族意识的强化而加强。这二者之间在性质上并不类同,但在实际中却很容易地结合在一起。民族意识强化的突出特征,是这里的人们思想观念中追求的与长安和中原地区不一样的东西,比如《全唐文》卷 755《唐故范阳卢秀才墓志》杜牧记范阳卢秀才,"年二十,未知古有人曰周公、孔夫子者。击毬饮酒,册马射走兔,语言习尚,无非攻守战斗之事"。《新唐书》卷 210《藩镇魏博·田承嗣传》也有这样的记载:"田承嗣字承嗣,平州卢龙人。世事卢龙军,以豪侠闻。隶安禄山麾下,破奚、契丹,累功至武卫将军。(降唐后)承嗣沈猜阴贼,不习礼义。"同书卷 211

---

① 参见《新唐书》卷 210《藩镇魏博传》、卷 211《藩镇镇冀传》、卷 212《藩镇卢龙传》。

《藩镇镇冀·王镕传》云:"镕母何,有妇德,训镕严。至母亡,镕始黩货财,姬侍千人,仪服僭上。"《通鉴》卷238唐宪宗元和四年(809)七月条云:成德节度使王士真卒,其子王承宗自代,宪宗与朝臣商议对策,李绛等劝阻皇帝停止用兵,他们说:"群臣见陛下西取蜀,东取吴,易于反掌,故诡谀躁竞之人,争献策画,劝开河北,不为国家深谋远虑,陛下亦以前日成功之易而信其言。臣等夙夜思之,河北之势与二方异。何则?西川、浙西皆非反侧之地,其四邻皆国家臂指之臣。刘闢、李锜独生狂谋,其下皆莫之与,闢、锜徒以货财啖之,大军一临,则涣然离耳。故臣等当时亦劝陛下诛之,以其万全故也。成德则不然,内则胶固岁深,外则蔓连势广,其将士百姓怀其累代煦姁之恩,不知君臣逆顺之礼,谕之不从,威之不服,将为朝廷羞。又,邻道平居或相猜恨,及闻代易,必合为一心,盖各为子孙之谋,亦虑他日及此故也。"

上述四条史料,第一条记载说范阳的卢秀才从小生活在幽州,他对骑马射箭很是熟悉,却不知道周公、孔子这些传统儒家的代表人物;第二条史料是说安禄山手下的大将田承嗣长期军旅征战、戎马倥偬,竟然不熟悉了传统的基本礼仪习尚;第三条并没有描述镇冀节度使王镕如何不知礼数,却说他在其母亡后,如何不遵守地方礼制而擅自僭越违制;第四条则是以西川节帅刘闢、浙西李锜与河北节镇作对比,明确说河北节镇不知君臣逆顺之礼,长期不受礼统教化,视同外夷蛮荒之域。这四条材料反映的基本事实就是河朔的军士乃至普通民众所受的文化影响与传统的儒家风俗习尚已经完全不同了,特别是北方胡族文化在当地产生的影响似乎超出了传统,支配了众多的百姓。下面的材料更有河朔与长安文化的对抗性倾向,《新唐书》卷127《张嘉贞附张弘靖传》记云:

(穆宗)长庆(821—824)初,(卢龙节度使)刘总举所部内属,请弘靖为代,进检校司空,仍同中书门下平章事,充卢龙节度使。始入幽州，老幼夹道观。河朔旧将与士卒均寒暑，无障盖安舆，弘靖素贵，肩舆而行，人骇异。俗谓禄山、思明为"二圣"，弘靖惩始乱，欲变其俗，乃发墓毁棺，众滋不悦。旬一决事，宾客将吏罕闻其言。委成于参佐韦雍、张宗厚，又不通大体，脧刻军赐，专以法挞治之。官属轻佻酣肆，夜归，烛火满街，前后呵止，其诟责士皆曰"反房"，尝曰："天下无事，而辈挽两石弓，不如识一丁字。"军中以气自任，衔之。总之朝，诏以钱百万缗赉将士，弘靖取二十万市府杂费，有怨言。会雍欲鞭小将，蓟人未尝更笞辱，不伏，弘靖系之。是夕军乱，囚弘靖蓟门馆，掠其家赀婢妾，执雍等杀之。

上文所记反映了长安官吏到河北后，他们已经不了解当地风俗的情况。长安官员的颐指气使和官场上的风气，河北节度使部属和民众颇不习惯，二者的差别使他们彼此不能沟通，这是导致张弘靖被囚禁的重要原因；但更重要的则是长安的操守准则已经得不到河朔的认同，相反，他们有自己的操守标准，有自身的文化风尚。这是他们对抗朝廷的思想和文化基础，对长安而言，这个危险最大，也更加长久。事实表明，河朔地区之能得以长期独立，与中央脱节，文化风尚自成一体并与长安对立，是深层次的原因。更令人深思的是，后来事态的发展，在这个基础上更增强了，其分离的倾向随着中央王朝对其不成功的用兵而进一步加剧，结果地方的势力与民族势力渐趋合一，引致新权力格局的出现，于是，中央王朝大一统的局势被打破了。

五、道统的强调与华夷之辨

随着中央朝廷权威的丧失，唐朝的思想意识也跟着出现了变化，其变化的表现，是儒家道统思想的复兴，以及由此产生的华夷观念的再度强化，其代表人物是韩愈。《旧唐书》卷160《韩愈传》记载他对佛教的态度，他说：

> 伏以佛者，夷狄之一法耳。自后汉时始流入中国，上古未尝有也。……此时天下太平者，百姓安乐寿考，然而中国未有佛也。……汉明帝时始有佛法，明帝在位才十八年耳。其后乱亡相继，运祚不长，宋、齐、梁、陈、元魏已下，事佛渐谨，年代尤促。……由此观之，佛不足信，亦可知矣。

> 佛本夷狄之人，与中国言语不通，衣服殊制。口不道先王之法言，身不服先王之法服，不知君臣之义、父子之情。假如其身尚在，奉其国命，来朝京师，陛下容而接之，不过宣政一见，礼宾一设，赐衣一袭，卫而出之于境，不令惑于众也。况其身死已久，枯朽之骨，凶秽之余，岂宜以入宫禁！

我们从这个引文里可以得到以下几点认识：

第一，引文中心内容是韩愈反对佛教的思想，与此伴生的是他的"道统"理论及其在此思想影响下出现的古文复兴运动。我们注意到，这二者是密切地联系在一起的。佛教与道统，在韩愈看上去完全对立，不可调和。道统的恢复是以破除佛教为前提的。因为佛教是外来的，它不符合中国传统文化的要义。

李唐建立之后，其思想意识杂以儒、道、佛各家学说，虽然仍以儒学意识为主，但各家思想都有相当的影响。从前面的论述里我们清楚地知道，唐朝建国所赖以支持的势力，就其来源讲，既有中原的势力，更有北方胡人的支持，其文化风气和思想风范彼此影响。随着王朝的发展和壮大，支配王朝的思想和意识也在作不断的调整。因为中央面临的主要问题是如何统治以汉民族为主体的各族民众，所以其调整的方向是汉民族主体文化的复位问题。汉民族传统的思想是儒学为主，因而唐朝文化发展的基本倾向，就是儒学复兴。这个问题在前期隐藏在中央王权强势之内，中央王朝整体仍旧保持太宗所开创的强势局面，为了维护一统，唐廷在思想和文化上强调的核心观念则是儒学和异族文风的混一。但是安史叛乱打破了王朝的权威,中央对地方的控制力减弱,其大一统虽力犹返复,但在思想观念中,内外有别的心态开始萌生,并呈强化趋势,华夏正统与四夷外戎的观念也就在追寻道统的过程中被凸显出来。

第二,韩愈学说和思想的背后,是唐朝社会变化的现实。其中陈寅恪所说尤有道理:"唐代古文运动一事,实由安史之乱及藩镇割据之局所引起。安史为西胡杂种,藩镇又是胡族或胡化之汉人,故当时特出之文士自觉或不自觉,其意识中无不具有远则周之四夷交侵,近则晋之五胡乱华之印象,'尊王攘夷'所以为古文中心之思想也。在退之稍先之古文家如萧颖士、李华、独孤及、梁肃等,与退之同辈之古文家如柳宗元、刘禹锡、元稹、白居易等,虽同有此种潜意识,然均不免认识未清晰,主张不彻底,是以不敢亦不能因释迦为夷狄之人,佛教为夷狄之法,抉其本根,力排痛斥,若退之之所言所行也。退之之所以得为唐代古文运动领袖者,其原因即在于是。"[①] 这段引文指出,韩愈的思想是当时社会胡汉文化互动的反映,他力图恢复的道统是中原传统文化在当时的复兴。之所以这样,是因为儒家的道统早已湮没无闻,文化风气受到严重的干扰,而这一切正是安史之乱导致的结果。叛乱所在的河北地区传统文化的精神气象丧失殆尽,而河北藩镇之所以长期与中央抗衡,除节度使本身之外,当地民众对节度将领的支持更是深远的因素,他们之所以这样,就是长期胡化文风熏染造成的。朝廷在军事上征讨和收复,那是军队的事情。思想文化的教化,更是长期紧迫的任务。韩愈提倡道统,以复兴古文运动为中心内容的文化改造,正是在思想领域内配合中央,其目的是恢复唐王朝的权威,再现王朝强盛的局面。

第三,在这样思想的支配下,唐人对民族的概念就与前期出

[①] 见《论韩愈》,载《金明馆丛稿初编》,第 293—294 页。

现了不同的划分。当初唐太宗李世民主张华夷一家彼此不分，民族势力的划分不以种族为限，强调戎狄与中原汉族的同等属性。这是因为唐朝与周边其他势力相比处于强势地位，唐朝将要控制这些民族势力，所以唐朝不必担心周边势力对它构成威胁。处在这种情况之下的中央王朝充满了信心，所以它在处置民族势力的问题时得心应手，有充分的回旋余地。这是太宗民族政策采取开放的时代背景。韩愈的时代，是中央王权被削弱、地方节度使和周边民族力量崛兴的时候，中央不断地受到各种势力的挑战，其威信大为降低。这种情况恰恰是军事叛乱、民族分离导致的结果。所以要恢复中央王朝的威望，就必须强调彼此的分别，唐朝在文化上的正统地位则是分别的前提，周边民族因不具备正统承传的资格而被弱化，处于文化和思想的边缘地位。于是，中原文化和胡化的区分就成为士大夫拯救唐朝权威的认识途径[①]。本文认为，韩愈代表的复兴传统文化的行动，表现出中原王朝企图在文化和思想上振兴自身，借以强化王朝的正统地位。在它自身地位稳定的时期（比如前期），它无须作此努力，它的权威不受任何的挑战；但是在后期这种挑战变成事实，王朝的威信不再，它就要为自己的命运负责，在思想和舆论方面强调自己的正统性以求取生存的合法性。它所求取的方法，就是从传统中寻找自己文化的来源，显示自身的正统地位。要做到这些，就必须区分掺杂在正统里面的其他因素，正本清源，鳌革舛伪，于是，此一民族与彼一民族之间的界限就开始分明，华夷戎狄之不同就再一次被强化。这一方面说明时人在中央权威丧失的情况下恢复权威的迫切亟待的心境，另一方面则反映出唐人心态的收缩。我们看到，道统的

[①] 英国学者冯客说："中国人对于外来者的态度充满了矛盾。一方面，一种文化普济主义的主张使得精英们断言野蛮人能够被汉化，或被文化和气候的有利影响转变。另一方面，当他们的文化优越感受到威胁时，精英们便诉诸人性类型的差异以驱逐野蛮人，并封闭国门，以免除外在世界的邪恶影响。"见《近代中国之种族观念》，杨立华译，南京：江苏人民出版社，1999年，第28页。

强化,是在王朝威势削弱的情况下出现的自我拯救运动,而这种拯救充其量是王朝自身的澄清,剔除了与之结合的其他文化因子,其后果则使王朝势力进一步受损。由此看出,唐朝后期文化的拯救运动,反映了唐王朝思想和文化的整体收缩,它越是强调自身文化的优势,就越能反映其自身实力的萎缩,这种思想在纯洁的感召下体现的则是越来越保守,最终自我封闭。从古文运动的兴起到宋朝新理学的复盛,中央文化的正统性是一步步地确认了,可是王朝的实力则随之减弱了。中央王朝势力的下降,其权威的减弱,总是伴随着思想和文化的收缩和保守,这至少在唐宋时期有明显的表现。问题的严重性还在于,这种思想的收缩,随着王朝遭遇新的风暴的冲击,其合法性也受到怀疑,王朝存在的价值受到新的更大的挑战。

六、余论

从唐朝近三百年的历史发展过程中,我们看到,前期各民族的互动和交往,构成了唐朝社会的一个主要的内容。唐之强盛,与此关系甚为密切。但是,那个时期的民族交往与互动,是在各个具体利害、具体问题的解决过程中实现的。就整体的表现而言,这些民族问题是伴随着唐朝国力强化,特别是其军事拓展而成就的。在7世纪初期,唐朝建立之后,它面临着进一步的发展,这又是关系到王朝自身地位稳定的问题。因为当时它的北方存在着强大的东突厥,西北方又有西突厥政权。东突厥不希望唐朝强大,一旦后者强盛,东突厥很可能以其威胁自己而予干涉,于是唐与东突厥的战争就不可避免。这就是说唐朝的发展似乎是要以征服或消灭其对手为代价的。

吐蕃的崛起是7世纪前期另一件重大的事件。我们还看到,同时期西亚阿拉伯半岛也崛起了强大的帝国,它与吐蕃一样,兴起之后不久,就开始了向周边拓展的进程,并迅速地攻占了许多地区。古代帝国以征服消灭弱小势力开拓自身，是它们发展强盛的一般途径，此言虽不能过分夸大，却被历史不断地证实。吐蕃对唐构成的威胁，成为高宗、武则天时期唐朝政府面临的重大问题。与此同时，东突厥的复兴正是他们利用了唐与吐蕃的战争机会，而东突厥的再兴及其随后展开的频繁攻击，也严重地削弱了唐朝的实力。唐朝被迫由军事上的进攻转向防御，随之在军事体制上进行相应的调整，以防守为务的节度使体系形成拱卫长安和洛阳为核心腹地的新体制得以确立。但就是这个新体制却赋予了军队将领极大的权力。他们手中掌握了军事大权，使得他们从附属王朝的次要角色上升到王朝命运的掌握者。于是，王朝自身的安危在很大程度上取决于这些将领。安禄山利用了这个机会，所以他发动的叛乱才给予唐朝以沉重的打击。

正是在上述政治、军事事态演变的过程中，唐朝与周边民族势力的关系也发生着变化。就趋势而论，前期民族关系主要表现为周边各族与王朝密切的交往，有些民族势力则受王朝的拓展而被纳入到唐朝的体系之内。最典型的事例莫过于东突厥。他们在政权灭亡后，被安置在沿长城一线，成为帝国的属民，突厥人与唐人的交往与融合也就在此期间进行。周边的党项、吐谷浑等民族也先后纳入唐朝的势力范围之内。在这里起决定作用的因素，是唐王朝中央权威。唐朝整体实力的上升导致它在民族关系上呈现出兼容并包的态势，它相信各民族势力的纳入只会加强王朝的势力，而不会削弱王朝。王朝的强大足以应付民族融合带来的各种问题。因此，前期的王朝呈现开放的姿态是以其自身实力为基础的。

与此对应，后期中央王朝遭受沉重的打击使它去失了这样的实力。安禄山叛乱以后，唐朝丧失了自身再造的功能。叛乱不仅打破了王朝御边的军事体系，而且由此造成的事实就是节度使作为新兴势力而登上政治舞台，从中央政府手里争夺权力发展和扩大自己。节度使争权的结果是中央王朝威势的持续下降，与此伴生的另一个社会现象则是边疆地区各个民族势力与地方节度使力量的逐渐结合，而二者的结合反过来又加剧了中央王朝威力的丧失。说到底，中国历史的统一与分裂，起决定作用的是中央王朝势力的大小和强弱。处于这种情势之下的民族观念，随着中央王朝强弱和集权体制对全国、特别是对边疆民族地区支配力的大小呈现不同的变化。当王朝处于强势之时，它对周边民族势力采取的是宽容包纳的开放心态，以华夷一家笼络各支势力并置于中央王朝的体系之内；然而当王朝自身弱化或受到严重的威胁，甚至自顾不暇之时，它就以华夷有别强调彼此的不同以保障王朝自身的维系，这个时期中原的保守和封闭就上升为主流的观念。唐朝的民族关系正是在这种观念支配下运作的。

（本文是为参加2001年8月2—5日在山东省青岛市青岛大学举行的"中国唐史学会第八届年会暨国际学术研究会"撰写的论文。当时正是我的博士论文答辩之后，遂将学位论文做一详细的摘编成就此文，会后曾按照要求寄送以出版会议论文集，但因故未出版，考虑到此文比较简洁地反映出我当时研究唐朝民族问题的一个观点，遂收入本书，这里系首次发表）

《水部式》与唐朝的水利管理

唐代中央政府负责水利事业的机构，一是尚书省工部中的水部司，二是都水监。尚书省是全国的最高行政机构，它与中书、门下二省组成宰相集团。尚书省属下设吏、户、礼、兵、刑、工六部，工部负责全国的各种建设、屯田及山川河流的管理，其长官工部尚书为正三品职事官，地位较高；下辖工部、屯田、虞部和水部四司；司的长官称郎中，从五品上职事官；副长官称员外郎，从六品上。水部司的职掌，用《唐六典》卷7《尚书工部》的话说就是："掌天下川渎、陂池之政令，以导达沟洫，堰决河渠。凡舟楫、灌溉之利，咸总而举之。"[①] 从这里可以看出，该司的职责范围包括山川河流、水渠灌溉以及舟船航运等方面的事务。

都水监的长官叫都水使者，设有2人，均为正五品上阶职事官，其属员有丞、主簿、录事等。都水监管辖的事务包括山川泽流、关津桥梁、渠堰陂池等等，这与水部司职权范围大体相近。在长安（今陕西西安）和洛阳（今河南洛阳东北）的有关事宜直接归该监管理，各地事务则由所在州县筹办。都水监丞主要协助都水使者管理日常事务，主簿则负责监印并检查监督等。该监下设舟楫和河渠二署。舟楫署主管称令，副手有丞，该署掌管公私舟船及航运事务；河渠署亦设令、丞，管理的任务有河渠整治、堤堰修建及捕鱼等。其中河渠、堤堰都是有关水利兴修之事，捕鱼则是它的一项特殊任务，所捕之鱼专供宫廷百官及祭典所需，

---

① 见《唐六典》卷7《尚书工部》，陈仲夫点校，北京：中华书局，1992年，第225页。

所以它的属员还有河堤谒者 6 人，主管补修堤堰及渔钓之事；另有典事 3 人、掌固 4 人等等。此外，该署又有长上、短番和明资渔师共计 250 人，前两种渔师属征发徭役而来，以为官府服役期限长短不同而得名；后一种是官府出资雇佣的。他们都是有捕鱼或水上经验的技工，其主要任务就是为官府捕鱼。此外，全国各地的关津渡口设置相应的管理部门，为首者称令，副职为丞，官品较低，他们只负责本处关渡船运及桥道等杂务，总隶于都水监。

尚书工部中的水部司与都水监是负责唐朝水利事业的两个部门，它们管辖的事务基本相同。那么为何要设立两个机构呢？这与唐朝官制建设有关。

大体来说，唐代的职官制度是继承前朝而来，它综合归并，总结演化，形成了以三省、六部、九寺五监为特征的中央官僚体制。六部与九寺五监之间大体上处在同一位置，但六部属于政务机关，侧重于发号施令、节制督责上面；而九寺五监则属于事务机关，仰承政令，分工负责具体工作。因此，工部中的水部司与都水监虽然都是主管水利事业的部门，但前者重在政令，后者重在事务。都水监在九寺五监中职位最低，它不但不能与工部相比，而比工部属下的水部司也高不了多少。

唐朝管理水利的机构如前所述，那么当时又是如何进行管理的呢？这在文献典籍和出土文物中都有不少记载。其中最有价值的一份便是敦煌出土的《水部式》（编号为P.2507）残卷，收录在罗振玉《鸣沙石室古佚书》之内[1]。《水部式》是唐玄宗开元后期颁布的一种式文。唐朝的法有律、令、格、式四种形式，"式，以轨物程事"[2]，其内容是对诸种制度所作的具体规定。《水部式》即是对水利事业的若干规定，具有法规性质，人们必须遵守执行。这份《水部式》残卷共 143 行，29 个自然段，2600 余字，所述内

---

[1] 参见罗振玉：《鸣沙石室古佚书》，浙江上虞：上虞罗振玉宸翰楼，1913 年。
[2] 见《旧唐书》卷 43《职官志二》，北京：中华书局，1975 年，第 1837 页。

容相当全面。现结合此卷简单谈谈唐朝用水管水的具体情况。

有关农田水利灌溉事业的安排是该卷的主要内容之一。

唐代的农田水利建设是在前朝基础上发展与完善的。《水部式》规定，在泾、渭、白渠的取水口处，均须由州县官府安置斗门。斗门要牢固，不允许私造；进行灌溉时，要"预知顷亩，依次取用"（《水部式》语），避免盲目用水，造成浪费。京兆府高陵县（今陕西高陵）界内的清渠和白渠于交汇处亦置斗门节制水量，按计划3/5入白渠，余入清渠；每年八月三十日至次年二月一日间可开闸放水，同时京兆府少尹要进行检视。据《新唐书》卷48《百官志》记载："泾、渭、白渠，以京兆少尹一人督视。"[①] 上述诸渠均在京兆府辖内，故少尹检巡是其任务之一。至于浇水灌田的安排，放水多少，这些均由所在官府与水利部门协商解决。

唐朝管理水利的基层人员是渠长和斗门长。《唐六典》卷23《都水监》说："每渠及斗门置长各一人。"[②] 由50岁以上的百姓或小官吏充任，其职责是按照有关规定进行水量分配及相关事宜。有渡槽处可置长2人。如果渠堰、斗门遭损，他们便率人随时修整。此外，地方州县每年都派官巡回检查，沙州（治今甘肃敦煌）官吏可以享乘官府提供的马匹下各地区检视。在这同时，都水监也常派人巡视全国。根据《唐六典》记载，县府差官督察本县水利之好坏，"岁终，录其功以为考课"[③]，这是将水利建设管理与官员的考绩挂钩，作为评价和升降官员的一项指标。在一些重要的渠堰，官府还派专人看护，如龙首、泾堰、五门、六门、升原等"堰别各于州县差中男二十人，匠十二人，分番看守"（《水部式》语）。"分番"是按期轮替的意思，"中男"指18岁至20岁之男子，他们分守看管，若有损坏，随时修补；损毁过大时，

---

① 见《新唐书》卷48《百官志三》，北京：中华书局，1975年，第1277页。
② 见《唐六典》卷23《都水监》，第599页。
③ 见《唐六典》卷23《都水监》，第599页。

人手不够，那么州县就要增派人员支援；他们多为农民百姓，在服役期间要折免相应的其他课役。长安城内有关沟渠修葺事宜，则统归将作监等有关部门负责。

唐政府十分注重对关津、桥梁的看护守卫，在各地渡口、关津和桥道都设置机构进行管理，重要地段还派兵驻防，军士由所在州县负责安置。洛水中桥、天津桥由卫士清理打扫，若有损坏当即修缮。此外，州县政府常派官吏巡回检查各地津梁桥道；京兆府灞桥、河南府永济桥由兵部遣派勋官轮流检视，又征用当地百姓分番守护；蒲津桥等配置水匠 15 人，挑选熟悉水性的人充任，分四番服役（即一年中轮 4 期，每期 3 个月）。对于关津、桥道的修理和材料供应，《水部式》规定，损毁较小的，可由护桥工匠、百姓负责；但毁坏过大，州县就要征用人手，有时还须驻军协助，制定程限，合理规划，事毕即散。修缮所用材料，在该式中虽未见适合全国的统一规定，但亦有不少具体的记载，如河阳桥需用的竹索由宣（治今安徽宣城）、常（治今江苏常州）、洪（治今江西南昌）三州制造，大阳、蒲津桥竹索由司竹监供给等等；同时还对征用工匠的安排、材料备用等多方面作了具体细致的规定，尽可能达到人尽其才、物尽其用。

还有水上运输的规定。

唐中期以后，南北经济调配，长安、洛阳粮食供应等均由水路即所谓漕运来解决。裴耀卿即因漕运而成为唐玄宗时代显赫的人物。《水部式》里记载的运输有外海、内河两种形式。沧（治今河北沧州东南）、瀛（治今河北河间）、贝（治今河北清河西）、莫（治今河北雄县南）等 10 个州曾征派 5400 名水手，其中有 3400 人负责海运。记载更多的是内河航运。其中有一处提到胜州（治今内蒙古托克托西南）转运水手有 120 人，他们来自晋（治今山西临汾）、绛（治今山西新绛）二州，由勋官充任，不足则兼取白丁，服役 2 年。在此期间，勋官每年晋升一级，得赏绢 3 匹，布

3 端；白丁则免除两年的课税杂役。河阳桥、陕州大阳桥各配备水手 250 人和 200 人，负责运输事宜，其中各有 10 名竹木工匠，他们熟知水性，同前例分四番服役。关于船只的制造，《水部式》规定，大阳、蒲津桥之船由岚（治今山西岚县北）、石（治今山西离石）、胜等州建造，河阳桥运船则专由潭（治今湖南长沙）、洪二州提供；至于所需工匠、船料等，由所在州县与上级主管部门共同解决，"每年出入破用，录申所司勾当"（《水部式》语）。为保证船运的正常工作，遇到与此抵牾矛盾之处，官府不惜牺牲其他利益以保证运输。如蓝田新开渠，百姓用水灌田影响到运船时，《水部式》明确指出"百姓须灌田处，令造斗门节用，勿令废运"，这就是优先保护运输，然后才是灌溉。该式文还为保护宫廷皇家利益，对船运经过禁苑做出严格限定，即运船滞留禁苑河内过夜者，除留一二人看护外，其余均须出禁，不得留宿。类似的条文虽不甚多，但足以表明官府对宫廷皇室的保护及对外人的防范达到了何种程度。

碾硙的使用。

碾硙是一种机械装置，利用水力使其转动，可以作灌溉及粮食加工之用。碾硙之大量使用，极大地妨碍了渠池河水的其他用途。《水部式》规定诸渠上安置的碾硙，若影响河渠的正常运行，损害公私利益的，就要拆除。诸州县已安置的，只准许在八月三十日至十二月底之间启用转动，这时正值秋后和春播之前，农田很少或无须用水；而在正月至八月间就要加锁封印，禁止使用，以保证灌溉。倘若雨水充足，浇田有余，则可以启用。但富家大族或地方豪强往往不顾禁令，争相开启，使碾硙大增，严重地损坏了国家和农民的利益。到后期，中央王权衰弱，地方割据，政府虽三令五申，甚至皇家带头拆除，但这种侵占灌溉和其他利益的行为却更加频繁了。

都水监问题。

都水监的机构设置前面已有所叙述,《水部式》侧重于它属下的三津征守桥匠及渔师管理等事宜。根据式文,每津各配桥丁 30 人,由所在地水性好的农民充当,依例分番并免除其他税役,五月一日至九月中旬之间不得离家 10 里之外,以供随时召遣。又每桥另置木匠 8 人,亦分四番上下,供修桥补葺之用。前所谈都水监渔师,《水部式》指出其中短番 120 人来自虢州(治今河南灵宝),明资 120 人出自房州(治今湖北房县),同样分四番服役,他们都擅长采捕及水上作业,为五等以下户的百姓,主要任务就是捕鱼,供官府及祭祀享用。

以上是《水部式》残卷记述的主要内容,此外,唐朝许多州县还有各自的用水细则,如敦煌出土文书中有一份《敦煌水渠》(P.3560,又名《唐代沙州敦煌地区灌溉用水章程》),卷帙虽残,但文中列举了引用甘泉水轮灌的规则,可以说它是根据《水部式》规章并结合该地区实际制定的条文。

由上可知,唐朝对水利是很重视的,不仅设有较为健全的水利管理机构,而且有比较完整的规章制度,对农业生产的发展起到了积极的作用,促进了唐王朝的发展和强盛。

(本文原载《中国水利》1992 年第 3 期,第 35—36 页。为保持全书体例统一,此次收录本书时将原文的文内注改为页下注,并加了出版社和页码等)

论裴度

对于唐史研究者而言，裴度一名如雷贯耳，他在唐代后期的政治舞台上扮演了重要角色，影响深远；但对于一般读者来讲，有关裴度其人其事以及裴氏家族，仍有了解和介绍的必要。

一

裴度字中立，生于唐代宗永泰元年（765）。他的祖父裴有邻和父亲裴溆居官都不显，分别担任濮阳令和渑池丞；然而裴家确是三世簪缨的河东大族，其显赫门户在当时亦少有可比附者。论及裴度本人地位的升起，固然与此家族门望有着密不可分的关系，但更重要的则是当时朝廷局势变化而使然，易言之，现实政治的需要比旧族大户的荫庇来得更为实在。

裴度升显的转折点是元和十年（815）六月他遇刺的事件。该事件经查是成德节度使王承宗与淄青节度使李师道联手派人干的，目的旨在阻止朝廷讨伐淮西吴元济。淄青节度使李师道与成德王承宗勾结派刺客暗杀了主战派宰相武元衡，身任刑部侍郎的裴度也在这次暗杀中受到轻伤，他的随从王义大声呼救，裴度总算保住了性命，但武元衡则死于非命。宪宗见此情景，讨伐淮西的信念非但没有减弱，更加坚定，他不顾胆小怕事者的劝阻，立刻任命裴度为相，接替武元衡，全力主持征讨大业，随后又在北部开辟征伐王承宗的第二战场。但这样一来，官军南征北战，军力分散，反而不如集中一方消灭顽凶，尤其是南部高霞寓一军遭到惨败，朝廷双向出击的战略受到遏止。在这种状况下，宪宗亲调裴度南下淮西督战，裴度以"主忧臣辱，义在必死。贼灭，则朝天有日；贼在，则归阙无期"的态度告别皇帝①，奔赴前线，令宪宗恻然流涕，又使前方将士备受鼓舞。当时各路部队都有宦官监军，他们不谙军事，但又指手画脚，屡屡导致官军失利。裴度来到后，毅然将他们撤掉，兵权专制于将帅，结果形势大为改观，一时间"军法严肃，号令画一，以是出战皆捷"②。元和十二年（817）十月，裴度手下将领李愬雪夜下蔡州（治今河南汝南），一举擒获叛将吴元济。至此，与朝廷隔离30年未见官军的淮西终于回归唐朝政府，唐廷随即取消其建置，一分为三，划归邻镇统理。

对淮西的善后处理，裴度贯彻了宪宗的安抚政策。他将原来的路途不得偶语、夜晚不得燃烛以及禁止私人宴饮酒食等陋规全部废除，除少数罪大恶极者惩处外，其余兵众一概不咎。当时有好心人告诫裴度，蔡兵新附，其心未安，不可不小心防范。裴度则答以"吾受命为彰义军节度使，元恶就擒，蔡人即吾人也"③，令蔡人十分感动，淮西战事一停，局势便很快安稳下来。

二

淮西的平定，使得裴度声誉大增。在宪宗眼里，他无疑是个英雄；皇帝下诏加官晋爵，荣誉如雨点般浇在他的头上。但是，裴度在此后的政治活动中并非像平定淮西那般势无阻挡，在处理政务当中，他受到了各种挑战和阻碍，其复杂程度远远超过军事战争。例如，在选拔官员问题上，他与皇帝就发生了冲突。宪宗想重用程异和皇甫镈二人，意欲提之为相；因为程、皇甫二人有理财之能。程异早在顺宗时代就参加了著名的王叔文集团的政治

---

① 见《旧唐书》卷170《裴度传》，北京：中华书局，1975年，第4418页。
② 见《旧唐书》卷170《裴度传》，第4418页。
③ 见《旧唐书》卷170《裴度传》，第4419页。

活动，该集团政治失败后，他则因有经济才能而被盐铁使李巽看中，便推荐给宪宗。淮西用兵之际，程异帮助政府筹集款项，比较顺利地解决了经费问题。皇甫镈雷厉风行般地改进漕运效率，支持了官军行动，这一切都给宪宗留下了深刻的印象。但裴度却阻止皇帝对他们的任命，他反对的理由是这两位均属"钱谷吏耳，非代天理物之器"[①]，这种理由完全是轻视商贾财货传统观念的反照，如同唐玄宗重用兴利之臣招致士大夫的反对一样，其言论似乎充足有据，但却不能解决朝廷因战事频仍财货日渐枯竭的实际困难。宪宗此时需要的也正是这类人手，但旧史对他们似乎抱有很深的成见，《旧唐书·皇甫镈》讥讽他"素无公望，特以聚敛媚上"，连宪宗也一并涉入，如"时宪宗以世道渐平，欲肆意娱乐，池台馆宇，稍增崇饰，而（程）异、（皇甫）镈探知上旨，数贡羡余，以备经构"云云[②]，事情确实存在，但今人是否如此理解，需要慎重对待和研究。而同是《旧唐书》，对裴度的描述，似乎如同一个济世救国的英雄，"度执性不回，忠于事上"、"度素称坚正，事上不回"[③]，不止体现了裴度对皇帝的忠诚，也蕴含了作者的赞美意图。如此看来，裴度与程异、皇甫镈代表了那个时代两种不同的官僚阶层，一种是得到传统认可的，他们忠正耿直、洁身自爱；另一种是极富才干，但为了某种利益甚至于不择手段，他们不为舆论所称誉，但却往往能够解决受称誉的士大夫们解决不了的实际问题。我们认为宪宗之重用程、皇甫二人，正是看准了这一点，说明宪宗用人有一套自己的办法。在这种情况下，裴度就被调出长安充任河东节度使去了。

穆宗即位之后，年轻的皇帝在政治上采取放任态度，由于处理藩镇问题失措，导致魏博、幽州和成德这类已臣服的骄藩再次

[①] 见《旧唐书》卷 170《裴度传》，第 4420 页。
[②] 见《旧唐书》卷 135《皇甫镈传》，第 3739、3741 页。
[③] 见《旧唐书》卷 170《裴度传》，第 4421、4431 页。

叛离，为应付这种局势，朝廷又将声望卓显的裴度召回充任四面行营招讨使前去解决。但这次已远非淮西平叛那般势如破竹，据《旧唐书·裴度传》的记载，原因是"骄主荒僻，辅相庸才"[①]，即使有李光颜、乌重胤这样长于征战的名将和十数万大军出击，也未能获取多大的成功。而裴度用兵河北之时，又遭到朝中得势的元稹一派作梗阻挠。元稹与宦官首领知枢密魏弘简勾结在一起，视裴度功高盖己，与之作对；裴度数次斥责元稹，穆宗被迫将其罢职，但不久复行重用，裴度反被撸夺兵权，调东都留守赋闲。面对此种情景，大臣们开始向皇帝施加压力，他们接二连三到延英门前恳请留用裴度，说他文武兼备，富有经验，是辅佐之才，目前河朔叛乱尚未偃兵，不应置之散地。此时皇帝派往河朔打探军情的中使返回，奏报裴度在该地颇有声望，声称"军中谓（裴）度在朝，而两河诸侯忠者怀，强者畏。今居东，人人失望"[②]。穆宗于是召裴度回京，加拜司徒。而深州方面又发生问题（详后），皇帝又派裴度前去处理。

然而此前发生的又一桩棘手事件牵扯住了裴度，这件事与宦官有关。驻守泽潞的节度使刘悟受朝命充任卢龙节度使，原因是幽州大将朱克融叛乱并拘囚主帅张弘靖，朝廷欲调名将镇守渔阳（治今天津蓟县），悟受命前往。但刘悟监军刘承偕恃恩经常当众辱悟，悟部众怨愤，欲杀监军。朝廷得闻，穆宗召集大臣商议对策，裴度主张严惩监军，最后朝廷将刘承偕贬职，事情总算得以解决。不久之后，徐州又传来消息：节度副使王智兴自河北行营率军驱逐节度使崔群，自称留后。此事又一次震动长安，朝中上下纷纷要求裴度主政，全力处理这些困扰政府的紧迫问题。所以裴度充任淮南节度使并未到镇，代他而去的是另一位宰相王播。但是裴度又遇到了朝中另一部分有权有势官僚们的对抗。曾经受

[①] 见《旧唐书》卷170《裴度传》，第4421页。
[②] 见《新唐书》卷173《裴度传》，北京：中华书局，1975年，第5214页。

到裴度斥责的魏弘简与刘承偕在朝中的同党将处于裴度对立立场的李逢吉召入朝中，结成"八关十六子"集团[①]，共同对付裴度，最后将他挤出中央，调往山南西道节度使，而且不带平章事。

三

长庆四年（824）初，穆宗病故，其子敬宗即位。李逢吉一派得势，他们将裴度挤出朝廷后，又将矛头指向大臣李绅，终于将他贬到边地。新即位的敬宗还只是15岁的少年，他不失天性，喜欢马球，经常玩耍，对宫殿的修建兴趣浓厚。但作为天子，宫廷大事必须过问，这是自古以来的传统。敬宗对裴度，似乎没有更多的了解，裴度被挤出朝廷，是在他父亲穆宗去世前不久，那时的皇帝因病疾在身而对朝臣的纷争龃龉颇感厌倦，而年少的皇长子亦未十分了解这些。可是他即位后的某一天阅读禁中文书，忽然间发现了裴度等人上奏给穆宗的文书有关册立自己为太子一事，小皇帝顿时感动醒悟。关于这件事，《新唐书·裴度传》记云："帝（穆宗）暴风眩，中外不闻问者凡三日。度数请到内殿，求立太子，翼日乃见。帝遂立景王（敬宗）为嗣。"[②] 不久，从深州出镇襄阳的节度使牛元翼卒，对抗朝廷的成德节度使王庭凑趁机尽屠其家。敬宗得知后，深怨当朝宰相非才，致凶贼暴逆如此。翰林学士韦处厚向皇帝上言，盛赞裴度功才，要求敬宗重用，他说："今有裴度尚不能留，此冯唐所以谓汉文得廉颇、李牧不能用也。"[③] 敬宗旋下诏加裴度同平章事。这边李逢吉一派见此，感觉裴度复出于己不利，便设法阻挠。他们编造已死的陈留人武昭有谋害李逢吉之嫌，声称武昭与裴度关系密切，力图以此加害裴

[①] 见《旧唐书》卷170《裴度传》，第4425—4426页。
[②] 见《新唐书》卷173《裴度传》，第5215页。
[③] 见《资治通鉴》卷243 穆宗长庆四年（824）六月条，北京：中华书局，1956年，第7837页。

度。但朝中明眼人均倾向裴度，敬宗也逐步看清他们的阴谋，对这些指责不予理睬，派人密传圣旨安抚远在兴元的裴度。宝历元年（825）十一月，裴度至京，皇帝宣制加其知政事，李派又一次阻挠，再被敬宗所拒。

裴度返京后，有两件事值得记载。一是他劝阻敬宗东去洛阳。按唐朝早期不成文惯例，皇帝经常往返于长安、洛阳二处。敬宗即位后也很想效法先辈的足迹，但时境已迁，局势不稳，敬宗此举引致大小官员的反对。先是李逢吉等人出面劝谏，但被拒绝。裴度也认为皇帝不宜远离京城，他告诫皇帝，东都自战乱以来多遭毁损，不宜前去。皇帝倘若真有心去，也应派人先行修缮，待一年半载后再议不迟。结果年轻的皇帝真的听信了他。看来，裴度前后对皇室表现的忠诚，正在被新君所接受。

另一件是裴度协助敬宗处理幽州节帅朱克融问题。朱是河朔叛将之一，朝廷因无力征服叛镇，只有苟安其事，任命叛将为节度使。先是长安派中使至幽赐送春衣，朱嫌质次量少而将使臣扣留，向朝廷要春衣30万端匹；又声言派丁匠5千助修东都。朱克融这番举动背后隐藏的意图非常明显，他并非怀有善意，但敬宗一时踌躇，拿不准主意。裴度向皇帝建议，旬日之后可下诏一通，内云"闻中官至彼，稍失去就，俟还，朕自有处分。时服，有司制造不谨，朕甚欲知之，已令区处。其将士春衣，从来非朝廷征发，皆本道自备。朕不爱数十万匹物，但素无此例，不可独与范阳"，将其打发；对于他声称派遣的工匠，可令"丁匠宜速遣来，已令所在排比供拟"[①]，这些必令朱克融难堪，陷于被动，促其内部生变。敬宗依此处置，果然朱克融十分狼狈，不久就死于内部的一次军乱。

---

① 见《资治通鉴》卷243敬宗宝历二年（826）二月条，第7849—7850页。

四

宝历二年底（826），敬宗被宦官刘克明、苏佐明等人在更衣室杀害。此事的细节因宫闱隐讳、记载缺略而无从得知，但从刘克明等人被另一派以王守澄、梁守谦为代表的宦官势力杀掉一事看，敬宗之死，与宫廷内部各种利益集团争权夺利有直接关系，亦或说成是他们斗争的牺牲品。裴度与翰林学士韦处厚都参与了诛除刘克明的政争，他们推举穆宗次子李昂为皇帝，立为文宗，裴度以功加门下侍郎、集贤殿大学士、太清宫使，韦处厚亦升至宰相。新即位的皇帝对前朝利弊得失尽计心中，当政后励精求治，去奢从俭，朝野内外亦随新君而大加整肃，一时人们以为太平可冀。时沧景节度使李全略死，其子李同捷擅领留后，借新旧换代之际要求认可，朝廷征调他充任兖海节度，但被拒绝，裴度上表要求征讨，很快就将李同捷消灭。裴度本可以乘势辅佐新君治政，无奈这时他已超过65岁，且体弱多病，因此几次恳请辞掉一些职务，静心修养。文宗下诏，恩准他三五日一入中书议事，备作顾问。实际上，裴度辞官退隐，年龄固然是一因素，更重要的则是他常年仕途坎坷，屡受奸邪刁难，几至颠沛，到晚年"稍浮沉以避祸"[①]，早先的那股锐气和正义感经过磨难已消失殆尽，不复再现。加之文宗朝的党派纷争和宦官专权持续，也使得他的信心逐渐丧失，不得不为自己身后做些打算和安排。《旧唐书》本传有一段记载："初，度支盐铁使王播，广事进奉以希宠，度亦掇拾羡余以效播，士君子少之。"[②] 联系上文裴度与"聚敛媚上"的皇甫镈势不两立，到效仿王播掇拾羡余，真实地反映出了裴度的前后变化和晚年的心境。毋庸否认，裴度毕竟是生活在世俗社会中的血肉之躯，他不可能不受到那个时代环境和条件的影响和制约，"士君子少

[①] 见《旧唐书》卷170《裴度传》，第4431页。
[②] 见《旧唐书》卷170《裴度传》，第4431页。

之"正可反映出他作为人的真实一面。旧史说他"复引韦厚叔、南卓为补阙拾遗,俾弥缝结纳,为自安之计"①,也道出了裴度为求退隐安居的心情。

此后,他又复出京城任襄阳节度使、东都留守、中书令等职。东都之任,例属优渥元老重臣之举。到了太和九年(835),李训、郑注等人在文宗支持下企图消灭宦官势力,但不幸失败,他们反而被宦官所杀,朝中罹难者甚众,裴度以元老出面制止,总算保活了数十家性命。然而此后宦官擅权专政,文宗受挟,裴度"以年及悬舆,王纲版荡,不复以出处为意"②,置豪宅于东都,与诗人白居易、刘禹锡等诗酒琴画自乐,虽经朝廷几次调征,都被他所辞谢。开成四年(839)三月四日,裴度以75岁之龄去世,在当时,算是高寿了。文宗派人询问裴度有何遗嘱,其家人进呈遗稿,但见其文只言及皇嗣定位大计,未遑顾及私家己事。可以看出,裴度一生的活动,基本上是为国为朝,鞠躬尽瘁,《旧唐书》本传对他有一番综合评论,其文称:

> 度始自书生以辞策中科选,数年之间,翔泳清切。逢时艰否,而能奋命决策,横身讨贼,为中兴宗臣。当元和、长庆间,乱臣贼子,蓄锐丧气,惮(裴)度之威棱。度状貌不逾中人,而风采俊爽,占对雄辩,观听者为之耸然。时有奉使绝域者,四夷君长必问度之年龄几何,状貌孰似,天子用否?其威名播于憪俗,为华夷畏服也如此。时威望德业,侔于郭子仪,出入中外,以身系国之安危、时之轻重者二十年。凡命将相,无贤不肖,皆推度为首,其为士君子爱重也如此。虽江左王导、谢安坐镇雅俗,而訏谟方略,度又过之。③

这段文字除去一些溢美之词外,基本上反映了裴度一生的主

---

① 见《旧唐书》卷170《裴度传》,第4431页。
② 见《旧唐书》卷170《裴度传》,第4432页。
③ 见《旧唐书》卷170《裴度传》,第4433页。

要活动及人品风范,显而易见,他是得到传统价值观念的认可和赞同的。

(本文原载《沧桑》1995年第1期,第8—11页。为保持全书体例统一,现将原文中的文内注改为页下注,并加注了出版社和页码)

谋士敬翔

在唐末五代的嬗替过程中，出现了一位知名度虽然不算高，但对朱梁王朝却是十分重要的人物，他就是梁太祖朱温的谋士——敬翔。

敬翔，字子振，同州冯翊（今陕西大荔）人，他的祖、父都曾担任过唐朝州刺史一类的官。在这样家庭的熏陶下，他受过一定程度的教育，史称"（敬）翔好读书，尤长刀笔，应用敏捷"[①]。但他在唐僖宗乾符年间（874—879）应进士举未能就第，于是走上了当时一般失意士子的道路——投奔割据势力，做藩帅的幕僚。不过敬翔投奔的是曾经参加过黄巢起义、复又降唐的朱温。

朱温本为宋州砀山（今安徽砀山）一介民夫，他看到唐朝政府极端腐败引起空前规模的农民大起义，就趁机兴风作浪，投奔黄巢麾下，很快就成为起义军的一员将领。然而当黄巢势力穷蹙之时，他又背叛农民军，反过头来助纣为虐。正是在这个时候，敬翔通过同乡王发的引荐，投到朱温帐下。朱温此时正受唐府的重用，被授予宣武节度使，充河中行营副招讨使，全力对付农民军，又被僖宗赐名"全忠"。他初见敬翔，就问："闻子读《春秋》，《春秋》所记何等事？"敬翔告诉他，是"诸侯争战之事耳"。这正合朱温之意，于是又欲借用其法，敬翔则答以"兵者，应变出奇以取胜，《春秋》古法，不可用于今"[②]。这种灵活奇异的妙答使得这位大字不识的悍将一时心潮澎湃，直恨得翔之晚，执意要

[①] 见《旧五代史》卷18《敬翔传》，北京：中华书局，1976年，第246页。
[②] 见《新五代史》卷21《敬翔传》，北京：中华书局，1974年，第208页。

求敬翔留在军中，敬翔也乐得其所，就成了朱温的谋士。

唐末本值动乱之际，藩镇征伐，诸帅强悍，兵戎相交，"衣冠之族多避乱在蜀"①，以敬翔一位文士，又何得以见幸朱温呢？

固然，敬翔的妙语令朱温惊异，但敬翔的所作所为正是当时社会形势的变迁所造成练就的一代知识分子的典型。在那样一个动荡的年月里，中央王权衰落，皇帝被笼罩在宦官、朝臣和藩帅勾结纷争所组成的网络之内，整个社会的风气随之改变，诗风文赋的文学之士被兵燹斯杀的武气一扫而光，代之出现的知识分子要么参与中枢朝政，要么屏入藩府，走投无路者更有从盗为贼的。他们虽知孔通儒，但更练就随机应变、刀笔从政的本领，而这正为文墨不通的武帅政争所急迫需要。一些稍微有点远见的将帅，便极力网罗文人吏僚谋划方策，以期战胜敌手，控制皇帝，甚至覆唐新创。朱温有其妄图，敬翔亦怀有私意，二人相见，彼此投合，朱温又怎能不"恨得翔之晚"呢②！

朱温并没有看错人。

在以后的历次征战中，特别是灭唐建立朱梁，敬翔确是起了他人所不及的作用。《册府元龟》卷309《宰辅部·佐命二》说："太祖（朱温）连破巢、蔡，实预勋府。寻奏授太子中允，赐朱绂。讨曹濮，伐兖郓，凡用师未尝不密侍左右。"③文中的巢、蔡即黄巢和秦宗权。黄巢军队的主力被唐府消灭后，秦宗权势力仍旧很强大，朱温就把全部军力投入到镇压秦宗权的身上。经过三四年的苦战，算是镇压下去了。敬翔在此期间，"城门之外，战声相闻，机略之间，（敬）翔颇预之"④。就是说他在帮助朱温镇

---

① 见《资治通鉴》卷266后梁太祖开平元年（907）九月条，北京：中华书局，1956年，第8685页。
② 见《旧五代史》卷18《敬翔传》，第247页。
③ 见《册府元龟》卷309《宰辅部·佐命二》，北京：中华书局，1960年，第3647页。
④ 见《旧五代史》卷18《敬翔传》，第247页。

压黄巢、秦宗权势力中起了出谋划策、制定方略的作用。

唐僖宗光启三年（887），朱温与协助他灭蔡（秦宗权）的郓帅朱瑄、兖帅朱瑾闹翻。究其原因，《旧五代史》归咎于二朱看中朱温军士勇悍，私于曹（治今河南曹县西北）、濮（治今山东鄄城北旧城）州界招引，朱温移檄诮呵，并派军攻打①。实际上朱温早有兼并汴州（治今河南开封）东部地区野心，《资治通鉴》云："朱全忠欲兼兖、郓，而以朱瑄兄弟有功于己，攻之无名。"②于是敬翔就出了这么个主意，诬陷朱瑄兄弟招诱宣武军士，让朱温名正言顺地侵吞兖（治今山东兖州）、郓（治今山东东平西北）和曹、濮。同时，朱温又兼并了据守徐州的感化节度使时溥。不过这次围攻徐州城，也幸亏有敬翔极力劝说，"徐人已困，旦夕且下"③，才使朱温坚定信心，一鼓作气拿下徐州。

上面列举的只是敬翔辅佐朱温征战的三个例子。对朱温而言，敬翔"凡发一言，创一事，尝（常）与太祖意同。……征战举动，必随时；或军书聚委，翔则处鞍旗麾之下，运毫洒落，有如风雨，知文者虽阮瑀、陈琳不能过也"④。他的这套"帷幄之谋"更体现在帮助朱温推翻唐朝、创建朱梁的嬗替变革之中。

唐末，藩帅强悍震慑天子的，一个是朱温，另一个是沙陀李克用，其他藩帅均被朱、李削弱兼并或自行衰落。而李克用久居代北，于中原尚未立稳脚跟，在与朱温的拉锯争战中终处劣势，因而系朝廷安危的，只有汴帅朱温。事已至此，朱温禅代之意更昭著彰明。他先是将昭宗挟往洛阳，除掉宦官，后又弑帝另立辉王李柷做傀儡。天祐二年（905）底，李柷被迫下制以朱温为相国、魏王，加九锡之命。朱温按照敬翔的主意，假退九锡之命，推脱

---

① 见《旧五代史》卷1《梁太祖纪》，第9页。
② 见《资治通鉴》卷257唐僖宗光启三年（887）八月条，第8360页。
③ 见《资治通鉴》卷259唐昭宗景福二年（893）四月条，第8442页。
④ 见《册府元龟》卷309《宰辅部·佐命二》，第3647—3648页。

一番，以遮人耳目。然而时机一到，朱温就不管是禅让还是逼迫，干脆一脚踢开唐帝，自己坐上皇帝的宝座。至此，嬗代终于成功，朱温奋战二十余年的目标得以实现，而促成转机、出力最多的，就是这位敬翔。所以文献上说，"梁之篡弑，翔之谋为多"[①]，甚至是"朱全忠之移唐祚，敬翔之力也"[②]，这是颇有道理的。

朱梁王朝一立，敬翔就被委以崇政院使的职务。崇政院类似唐末的枢密院。唐代枢密院本为宦官传承皇旨、下达给中书门下的。但枢密使以其近居皇帝的便利，往往借候传诏旨之机上下其手，干预朝政，甚至废君立主，势权极大。朱梁崇政院正是承袭此风，崇政使事实上已取代了宰相，《资治通鉴》云："梁太祖以来，军国大政，天子多与崇政、枢密使议，宰相受成命，行制敕，讲典故，治文事而已。"[③] 果然，敬翔为使以后，他不唯权重，而其范围亦随之扩大。开平三年（909）四月，朱温以邠（治今陕西彬县）、岐（治今陕西凤翔）侵扰，派重将刘知俊西讨鄜（治今陕西富县）、延（治今陕西延安东北）二州，他求策于敬翔，敬翔则剖析山川郡邑虚实，军粮多少，"如素讲习，左右莫不惊异，太祖叹赏久之"[④]。分析如此深入情理，可以想见敬翔确实具有高出众人的谋策能力。朱温曾经说敬翔、刘捍、寇彦卿（后二人系朱梁骁将）"盖为我而生"[⑤]。在那个时期，一介书生如此蒙受君主的倚重，的确不为多见。敬翔正是凭依他的才干智慧，为朱温"化家为国"的，史载："翔为人深沉有大略，从太祖用兵三十余年，细大之务必关之。翔亦尽心勤劳，昼夜不寐，自言惟马上乃得休息。"[⑥] 这一段所反映的，应当就是敬翔尽心于朱梁的实际

---

① 见《新五代史》卷21《敬翔传》，第208页。
② 见,《资治通鉴》257唐僖宗光启三年（887）十一月条，第8366页。
③ 见《资治通鉴》卷282后晋天福四年（939）四月条，第9201页。
④ 见《旧五代史》卷18《敬翔传》，第247页。
⑤ 见《旧五代史》卷20《寇彦卿传》，第276页。
⑥ 见《新五代史》卷21《敬翔传》，第209页。

情况。

当初,沙陀虽被朱温挤出中原,但沙陀李氏却一天强似一天,很快就转而对朱梁构成威胁。朱温深知形势严峻,他曾经不无伤感地说道:"我经营天下三十年,不意太原余孽更昌炽如此!吾观其志不小,天复夺我年,我死,诸儿非彼敌也,吾无葬地矣!"[①]昔日逞强唐末、肆威朱梁的枭杰,此时却对身后命运发出如此惨怆的悲哀!朱温唯一能看中的是他的养子朱友文,所以在病重之际,嘱托敬翔,欲召友文赴京嗣位,并外放另一子朱友珪做刺史。

但事情并非如此发展。朱友珪探知虚实,便先下手发动政变,杀朱温于宫内,自己当上了皇帝,又追杀朱友文。帮助友文的敬翔自然逃脱不掉,好在他声望已高,朱友珪只能加其相职,架空其权,崇政使的职位被李振夺去,从此,敬翔便远离了政权中枢。

朱友珪很快就被朱温的另一子朱友贞推翻,友贞即位,是为末帝。但朱友贞宠幸德妃的张氏兄弟和租庸使赵岩等佞臣,常置敬翔(此时仍为宰相)上奏劝谏于不顾,直到晋兵南下进逼都城,梁末帝才着实慌乱,上门来恳求敬翔:"朕居常忽卿所言,以至于此。今事急矣,卿勿以为怼。将若之何?"但大势已定,梁祚终尽,就连足智多谋的敬翔除了埋怨末帝不听劝告以外,只有"臣愿先赐死,不忍见宗庙之亡"了[②]。

敬翔的一生,经历了戎马倥偬的战斗历程。他亲眼看到了晚唐统治集团的腐朽没落,品尝了社会动荡不定的辛酸。他就在这分崩离析之际,抓住了一个野心勃勃的朱温,跟从他南征北战,运筹决策,帮助朱温从一个有政治野心的军阀,发展成为推翻李唐王朝而建立后梁新朝的枭雄。朱梁立国后,敬翔又协助太祖建策立规,整治国家。他这一生,诚如《旧五代史》的史臣所谓"始

---

① 见《资治通鉴》卷268后梁太祖乾化二年(912)润五月条,第8757页。
② 见《资治通鉴》卷272后唐庄宗同光元年(923)十月条,第8896—8897页.

辅霸图，终成帝业"①。在创建朱梁王朝和建国立业中，敬翔堪称第一功臣。这也正是朱温倚重他的根本原因。五代多刀笔文墨之徒，时代的变异，导致世风的转变，敬翔正是在这种世风熏陶下成长起来的知识分子。当晋兵入主梁都、末帝身亡之后，他没有像李振那样转靠新主，而是自杀身死。当然他十分清楚自身所居梁、晋仇雠之间的地位，然而较诸李振，敬翔的归宿也算是"殒命以明节"吧②。

（本文原载《文史知识》1988年第11期，第71—75页。为保持全书体例统一，此次收录本书时有个别地方进行订正，又将原文的文内注改为页下注，并加注了出版社和页码等）

---

① 见《旧五代史》卷18《敬翔传》史臣曰，第253页。
② 见《旧五代史》卷18《敬翔传》史臣曰，第253页。

郭崇韬其人其事

郭崇韬是五代时期辅佐沙陀贵族李存勖建立后唐王朝的重要功臣。他一生的经历、他的为人和品性，以及他在众多将臣中与皇帝所结成的关系，为我们提供了五代这样一个兵戎相交、动乱不已的政治关系的概貌，具体讲就是后唐王朝初期的君臣关系的概貌。

一

郭崇韬，字安时，代州雁门（今山西代县）人，最初为沙陀李克修帐下亲信，克修死后转投李克用，"为人明敏，能应对，以才干见称"[1]。庄宗李存勖嗣位后，崇韬更受器重，任职中门使，参掌机密，"军筹计划，多所参决，艰难战伐，靡所不从"[2]。

他的才能，在前期主要表现在协助李存勖攻灭后梁王朝的运筹谋划上。

郭崇韬并非饱学之士，旧史里称他"无学术"[3]；他也不是武将，但却以机警著称。他很早就跟随李克用兄弟，长年的征战，练就了一身过硬的本领。天祐十八年（921），庄宗部将张文礼叛投后梁，又北通契丹人进行对抗，郭崇韬受命与庄宗同征叛将于镇州（治今河北石家庄），但此时契丹军已南下救援张文礼，庄宗李存勖见状惊恐不安。郭崇韬审时度势，看出契丹人南下真实意

---

[1] 见《新五代史》卷24《郭崇韬传》，北京：中华书局，1974年，第245页。
[2] 见《册府元龟》卷《宰辅部·佐命二》，北京：中华书局，1960年，第3648页。
[3] 见《新五代史》卷28《豆卢革传》，第301页。

图之所在。他向庄宗分析道：阿保机等契丹军只是贪图中原的财物，并非真心救助张文礼。他们的前锋只要遭受挫折，就必然溃逃。随后庄宗严约唐军，在崇韬的支持下果然击败对手，获取胜利。

次年，梁军又攻占卫州（治今河南汲县），袭破德胜（在今河南濮阳境内黄河边），唐军退保杨刘（在今山东东阿北杨柳村），梁军前往围攻，庄宗以下"群情恟恟，以为霸业终不能就"①，崇韬亦寝食不安。当时后唐将军李嗣源在郓州（治今山东东平西北），与庄宗音讯断绝。郭崇韬前后观察，认为梁军围我于北，志在耶郓，他要求带兵筑垒于必争之地，以应郓州为名，力图将梁主力分散。梁将王彦章果然陷入圈套，庄宗又亲率大军迎击，将其击败。

不久，亡命于梁的康延孝奔还后唐，将梁军动向禀报给郭崇韬。他说：梁军正在加紧军事调动，意欲围困南下的唐军。面对这种情况，庄宗阵内有人主张放弃郓州，与汴人（指梁朝）结盟；又有言论声称以黄河为界分地管治。但郭崇韬却力排众议，他认为庄宗十五年起义图霸，为的是雪家仇国耻，消灭朱梁。现在仅得尺寸之地，就如此保守，更何况尽有中原之地呢？倘若以河为界，谁能防边守备？他说："臣自（康）延孝言事以来，昼夜筹度，料我兵力，算贼事机，不出今年，雌雄必决。"②当时后梁末帝宠信赵岩、张氏外戚诸辈，佞幸小人得势，国势渐蹙，他不用谋臣敬翔之计，置老将王彦章于不顾，重用毫无将才的段凝为北边防军最高统帅。郭崇韬得之实情，分析敌我形势，他向庄宗建议，由自己留守邺（今河南安阳），保固杨刘，庄宗亲御六军直逼大梁（今河南开封），推翻朱氏王朝，"半月之间，天下必定"③。势

---

① 见《旧五代史》卷57《郭崇韬传》，北京：中华书局，1976年，第764页。
② 见《旧五代史》卷57《郭崇韬传》，第765页。
③ 见《旧五代史》卷57《郭崇韬传》，第765页。

态的发展，证明郭崇韬的战略十分正确。唐军主力避开梁军，直捣朱氏老巢，很快就将后梁王朝攻灭了。难怪欧阳修在述及此事时发出"庄宗与诸将以兵取天下，而崇韬未尝居战阵，徒以谋议居佐命第一之功"①的议论，郭崇韬协助庄宗李存勖平定后梁，确实有如敬翔辅佐朱温灭唐建梁的功绩。

二

正因为如此，后唐取得中原之后，庄宗就任命郭崇韬为枢密使兼宰相。枢密使本为唐朝有势力的宦官干权弄政的职务，在唐中后期与神策中尉有"四贵"之称，握有实权。后梁篡唐后，改其号为崇政使，但性质未变，其权职已超越宰相。庄宗李存勖又仿效唐朝复其旧称，并参用宦官。与郭崇韬同居枢密使的另一人就是宦官张居翰，但张不问事，连宰相豆卢革、韦说等人也只是"唯诺崇韬而已"②。政权建立以后，崇韬继续以他的才干效力于后唐，史称他"以天下为己任"③，对后唐立国的各项政策的制定和制度的确立均积极参与。沙陀贵族早在唐朝后期就已涉入河东太原一带，他们曾先后帮助唐朝政府镇压庞勋和黄巢农民起义，又与中原藩镇展开了长期的割据混战。朱温篡唐后，沙陀贵族以大唐正统自居，扯起复唐的旗号，与朱梁争夺中原的统治权。在这个复唐的过程中，庄宗李存勖是最起劲的一个，他知书通儒，"洞晓音律……十三习《春秋》，手自缮写，略通大义"④，深受汉文化的熏陶和影响。沙陀人亦深知中原文化对他们入主中原争霸的利害关系，自进入汉地之后，便有一种自觉的融汇意识。郭崇韬则在这个进程中，无疑帮助了沙陀贵族的演化。他那长于统

---

① 见《新五代史》卷 24《郭崇韬传》，第 247 页。
② 见《新五代史》卷 28《豆卢革传》，第 302 页。
③ 见《资治通鉴》卷 273 后唐庄宗同光二年（924）二月条，中华书局，1956 年，第 8915 页。
④ 见《旧五代史》卷 27《庄宗纪一》，第 366 页。

筹谋划的雄略更受到庄宗的称誉,这就使他更加放开手脚积极而大胆地参与朝政。当初庄宗即位,孔谦自以为可任租庸使要职,但崇韬以"物议未当居大任"①将其排斥,尽管孔谦上下联络,始终未能成功;郭崇韬于是推荐张宪担任该职。对于宦官的不法行为,郭崇韬不顾皇帝颜面,上奏力加戒止,曾奏斩为害烈者夏彦朗。对于铨选制度的伪滥,他也上疏条奏,澄清梳理,使后唐的选人制度有一定的改观。史书上说他一次"奏时务利便一十五件"②,连庄宗皇后的甄选,郭崇韬也是预谋的主角。

三

然而,郭崇韬干权过甚,也给他带来了严重的后果。

庄宗李存勖原本很是倚重他,崇韬也忠心辅佐。然而相权的扩张,就意味着君权的受损,这是历朝历代统治集团中常见的现象。崇韬威势过盛,便引起李存勖的不安,他们的关系随之发生了微妙的变化。不单如此,后唐立国中原后,庄宗为显示自身继承大唐的正统,竟将唐末腐朽没落的那一套一股脑儿地恢复袭用,各种官制、法制、用人制度以及朝法礼仪极尽仿照不说,连宦官、伶人这类被朱梁抑制的势力他也极力扶持和笼络。宦官张承业还能够为李克用鞠躬尽瘁,张居翰也算是清白之臣,但宦官李绍宏却在立国后因职位排列就出现了问题。郭崇韬本来就对宦官、伶人干政不满,他有意将李绍宏排列在自己之下(李原居崇韬职上)充任宣徽使,这引起绍宏的强烈不满,"由是恨之"③;而对其他的宦伶预政,崇韬一直愤恨,他杀掉夏彦朗之后,极力阻止庄宗与宦伶的联系。庄宗有一个宠信的伶人叫周匝的,曾被梁人所劫,梁亡之后,周复归庄宗,他又将后梁的陈俊、储德源等同类一并

---

① 见《旧五代史》卷73《孔谦传》,第964页。
② 见《旧五代史》卷31《庄宗纪五》,第430页。
③ 见《资治通鉴》卷272后唐庄宗同光元年(923)四月条,第8883页。

推荐给皇帝，庄宗当即任命他们二人做州刺史。郭崇韬见状，极力反对，但未能阻止，宦官伶人反而更忌恨于他。在对待册立皇后的问题上，郭崇韬倾向于遵刘氏为后，并与助手密议，拟以退职胁迫庄宗接受己见。《新五代史·郭崇韬传》记载其故人子弟向他献计云："今中宫未立，而刘氏有宠，宜请立刘氏为皇后，而多建天下利害以便民者，然后退而乞身。天子以公有大功而无过，必不听公去。是外有避权之名，而内有中宫之助，又为天下所悦，虽有谗间，其可动乎？"[①]这条计策果然很成功，崇韬虽屡次请求罢职，但庄宗就是不同意，他目前正需要郭崇韬辅佐治政，不会轻易应允。但他也并未因此而罢免宦伶，在他看来，任用宦伶不啻为承袭大唐王统的一种方式！

同光三年（925）夏，都城霖雨不止，宫中暑湿，庄宗要修建新宫殿移住其内，但郭崇韬以"愿陛下无忘创业之难"[②]谏阻，宦官借机挑拨说，郭崇韬的宅第如同宫殿一般，他怎能关心皇帝的苦热！庄宗听此议论后，内心愤恨，执意重修宫殿。河南县令罗贯，为人耿直，不畏权贵，很受郭崇韬器重，而伶人和宦官却对他切齿痛恨，他们经常在庄宗面前短毁诬陷，刘皇后的义父张全义也因私意不满于他，这时偏巧庄宗拜谒皇太后陵墓的桥梁损坏，道路泥泞，庄宗大为恼怒，以其失职而下令诛杀，郭崇韬反复规劝皇帝，保护罗贯，但也未能奏效。

这一系列的摩擦龃龉，使得庄宗与郭崇韬那种亲密无间的关系遭到破坏，并最终导致了郭崇韬被杀于蜀地的结局。

四

文献对庄宗就郭崇韬被杀一事态度的记载有很大的分歧，有的说庄宗本人直接参与策划了此事，有的说庄宗只在事后得知。

[①] 见《新五代史》卷24《郭崇韬传》，第247—248页。
[②] 见《新五代史》卷24《郭崇韬传》，第249页。

事情的真相是：同光三年，后唐客省使李严出使前蜀返回都城，力劝庄宗攻灭其国。郭崇韬因受到朝中尤其是宦官伶人相倾，欲乘此次征蜀之机建大功以自安，便提议以尚未建有功绩可称的庄宗之子魏王李继岌为元帅，庄宗亦任命崇韬从军协助，实际大权则操于崇韬之手。《册府元龟·宰辅部·总兵》记载李存勖为西征将士饯行时曾嘱托崇韬："继岌未习政事，卿久从吾战伐，西面之事，属之于卿。"①如此看来，庄宗还是信任郭崇韬的，否则这类征伐大事，未必会让他独当一面。

郭崇韬大军至蜀，也真的很快就灭亡前蜀。然而问题也跟随而至。前蜀皇帝王衍的弟弟王宗弼为讨个一官半职，私下里向郭崇韬行贿，郭也许愿授其节度使；王宗弼又将王衍的嫔伎和珍宝奉送给崇韬父子，并召集一帮人到魏王李继岌处要求请郭崇韬镇守蜀地。这事被庄宗派去随行的宦官李延安、李从袭等人监知，并立即报告给魏王，从而引起李继岌的疑忌。郭崇韬见事情暴露，无以自明，便将王宗弼等人杀掉，又扬言待庄宗过世后尽除宦官，这对原本就与之心存芥蒂的宦官们更是当头一棒。时值庄宗李存勖派宦者向延嗣至蜀慰问，崇韬未出迎往，引致延嗣愤怒，而李从袭等便添枝加叶地向延嗣数落崇韬心怀异志，"必恐纷乱"②，魏王形势危急等等，于是此话传到京城庄宗和刘皇后那里。这时刘后再也不考虑郭崇韬的荐己之恩，便向庄宗哭诉，要求援救李继岌。庄宗本来就对郭崇韬专权不满，经宦官前后奏报，得知崇韬聚集珍宝，占有嫔妾，又滞留蜀地不返，就越发怀疑他真有二心，皇帝遂再遣宦官马彦珪驰入蜀地视其去就，"如班师则已，如实迟留，则与继岌图之。"③在这种状况下，刘皇后又私下指令马彦珪矫诏魏王继岌促其速除郭崇韬，李继岌便在李从袭等宦官胁

---

① 见《册府元龟》卷323《宰辅部·总兵》，北京：中华书局，1960年，第3819页。
② 见《旧五代史》卷57《郭崇韬传》，第770页。
③ 见《旧五代史》卷57《郭崇韬传》，第771页。

迫下袭杀了郭崇韬，旋后他的几个儿子和亲信亦相继罹难。

这便是郭崇韬之死的来龙去脉。

五

郭崇韬被杀了。但由此而引起的朝廷纷乱，也葬送了庄宗李存勖。纵观郭崇韬的一生，他自始至终地随从沙陀贵族，忠心耿耿地服务于李克用、李存勖父子。他在协助庄宗建立后唐王朝、制定各种制度上出力最多，深受庄宗倚信，被视为第一功臣。但是随着政权的稳固，庄宗李存勖以一个沙陀贵族入主中原，很快就沉溺于歌舞升平之中。庄宗不加选择地仿效唐朝举措，固然使他融入中原文化氛围之内，但是唐朝末年那些腐朽败落的东西也死灰复燃，一度盛行。譬如李存勖宠信伶人和宦官，用他们干预朝政，这使郭崇韬非常不快。他经常在施政中与皇帝的意愿相左，甚至产生对抗，这就影响了他们在患难之中所结成的关系。郭崇韬并非善于审时度势，他忠直有余，却应变不足，加上居功自傲，盛气凌人，这使得同僚对他敬而远之，朝廷中真心依从他的人很少，豆卢革、韦说之流只是因其权重而巴结奉承，甚至出现弘文馆之"弘"与崇韬之父犯讳而奏改为崇文馆、以其郭姓附会唐朝名将郭子仪之后这类荒唐可笑的现象，崇韬亦不以为然。这虽说无关宏旨，但毕竟反映出郭崇韬其人的内含不丰富，于官场权变的本领要稍逊一筹。

对于同僚，如果说他贬低李绍宏是出于对宦官的义愤，那么对名重望厚的符存审他死活阻止入京，就显然是嫉贤妒能了。心脑的偏执，束缚了郭崇韬的才干，恃功骄矜使他疏远了臣僚，对宦官、伶人的厌愤，则引致了他与庄宗之间的矛盾，就连受他举荐的刘皇后也不能宽容他，这一切最终演变成郭崇韬被杀的结局。不管庄宗本人内心的真实想法如何，形势的发展变化，结束了他们君臣共辅的关系。北宋人薛居正等修史时描述他"洎功成而名遂，则望重而身危"[1]的一段议论，倒是真实地反映了中国封建社会经常存在的一种现象。

（本文原载《沧桑》1994年第2期，第26—28页。为保持全书体例统一，此次收录本书时将原文的文内注改为页下注，并加注了出版社和页码等）

---

[1] 见《旧五代史》卷57《郭崇韬传》史臣曰，第772—773页。

我对"金界壕"与"长城"概念的理解

金朝修建的"界壕"与长城是什么关系？学术界没有固定的说法，但大部分人在讨论这个问题时，都将它视作长城。近年来有的学者对长城的概念进行辨证，认为金界壕不应属于长城的范畴[①]。这个观点一出现，招致不少异议，其中冯永谦先生接连撰写了数篇文章与之争论，表示金界壕就是长城，名称虽然不同，但实质是一回事[②]。我对这个问题的看法，倾向于将"金界壕"视作长城的概念之内。此文谈以下几个问题，望方家不吝赐教。

一、长城的概念是什么？

不管"界壕"的性质是什么，说它是长城，或者不是长城，首先，要搞清楚长城的概念。

《中国大百科全书·考古卷》由俞伟超先生撰写的"战国长城"条目说："战国时期楚、齐、燕、赵、中山、魏、秦为防御邻国进攻和东胡、匈奴侵扰而修筑的军事设施。……这些长城有的土筑，有的石砌，有的则土石兼用。凡遇山岭陡峭处，往往依天险为屏障而不筑墙。在许多地段，沿线修有亭、障和烽燧。亭、障一般在长城内侧。"[③] 同书刘观民先生撰写的"秦汉长城遗址"

[①] 参见景爱：《走出长城的误区》、《再说金边壕不是长城》，分别刊载 2004 年 1 月 30 日、4 月 2 日《中国文物报》。

[②] 参见冯永谦：《界壕与长城论辩三题》，初载《辽金契丹女真史研究》总第 34 期（2004 年），又载《东北史地》2005 年第 2、3 期。

[③] 见《中国大百科全书·考古卷》，北京：中国大百科全书出版社，1986 年，第 643 页。

条目也说:"秦汉长城开始是在战国秦、赵、燕三国北边长城旧址的基础上建立起来的。……秦汉长城西起甘肃敦煌,东至辽东碣石,直线距离达6000公里以上。"[1] 同书罗哲文先生撰写的"明长城"条目说:"明代北部地区的军事防御工程。亦称边墙。西起嘉峪关,东达鸭绿江,横贯甘肃、宁夏、陕西、山西、内蒙古、河北、北京、天津、辽宁等省、市、自治区,全长6300多公里。……长城由各种城、关、隘口、敌台、烟墩(即烽火台)、堡子、城墙等共同组成一个完整的防御工程体系。"[2]

上面三条涉及长城的辞目,有两条明确定义为军事设施或防御工程,另一条也如此,只是未明确表示,此其一;其次,长城是有长度的,但不是封闭的,呈线状;第三,长城由不同的部分所构成,而且随着地理自然条件的变化,修筑的材料和工程设施也呈多样性。由于该书的性质限定,长城的概念在这里没有做过多的表述。

现在再看罗哲文先生主编的《长城百科全书》,其中侯旭东撰写的"长城"词条是这么定义的:"中国古代巨型军事工程体系。由绵延伸展的一道或多道城墙,一重或多重关堡,以及各种战斗设施、生活设施、报警烽燧、道路网络等组成。是一条以城墙为线,以关隘为支撑点,纵深梯次相贯,点线结合的巨型军事工程体系。……它体现了天然险阻与人工设防的巧妙结合,以其古(历史悠久)、长(5万多公里)、大(工程规模浩大)、险(许多关隘位置险要)的特征,置诸世界建筑史而无与相匹。"此外,作者还详细列举了长城的几个要素,即构造与建筑方法(以土、石为主要材料;有多种建筑方法,但都是人工的)、形制(长城由城墙、关隘、烽燧、亭障、城堡、障碍物等共同构成)、功能(多重设施

---

[1] 见《中国大百科全书·考古卷》,第375页。
[2] 见《中国大百科全书·考古卷》,第332—333页。

组成的防御系统）等①。

这个解释与前面的几乎一样。对长城概念的界定，首先是军事工程，这是最根本的性质；其次是由城墙和关堡、烽燧等不同的部分构成，呈线状（不封闭），这是指它的构造；第三是建筑的材料和方法；第四是它的防御功能。

综合上面的论述，学术界对长城概念的认识，大体可以理解为：

所谓长城，是指中国历史上冷兵器时代由国家和政府出面组织建造的军事防御工程，主要由城墙（不封闭）、烽燧、关隘、城堡等部分构成，目的是防御敌方进入造成破坏。它主要是人工修建，部分利用自然天堑；所用材料以土石为主，因地制宜。最基本的特征就是人工修造的长度不等的城墙。现存最典型的是明朝修建的长城②。

二、"金界壕"是什么？

先看今天人们的解释。

《长城百科全书》中李孝聪教授所撰"金长城"条目说："金代在北方边界地带兴筑的长城、边堡和壕堑等军事防御工程的总称。旧称'界壕'、'堑壕'，或俗称'成吉思汗边墙'。"③

首先，这也是一条或多条组成的且不封闭的防御工程。东北起自内蒙古呼伦贝尔盟莫力达瓦旗，沿大兴安岭东南，穿锡林郭勒草原，达到武川县上庙沟阴山北麓，这一条是人们熟悉的所谓明昌界壕，其东西起止点之间的直线长度约2500公里。还有一条

---

① 见《长城百科全书》，长春：吉林人民出版社，1994年，第3—10页。
② 关于长城的概念，还可参考彭曦《十年来考察与研究长城的主要发现与思考》一文，载中国长城学会编：《长城国际学术研讨会论文集》，长春：吉林人民出版社，1995年；景爱：《长城定义五要素》、《长城定义的思考》，载2004年2月13日、4月23日《中国文物报》。景爱认为长城的定义只包括长城本身，而不含城堡、烽燧等，见《长城定义的思考》一文。
③ 见《长城百科全书》，第84—86页。

位于北部,东起呼伦贝尔盟根河南岸,向西至经满洲里进入俄罗斯和蒙古境内肯特山东南麓,长约 700 公里[①]。其次,金长城是由界壕和边堡关隘组成,墙、壕并列。

这个词条所依据的是贾洲杰的《金代长城》和庞志国的《金东北路、临潢路吉林省段界壕边堡调查》等文章[②]。从这些论文、条目的解释可以看出金界壕的特点是:属于防御工程,且呈体系;有长度,达数千公里;由界壕、边堡等部分组成;所用建筑材料包括土石等,为人工修砌。

这样的解释,与上面所给长城下的定义,基本上是吻合的。换句话说,金界壕也是长城。那么,为什么有的学者认为金界壕不属于长城概念的范畴呢?这与王国维对金界壕的理解有很大关系。他说:

> 《金史·内族襄传》赞论北边筑壕事,以元魏北齐之筑长城拟之。后世记金界壕者,如赵珙《蒙鞑备录》、《元史·速不台传》,并谓之长城。然金世初无长城之称也,其见于史者,曰边堡,曰界壕。界壕者,掘地为沟堑以限戎马之足;边堡者,于要害处筑城堡以居戍人。二者于防边各有短长:边堡之设,得择水草便利处置之,而参差不齐,无以御敌人之侵轶;壕堑足以御侵轶矣,而工役绝大。又塞外多风沙,以堙塞为患,故世宗朝屡遣使经画,卒不能决。章宗时边患益亟,乃决开壕之策,卒于承安三年成之。[③]

王国维说得很明白,金长城是由界壕和边堡两个部分构成的。边堡是地面建筑,用于驻兵屯守;而界壕则是"掘地为沟堑以限戎马之足",这分明是沟壕而不是地面上的建筑。这个概念,贯穿

[①] 参见贾洲杰:《金代长城》,载文物编辑委员会编:《中国长城遗迹调查报告集》,北京:文物出版社,1981年。

[②] 参见:贾洲杰:《金代长城》、庞志国《金东北路、临潢路吉林省段界壕边堡调查》,均载《中国长城遗迹调查报告集》。

[③] 见王国维:《金界壕考》,载《观堂集林》卷15,北京:中华书局,1959年。

于文章始终。所以在王国维看来，金界壕就是在地上挖的壕沟。既然是壕沟，与传统意义的长城就不搭界，因此不属于长城范畴。

王国维的这个说法是否确切？我们先看记载界壕的原始文献，这里主要是《金史》。我们选择了以下几条：

1. 卷6《世宗纪上》：大定五年（1165）正月，"乙卯，诏泰州、临潢接境设边堡七十，驻兵万三千。"

2. 卷24《地理志上》说金朝管辖之范围，"北自蒲与路之北三千余里，火鲁火疃谋克地为边，右旋入泰州婆卢火所浚界壕而西"云云。

3. 卷24《地理志上》泰州条："边堡，大定二十一年（1181）三月，世宗以东北路招讨司十九堡在泰州之境，及临潢路旧设二十四堡障参差不齐，遣大理司直蒲察张家奴等往视其处置。于是东北自达里带石堡子至鹤五河地分，临潢路自鹤五河堡子至撒里乃，皆取直列置堡戍。评事移剌敏言：'东北及临潢所置，土塉樵绝，当令所徙之民姑逐水草以居，分遣丁壮营毕，开壕堑以备边。'上令无水草地官为建屋，及临潢路诸堡皆以放良人戍守。省议：'临潢路二十四堡，堡置户三十，共为七百二十，若营建毕，官给一岁之食。'上以年饥权寝，姑令开壕为备。四月，遣吏部郎中奚胡失海经画壕堑，旋为沙雪堙塞，不足为御。乃言：'可筑二百五十堡，堡日用工三百，计一月可毕，粮亦足备，可为边防久计。泰州九堡、临潢五堡之地斥卤，官可为屋外，自撒里乃以西十九堡，旧戍军舍少，可令大盐泺官木三万余，与直东堡近岭求木，每家官为构室一椽以处之。'"

4. 卷86《李石传》曰："北鄙岁警，朝廷欲发民穿深堑以御之。石与丞相纥石烈良弼皆曰：'不可。古筑长城备北，徒耗民力，无益于事。北俗无定居，出没不常，惟当以德柔之。若徒深堑，必当置戍，而塞北多风沙，曾未期年，堑已平矣。不可疲中国有用之力，为此无益。'议遂寝。"

5. 卷88《纥石烈良弼传》:"参知政事宗叙请置沿边壕堑,良弼曰:'敌国果来伐,此岂可御哉?'上(世宗)曰:'卿言是也。'"

6. 卷91《移剌按答传》:熙宗初,"入为兵部侍郎,徙西北、西南两路旧设堡戍迫近内地者于极边安置,仍与泰州、临潢边堡相接。除武定军节度使,以招徕边部功迁东北路招讨使。"

7. 卷93《独吉思忠传》:"初,大定间修筑西北屯戍,西自坦舌,东至胡烈么,几六百里。中间堡障,工役促迫,虽有墙隍,无女墙副堤。思忠增缮,用工七十五万,止用屯戍军卒,役不及民。上嘉其劳,赐诏奖谕曰:'……垣垒弗完,营屯未固。卿督兹事役,唯用戍兵,民不知劳。'"

8. 卷93《仆散揆传》:"会韩国大长公主薨,揆来赴,上(章宗)谕之曰:'北边之事,非卿不能办。'乃赐战马二,即日遣还。揆沿缴筑垒穿堑,连瓦九百里,营栅相望,烽候相应,人得恣田牧,北边遂宁。"

9. 卷93《宗浩传》:"时惩北边不宁,议筑壕垒以备守戍,廷臣多异同。平章政事张万公力言其不可,宗浩独谓便,乃命宗浩行省事,以督其役。功毕,上(章宗)赐诏褒赉甚厚。"

10. 卷94《内族襄传》记载:"北部复叛,……时议北讨,襄奏遣同判大睦亲府事宗浩出军泰州,又请左丞衡于抚州行枢密院,出军西北路以邀阻鞑,而自帅兵出临潢。……乃令士自赍粮以省挽运,进屯于汭移剌烈、乌满扫等山以逼之。因请就用步卒穿壕筑障,起临潢左界北京路以为阻塞。言者多异同,诏问方略。襄曰:'今兹之费百万贯,然功一成则边防固而戍兵可减半,岁省三百万贯,且宽民转输之力,实为永利。'诏可。襄亲督视之,军民并役,又募机敏以庸即事,五旬而毕。于是西北、西南路亦治塞如所请。无何,泰州军与敌接战,宗浩督其役,杀获过半,诸部相率送款,襄纳之。自是北陲遂定。"

11. 卷94 赞曰:"迹襄之开筑壕堑以自固,其犹元魏、北齐

12. 卷94《完颜安国传》云：章宗明昌元年（1190）前后，"时北阻䡖迫近塞垣，邻部欲立功以夸雄上国，议邀安国俱行讨之。……承安二年（1197），以营边堡功，召签枢密院事。赐虎符还边，得以便宜从事。时并塞诸部降，谕使输贡如初。"

13. 卷95《张万公传》："初，明昌间，有司建议，自西南、西北路，沿临潢达泰州，开筑壕堑以备大兵，役者三万人，连年未就。御史台言：'所开旋为风沙所平，无益于御侮，而徒劳民。'上（章宗）因旱灾，问万公所由致。万公对以'劳民久之，恐伤和气，益从御史台所言，罢之为便。'后丞相樊师还，卒为开筑，民甚苦之。"

上面列举的13条材料，都是从《金史》中辑录的。这些材料谈的都是金朝修筑防御工程的事情，时间多在世宗和章宗时期。关于金朝界壕修建的情况，前人和时贤多有讨论[①]，我这里主要就文中记载的"界壕"是不是长城的问题谈点想法。

首先，界壕也是由朝廷和政府出面修筑的一种系统的防御工程。这在上面引证的材料中都能证明，北部防御工程的建造，是由金朝的皇帝和大臣们商议策划的结果，这里无须再论。另外，说它是一个体系或系统工程，是指它不是单纯的一道墙或沟，而是有配套设施，大体上由壕堑和城堡两部分组成。关于"壕堑"，下文再谈，城堡的建设，是金修界壕最用力的一部分。如《金史》卷6《世宗纪上》所说，大定五年（1165）正月，仅泰州、临潢接境的边堡就有70座，驻兵1300人；卷24《地理志上》泰州条记载的临潢路24个边堡，每个堡派驻30户，共720户，他们的

---

① 可参见前引王国维：《金界壕考》、贾洲杰：《金代长城》、庞志国：《金东北路、临潢路吉林省段界壕边堡调查》、李逸友：《金代界壕遗迹》（载《中国大百科全书·考古卷》）、侯旭东：《长城》、李孝聪：《金长城》（两个条目均收入罗哲文主编的《长城百科全书》）、冯永谦：《金长城的考古发现与研究》（载《鹤城政协（中国·齐齐哈尔金长城学术研讨会论文专辑）》2006年第4期）等。

任务是维护边堡的安全,政府给予一定的补助。

这些界壕与边堡,分别由东北、西北和西南三路的招讨司负责,如《金史》卷44《兵志·禁军》所说"以重臣知兵者为使,列城堡濠(壕)墙,戍守为永制"。这三路招讨司负责北部防务,与明朝的九镇相近,可知金朝的防边是一项系统的工程。

其次,它的功能是防御性的。防御的目标主要是北部的蒙古各部,还有契丹部落。如卷86《李石传》所说的"北鄙岁警,朝廷欲发民穿深堑以御之"、卷93《宗浩传》所谓"时惩北边不宁,议筑壕垒以备守戍"等等,他们防御的对象,诚如《宗浩传》所云,是广吉剌、阻𩍐、石鲁、浑滩、合底忻、山只昆等部族或部落组织,他们后来多数并入到蒙古之中;另外的势力就是被金朝征服过的契丹。这些势力在金朝建国不久之后,就开始骚扰金的北部边地,随着势力的增大,扰乱的行为也在增加,最后迫使金朝采取措施应付北部的局面。界壕的修建就是在这种情况下出现的。因此,界壕是属于防御工程的概念的①。

第三,界壕的长度达数千公里,不封闭。如上面所引的卷93《独吉思忠传》记载的大定(1161—1189)年间修筑的西北屯戍有600多里,征用的劳动力75万。根据今人的估算,金朝修建的起自嫩江西岸、西至大青山的所谓大定、明昌的这条南路界壕,直线距离约2500公里,若加上分支、内外以及北部进入今俄罗斯和蒙古的700公里的界壕,正如有学者指出的那样,与秦、汉长城一样超过了万里②。

上面列举的三条,与我们论述的长城概念都相符合,用这些例子证明金界壕是长城是合适的。那么,现在最关键、也最引起人们争议的,就是"界壕"是地下开挖的沟呢,还是地上的建筑,

---

① 关于这个问题,可参见冯恩学:《金代长城的战争观》,载《长城国际学术研讨会论文集》。
② 参见冯永谦:《界壕与长城论辩三题》、《金长城的考古发现与研究》。

或者二者兼而有之？

按"壕"，《说文解字》无载。《康熙字典·丑集中·土部》引《广韵》、《集韵》和《正韵》作"城下池也。柳宗元诗'雁鸣寒雨下空壕'"①。现今比较权威的字典工具书如《辞源》、《辞海》对"壕"字的解释有两个含义，一是护城河，二是壕沟。第二个意思也是从第一个引申出来的。护城河需要挖沟，再积水，即壕；水排除去后就成了空壕，即壕沟。

"堑"，《说文解字》作"坑也，一曰大也"②。清人段玉裁说："《左氏传》注堑，沟堑也。《广韵》曰，绕城水也。"③《康熙字典》继承了《说文》和段玉裁的意见，将"堑"解释为"坑"和"绕城水"两个意思。又举《史记·秦本纪》为例说"堑山堙谷千八百里"、《史记·高祖本纪》"深堑而守"等④。

可见，从字书上，"壕"与"堑"基本相同，即所谓坑、沟与护城河、绕城水之意（《说文》的另一解"大"与此无关，可不论）。这样，我们再与上面的引文对应，看看《金史》中的"壕"、"堑"与字书的意思是否一样。

卷24《地理志上》说金朝的管辖范围，"北自蒲与路之北三千余里，火鲁火疃谋克地为边，右旋入泰州婆卢火所浚界壕而西"，这里的"浚"是取出、深的意思⑤，"浚界壕"就是挖界壕之意。

同卷（24《地理志上》）泰州条"分遣丁壮营毕，开壕堑以备边"、"遣吏部郎中奚胡失海经画壕堑，旋为沙雪堙塞"，卷95《张万公传》"开筑壕堑以备大兵"、"所开旋为风沙所平"，这里的"开壕堑"、"开筑壕堑"，同样是挖的意思，因风沙大，不久就被沙土大雪掩埋了。

---

① 北京：中华书局，1958年。
② 见《说文解字》，北京：中华书局，1963年，第288页。
③ 见《说文解字段注》，成都：成都古籍书店影印，1981年，第731页。
④ 见《康熙字典·丑集中·土部·堑》。
⑤ 见《说文解字段注》，第584页；《康熙字典·巳集上·水部》。

卷86《李石传》所谓"若徒深堑，必当置戍，而塞北多风沙，曾未期年，堑已平矣"，这里的"堑"，也是深沟。

卷93《仆散揆传》记载他"沿缴筑垒穿堑"、卷94《内族襄传》"穿壕筑障"，"垒"、"障"是地上的建筑，用"筑"描述；"堑"是地下的，所以用"穿"字形容。

这样，至少上面列举的文献，其中的"壕"、"堑"都是开挖的深沟，属于地下的建设，不是地面的建筑。从这个角度讲，王国维的解释"掘地为沟堑"并不悖离原文。但是，《金史》卷100《张炜传》里有一段话是这样说的：

> （承安五年，1200年）炜出为同知镇西军节度事，转同知西京转运使事。是时，大筑界墙，被行户工部牒主役事。

承安在明昌之后，是金章宗的第二个年号，可见，这里说的"界墙"与上文"界壕"是一个概念。换句话说，《金史》里大多数用的"界壕"也有说成是"界墙"的，而"界墙"则是指地面上的建筑，不是壕沟，这是很分明的。另外，上文中卷44《兵志·禁军》所说的"城堡濠（壕）墙"、卷93《宗浩传》所谓的"壕垒"之"垒"，也是地面建筑，与"墙"类似。这样看，界壕可能也是由壕沟、墙垒等部分构成的。王国维的文章只是说出了壕沟这个意思，而没有注意到墙垒的一面。而这些建筑，在今人的考古发掘和实地考察中，不断有所证实。

最早发表专业考察成果的，是1947年《辽海引年集》登载的李文信《金临潢路界壕边堡址》一文[1]；1961年，黑龙江省博物馆的研究人员又对该省境内的界壕进行了考察，发表《金东北路界壕边堡调查》[2]；20世纪70年代，呼伦贝尔、哲里木等盟组织了专门的调查[3]；1987年，东北学者又对我国境内的北部线段进

---

[1] 见李文信：《金临潢路界壕边堡址》，《辽海引年集》，北京：和记印书馆，1947年。
[2] 见黑龙江省博物馆：《金东北路界壕边堡调查》，载《考古》1961年第5期。
[3] 哲里木盟的调查结果参见庞志国《金东北路、临潢路吉林省段界壕边堡调查》一文。

行了考察，发表了米平文、冯永谦的《岭北长城考》①；河北、内蒙古等地段，也发表了考察调研的文章②。辽宁省文物考古研究所的冯永谦研究员长期在东北各地进行考古调查，其中金界壕是他工作的重要部分，对"界壕"概念的界定，提出了自己的观点、证据，较有参考价值③。

根据文献记载和今人考察的成果，金界壕应该是由界壕和边堡两大部分组成的。这二者的关系，如王国维所说："有壕堑则不能不置戍守，置戍守则不可无堡垒，则边堡之筑亦当在同时。"④边堡一般筑在界壕的里侧，界壕是外道防线，边堡的军士在里边防守界壕，这从军事战略和防御策略的角度讲是适宜的⑤。边堡是金朝修建防御工程的重要部分，上面所引用的文献，几乎所有修筑的工程里都有边堡，特别是《金史·地理志》记载的边堡，其兴建之原因、数量、方位等记述甚详，今人对此的调查和研究也比较多⑥。我这里主要就界壕本身谈点想法。

界壕也是由两部分构成，一是壕沟，属于地下建设；二是界墙，是地上的建筑。《金史》大多数称为壕堑，说的是地下的壕沟；也有叫做"界墙"的，是指地上的修造。今人承认它是长城或持否定态度的，主要就是对"界壕"概念的理解出现了差异。从上

---

① 见米平文、冯永谦：《岭北长城考》，载《辽海文物学刊》1990年第1期。
② 参见刘建华：《河北省金代长城》，载《北方文物》1990年第4期；李逸友：《中国北方长城考述》，载《内蒙古文物考古》2001年第1期。
③ 参见冯永谦：《金长城的考古发现与研究》。
④ 见王国维：《金界壕考》。
⑤ 参见黑龙江省博物馆：《金东北路界壕边堡调查》；项春松：《赤峰地区金代边堡界壕考察》，载《辽金契丹女真史研究动态》1984年第3、4期；彭占杰：《略述家乡五百里段金长城——〈走出长城的误区〉读后》，载《辽金契丹女真史研究》总第34期（2004年）；《论金东北路长城及金长城线出土之官印》，载《鹤城政协（中国·齐齐哈尔金长城学术研讨会论文专辑）》2006年第4期。
⑥ 如庞志国《金东北路、临潢路吉林省段界壕边堡调查》一文中记载了哲里木盟文物普查队1975年对金代东北路和临潢路交汇地区的64座边堡和1个关隘（还包括界壕）进行了调查，内容比较详细。参见刘志一：《克什克腾旗金代界壕边堡调查》，载《内蒙古文物考古》1991年第1期。

面的情况可以看出，不论是那一种观点，特别是持否定的观点，可能过多地注意到了界壕的地沟这个意思，而忽略了地上的建筑，王国维先生最为典型。然而，地上的建筑是我们理解界壕是否长城的关键所在。

从现在的调查包括文献记载来看，地上的建筑是存在的。

根据庞志国的文章记载，在今内蒙古与扎赉特旗接壤的科右前旗境内发现的三道壕堑，都是由壕和墙组成的，墙是土石混合修筑而成。他命名的第一壕堑，长约100公里，壕宽23米，墙宽4—5米，现高0.5—1.5米。第二壕堑长240公里，壕上口宽5—6米，底口宽2—3米；墙底宽10—12米，顶宽约1.5米，残高3—4米。壕堑的墙上附有马面，马面底宽12米，顶宽1.5米，残高4—6米；马面之间距离80—100米；部分地区还有副墙，从墙与堑的断面上可以看出夯筑迹象。第三壕堑长140公里，形制与第一壕堑相似。第二壕堑由土石夯筑或堆筑，分为主、副墙两道，主墙高于副墙，两墙之间为壕。主墙上有马面。在山坡地带，主副墙之外还有外墙。壕堑主墙，上部残宽1.5—2.5米，底残宽6—12米不等，残高1.5—3米之间。副墙上部残宽1.5米左右，底残宽6—12米，残高1米左右。主副墙之间约20米，壕堑每隔100—120米有马面一个，马面残宽东西为12—17米，南北4—14米，残高1.4—3米之间[①]。这些调查的遗迹，属于金代东北路和临潢路交会之地[②]。

而西南部的壕堑遗迹，自上庙沟西南山腰开始，墙高3米、宽4米左右，系版筑，每层夯土约17—20厘米，墙外的壕沟宽约5—6米，墙外有烽燧，间距1公里以上。内蒙古达茂旗内的遗址

---

① 见庞志国《金东北路、临潢路吉林省段壕边堡调查》一文。
② 金朝的南部长城（有的称为岭南长城），现今学者将它分做三路（而不是王国维提出的四路），即东北路、西北路和西南路，没有临潢路。我这里只是沿用庞文成例说明地上残存的遗迹，不涉及分段问题。三路的研究，参见彭占杰：《金代长城初论——兼论〈金界壕考〉》，载《辽金史论集》第6辑，北京：社会科学文献出版社，2001年。

保存较好，城墙、壕堑、烽燧、马面和戍堡遗迹清晰可见。根据调查，金代修建的工程，多系土筑和版筑，夯层20厘米，外侧有壕堑；重要地段挖筑双壕双墙，顺序为外壕、副墙（又称外墙）、内壕、主墙（又称内墙），主墙、内壕高于副墙和外壕。外壕一般宽5—6米，巴林左旗的则宽6.5—8米，内壕宽10—60米，副墙宽2.5—6米，主墙5—15米。主墙之外还有马面和烽燧，马面多设在险要地段和城堡附近，间距60—150米不等；烽燧间距500—2500米不等，多筑于河口、谷口等处[①]。

这种双壕双墙，一个主墙主壕、外附一个副墙副壕的多重建置，是金代防御工程的一个特点。以双壕双墙为例，先挖外壕，掘出的土用以建筑外墙；内壕的土则用以修筑内墙。换句话说，金朝的界壕是先在外侧挖一道深沟，再将土累积起来于内侧建筑墙体，墙体多系夯筑；在内墙（主墙）里侧，则修筑边堡。挖沟筑墙，正是早期修筑长城的普遍方法，金朝只不过延续了这个办法而已[②]。

三、简短的结论

现在将上面的内容做个总结。

第一，现在习称的金界壕，主要是来自王国维研究的成果。王国维认为金界壕是在地下挖的沟，界壕的概念就是壕沟，或壕堑，后人沿用了这种说法。

第二，王国维的说法根据的是文献记载，特别是《金史》，说壕沟本身似乎没有问题。但即便是《金史》，在记载壕堑的同时也将这类工程称作壕墙、壕垒和界墙，说明《金史》本身就有两种说法，即地下的沟和地上的墙；记载壕沟的概念比较多，而墙、

[①] 参见贾洲杰：《金代长城》；项春松：《赤峰地区金代边堡界壕考察》；陈永刚、邓宏伟：《达茂旗境内的金代边堡界壕》，载《内蒙古文物考古》2000年第1期。

[②] 参见冯永谦：《界壕与长城论辩三题》、《金长城的考古发现与研究》等文。

垒则比较少，这可能是后人忽略地上建筑的原因。王国维正是看到了沟而没注意到墙，他的说法在学术界又有很大的影响，于是就有"界壕"等于"壕沟"说法的流行。

第三，《金史》本身有沟、墙的记载，说明这种工程是通过挖掘壕沟，形成防护区，再将土层筑成墙体，墙体多系夯垒。我于2006年8月应邀去齐齐哈尔属下的甘南县参观考察当地的遗迹，情况与上面描述的一样，即北侧（外侧）是壕沟，南侧（内侧）是高出地面数米的墙体残垣。根据当地学者彭占杰和冯永谦等先生的介绍，残墙的很多地方都有夯层显现，说明这道高垒在当时是人工建造的。墙体的内侧有城堡遗迹，我参观了其中的两处，现仍依稀可见①。

第四，金朝以后的文献都将这类工程称作长城，或地面的防御工程。如明人修纂的《元史》卷118《阿剌兀思剔吉忽里传》记载的"既平乃蛮，从下中原，复为向导，南出界垣"就是明证。关于这一点，本文不再赘引。我的目的是说，从《金史》到后来的相关文献看，金朝为了防御北方蒙古等游牧势力的进攻和骚扰，曾经大规模地修建了地下的壕沟和地上的墙体，二者是相互配套的。只是《金史》记载壕堑的多，墙体的少，使人们只记住了前者而忽略了后者。通过今天考古调查和发掘，再结合文献的记载，人们已比较清楚地看到，金朝的防御工程是由地上的建筑和地下的壕沟组成的，地上的墙体多系夯筑，而且又有城堡、烽燧和招讨司的管辖，具备了上文所讨论的长城概念诸要素，因此，我同意大多数学者的意见，即金界壕就是金长城。

第五，与历史上其他朝代修建的长城相比，如《隋书》卷1《高祖纪上》开皇元年（581）四月条记载："是月，发稽胡修筑

---

① 20世纪40年代俄人包诺索夫在他发表的文章里将地上的残垣称作边墙。见氏著：《北部乌尔科古代边墙》（胡秀杰译），载《黑龙江考古民族资料译文集》（1），哈尔滨：北方文物杂志社，1991年。

长城,二旬而罢。"《资治通鉴》卷176陈长城公祯明元年(587)二月,"隋发丁男十万余人修长城,二旬而罢"。同书卷180隋炀帝大业三年(607)七月条:"诏发丁男百万余筑长城,西拒榆林,东至紫河。尚书左仆射苏威谏,上不听,筑之二旬而毕。"这几条材料说的是隋朝修建长城的事例,从规模看,人数十几万到上百万,但时间匆匆,20几天只能是仓促完工,不可能精雕细琢,而且文献上明确记载的是修建长城。

如果说隋朝修建的长城多处于中原北部农牧交错地带,那么,处在东北和朝鲜半岛北部的高丽所修的工程也同样被称为长城。《旧唐书》卷199上《东夷·高丽传》记载说:"(太宗)贞观二年(628),(唐)破突厥颉利可汗,(高丽王)建武遣使奉贺,并上封域图。五年,诏遣广州都督府司马长孙师往瘗隋时战亡骸骨,毁高丽所立京观。建武惧伐其国,乃筑长城,东北自扶余城,西南至海,千有余里。"这个工程相当浩大,值得注意的是,高丽修建的这个工程,在唐人和高丽人自己看来,都是长城。与之对应,金朝修筑的工程时间更长,长度更大,花费的人力、物力和财力也十分巨大,应该说超出了隋朝和高丽,因而这种工程属于长城是不过分的。

第六,金长城之所以引起人们的歧义和纷争,主要是文献记载简略,名称不一,这在《金史》里表现得最明显[1]。更为重要的,在金长城所处的那漫长地段,各地的自然条件差别甚大,可资利用和修筑的材料、人力、物力各有不同,因此,金长城可能根据各地的情形而有不同形式的表现,正如德国学者傅海波所说:"一道以墙堡与沟壑组成的界壕被修筑,部分地利用了金朝早期所修筑的防御工事。这道界壕从今天的齐齐哈尔向西南方向伸延,

---

[1] 冯永谦先生认为,金长城的主要作用是防备蒙古,因此,在元朝修纂的《金史》里,对这些记载有点讳莫如深,不可能充分地反映出来。我认为这个说法有合理性。见《金长城的考古发现与研究》。

依大兴安岭的走向，远至今天内蒙古的达赉诺尔湖，最终与中国古老的长城接连。"① 这些都是引起后人纷争的原因。

（本文是为2006年8月由黑龙江省齐齐哈尔市政协举办的"中国·齐齐哈尔金长城学术研讨会"准备的论文，后刊载《中国边疆史地研究》2008年第3期，第1—9页，题目调整为《金界壕与长城》；又收入孙文政、王永成主编：《金长城研究论文集》（上册），长春：吉林文史出版社，2009年，第504—517页。此处所收系为初始之名，保持了原来的内容和写作方式，并将"内容摘要"和"关键词"等部分删除，以与全书体例相符）

---

① 见（德）傅海波、（英）崔瑞德编：《剑桥中国辽西夏金元史》汉译本，北京：中国社会科学出版社，1998年，第289页（定宜庄译文）。

第二编
其他史学论述

一代宗师陈寅恪

——陈寅恪先生的生平与学术

陈寅恪这个名字，对今日的学术文化界的中青年学子也许不再陌生。他的主要活动是在20世纪初期和中期，而他的学生至今也已步入晚暮之年，人生的自然规律无法抗拒，陈寅恪授业的直接弟子现今在世的也不算多了，但近年来人们为什么却一再地提及到他？据统计，回忆、怀念、研究陈寅恪及其学术的文章不下数十百篇，而有关陈寅恪的专著文集也有数十种之多。陈寅恪并没有因他早已过世而被人们遗忘，相反，今天了解他的人在与日俱增。我认为，陈寅恪之所以长存于人间，乃在于他的学术、他的人品具有昭示后人的魅力。他在现代乃至当代的学术界和文化界具有重要影响，他与中国现代学术的发展连为一体。时间已逝，精神长存，人们在探索中国现代学术文化的发展时，不能不提到他、想到他。

我这篇小文，只就已有研讨陈寅恪的文章著述及亲近友好追忆并陈寅恪先生的生平和学术做一概述，同时也有我对陈先生的理解和认识。我深知个人难以评述陈寅恪先生，但他今日已非私人所属，乃学界之公器，介绍他的学问和思想，意在阐释其学术风范，昭示来者，共为弘扬传统文化精神尽力。念及于此，我也就不揣谫陋，攥笔草述此文了。

一

陈寅恪[①]，江西修水人，1890年出生在湖南长沙。据蒋天枢《陈寅恪先生编年事辑》，他的家世可以追溯到其高祖陈克绳一代。陈克绳之父陈腾远由福建西迁江西义宁州，即今修水，自此陈氏便以修水为籍[②]。陈寅恪的祖父陈宝箴，字右铭，官至浙江、湖北、直隶按察使和布政使等职，在湖南巡抚任内，时值晚清维新变法运动兴盛，陈宝箴与变法诸君子交往，同情维新，并在湖南开展相应的新政活动，但变法旋即失败，陈亦受清廷革职处分，寓居南昌[③]。陈寅恪之父陈三立，字伯严，系陈宝箴长子，是清末的著名诗人，四公子之一（其他为丁慧东、谭嗣同、吴保初）。光绪十二年（1886）考中进士，授吏部主事，时陈宝箴在政界已有声望，三立常随侍其父，思想亦与宝箴相近。变法失败陈宝箴被罢官，三立亦遭革职，旋移居南京[④]，自此不再过问政治，号称"神州袖手人"，晚年自号"散原"。但他对民族国运仍注以倾心关切。日本发动卢沟桥事变入侵中国，散原老人"发愤不食五日而死"[⑤]，时年85岁，足见其散淡的外表之下，内心忧国爱国之深之切，也表现了坚决抗日的气概。

陈寅恪正是出生于这样的家世并在那个风雨飘摇、变幻莫测

[①] 据陈先生说，他字鹤寿，系其先祖所拟，但未曾使用。见蒋天枢：《陈寅恪先生编年事辑》，上海：上海古籍出版社，1981年，第10—11页。

[②] 见该书第5页。

[③] 关于陈寅恪家世，汪容祖《陈寅恪评传》一书叙述颇详。据汪书介绍，陈宝箴在革新政治上与康有为、谭嗣同有别，他在湖南的新政亦受到当地保守派掣肘，陈的维新思想与冯桂芬、郭嵩焘、曾国藩同属一流。见该书第13—14页，南昌：百花洲文艺出版社，1992年。

[④] 胡守为先生在为《陈寅恪史学论文选集》（上海：上海古籍出版社，1992年）所写的前言中论述陈三立，"戊戌年间与宝箴一并被革职处分，遂隐居江西祖家，致力于诗文写作"。按《陈寅恪先生编年事辑》，变法失败后，陈三立随侍宝箴寓居南昌，至1901年迁居南京，中间曾短时至上海、庐山小住，多寓居南京；1933年移居北平。见该书第18—80页。

[⑤] 见《陈寅恪先生编年事辑》，第103页。

而新旧思想交织争衡的环境中成长起来的。

陈寅恪是散原的第三子，上有长兄衡恪、次兄隆恪，下有弟方恪、登恪，又有三姊妹。综观陈寅恪一生，他的主要活动都是在学习和研究中度过的，他是一个学者，他的一生，汪容祖《陈寅恪评传》有翔实的记述；胡守为将他的一生分成求学时期、清华国学院时期、战乱流亡时期和岭南时期四个阶段，简明扼要地概述了他的情况。读者若有兴趣，可直接阅读其书[①]。这里只概要地叙述一二。

张寄谦先生在论述邵循正的家庭背景时有一番议论我深为赞同，她说：

邵循正，是在中国政治社会进行重大变革转折时期，一代承上启下的社会科学学者。这一代知识分子，其中若干人是出身于清末民初开明的官宦人家的后裔，幼年受过严格的经儒教育，又较早地被资送到大城市的洋学堂或海外，接受西方正规教育。这一代人成为自二三十年代起中国新一代学派的学术带头人和骨干。他们大多任教任职于国内知名学府或研究单位，如清华、北大，或中央研究院等。他们在兼融古今中外所长的基础上，力图创建中国风格。这些人秉承书香门第的勤学传统，加以家庭境遇（物资或精神的）优越或特殊，在学术研究的起点上，往往优异于一般从中产或贫寒家庭出身的苦读子弟。[②]

这一段议论相当深刻而切中要害。陈寅恪家世正是上文描述的"清末民初开明的官宦人家"，汪书即冠以"旧时王谢家"，寓意亦同[③]。据《陈寅恪编年事辑》记载，陈三立定居南京后，在

[①] 见胡守为：《陈寅恪史学论文选集·前言》。
[②] 见张寄谦：《邵循正史学成就探源——写在〈素馨集〉出版之际》，载《近代史研究》1994年第6期。
[③] 见汪容祖：《陈寅恪评传》，第1页。

家办学堂，延师教读，开设的课程有四书五经、数学、英文、音乐、绘画，以及文、体设备，陈寅恪在这里开蒙受教[①]。1902年，他年仅 13 岁，便随长兄陈师曾东渡日本游学，自此至 1925年（时年 36 岁）回国受聘于清华国学研究院，20 年间，陈寅恪在海外游学的足迹遍及东瀛和欧美的多所著名学府。1902 年去日本，此年夏返国，冬初又至日本；1905 年因患脚气回国在家休养年余，1909 年秋赴德国柏林大学留学；1911 年秋又转至瑞士苏黎世大学，后暂时归国；1913 年又读书法国巴黎大学，次年又应江西省教育司电召回南昌，审阅留德学生考卷；1918 年入美国哈佛大学，两年后离美再赴德国，滞留达 4 年之久。

陈寅恪游学欧美日诸国，与多数筹谋获得学位的留学生不同，他完全是为读书而学习，所以他没有获得任何头衔。他游学的重点是研究域外诸种语言文字，在这期间，他不仅掌握了日、德、英、法、俄、希腊等国文字，还兼及拉丁文、梵文、巴利文、满文、蒙古文、藏文、突厥文、西夏文、波斯文和匈牙利的马札儿文等。这里边有些文字则是他回国任教清华国学研究院时又继续学习的，如跟钢和泰学习梵文即是突出的一例[②]。在留学期间，陈寅恪学习刻苦勤奋，加上天资聪颖，成绩十分突出，在留学生中间深有厚望。据赵元任夫人杨步伟女士回忆："我们 1924 年 5 月离美（到了柏林），会见了一大批旧识新知，最近的就是陈寅恪和孟真（即傅斯年——引者）。那时在德国的学生们大多数玩的乱的不得了，他们说只有孟真和寅恪两个人是'宁国府大门前的一

[①] 见该书第 21 页。
[②] 姜亮夫回忆说："最令我们惭愧的是他这个时候（指任教清华国学研究院导师）还在跟人学西夏文、蒙古文，每个礼拜进城去学两天。这么一个大学者，还在这样勤奋读书，像我们这些人不成其为人了！真是无地自容！"见姜亮夫：《忆清华国学研究院》，收王元化主编：《学术集林》卷 1，上海：上海远东出版社，1994 年。陈寅恪的女儿陈流求也回忆说："从我记事起……父亲每天出门总是夹着个布包袱，包着书本。晚上照例伏案工作。父亲从不满足自己掌握的治学工具，每逢星期六上午，不分寒暑都进城到东交民巷找一位叫钢和泰的外籍教师，学习梵文。"转引自《陈寅恪先生编年事辑》，第 80 页。

对石狮子'。"① 萧公权认为："我知道若干中国学者在欧美大学中研读多年，只求学问，不受学位。史学名家陈寅恪先生是其中最特出的一位。"② 陈寅恪家学（中学）和西学并进，长年的苦读，使他中西文化兼通，为今后从事研究和教学奠定了扎实而广博的基础。

1925 年春，清华学校创办国学研究院，陈寅恪受聘任导师，由德国回归，次年始到校任职。该研究院仿照西方学校办学，意图用现代科学方法整理国故③。当时聘请的专任导师均为国内学术界名流，有王国维、梁启超、赵元任和陈寅恪，另聘请李济为讲师。陈寅恪在研究院期间讲授佛经翻译文学、西人之东方目录学、梵文方法，指导研究生则包括了古代碑志与外族有关系者之比较研究、蒙古满洲之书籍及碑志与历史有关系者之研究等；王国维开设了古史新证、尚书、仪礼、说文等课程；梁启超因病在身，讲课多由学生笔录；赵元任讲授语言学、苏州方言调查等等；李济讲授人类学、考古学等课程。国学研究院自创办到 1930 年，前后 4 次招收学生，第一届新生 38 名，第二届 30 余人，第三届研究生 18 名，第四届研究生 2 名。

清华国学研究院是当时中国仿效西方教育制度而创办的第一个高等研究院，在当时的中国学术界产生了重要的影响，它培养出来的学生，大都成为此后中国文史哲学术研究的骨干，这是因为国学研究院创办适应了当时社会特别是学术发展的需要。研究院以现代新式办学方法培养人才，这在 20 世纪中国还是第一次。

---

① 转引自岳玉玺等：《傅斯年：大气磅礴的一代学人》，天津：天津人民出版社，1994 年，第 305 页。

② 转引自汪荣祖：《陈寅恪评传》，第 32 页。据傅斯年对毛子水说："在柏林有两位中国留学生是我国最有希望的读书种子：一是陈寅恪，一是俞大维。"见毛子水：《记陈寅恪先生》，转引自《陈寅恪先生编年事辑》，第 52 页。

③ 陈寅恪任教清华国学研究院是吴宓向校长曹云祥推荐的，详见吴学昭：《吴宓与陈寅恪》，北京：清华大学出版社，1992 年，第 31 页。又此书论及清华国学研究院始末及陈寅恪在此时情形颇详，读者可自行参阅。

更重要的是，研究院导师均为国内难觅的学术名家，王国维、梁启超自不必说，单就陈寅恪而论，当时他被推荐给研究院的导师人选时，校方因他素无位望，曾一度有所犹豫，据说梁启超见状，对校方声言：我梁某虽说著作等身，但不及陈寅恪的几百字。这个说法不知确否，但梁对陈寅恪学问的推崇，则是毫无疑问的。据记载，当时主持研究院日常工作的吴宓对陈先生就甚为敬重，早在他留美与陈寅恪接触时，就曾感叹陈寅恪是"合中西新旧各种学问而统论之"，"为全中国最博学之人"①。另据姜亮夫回忆说：

> 陈寅恪先生广博深邃的学问使我一辈子也摸探不着他的底。他的最大特点：每一种研究都有思想作指导。听他的课，要结合若干篇文章后才悟到他对这一类问题的思想……
>
> 听寅恪先生上课，我不由自愧外国文学得太差。他引的印度文、巴利文及许许多多奇怪的字，我都不懂，就是英文、法文，我的根底也差。所以听寅恪先生的课，我感到非常苦恼……②
>
> 陈寅恪先生真了不起，有些地方虽然我听不大懂（因为我外语基础差，佛学经典知识亦少），但我硬着坚持听下去，能记尽量记，课后再与同学对笔记，得到许多治学方法，所以我对陈寅恪先生极其佩服。例如寅恪先生讲《金刚经》，他用十几种语言，用比较法来讲，来看中国翻译的《金刚经》中的话对不对，譬如《金刚经》这个名称，到底应该怎么讲，那种语言是怎么说的，这种语言是怎么讲的，另一种又是怎样，一说就说了近十种。最后他说我们这个翻译某些地方是

---

① 此处转引自胡守为：《陈寅恪史学论文选集·前言》。
② 陈寅恪一生通晓外国语言和国内少数民族语言（包括死文字）有十几种之多，但并非皆精通，据他讲，许多语言只是借以研究学问，借助工具书阅读即可。他是将语言文字作为研究学术的工具来看待的。

正确的，某些地方还有出入，某些地方简直是错误的。因此寅恪先生的课我最多听懂三分之一。①

类似的回忆还有许多，这些都反映了陈寅恪的博学和深邃。清华国学研究院的其他几位导师造诣亦高，博学精深。既有一流导师，办学又很先进，招收的学生素质又好，所以国学研究院尽管存在仅 4 年②，前后招收的学生（包括研究生）也不过近百人，但是培养出来的学生素质普遍很高，有些获得了很高的学术成就，如王力、刘盼遂、刘节、高亨、谢国桢、姚名达、徐中舒、蒋秉南、姚薇元和姜亮夫、蓝孟博、陈哲三、蒋天枢等等。

但是好景不长，王国维、梁启超先后去世，赵元任又出国，李济因考古实地考察，常年在外，研究院只剩下陈寅恪一人，后曾续聘其他名流，因诸种原因亦未果③。1928 年，北平大学北大学院院长陈大齐聘请陈寅恪兼任"佛经翻译文学"课，后改授"蒙古源流研究"。1930 年，随清华校名更改，国学研究院正式结束。陈寅恪受聘中文、历史系教授，为中文研究所、历史研究所开设专题课，有"佛经文学"、"世说新语研究"、"魏晋南北朝史专题研究"、"隋唐五代史专题研究"等课程，其研究亦转向中译本佛经、佛教史和唐史、唐代诗文等方面。

1937 年，卢沟桥事变爆发，日本大规模侵略中国，陈寅恪在清华园的教学生活结束，从此颠簸失所，漂泊不定。在料理父亲的丧事后，陈寅恪携家眷匆忙南下，辗转到达长沙。当时的形势变化迅速，清华大学与北京大学、南开大学组建一所临时大学，先在长沙，旋又因战局紧张而迁往云南，组成西南联合大学。陈

---

① 见姜亮夫：《忆清华国学研究院》，收王元化主编：《学术集林》卷 1。
② 1925 年，清华学校由留美预备学校扩充为留美预备处、大学部和国学研究院三部分，至 1930 年，清华改名为清华大学，归属教育部，国学研究院正式结束。
③ 蓝孟博《清华大学国学研究院始末》文云："寅恪先生为发展研究计，请校方聘章炳麟、罗振玉、陈垣三氏为导师，马叔平（衡）为特别讲师，校方一一致聘，章、罗均不就，陈氏自以'不足继梁、王二先生之后'为词，再三恳辞，惟马先生应聘。"转引自《陈寅恪先生编年事辑》，第 72 页。

寅恪再挈全家登程西南，经香港转往云南。时陈寅恪夫人心脏病复发，他便只身来到西南联大。当时的生活环境恶劣，教学科研条件很差，陈寅恪仍然为学生们开设了"两晋南北朝史"、"隋唐史研究"、"白居易研究"等课程。

1939年，他受英国牛津大学汉学教授之聘，又被授予英国皇家学会研究员职称，加上近来染患眼疾，视力受损，正可借机到英国治疗，于是前往英国。但他只走到香港，值第二次欧战爆发，无从西去，便返回昆明，复授"隋唐史研究"、"白居易研究"等课程。此时，他已撰著了主要著作《隋唐制度渊源略论稿》一书（详后）。次年又返港探视夫人，并打算等待赴英时机，旋后受聘香港大学客座教授任教港大。1941年底，太平洋战争又爆发，交通中断，寅恪一家受困孤港，在这样的情况下，他又完成了另一部重要的学术著作《唐代政治史述论稿》（详后）。在此期间，陈寅恪表现了高尚的民族气节，据胡守为的文章记载：

> 日军部知道他是著名学者，又懂日文，便对他格外优待，在他家门口作一记号，禁止日军入内。粮食紧缺时，又派人送来两袋大米，意欲拉拢，但先生把大米推出门外，拒不接受。……先生不肯为侵略者服务，乃乔装为塾师秘密逃离香港。[1]

吴宓《答寅恪》诗文自注亦言："闻香港日人以日金四十万元强付寅恪办东方文化学院，寅恪力拒之，犹免。"陈流求的笔记也记载着这样一件事："这年（1942年）春节后，有位父亲旧时学生来访，说是奉命请父亲到当时沦陷区的上海或广州任教。父亲岂肯为侵略我国的敌人服务。只有仓促设法逃出。"[2] 这几件事反映出陈寅恪与入侵者划清界限的坚决态度，不与敌人为伍，表现了他高尚的爱国情操。

---

[1] 见胡守为：《陈寅恪史学论文选集·前言》。
[2] 这两条引文均见《陈寅恪先生编年事辑》，第119页。

1942年，陈寅恪自香港返回内地，经桂林，任教广西大学一年，并在中山大学临时校址讲演学术问题。次年至成都，任教燕京大学。"这期间成都灯光昏暗，物价飞涨，间或要躲警报，当生活那样困难的时候，父亲用他唯一的左眼，紧张地从事学术研究和备课。"[①] 这段期间，是陈寅恪生活最为困苦的阶段，不幸的是，因营养缺乏，积劳成疾，他的双眼于1945年春天失明，这对他不啻是个莫大的打击。1945年日本投降，陈寅恪受英国皇家学会约赴英伦治疗目疾，但仍未能复原。后又转道美国，听说也没有好办法，就没有登岸而直接返国，又继续在清华大学教书，在助手的协助下从事教学和研究工作。

1948年底，北平形势紧张，清华园北边炮火密集，当时国民党政府派飞机接走政要人员，据邓广铭先生回忆引述陈寅恪的话说："前许多天，陈雪屏曾专机来接我。他是国民党的官僚，坐的是国民党的飞机，我决不跟他走！现在跟胡先生（指胡适）一起走，我心安理得。"[②] 这件事说的是国民党方面要接陈寅恪去台湾，负责联系的是中央研究院的傅斯年[③]，但陈寅恪没有同意，他的南下，既不是去台湾，也不是去香港，而是选择了广州，任教于岭南大学。

自1949年初到1969年10月去世，陈寅恪一直在广州中山大学从事教学研究工作。他长期担任全国政协常委、中国科学院学部委员、中央文史馆副馆长等职务。1954年，国家派人拟请他担任科学院哲学社会科学部历史研究所第二所所长，陈先生适应广州的气候，加上行政工作的烦恼，陈寅恪便推荐陈垣自代。在此期间，陈毅副总理曾在1956年到中山大学拜访陈寅恪，时任南

[①] 见陈流求笔记，载《陈寅恪先生编年事辑》，第123页。
[②] 见邓广铭：《在纪念陈寅恪教授国际学术讨论会闭幕式上的发言》，载《纪念陈寅恪教授国际学术讨论会文集》，广州：中山大学出版社，1989年，第37页。
[③] 此事的详细经过见岳玉玺等著：《大气磅礴的一代学人——傅斯年》，第313—315页。

方局书记的陶铸也专门派人为他修建一条白色甬道,让陈寅恪散步休息。此后周扬、胡乔木等人亦专程探望。1962年,陈寅恪不幸右腿骨折,陶铸派护士三人轮班照料,体现出党和政府对陈先生的关心和照顾。

但自从1966年"文化大革命"开始后,陈寅恪遭受了不公平的对待,他的身体和心灵蒙受很大的打击,晚年呕心沥血撰著的《寒柳堂记梦未定稿》散佚无着,甚为痛心。红卫兵甚至要将陈先生抬到大礼堂批斗,中大前历史系主任刘节自行前往,说:"我能代表陈老师挨批斗,感到很光荣!"[①]另一位叫张梦庄的,在受"专案"人员逼迫"揭发"陈寅恪的材料时,张坚决答道:"陈寅恪先生是好人,他是爱国人士,从没有反党反社会主义的事,我不能写!"[②]可以想见,在那个时代,实事求是、坚持真理是需要多么大的勇气和毅力!

1969年10月7日,陈寅恪先生因病逝世,时年80岁。

二

陈寅恪先生学贯中西,他的国学主要来自家庭熏陶,西学则是游学诸国而成,融中西为一炉,博大精深。他研究的领域涉及宗教、文学、语言文字、边疆民族、诗史互证及魏晋南北朝和隋唐史等,以其深厚的文、史、哲和语言文字知识,融会贯通,纵横驰骋,开拓学术研究的新领域,取得了重大的成就。他一生的著作,已于1980年由其弟子蒋天枢教授整理校勘,由上海古籍出版社出版,即有《隋唐制度渊源略论稿》、《唐代政治史述论稿》、《元白诗笺证稿》、《柳如是别传》,论文和文章则汇集成《寒柳堂集》、《金明馆丛稿初编》、《金明馆丛稿二编》,同时还有蒋天枢编撰的《陈寅恪先生编年事辑》一册。在此前后,大陆和港台及海

[①] 见《陈寅恪先生编年事辑》,第168页。
[②] 见《陈寅恪先生编年事辑》,第170页。

外相继出版多种陈寅恪文集或论文选集。这些基本上反映了陈寅恪的学术成就，从中不难窥见这位史学大家对中国学问的精辟识见和观察审断的智慧。如上所述，陈寅恪先生的研究涉及多学科、多语言，这里仅就他在史学方面的成果略作介绍。

陈寅恪自20世纪30年代以后，史学成为他用力最勤的领域。

陈寅恪先生隋唐史研究，突出地反映在《隋唐制度渊源略论稿》和《唐代政治史述论稿》二书上面。此二书篇幅不大，但立意高，创新大，勾画出隋唐发展的基本轮廓和社会结构，具有开拓性的意义。前书成于1939年，由叙论、礼仪（附都城建筑）、职官、刑律、音乐、兵制、财政和附论组成。此书系统地辨证隋唐二朝基本典章制度的渊源，作者认为隋唐王朝是中古的盛世，其文物制度流传广博，北逾大漠，南暨交趾，东至日本，西极中亚，而于其渊源始末，前人未曾措意，所重视者多认为隋承北周，故其体制亦为周后。陈寅恪详尽考证，通过分析，论述隋唐制度出自三源，一是北魏和北齐系统，二是南朝的梁、陈系统，三是西魏和北周的系统。而北魏、北齐之源，又上承汉、魏、西晋的礼乐政刑典章文物，自东晋至南齐诸朝的发展演变，而为北魏孝文帝和他的子孙所模仿、采用，再传至北齐而成为集大成者，即旧史中"汉魏"制度的习称。这一源中又包括河西一支，此支因西晋永嘉丧乱，中原魏晋以降文化转移保存在凉州一带，到北魏攻取凉州，所以河西的文化也传入北魏，北魏典章制度的颁定亦深受这支文化的影响。

所谓梁陈之源，即指北魏孝文帝及其子孙未能采用的、北齐集大成者又不包括在内的而流传在南朝后半期梁朝继承创设、陈朝因袭无变的制度。过去多认为对隋唐制度影响显著的西魏、北周一源，陈寅恪认为"其影响及于隋唐制度者，实较微末"[①]，

[①] 见《隋唐制度渊源略论稿·叙论》，北京：中华书局，1963年，第2页。

远不如其他二源重要。

关于礼仪，陈寅恪从这个思路出发，系统地论述了隋唐二制的源出。其中值得指出的是，隋文帝虽然承继北周建国，但是隋与唐朝颁定的礼仪则不是直接继承北周的那套，而是选择了梁朝的礼仪和北齐的仪注。梁礼是南朝后期的典章文物，所继承的是汉、魏、西晋的统绪，其典章文物之传于北朝魏、齐，关键是王肃北奔，他将南朝前期典章制度输入北朝，蔚成太和文治之盛。陈寅恪认为，自汉代学校废弛、博士传授止息之后，中国的学术中心转移到了家族，而家族则受地域的限制，所以魏、晋、南北朝的学术、宗教、家族与地域就结成了不可分离的关系。王肃的北奔，正是将南朝家族掌握的文物携往北方，从而光大和成就了孝文帝的改革事业。河陇之地历经数朝变乱而得以保存汉代中原学术，亦赖于家世地域，以边隅之地远离中原战火兵燹，家族之学亦得以流传不坠，最后传入隋唐。

北魏、北齐一源，孝文洛阳迁都表明北魏固守中原加速汉化，但鲜卑旧有力量仍旧十分强大，北魏末年六镇之乱与河阴之变，虽有诸多因素促成，实际上有胡族对汉化政策有意无意的抗拒表现，此后高欢继承六镇流民的大部分，宇文泰获得少数。这种变乱，是对孝文帝迁都洛阳以后汉化政策的一个打击，随后出现文化逆转，胡化盛行，这是北朝政治和社会的一个变化。但高氏所居的山东仍系旧有文物的重心之地，山东仍是正统所在，它与江左南朝并为衣冠礼乐之邦；而宇文泰为了与之抗衡，虚饰周官旧文以适应鲜卑野俗，借用欺笼一时之人心，到周武帝灭北齐，北周也逐渐受其染化。

陈寅恪得出的结论是："隋文帝虽受周禅，其礼制多不上袭北周，而转仿北齐或更采江左萧梁之旧典，与其政权之授受，王业之继承，迥然别为一事，而与后来李唐之继杨隋者不同。"[1]

唐代的职官制度，主要承继北魏、北齐和隋朝，涉入北周系统的则很少。北周仿周礼六官设立的职官制度，并非是全部，只限于中央范围，即使是这个范围，也仅限于名目的对比，创始之后就发生了不小的变化。开元时修纂的《唐六典》，只是排比当时施行的令式以合古书体裁，本为粉饰太平制礼作乐之一端，并非仿周官体裁实际施行。陈寅恪特别指出，隋朝废除州郡辟署僚佐之制，改归吏部铨授，实足将北魏末年及北齐的遗制普遍化而已，并非独创。

隋唐的刑律，陈寅恪认为值得注意的地方有两个，一是北魏所采取的刑律多来自南朝的前期，隋唐的刑律近承北齐，远祖北魏；江左的因子虽多，但主要限于前期，后期之律学与前期无大异同。二是北魏正始后即兼采江左，但河西一系即魏晋文化在凉州之遗留及发展对北魏的影响也很显著，故元魏刑律取精用弘，转胜于江左承用之西晋旧律，于是北魏之律汇集中原、河西、江左三大文化因子于一炉，经由北齐至于隋唐，成为千百年来东亚刑律的准则。

关于隋唐的音乐，陈寅恪考证辩驳隋唐胡乐因袭北周的观点，推究渊源，明述其绪，证明唐代胡乐多因袭于隋，隋又多传自北齐，北齐胡乐之盛，实由承袭北魏洛阳之胡化遗风所致。陈寅恪进一步指出，北齐距西域实较北周更远，但北齐宫廷胡人音乐更甚，并发展为政治势力，实系北魏洛阳西域胡人转迁邺都之故。隋朝建国后即承此遗风，又影响到唐。

关于府兵，陈寅恪论辩甚精，多所创意。他认为府兵起始于西魏宇文泰。他为抗衡东魏、江左南朝，采取鲜卑八部落制与周礼六军之制，另创府兵系统以加强西魏军力。府兵成为境内的一

---

[1] 见《隋唐制度渊源略论稿》，第51页。

支特殊集团,到周武帝时则改军士为侍官,直属于君主,这是府兵制的第一次变化;至隋文帝开皇十年(590),皇帝下诏军人悉属州县,实行兵农合一,府兵从柱国大将军控制的方式向由君主直辖之下的禁卫军方面转化,这是府兵制度的第二次变化。陈寅恪对府兵前后发展和变化进行概括,他说:

> 府兵制之前期为鲜卑兵制,为大体兵农分离制,为部酋分属制,为特殊贵族制;其后期为华夏兵制,为大体兵农合一制,为君主直辖制,为比较平民制。其前后两期分画之界限,则在隋代。周文帝、苏绰则府兵创建之人,周武帝、隋文帝其变革之人,唐玄宗、张说其废止之人,而唐之高祖、太宗在此制度创建、变革、废止之三阶段中,恐俱无特殊地位者也。①

隋唐时期的财政,陈寅恪在这里也有深论。他说:"此章主旨唯在阐述继南北朝正统之唐代,其中央财政制度之渐次江南地方化,易言之,即南朝化,及前时西北一隅之地方制度转变为中央政府之制度,易言之,即河西地方化二事,盖此二者皆系统渊源之范围也。考此二事转变之枢纽在武则天及唐玄宗二代,与兵制选举及其他政治社会之变革亦俱在此时者相同。"② 这段话解释起来大致的意思是这样的:

唐代的财政制度继承了北朝系统,当时北朝社会经济较南朝落后,至唐代发展达到南朝的程度,国家财政制度遂转而采取旧日南朝即保存在江南地方的制度而施行,此即唐代制度江南地方化。又河陇地区历来为交通国防要地,其地方传统的财政经济制度经长久演变,颇能适合国防要地的环境,唐玄宗即对西北边地采取军事积极性政策,则河湟地方传统有效的制度实有扩大推广而改为中央政府制度的需要,即所谓唐代制度河西地方化。陈先

---

① 见《隋唐制度渊源略论稿》,第140页。
② 见《隋唐制度渊源略论稿》,第141页。

生分别以回造纳布与和籴两个具体例子论证其内在的关系。指出,关中地区因人口增加,灾荒之年不能满足食物需求,玄宗时期裴耀卿改革漕运方略只是解决了部分问题,更重要的是牛仙客曾实施西北地区的和籴为政府解决财政问题提供了新的方法,成效甚大。故而关中和籴之法乃由西北地方制度一变而成为中央政府制度(所谓唐代制度之河西地方化)。

和籴之法解决了关中的经济,裴耀卿主持的转运江淮变造等农产品的政策就成了不必要的,于是代以转收麻布入京,借以充实关中财富,即所谓回造纳布。这早是南朝的旧制,隋唐时江南诸州仍有遗存,玄宗时政府又将这种办法推行到全国,也就是唐代制度的江南地方化了。经过这些分析,唐朝的财政和经济制度及其沿革,可谓昭然若揭了。

《唐代政治史述论稿》一书与前《隋唐制度渊源略论稿》的关系十分密切,陈寅恪说:"兹稿所言则以唐代之政治史为范围,盖所以补前稿之未备也。"[①] 此书分成"统治阶级之氏族及其升降"、"政治革命及党派分野"、"外族盛衰之连环性及外患与内政之关系"三篇。

在上篇中,陈寅恪重点考证唐朝皇族的出身渊源,论述唐朝开国之前的历史演变。他指出,种族与文化是"李唐一代史事关键之所在"[②]。通过分析,陈寅恪认为李唐先世可能是赵郡李氏之"破落户"或者"假冒牌",而旧史所说他们先世出自陇西李暠之后,应当是为时世的需要而假托。他指出,北魏孝文帝以来多行汉化,但是北部六镇地区则保留着原来胡族的尚武风气,与中原迥然有别,而且中原的汉化愈深,六镇胡风的对抗也愈甚。高欢、宇文泰凭借六镇变乱之力量卒成东魏(北齐)、西魏(北周)的霸业,而宇文泰欲与高欢及江左南朝抗衡,必然在精神上另求

---

① 见《唐代政治史述论稿·自序》,上海:上海古籍出版社,1982年。
② 见《唐代政治史述论稿》,第1页。

一源，标榜关陇为汉文化发源之地，以抗衡文化发达的山东和江左。陈寅恪将此策略概括为"关中本位政策"。

在这种情况下，西迁关陇的汉人于是普遍地将山东郡望改为关内郡望，并附会当地的权贵大族，甚至与六镇扯上关系，以断绝乡土之思，如李唐更改赵郡为陇西、伪托西凉李暠后裔即其例。随后西魏恭帝元年（554）下诏诸将改胡姓，李唐先人被赐姓大野氏；到北周末年隋文帝专权，只将胡姓恢复到原来的汉姓，大野氏还原李姓，但是其郡望仍旧如此，没有恢复。这便是李唐假托西凉李暠之后的由来。

李唐初创建国所凭借的是关陇贵族集团和"关中本位政策"，这也是西魏、北周和隋朝的政策。然而从武则天开始，这个政策就逐渐地遭到破坏。他认为，武周之代替李唐，不仅是政治上的变化，而且是一场社会革命，其变革的程度远远大于李唐代替杨隋所产生的效果，直到玄宗之世，"关中本位政策"破坏无遗。而天宝末安史乱后又产生了新的局面，唐朝实际上分成中央所辖与河朔为主的两个不同区域。中央这一支以长安文化为核心，恃东南财赋以存立，掌握权力的多是具有高深文化的汉族士大夫和来自边隅之地的宦官。前者多起家于武则天上台之后，以科举诗赋仕进；后者则掌握内朝禁军，控制皇权。这些势力争衡轮替，形成中晚唐政治中的专权和朋党之争。到唐朝末年的黄巢起事，破坏了东南地区的社会经济，断绝河运交通，以长安为中心的朝廷很快就土崩瓦解。

与朝廷对峙的河朔，崇尚武力，轻视周孔名教，陈寅恪认为，该地区的这种情况，须从民族与文化两个角度着眼才能认识清楚。当地多胡人，胡风深厚，贵族子弟谙熟骑马射箭，却不大清楚儒家文化，已远不是汉魏北朝的文化甚高之旧俗了。究其原因，此地自从隋朝丧乱以后特别是东突厥败亡，以及后来的突厥复兴，这些大规模的动荡导致胡人向河北迁徙，而当地的汉人也受胡风的影响逐渐胡化，安史之乱以后这里的胡系文化风气更有发展的余地，于是在政治上形成与朝廷抗衡的地区，在社会文化上也与长安对峙。陈寅恪认为武则天的时代是唐朝社会变革的肇始阶段，而玄宗时代则是整个王朝前后分野的时代，其重要性值得重视。

在中篇，陈寅恪就以下问题展开了讨论：唐代政治变革有中央与地方之别，在前期，为什么地方变革产生的影响不大，而中央的革命影响显著且有成功也有失败呢？唐朝的皇位继承为什么要通过政变的方式完成呢？外廷的士大夫党派分野的情况又是怎样产生的？

对第一个问题的回答，陈寅恪认为，唐朝前期主要是继承"关中本位政策"，权力集中在朝廷，形势是内重外轻，只要掌握了关中，就可宰制全国，所以政治革命譬如隋文帝、武则天那样掌权的现象就可能成功；而地方上的变革如尉迟迥、徐敬业等人因不能操纵政权而最终导致失败；隋炀帝避居在江都（今江苏扬州）而李渊占据关中成此帝业，也是一个很能说明问题的例证。但是到玄宗的时候，"关中本位政策"全遭破坏，权力格局也发生了转移，地方性的变革如安史之乱就可以成功地挑战朝廷，到唐朝末期，庞勋、黄巢、朱温相继动乱和裹挟朝廷，唐朝最终灭亡。

"关中本位政策"内重外轻局势尚未改变以前，政治革命唯有在中央发动才能成功，但是中央层面的动荡也有成功与失败的分别，为什么会这样呢？关键就是能不能控制住禁军和把守宫城的北大门，而北门的象征性之重要，与唐朝都城建置及规模有直接关系。唐城与汉城布局正好相反，所以禁军即北军是维系中央政柄的关键，唐朝中央宫廷历次政变的成败，很重要的就是能否控制住宫城北门，唐太宗的玄武门之变自不必说，张柬之拥立中宗复辟及神龙三年（707）李重俊率领左羽林大将军李多祚矫制袭杀武三思等事变、景龙四年（710）唐玄宗举兵消灭韦后势力等莫不与此有密切关系。

然而安史叛乱之后，内外轻重的形势大变，中央政变除少数情况例外，大抵不再取决于公开的战争了，而在宫廷之内以争夺皇位的形式展开，于是皇位承传之时政变就多起来。陈寅恪从李世民夺门论起，到德、顺二宗，其君位嬗替多由政变定夺。

顺宗永贞内禅与宪宗元和政局，是唐代内廷宦官与党派、外朝士大夫与皇位继承竞争形成的新格局。陈寅恪认为，唐代统治集团在"关中本位政策"破坏以前，除宇文泰创建的胡汉关陇集团外，还有北朝传统的山东士族，外廷的士大夫多数来自这些士族。高宗武则天以后经过科举选拔而涌现出新兴的统治阶层，即以浮华放浪著称，他们的形象与旧日的士大夫形成了鲜明的对照。新旧轮替，互相熏陶，他们之间并非绝对的隔离，但是其分野始终存在，牛李党争就是这种分野的表征。

李党重视所谓的礼法门风，承传山东旧族的世统家学，而牛党则重视科举中的座主门生关系。唐代科举中以明经和进士二科最为人看重，后来进士成为显途，大大超越了明经，这是因为它适应了武则天的新学风尚，而明经与两晋北朝的旧学为伍，其间的差别之大，实由门族差异。牛李两党的对立，陈寅恪认为根本原因就在两晋北朝以来山东士族与高宗武后进士词科进用之新兴阶级二者之间的互不相容。值得注意的是，陈寅恪并没有将二者视为绝对的分野，而是就其本质或价值取向而言的，其间的诸多分合混杂，对个人而言则殊难论定。

那么宦官与外朝党派的纷争与内廷皇位的继承存在着什么关系呢？陈寅恪从顺宗谈起，认为永贞内禅与牛李党争都起于这个时期，二者存在着逻辑联系。

宪宗之立，有赖于宦官俱文珍的帮助。俱文珍这一派取胜后，排斥王叔文和另外的士大夫。宪宗削藩，重振王廷，得到了李党的支持，而与之对立的差不多都属后来称之的牛党；主持内政的宦官与李党呼应，促成了元和削藩的成功。后来宪宗被其他宦官杀死，他们与另一批士大夫结合，拥立穆宗，于是执行"销兵"之策，政局大变。此后党争渐趋激烈，各就气类所近招求同党，文宗朝两党参错并用，武宗朝李党占先，玄宗朝牛党又取胜，此后则渐次消泯。陈寅恪认为，外廷党派纷争实即内廷宦官政争之反映，内廷宦官表现得主动，而外朝士大夫则显被动，两党都依托宦官，有时是一派进而另一派退，或者相反，外朝士大夫也随此大流。迄至唐末，宦官与士大夫各合为一片，成生死不两立之局面，最后同受藩镇势力的宰制，唐朝也因此而灭亡了。

本书的下篇，陈寅恪研究的是外族盛衰的连环性、外患与内政之关系两个方面的问题。关于前者，他认为，外族盛衰的连环性，是指某一部族与唐朝接触时，也受制于该部族与其他部族的关系，其他外族的强弱也会引起这个部族的强或者弱，唐朝当然也受此影响或牵连，或者利用其机缘，或者遭受其弊害。因此观察唐朝与某个外族的关系，必须同时观察其他外族之间的关系，不能仅仅限于唐朝与一个外族之因缘。这就是所谓的"连环性"。

例如突厥是隋唐两朝北部最强大的势力，隋末社会动乱时，中原的各支势力相继依托突厥，李渊也不例外。但到太宗当政时，就将突厥征服了。为什么会这样？其原因，一是突厥自身腐败没落，二是薛延陀、回纥等势力崛起，唐朝利用它们之间的矛盾利害，联合其他势力攻击突厥，突厥必败无疑，此即外族盛衰连环性的表现。又如，回纥在唐肃宗时期发展强盛，可是到了文宗时内部扰乱，加上天灾人祸，黠戛斯趁势崛起并从后部袭击，回纥迅即崩溃。吐蕃崛起于青藏高原，几与唐朝相始终，唐朝倾力开拓西北，统治中亚，借口保护关陇的安全西进；而吐蕃和大食亦染指该地，故唐朝固守四镇，扼据小勃律以制吐蕃，绝其通往大食之路。

还有，太宗、高宗于东北攻克高丽却不能复守，原因就在于吐蕃在西北的牵扯，所以唐朝只能在东北采取守势，这又影响到五代及两宋的政策。唐朝为对付吐蕃，也联合吐蕃周边各族，形成环攻包围之势，韦皋制定用南诏掣肘吐蕃的政策就是这个战略的具体表现。高丽与吐蕃虽然相隔玄远，但是二者的连环关系，却影响了唐朝数百年之久。隋炀帝、唐太宗攻伐高丽却以败退告结，高宗暂得复失，除外族盛衰的连环性之外，还有天时、地利及人事诸多因素在起作用。东北在当时非常偏远，中原的军队征伐只有在霜冻期过去雨季到来之前的阶段可以成行，假如对方死守不战，中原军队别无他法。所以唐朝如果攻取高丽，必先取邻国百济以为根本，而百济与新罗的关系密切，他们的盛衰又影响唐朝与高丽的战争结果。唐朝联合新罗，制服百济，并以此攻克高丽，同时又不能不对抗吐蕃，以至最终不能征服高丽，新罗反而借助唐朝的支持而强盛，这是唐朝统治者始料不及的，事情至此，唐朝在东北不得不采取守势战略。此后，高丽废而新罗、渤海兴，唐朝于其地退而求其次，借以维持现状。

三

以上所举是陈寅恪《隋唐制度渊源略论稿》和《唐代政治史述论稿》两部著作的核心内容，这只是陈寅恪治学中的一个组成部分。仅从这个部分而论，我们不难发现，陈寅恪治史的一个突出特点，是从整体上把握隋唐历史发展的大势，在充分掌握史料的基础上从微观而具体的问题入手，条缕分析，概括归纳，推出结论，言之有据。读他的史学著作，往往能感觉出他的治学有其严整的逻辑和自成一家的思想宗旨。中国古人强调治史的才、学、识与德，而"识"尤为人们看重，陈寅恪的"识"在上述著作里表现得十分明显，他的史识已超越乾嘉诸老，在同时代和后人中出类拔萃。其原因，我认为主要是他具备深厚的学术素养和精深的思辨能力。

如前所述，陈寅恪的学问来自中西多个层面，其中学源自家庭的传统教育，幼年时秉承家学，阅读典籍，受到乾嘉学派的影响。该学派对中国传统学术的贡献即表现在文献的校勘和整理上面①，所谓"读书须先识字"就是其强调的主旨。这个学派与晚明那种浮躁风气相比，主张务实，不尚空谈，这对陈寅恪的影响十分明显，他一生基本上没有空泛性的文字，每篇作品，都从小事入手，最后揭示出内在的规律和逻辑联系，所谓以小见大，见微知著，这是他的过人之处。他高出乾嘉诸老的地方，是他掌握了近代西方思辨的治学方法。他早年游学欧美日本，在他人生最佳、最善于学习的时期远赴各国，摸索和掌握了西学的真谛，特别是学习各种语言文字②，奠定了他治学的工具基础，使他更全面地了解掌握西学的研究成果和信息资料，这自然就比单一性的史学训练要高明。更重要的是，西学给了他治学的新方法和新途径，关于这方面，人们谈论得较少，亲近友好对他接受西学的情景言辞似乎也不多，可是我们从陈寅恪的各种著作中都能明显地体验到他的治学方法③。倘若仅靠乾嘉传统考证，上面所列举的隋唐发展变化的模式和内在联系，是不会出现的。

一般认为，陈寅恪的历史研究方法是辨证的。他在考察历史问题时，总是将与此有关的各个方面进行剖析辨证，不是站在单一孤立的角度看待问题。例如在论述魏晋至隋唐的问题时，他提出来值得学术界重视的即种族和文化问题。他认为这二者中文化的地位特别重要，种族则居其次，判断一个人是汉人还是胡人，主要根据是文化的选择，而不是纯粹的族属或种性。但无论如何，这二者是研究那个时期社会问题的一把钥匙。正是从这个角度着

---

① 参见何新：《朴学家的理性与悲沉——读〈陈寅恪文集〉论陈寅恪》，载《读书》1986年第5期。
② 据陈寅恪夫人、弟子回忆，陈寅恪掌握中外语言多达20几种，详见汪容祖：《陈寅恪评传》，第57页注释①。
③ 陈寅恪受西学影响的问题，近年来有较深入的讨论，比较有代表性的研究成果是台湾玄奘大学王震邦教授的博士论文《陈寅恪论学的四个面向》，台北：中正大学历史学研究所博士论文，2007年，未刊稿。

手,陈寅恪揭示了隋唐时期中国社会历史发展的基本进程和规律。今人对这个基本把握虽然会有种种的补充辨证和修订改进,但是陈寅恪构筑的理论体系及其展示的思辨睿智和治学方式,仍旧具有重要的参考价值。这也是陈寅恪直到今天还被称誉的原因。

我们今天谈论陈寅恪,并不是就陈寅恪而论陈寅恪,我们是把他的学术和思想是放置在中国现代学术发展的进程中考虑的。今日学术已进入90年代,距离陈寅恪逝世也有30年之遥,而今天的学术发展早已进入新时代,众所周知,1978年"十一届三中全会"召开标志着新时期的开始,即赋予中国学术发展的新境界。作为全新时代学术的发展,特别是学术对社会的促进,具体说历史学的社会作用,早已摆在我们面前,需要我们给予深层次的解释和回答。中国现代马克思主义史学的框架结构及其研究模式,主要完成于20世纪50年代以后,其主旨是在历史唯物主义和辩证唯物主义理论指导下,以生产力和生产关系、上层建筑和经济基础为旨要构筑中国历史发展的各阶段、各朝代中的各种问题研究的模式。相当长的时间里,史学界更多地关注五个基本问题即所谓"五朵金花"[①],这些问题的讨论直接源自当时的社会形势,其归宿亦受制于社会发展。1978年以后,随着经济转轨,改革开放,史学的革新也广泛受到关注,各种新思想和新方法接踵而至,为学术发展增添了活力,时至今日,我们仍旧处在这种氛围之中。史学的创新、其社会功能,需要同仁全力以赴地进行探索。陈寅恪生于新旧文化之交,掺杂新旧学问,沾染新旧风气,造就和培养了他的学问品格。我们今天同样处在新旧交替的时代,在学问

---

① "五朵金花"是指中国社会历史分期问题、中国土地所有制问题、农民起义和农民战争问题、中国资本主义萌芽问题和汉民族形成问题等。这些问题是20世纪30年代以后学术界展开争论、1949之后又大力投入,尤其集中在50—70年代。关于大陆史学的发展情况,参见张芝联:《当代中国史学的成就与困惑》,载《史学理论研究》1994年第4期;张玉法:《台海两岸史学发展之异同》,载《吴大猷院长荣退学术研究会论文集》,台北,1994年;缩略文改为《海峡两岸史学比较研究》,转载《新华文摘》1995年第2期。

上也有新旧的变化，如何能顺应时代潮流，秉承前辈学术，发扬光大，是摆在我们面前的任务。如果说陈寅恪代表了20世纪新旧之交的史学变革的精髓，那么当代再次呼吁像他这样的史学大家的出现。然而我们也深知，要达到这么高的境界，单就某一方面的发展是不够的，这需要时代环境的配合，更需要史学自身的努力和史识、史学、史才、史德的阐扬，刻意地追求未必有果，潜心积累、厚积薄发、中西融通，是培养大家的必备素质，陈寅恪的学问与品德，对今天史学的长进，不啻为标准和榜样，所不同的是，今日的环境已非他的时代，应该说更加优良，现在需要的是踏实的学问、社会的责任和矢志不渝的追求。

（此文成于1995年4月，收入本书系首次发表。文中有个别订正）

学术大师悬想

一

近读陈勇教授撰写的《国学宗师钱穆》[①]一书，联系当下学界的情形，颇有话要谈。

我要谈的也正是时下关心的所谓"学术大师"的问题。中国的学术界大凡处在正常发展的时候，人们总免不了要谈谈如何发展大师级学术人才的问题。到上个世纪80年代，随着学术研究的走上正轨，呼唤学术大师的声音一直不绝于耳，直到今天，这个话题仍旧萦绕在人们的心头。中国要出学术大师，要获得诺贝尔奖，成为国人，特别是知识界和学术界的某种心结了。

在讨论问题之前，我们得先定性一下什么是学术大师。

获得诺贝尔奖，在定性的问题上是比较容易的：只要你获得在瑞典和挪威（通常是和平奖）每年定期颁布的任何一个奖项，就意味着你是该奖的获得者了（当然，这里讲的是学术类的，并不包括和平奖）。但是，学术大师，在内涵和外延上不是十分确定的概念，有时甚至是很模糊的，模糊到每个人可根据自己的理解而界定是不是学术大师的程度。比如，现在人文学界大家都很熟悉的且很尊敬的季羡林先生，就被人们（这里的人们多指学术界和文化界，也包括广泛的市民社会）视为学术大师。尽管季先生自己很谦虚，你要这么称呼他，他肯定不认同的（我在几篇有关他的访谈中了解到，季先生的确对社会上称呼自己为学术大师不

[①] 北京：北京大学出版社，2007年。

肯认同，他称自己只是一个学术研究者）。事实上，学术大师这类称呼只是泛称，没有确定的界限，也不是通过机构或组织标明的，更不是官方宣布的（我记得好像上个世纪80、90年代，官方的组织将一些民间艺人命名为"工艺大师"的称号，作为保护民间工艺传统免遭失传而采取的某种措施，也是正常的，但这与本文所论述的学术大师是两码事，特此指明，免得混淆），它是学界同行对某个人学术（研究）造诣和素质的肯定。以这个标准称呼季先生，我认为名副其实，这说明学界同行和知识界对季先生从事学术研究和教学的赞誉，季先生是当之无愧的。

与学术大师相联系的另一个称呼是学界泰斗。这个词儿据说是出自宋朝史家赞奉唐朝后期大学问家韩愈的。据《新唐书》卷176《韩愈传》的赞曰："自愈没，其言大行，学者仰之如泰山、北斗云。"在宋儒看来，韩愈是唐朝后期力图恢复儒家道统的首倡者，而道统自孔子、孟子之后，就不再传世，韩愈的功绩是将先儒的体系传承下来，影响并光大于宋世。所谓"至（唐德宗）贞元、（唐宪宗）元和间，（韩）愈遂以《六经》之文为诸儒倡"，"排二家（指道家、佛家），乃去千余岁，拨衰反正，功与齐而力倍之，所以过（荀）况、（扬）雄为不少矣"，说的就是韩愈弘扬儒道的功勋。因此，他在宋朝儒家学者的眼里，属于泰山、北斗一样的人物。这个称誉在当时是极高的，只是为那些开风气之先的人物备用的。后来，人们就将在学术研究某一方面负有名望的人称为泰斗。这样的称呼，似乎较韩愈而言，程度稍稍降低了些。比如，在史学领域，特别是在断代史的研究中，我们一般将某些领域学术领军性的人物称作泰斗，如宋史学界的邓广铭先生，就可以享有这个称誉。不过，按照邓先生的性格，你要是当面这样称呼他，邓先生肯定是不高兴的。他是我所知道的有性格的老一代学者，不会轻易地认同别人给的称谓，特别是赞奉的。不过，我这样说也是有根据的，这就是大家也比较熟悉的陈寅恪先生数十年前就对他有极高的赞誉的那句话:"他日新宋学之建立,(邓)先生当为最有功之一人,可以无疑也。"

仔细揣摩,陈先生说的这句话不是溢美之词。就在这句话的前面,他对宋朝的历史给予的定位,是极高的:"华夏民族之文化,历数千载之演进,造极于赵宋之世。后渐衰微,终必复振。"[①] 对这样一个文化昌兴的朝代进行研究的本身,需要学者的勤奋和智慧,陈先生将邓先生视做振兴宋学的中间和骨干,从后来邓广铭先生对宋史研究的贡献看,陈寅恪的确慧眼独识,邓先生于宋史之泰斗地位,是学界的公认。

二

从上面看来,学术大师、学术泰斗的称呼,二者没有本质的区别,都是说在学术研究中开启风气之先,是学术界的领军性人物。不过,在一般人的观念中,"大师"的称呼在汉语里更有震撼力,这也是它之更流行于世的原因。

在 20 世纪的学术圈子里,特别是史学领域,能够获得大家公认被冠以学术大师级的学者,大概有王国维、梁启超、陈寅恪、陈垣、钱穆、顾颉刚,还有郭沫若等,不过,对王、二陈、钱、顾诸人争议性不是很大,梁和郭则仁者见仁,意见未必一致,这里也不强求,只是说说而已。不过,能够称得上大师级的人物,看起来得有这样的评定标准:首先是在学术领域里占有风气之先的,具备能够引领大家进行研究的气魄和学识;其次在中国古史系统里具有全瞻性的洞察力和理解力,可能是在较具体的领域里进行深入的研究,又能突破这个领域而有全局性的把握。按照这样的标准,梁启超之开创史学新局面、王国维古史诸多领域之探索、陈寅恪中古史诸领域之深钻、陈垣之文献古史佛教之多涉、

---

① 见陈寅恪:《邓广铭宋史职官志考证序》,载《金明馆丛稿二编》,上海:上海古籍出版社,1980 年。

顾颉刚之开创古史辨新风潮、钱穆之透过古史追寻中华文化之复兴，乃至郭沫若之甲骨金石、文学诗赋之综全，均可以享赋"大师"之称。而像前面谈及的邓广铭先生以及学界知名的前辈（这里仅指大陆范围内的几个）如徐仲舒、唐长儒、周一良诸先生，似乎以学界泰斗称呼更合适，他们与前面诸人之差别，乃在于后者从事的学术研究更多地集中在一个具体的领域，如徐先生之于先秦史、唐周二先生之于魏晋南北朝史、邓先生之于宋史，他们是一方大家，而王国维、陈寅恪诸人却不止于断代，虽然陈氏用力于魏晋隋唐为详。如此说来，这两个层次的学者，就其术业专攻的角度而言，前者属通家，后者属专家，虽然前者也是钻研极深，后者也有通识之见，但以他们一生的业绩和研究的大致情形，我们做这样的判断，似乎也不是毫无根据。如果这样的评断能够成立，那是不是说，所谓"大师"，是指学术通识之家，而"泰斗"则以具体"地段"领军见长？

三

不论是大师，还是泰斗，在今人的眼中，都属受人尊敬甚至可望而不可即的人物。20世纪80年代以来人们渴望大师的再现，实际上反映了我们这个时代追求学术文化昌盛的一种心境，其主观愿望是对中国当下学术奋进的一种诉求。至少我是这样看待这个问题的。于是，类似的问题就会出现：我们今天还有没有学术大师？我们如何能够培养这个时代的学术大师？

要回答这个问题，我们就得问：什么样的环境能够培养学术大师？以前的学术大师是怎么成长起来的？

就上述列举的被公认为学术大师的那些人而言，他们大体上处在中国传统学术向西学转化的过程之中。19世纪末和20世纪初，在中国的学术领域，是传统的以乾嘉考据学派为代表的旨在通过文献的考订和整理以追求文献本身真实为目标的治学路数，这个路数背后隐藏的治学道路，可以追溯到西汉时期今古文之争而出现的今文经学和古文经学，其特点是围绕儒家经典进行释读、注疏、研究并承传而不断形成新的学派显现的，从汉至清，伴随着两派相争与博弈，儒家经学得以传布后世并发扬光大。与此相伴，汉代经学经过魏晋之演变，又加入自汉以来传播到中土之内的佛教思想，形成所谓玄学，诸家思想交相辉映，又衍生出后世宋朝儒、释、道兼容的理学（也称新儒学。20世纪以后，在继承传统儒学基础之上再有新儒学之流派）。这些思想和学术，历代相传，到19世纪末和20世纪初，则与外来的西学系统相互碰撞与交合，遇到了继佛教冲击中国之后未有的新变局。这个变局，不止全新，其势头之猛，亘古所无。西学的路数，是将社会的面相分割成具体的块落，一个块落一个块落进行切割式的研究，而且要将它们放到实验室里反复检验，所可验证的便称之为科学。受此影响，人文社会的一切，似乎也有验证和检索的必要，于是社会科学、实证科学的诉求，就成为西方学科体系建构的宗旨。中西之不同，于此为要。西学冲击中国的，就在19、20世纪之交。作为文化承传，传统中国所面临的，一方面是自身文化的延续，另一方面则是西学的强力冲击，将这两种文化和治学方法，乃至知识的综合系统的掌握，就摆在了那个时代读书人的面前。乾嘉诸老传统根基之雄厚，达到古典时代之高峰，相信无人可怀疑，但他们与西学则无涉，只是传统的学究。世纪之交的那一代，则不啻传统学问根基扎实，特别受到西学方法的训练，将东西治学、学术路径合二为一，是他们与传统的差别。当然，这些人中，具体到每个人的中学与西学的分量，在他们身上的体现，则因人而别，比如王国维的中学显然高于西学，他是用西学的方法研治中学，如"二重证据法"即属中西合璧之论；陈垣先生，则明显是中学为要，以固守传统为己任；陈寅恪先生，因有常年游学欧美日本的经历，虽然这方面具体的情节至今还不是很清晰，但西学方法的运用，是他成功的关键，也应当是无人怀疑的。

如此说来，上述大师成功的秘诀，就是中西兼通。以王国维为例，人们公认王氏旧学根底不在乾嘉诸老之下，甚至还要好于他们，王氏研治的领域，譬如先秦史、甲骨文、边疆史地、文献考释等等，均超出乾嘉诸老，其成功之关键，如人们赞誉的那样，就是用西学方法研治传统国学，处处开通，新见层出不穷，被誉为转型时期的旧学之殿军与新学之先锋。陈寅恪的新旧学术，同样在他身上表现分明，以新学处置旧学，在诸多领域创获颇丰，以中古阶段的历史研究为例，他所开创的文化与种族、地域集团与家族、外族盛衰之连环与内政之关系等等，直到今天仍旧在支配这个领域的学术研究。这些，都是人们熟悉的，也是他们以大师被后人称道的成功所在。

四

当下的时代，与清末民初比较起来，虽然有诸多不一样的地方，但就学术的中西交通与碰撞的角度讲，今天的西学对中国产生冲击的浪潮，似乎要大过以往。改革开放 30 年了，今日中国受到西方文化和学术的影响，其方式之多样，传布速度之快捷，手段之先进，远非王国维、陈寅恪的时代所可比拟。按照这个思路，今天应该有更多的大师级学术人才才更符合趋势。而实际的情况却恰恰相反，至少，我们这个时代从事文史哲传统学术研究的队伍里以大师自称或被他称的，还没有出现。这是什么原因呢？

表面上的中西之交掩盖不了实际上的差异。这 30 年来的学术活跃的背后，隐藏的是数十年学术封闭的困窘局面，特别是受政治影响，学术一直被严格地控制在政治（甚至政策）门下，不具备正常发展的空间和条件。学术政治化并不可怕，中国古时候的学术与政治一直有扯不清的种种瓜葛，但是，改革开放之前的学术已陷入到政策的羁绊之下而失去了活力。处在学术非正常发展之下的高等教育，也不可能正常地去进行学术研究，至于"文革"期间大学正规化进程的中断，对培育学术人才而言，不啻等于自杀。上个世纪50年代以来培养的人才没有国际交流的机缘，"文革"造成的一代或两代人的学术生命的中断，即使在77年大学恢复正常而培育出不少的学术新锐，这其中不乏受到国外一流大学的精心培养，但先天养料之不足，是这几代人的共同的瓶颈。换句话说，先天营养不良，是当下学人普遍的弱点。他们应当受学的时候，却被抛向了社会，正常的学术道路中断的结果，即使有后天勤奋努力的补缀，终因失去的太多，而只能成就于某个领域，彰显于专门的行业。"专家"是我们这个时代叫得响的称号，的确符合当下的现实。

说到这里，我们也不得不考虑到学术本身的内层因素。

现代学术的发展，早已走上细致化和专业化的道路，学科与学科之间，往往互相隔绝，即使在一个学科领域内，学人也是分隔彼此，互不统属。以历史学为例，今日大陆史学一级学科之下分成中国古代史、中国近现代史、世界史、历史地理、考古学与博物馆学等8个分支，古代史之内，又有先秦、秦汉、魏晋南北朝、隋唐五代、宋辽金、元、明、清诸段。大部分研究历史的学者都是以某个断代或某个领域为自己钻研的目标的。知道秦汉的未必晓得明清，像钱穆、吕思勉那样历朝贯穿的通识之人，不但无处可寻，甚至也无法成为今人向往的奋斗目标了。就学科发展的深度而言，我们毫不怀疑，今日的细节研究水准，大体上是超出以往的任何时代的，今日学术研究的整体追求是精细微小，学科的划分则是越来越细，当然学科相互的联合乃至新兴学科的创建，也是当下学术研究的方向之一，但无可否认的事实是，我们这个时代学术积累的厚度远远超出上述大师成长的那个时代，今天学人要吸取和承担的任务，较之先贤，不知超出多少。这个承载本身，就要耗去学人大部分精力，这也是毋庸讳言的。

由于先天不良，后天积累贫乏，这是今人难成学术大师的内在因素；学术本身积累的雄厚与学科划分的日益缜密和复杂，也使个体的研究者继承和积累的负担增加，这是学术规则的外在要素。这两个因素，对发展学术大师而言，都是限制。前一个是自身，通过新老交替的途径会使学者教育素质达到较完善的程度，但是后者则是当下学术发展的主要路径，尽管有诸多的学科交叉和新兴之起，多学科共享和兼跨的呼声不绝于耳，但毕竟今非昔比，要想建立百科全书似的学问积累，几乎不可能了。这是学科本身对培养大师不利的条件所限。

还有一个社会的因素，可能更加重要，那就是人们熟悉的以行政（现在则是越来越细致的规定和无处不在的行政之手）指导学术研究的倾向，在今天非但没有缓解，反而越来越细致和具体化了。学术研究需要自由的空间和学者自身的宽松环境，这是人人都知道的常理，但在实际工作中，各种行政性的规约制度，特别是行政单位制定的量化指标，将学者限制在一个无从按照主观愿望行事的狭小空间内；各种趋向现实而功利的基金和资助导向性的安排，使他们的研究处在不是自身兴趣的范围内而被迫按照某个方向和目标去适应，特别是资助的对象从纯粹的学者转移到有行政优势的非纯粹学者手中，结果是学术研究本身的严肃性被践踏了，其后果的严重性不仅在学术本身，更影响了学术的整体氛围。这些现象在目前已非个别而具有普遍性，我认为这是学术原创性减少的最重要的因素之一。

这样看，先天不良、后天贫乏，加上体制性的制约，我们这个时代难出学术大师的原因，似乎就算找到了。当然，仅仅这些因素，还不能说是全部，甚至还不能是说到了点子上。这些机制引生的学术浮躁的空气，始终萦绕在研究者的周围。不能否认，当今大多数学者处在认真读书、上课、研究的状态，钻研在自己的领域之内，现在虽然没有学术大师，不等于未来同样如此。本文写作的目的,也是真诚地希望学界在不久的将来,通过正规的研究和积累,在本人稍微熟悉一点的人文(如文史哲)领域有真正的大师级才干出现,以与王国维、陈寅恪们相比肩,这样的人才出现,不啻是他(她)本人的荣誉,他(她)所在的小单位的自豪,而是整个学术界的荣光。

(本文原载《历史学家茶座》(总第15辑,2009年第1辑),济南:山东人民出版社,2009年,第112—118页)

民族史研究若干问题蠡测

一

中国民族史研究在1949以后随着党的民族方针政策的加强而日益受到重视。最近十五六年以来，改革开放促使经济建设取得巨大成就，文化学术也日臻繁荣兴盛。国内经济建设和社会发展的现实问题，使研究者们越来越认识到中国的广远而复杂；各地区发展的不平衡亦导致人们更为关注少数民族地区的社会状况；中国与外界联系的加强，与港澳台及海外的多渠道接触，东亚社会诸国经济的腾飞，都在促使人们关心隐藏于经济社会发展之内在的精神文化因素；传统文化及儒家文明构成的东亚体系开始在学术界乃至社会上被广泛热烈地争议讨论。进入20世纪90年代以后，世界两极格局被打破，全球呈现多元化发展，新的格局体系尚未构成，原来隐藏的各种问题诸如宗教、民族、文化、意识形态等等开始显现暴露，影响并制约着当今各地区国家的关系，其中民族问题被突出地展示出来，这便是国内民族问题及其研究的现实背景和条件。

中国民族史是这一领域里的重要组成部分。作为过去形态的考察研讨，它与现实问题的研究是有区别的，但二者又存在着一种显而易见、无法割裂的承继关系，正是这种关系赋予了民族史研究领域强烈的现实色彩。上述提及的现实社会的背景与民族史得以开展研究的内在关系即是证明。值得注意的是，这个学科的界定，传统意义中本属于中国历史学的一个分支，随着民族学科在现实社会中呈现的重要作用及其解决社会问题功能的彰显，又促使人们不能不密切关注到中国各民族在过去发展过程中的各种形态,历史与现实的联系使得中国民族史作为历史学和民族学的交叉学科有了长足的发展而其体系日臻完善,目前这一趋势仍在加强之中。中国民族史的研究正是在上述背景和诸种关系的制约下得以开展的,以下将大致从两方面概述本学科近年发展的一些特点,即传统意义中的历史学研究和作为具有交叉学科性质的民族史学体系的研究。这二者之间并不存在逻辑上的分离,只是我们的一种归纳。

二

最近十几年来,中国民族史的研究取得了令人瞩目的进展,这个进展是全方位的。从上面归纳的第一个方面而言,这个进展表现的特征是国内研究的高层次发展及其与国际学术的接轨。这里仅举中古时代汉唐西北地区民族史研究中的几部著作为例加以说明。不可否认,这方面近年来取得的重要进展更多地反映在高质量的论文里,因数量太多,无法展开,拟另文撰述。需要说明的是,单篇论文多以专题为基础,20世纪80年代基本上是专题研究;80年代后期到90年代,以单项综合研究或专题总汇为特征的成果逐渐问世,专著开始出现,它更能集中反映该阶段的成就。就我手头的几部著作而论,主要有薛宗正先生撰写的《突厥史》、程溯洛先生的《唐宋回鹘史论集》、张广达和荣新江先生的《于阗史丛考》及王小甫先生的《唐、吐蕃、大食政治关系史》等。

薛宗正《突厥史》洋洋65万言[1],是迄今国内专题研究突厥问题最为详尽的一部著作。该书撰写于20世纪80年代前期和中期,基本上反映了那个时期国内对该课题研究的成就。这部书

---

[1] 北京:中国社会科学出版社,1992年。

的特点是周详而全面，按时间顺序介绍突厥的发展演变。此书出版后，在学术界产生了一定的影响。其方法论基本上承续了新中国成立以来史学界流行的研究定式，考证与分析并用，以汉文献为主，稍嫌不足的是吸收域外学术成果不算多，从新的视角审度观察尚嫌缺乏。程溯洛《唐宋回鹘史论集》是作者论文的汇辑[①]，作者研究该专题耗时多年，故该书也可以说代表了国内回鹘史研究的高水平。本书的研究方式大致与薛书相近，但在史料的选择、语言文字资料的整理利用上，要优于薛书。

张广达、荣新江著《于阗史丛考》亦是二人文章的合集[②]，这些文章汇编成了内容与逻辑上互为关联的整体。于阗古国是塔里木盆地南缘的一个绿洲政权，它辖属的区域不算大，却牵涉不同民族、不同文化形态的交往与共处，是探讨古代异质文明并存的一个极佳典型。此课题因涉及语言文字甚多，又缺少必要的资料而被学术界视为畏区而长期裹足不前，两位作者十余载鼎力投入，解决了于阗史研究中的许多疑难问题，大体上弄清了于阗及其周围地区历史发展的线索。此书与以往的同类著作比较，更多地吸收利用了中外学术界已有的研究成果，作者视野开阔，考证精详，起点甚高，可谓中西兼通，代表了20世纪80年代到90年代国内这一领域的最高水平。王小甫的《唐、吐蕃、大食政治关系史》亦是近年来西域史研究的一部力作[③]。此书比较系统地论述了唐、吐蕃和大食三方在西域的政治关系，厘清了诸多隐讳不明的难点。作者研究的方式与张、荣二位近似，既充分利用汉文文献，又十分重视古藏文、阿拉伯文及英、俄、日等文字资料，在研究的深度和力度上均有创新和突破。

---

① 北京：人民出版社，1993年。
② 上海：上海古籍出版社，1995年；最新又有增订本，北京：中国人民大学出版社，2008年。
③ 北京：北京大学出版社，1992年。

值得我们注意的是，近年来学术界比较重视利用域外资料或已逝去的不同民族的古文献来研究某些问题，尤以西北区域为著，林梅村《沙海古卷》即是这一方面的代表作[①]。该书对我国新疆等地出土的佉卢文书进行了细致整体的研究。佉卢文起源于古代犍陀罗，广泛流行于中亚，年代始于公元前 3 世纪至公元 4、5 世纪。目前已出的文献涉及古代于阗、鄯善、龟兹等地，对研究中亚东部的历史状况具有重大的意义。利用（包括各国各民族的）语言文字研究考察历史，从近代学科的角度而言，应始于欧洲特别是德国。中国传统的治学十分重视文献史料，清代朴学在很大程度上即是对文献本身进行考订和整理，并且达到了空前的高度。但中国传统学术受当时环境的限制，缺乏多语言多视角的对比研究，因参照系较为单一，在很大程度上制约了学问者和研究者的思辨能力。对西域史和西北民族史而言，这里在古代汇聚了不同的民族、语言和文化，异质文明相互辉映，但是历经长久湮没，多已不传，单靠汉文史籍或其他语言记载尚不足以反映全貌。自从 19 世纪末叶以来，这些地区先后发掘出土了不同文字的残卷断册和实物，这对揭示此地古老文明的相貌无疑是可资利用的第一手珍贵资料。从那时起，有许多文物和文书被所谓的考古者和探险家盗往国外，西方不少国家的学者遂用之进行研究。今日学者倘若忽略这些成果，就不会创新，也不可能超越前人。因此研究西北民族史，攻克语言文字大关，就成为必经的过程。语言与历史的结合，是解决西北区域民族史问题的有效途径。上述几种著作水准之所以高，主因是作者掌握了多种语言识读的能力，得益于诸种文字与史学结合的风气之先。另一方面，我们也不能不注意到，研究者兼通中西，取长补短，善于接受新思想和新观点，对于分析问题和解决问题能力的提高，即所谓思辨的增进，自应

---

① 该书全称《沙海古卷：中国所出佉卢文书（初集）》，北京：文物出版社，1988 年。

比受单面文化熏陶形成的观念略胜一筹。这种现象,尤应引起当代史学研究者的重视。

三

将民族史作为历史学与民族学交叉相对独立的学科并予以特别关注和考察,这是与上述研究并行的另一种方式。这种研究就研究者自身而论,目标更明确,动机更直率。20世纪80年代初以后,国内学术界对这个问题表现出浓厚的兴趣和重视,通常所说的中国民族史多指此而言,这个方面取得的成绩也很可观。现仍旧列举数部专著特加说明。

20世纪90年代初,江应梁先生主编的《中国民族史》一书正式出版①。江书是按照王朝发展顺序来叙述各少数民族的历史,重在少数民族自身的发展演变过程,汉族为主的中原王朝涉入的内容不多,可称为中国少数民族的通史。本书的撰写方式,基本上继承了20世纪三四十年代的史学传统,特别是建国以后以历史唯物主义和辩证唯物主义作为理论指导所形成的思维模式构成了江书的重要特征。对于前人而言,这不啻是个突破性的进步。去年年底又出版了王锺翰先生主编的《中国民族史》巨著②,与江书比较起来,王书更有自身的特色:王书的涵盖范围既包括历史上各个时期的少数民族政权,更融入了中原王朝汉族为主的政权,按时代先后综合辩证地论述历史上中国境内的诸民族共存发展是该书的突出特点。其次,王书有关中华民族起源与初始阶段的概括,贯穿了20世纪80年代以来学术界广为认同的"中华民族多元一体格局"的理论。这个理论既是对新中国成立以来民族问题的深化和总结,又是考察民族史的方法和尺度,本书在这方

---

① 该书全三册,北京:民族出版社,1990年。
② 北京:中国社会科学出版社,1994年。按:该书于2001年同出版社又出版了修订本。

面达到了新的高度。与此相应的是本书的绪言部分则就民族史研究涉及的基本理论提出了自己的看法,这些观点吸收了建国以后的各种成果,较客观公允,有理论的总结,形成了自身的系统,大体反映了当今学术研究的高水平。

这个领域的另一类著作侧重于各个民族之间的关系,概括为民族关系史。翁独健先生主编的《中国民族关系史纲要》是一部通史体裁的著作[①],上自远古、下迄新中国建立,是目前大陆民族史学界有关民族关系史比较全面和权威的著述。专门论述西北民族关系史的,有杨建新、马曼丽先生主编的《西北民族关系史》和周伟洲先生撰著的《中国中世西北民族关系研究》等[②],前者属通史性质,后者则为断代史。在涉及民族关系史时,首先碰到并需要处理的,便是相关的民族理论问题,譬如中国的概念与含义、中国民族史涵盖的范围、历史上中国的疆域、中国民族史的分期、中华各民族的共性与个性、国家的统一与分裂、主体民族与少数民族之间的关系、民族平等与压迫、民族交往与战争、民族关系的主流与支流、民族的融合与同化、爱国主义与民族英雄等等,事实上,大凡讨论民族问题的文章或著作,这些问题或多或少都要涉及并给予回答。上述著作也正是从各自的角度对这些问题进行探讨的,时至今日,尽管很多问题仍在争论之中,但也有不少的分歧和难点在逐渐地取得共识。如关于民族关系的主流问题,现在已经摒弃了过去单一片面的非战即和的观点,获得了中华各民族共同创造了祖国的历史、又共同推动了历史向前发展的共识。又如中国的疆域与民族问题,多数意见肯定中国历史上的疆域是逐渐形成的,既包含了汉王朝的疆域,也包含了各民族王朝的疆域;今天撰写中国民族史,既包括今中国疆域内的民

---

① 北京:中国社会科学出版社,1990年;修订本,北京:中国社会科学出版社,2005年。

② 北京:民族出版社,1990年;西安:西北大学出版社,1992年。

族，也应包括今日不在中国境内而历史上却在中国疆域之内的民族。又如民族英雄的界定，这不仅在学术界内部是一个关涉多层面的问题而备受关注，即使在社会上也能引起颇多争议的话题，现今学术界比较认可的观点则是，岳飞是汉民族的民族英雄，成吉思汗是蒙古族的民族英雄，努尔哈赤则是满族的民族英雄，由于汉族、蒙古族、满族都是中华民族的组成部分，所以他们既是自己本民族的民族英雄，也应当是中华民族的英雄，等等。这些观点，都是经过数十年的争议探索，在新形势下趋于共识的。平心而论，今日的民族理论探索较之过去已经取得了长足的进展，这些在上述诸书中得到了充分的体现。

四

以上两类只是我们的分类，人们可以从不同的角度进行归纳和概括，方法是多种多样的。我认为，前一类多属专题性质的探讨，因多种有利条件，并借助域外的各种成果，现今的研究已经走向深入，水准力度非同一般，并可与世界同类的学术接轨；后一类则多系概述性的综论，为时代和阶段性的研究成果，其旨趣偏重于理论框架的构建与思维模式的转换。中国民族史研究的发展趋向，便是二者的有机结合，事实上这一结合早已开始。对于个人而言，兴趣、走向、偏重无可厚非，可以根据自身的长处从事自己感兴趣的问题进行专门性的研讨，但对于学术的整体推进，若想超越前贤贡献卓著者，现今的研究者就可能要功底扎实、中西兼通，掌握较多的治学工具，具备较高理论思辨的能力，古人所谓才、学、识、德对于研究者的素质培养，仍具有重要意义。

（本文原载中央民族大学科研处编：《民族研究信息》（内部资料）1995年第2期，第1—3页。收入本书时增加了部分注释并进行了校订）

历史工程与艺术审美

历史是科学还是艺术？

长年以来人们争论热烈但又说不清楚。专门从事史学理论研究的专家学者对这个话题非常感兴趣，他们就此长期讨论，各抒己见，似乎永无定论。但是对那些从事具体历史问题研究的学者而言，这个难题的化解又非常简单：只要你的兴趣在于探索历史上重要事件发生、发展的规律或内在理路，你就认为它是科学；相反，你若对历史上的人物内心的情感、恩恩怨怨的关系进行挖掘研索，你无法从中探掘必得的规则，而人物的情感会影响研究者本人的心境，甚至与研究的对象同欢喜、共悲痛，享受到了无穷的乐趣，你就会认同历史的审美价值，内在规律以及由此而引申的科学性就不那么重要了。不论是科学还是艺术，历史作为已经发生而残留在人们的记忆或通过文字记载和实物遗存呈现在人们的面前时，它都会给人们以不同的感怀。其实，历史的魅力也就在这里。

不过我现在要谈论的话题不是这个。我想要说的话题是时下盛行的研究方式的问题。

首先我要说明题目中的"历史工程"的意思。大概这种工程式的名目可以1996年开始的"夏商周断代工程"建设项目为代表。当时，国家专门为此拨款数千万元支持由各高等学校和研究部门组成的专业队伍在限定的时间内力求更清晰地解决夏商周历史的课题（当然夏商周各断代有不同的要求，对夏代的要求是找出基本的年代框架；商代前期比较详细的年代框架，后期则确定从商王武丁到帝辛（纣）比较准确的年代；西周则是共和元年（前841）之前各王比较准确的年代 ①。由此在国内外的学术界展开了热烈的讨论，国外学术界持批评的意见为多，他们主要的观点认为像这种学术性的问题很难用"工程"和时限所能解决 ②；但是对国内的人文社会科学专业人士而言，他们有一种令国外同行无法理解的困难和现实：从事人文社会科学的人员在那以前很少得到像自然科学教学研究人员那样的待遇——国家对自然科学的投入远远大于人文社会科学。现在国家终于下定决心，以数千万元的资金支持一个社会科学项目的研究，这是新中国成立以来的头一遭。从这个角度讲，国家支持社会科学算是真正落到了实处。至少从事社会科学研究的人员不再为购买文献、复印资料或外出开学术研讨会花多少钱这些事情犯愁了。所以此例一开，在全国的人文社会科学领域内迅速成为风尚，到目前为止，由国家中央、地方各级政府出钱资助高等院校人文社会科学的项目真是数不胜数，至于公司和私人赞助的就更多了。我个人对这种以资金赞助人文社会科学的举措非常支持，而且感到国家和各级政府对社会科学价值的认识程度，确实是超出1949年以来的任何时候。但是对这种资助的方式，特别是以"工程"名目出现，还是有点自己的想法。

这就涉及本文开头谈到的历史学科的科学和艺术属性的问题了。

按照各项工程建设的一般常理，既然是工程，就要有工程方案的设计、论证、立项、批准实施、工程指标、进展统计、工程的完成，最终是工程的成果。就像盖房子一样，从设计到完工，

---

① 具体情况可参见夏商周断代工程专家组编著：《夏商周断代工程1996—2000年阶段成果报告·简本》，北京：世界图书出版公司北京公司，2000年。

② 详细的内容可参阅李润权：《交流与争鸣：记中外学者关于夏商周年代的一场论战》，载《考古》2003年第2期。

整幢房子就形成了。工程的好处是看得见、摸得着，立竿见影，在外观上决不拖拖拉拉。这是工程项目最大的特点。受这种思想的启发，人们（当然是有决策权力的）觉得人文社会科学也应该采用理工特别是工科的方式或办法来建设。于是人文社会科学就像工程一样，按照学科属性或跨学科进行分割，每个分割的部分就成为一项工程，从开头论证到"施工"完成，项目就算告结。这算得上有规律和规则，工程有头有尾，四四方方，棱角分明，一部学术产品就这样问世了。

这样做的结果好不好？似乎难有确切的结论，人们的看法也不统一。我的直观感觉（因为我对这种情况没有进行过学理上的研究，而且这种情况存在的时间不算长，其特点和作用尚未全面展示，所以不敢妄置断言），从好的方面讲，工程为人文社会科学的研究带来雄厚的资金财力，而这是不可缺少的，或者说这是学术研究的基础；以前人文社会科学得到的资助非常少，学术研究当然受到直接影响，所以现在有资金资助实在是好事一桩。

但是问题也接着来了。国家资助人文社会科学不是没有条件的，而且条件很明确，那就是我支持你，是让你为国家和民族利益服务，特别是关注现实的社会、人生和文化的建设等等问题，于是在学术界就出现了谁的学科更贴近现实或实际，谁就能得到更多的资金份额资助的现象；谁的课题距离这个要求越远，得到的资金也就越少。于是同是处在学术圈子里的研究者们就开始分化了。以中国历史为例，同样研究历史的，那些关注现实问题者得到的资助远远多于其他领域特别是远离现实的研究者，而研究的时代越久远，得到的赞助似乎越少。从历年国家社会科学基金和其他基金的申请项目上看，解决现实问题的比重大大超过与现实无关的、纯学理的研究；这样的结果一是迫使许多人将目标定位或转移到项目规定的热点问题上，即学术研究的旨趣跟着项目而转移，人文社会科学研究的自主性开始发生摇动。二是培养了一批善于填表的群体,因为申请课题要论证,如何论证、怎样论证才能成功,是申请者的唯一要求(近年来这种倾向有所改变),经过长期大量的填写,填表群体得以形成,这耗费了很多人很多的精力。三是任何项目都有时间的限制,这是正常的,但问题则是有许多人文社会科学领域里的研究不是短期内所能完成的,不申请又没有资金赞助,连评职称、工资待遇等等都受到直接而严重的影响,人们计算的结果是课题申请的意义大于不申请,于是申请者不再犹豫,能申请到钱就算是目的,结果很多成果到了结项的日期只有延期,或草草收场。这样就与基金设定的初衷相去甚远了。这还算是好的,许多成果是雷声大,雨点小,更有甚者干脆就不下雨。

还有一点不能不谈,可能更重要。即基金项目鼓励集体攻关,协同作战,美其名曰强强联合、优势互补,或利用资源进行整合。我要说明的是,这些冠冕堂皇(我这里用的是中性意义,不是否定用语)的话语确实能反映事物的实质,我对此不怀疑。试想,两个人搞科研总比一个人搞好得多,集体搞科研肯定比单个有实力,这在自然科学的研究中效果尤其明显。譬如理工科的实验室,需要多人构成,分工协作,集体攻关,经过一定时期的钻研努力,就会达到设定的目标,出产成果。人文社会科学理应有类似的组织,有些课题显然不是单个人所能完成的。譬如中国通史或世界通史,都需要大家合作共同完成,现在已有的中国通史类作品如郭沫若先生主编(后归中国社会科学院历史研究所负责)的《中国史稿》、范文澜先生撰写(后归中国社会科学院近代史研究所中国通史组负责)的《中国通史》和白寿彝先生主编的《中国通史》等都出自众人之手;西方史学界也有大型的剑桥中国史,关于中国古代部分的,我读过《剑桥中国隋唐史》;还有谭其骧先生主持的《中国历史地图集》等等。这些都是集体研究的成果,有些规模还很大,尽管上述作品学术界评论不一,但是我们不能否认,他们都在学术界产生了广泛而深远的影响，尤其是《中国历史地图集》成为史学研究者必备的参考书，广受好评。《剑桥中国史》也得到国内学术界的认可，被视为西方研究中国历史合作的佳品。这些都证明集体合作对历史这样浓厚的人文学科同样适用。

与此相对的是有的成果却质量平平，甚至有些粗制滥造的痕迹，在某种程度上严重地影响了集体攻关的声誉。同样是集体所作，同样是众人攻关，为什么效果却不一样呢？看来原因不是出在集体的创作上面，而是对课题的认识程度和时间的要求上面。根据我不全面的观察，目前有些不太成功的项目，其不成功的原因大致有这样几条：

第一，时间太短。不论任何工程，都有时间的限制。问题是时间过短，一般的项目要求都是一、二年左右，这对各级政府部门所属的政策研究室而言是可以理解的：政府部门要求研究者尽快地拿出对策以解决现实的迫切问题。但是对那些基础性和长期研磨的课题，这么短的时间无论如何也做不出来，即使做出来了，质量也不会太高。

第二，个人负责的项目过多或重合。能够获得各类项目资助的专家学者在学术圈内并不平衡，承担项目的学者大多是那些有头有脸的人物，其他的普通成员都跟着这些人参与其间，实际撰写和承担工作的往往是这些人，或以他们为主。领头者多在他们撰写后审审稿、把把关之类。由于他们在同一时间内承担若干个项目，而且都要在规定的时间内完成，这些课题的成果就只能以质量的降低为代价而上交，这与《中国历史地图集》、《中国史稿》和《中国通史》花费十几乃至几十年的时间完成不可同日而语。假如你承担一个重要的项目，你不能按时完成，拖上一两年还可以，但超过若干年，资金就有被扣留或拒发的危险，这就只能逼迫你去应付，成果的质量当然就很难保证了。

第三，浮躁心态。现在做学问和以前做学问不大一样了。以前做学问那叫真做学问，具体表现是以学术研究为生命，人在学术在，人不在学术也能流传后世；现在说句不好听的话是：人在学术不在，人不在则学术根本不在：压根就不是学术，背后的心态也不是学术（当然不可一概而论，事实上，大部分承担者还是非常认真地申报和研究的，我这里更多地是针对某些不负责任的倾向）。由此而承担的工程或课题，怎么设想会是学术课题呢！而知识分子做学术课题不以学术心态去从事，这与行政官员或政府政策的解释者有何区别呢？一个国家的学术老是跟着政治（政策）的感觉走而失去了学术的求实求真，这样的学术时间一长就连自己也看不起自己，真要到了这个份上，悲哀的是整个国家和民族。所以做学术课题者其学术心态的保持是课题成功的关键，从这个角度讲，我们今天所缺乏的，就是这种心态。我认为这是我们今天成功不显著的最主要原因。

所以我对目前盛行的学术课题研究方式的态度是：进行集体合作本身没有太大的问题，存在问题的是如何进行集体合作，以什么方式、通过什么手段、提出什么样的要求、是否按照人文社会科学内在的规律或理路进行安排，研究者心态和素质具备到什么程度等等，课题的提出除了功利性的（这里的"功利性"也无贬义，我用的意思是更加形象）和现实性的以外，应当增加有学术自身含量、厚度和价值的课题，不论是对社会科学还是人文科学，基础性、学术性、长期研讨性的课题都应该成为课题的重要组成而被课题的制订者和整个学术界关注，当然最有发言权的是那些相关的研究者，只有他们才懂得课题的学术意义，他们毕竟是专家学者，他们应该大声呼吁，以使这些学术课题在各类科研项目和工程中占有更多的份额。

还有一点，那就是题目中说的"艺术审美"。我用这个词的意思是说，历史学的作品，应该有意境，让人回味无穷。当然不同的作者有不同的追求，难以千篇一律，但有自己的特点和个性，这种特点和个性不是刻意造作而是水到渠成、顺其自然的,这样的作品值得提倡,就像陈年老酒,让你感觉醇香;或者如同清茶一杯,品味恬淡。说到这里,我不禁想起了自己阅读过的几部作品,我清晰地记得田余庆先生的《拓跋史探》[1],那是我在2003年"非典"期间阅读的,当时我的腿摔伤,坐在阳台里,没有功利心,没有具体的目标,就是好玩儿。读书的感觉,现在还有,当然具体的细节已不甚清晰,但读此书的情景直到今天仍在脑子里转动。我说的"清晰"就是指的这个意思。

本来我把田先生的作品当作严肃的学术著作来读的,但给我的印象则是美学的。田先生以分析见长,他的特点是能把历史文献背后隐藏的线索串联起来,而这些都是文献没有的。串联的过程就是他分析的程式,这个程式读起来让人回味,产生联想,读他的文章和著作,不自觉地迫使你本人投入其中,与他共同设想和谋划,我觉得这是田先生书中美的所在。

更早以前读过林耀华先生的《金翼》[2],那是人类学作品,意境更美。读林先生书的具体年份我都记不清了,但该书的美感到今天还在。我读之后直到现在,始终感觉人类学研究的成果至少有美学的东西在里面。我把人类学看作审美的学术,就像古玩儿一样,它选择一个村寨,一座乡镇,或几户人家,做审美的描述,刻画其中的意境,有点像电影中的景色,看上去很自然,其实有摄像师的精心布局。这种画面再配上音乐,让你去感觉,你与它是互动的。

我觉得,历史作品写到这个份儿上,是成功的。艺术性的东西不可量化把握,能否将历史学研究既能像做工程那样,也有艺术审美的意境,二者结合得好了,可能会有更精致的成果。我们如何在这个问题上获得更多的智慧,使其磨合纯熟得体,我认为

---

[1] 北京:生活·读书·新知三联书店,2003年。
[2] 北京:生活·读书·新知三联书店,1989年。

这应该是当下考虑的主要问题。

（本文原载《历史学家茶座》（总第7辑，2007年第1辑），济南：山东人民出版社，2007年，第133—138页。个别地方有修订）

邓小平理论与史学研究

一

邓小平理论的核心是实事求是，一切从实际出发，理论从实践中产生。这在今天看起来几乎是常识性的东西，但是经过"文革"磨炼的人，对邓小平理论的产生有着深切的记忆和非同寻常的理解。就我自己而言，我生长在20世纪60、70年代，受那个时期思想的强烈影响，对邓小平理论的理解也有一个认识的过程。

"文革"的主导思想是什么呢？这有助于我们深刻认识邓小平理论的意义。

"文革"的主导思想就是政治是一切的核心，意识形态压倒一切、决定一切；表现在每个人绝对听从上级，全国则听从中央；当中央出现不一致的时候则听从最有权势的那一派，久而久之，人们就视之为习惯，影响并决定他们的日常生活。在那种情况下，整个社会的舆论、所有的文字材料，都为中央最有权势的话语做解释和宣传，这有些类似于传统中的注经之传。传统的经传，是中国文化的组成部分，传的意义就是解释经文的，它以经文为旨归，服务于经文。没有想到在最具有批判传统意识的"文革"时代，本身却在演绎着传统中最典型的东西。

邓小平理论的重大意义，首先就体现在它破除了这种视经典为神圣的迷雾。最具有典型意义的是1978年开始的改革开放的初期，当时占据主导意识的是所谓的"两个凡是"。"两个凡是"最本质的东西就是以前领袖说的话和决定的政策是不能改变的，它隐含着意识形态比什么都重要的意思。破除"两个凡是"的理论根据则是"实践是检验真理的唯一标准",其潜在的含义是任何领袖说的话都在特定的环境下具有特定的意义。如果以刻守不变的领袖话语去指导新的行动,不但不能起指导作用,可能还会阻碍或滞缓行动。

这场发生在理论界和思想界的争论,最后以"实践是检验真理的唯一标准"取得压倒性的胜利而告终。然而更具有实际意义的是在这种思想支配下整个社会转向了以经济建设为中心的社会进程之中,从而改变了阶级斗争的永无休止的争论,这对中国社会走向繁荣富强奠定了理论基础。邓小平理论对中国社会的贡献主要表现在:它使整个国家从意识形态的坚守上面走向国家的经济建设和整个社会正常方向发展的轨道之中。

二

历史学的发展同样经历了类似的转轨。

此前的史学界,呈现着两种情形,一是史学研究的思路政治化、固定化和集中化;二是史学成为政治斗争的工具而大放异彩。

1949年以后,伴随着新社会的诞生,中国的学术研究处在改朝换代的新形势氛围之内。过去的一切作为批判的东西被抛弃,以马克思主义理论作指导开始建立史学研究的新模式,逐渐形成了以研究中国历史分期、封建土地所有制、农民起义和农民战争、资本主义萌芽和汉民族形成等五个问题为核心的局面,戏称"五朵金花"。这对建国以后构建新史学理论体系起到了很大的促进作用;然而,由于与外界交流甚少,当时基本上吸收苏联斯大林的理论,中国历史学在建立自身体系的过程中处于闭门造车的状态,一切以经典作家的言论为中心而不敢越雷池半步,对学术研究的深入发展所起的作用由促进转向滞缓,思想趋于僵化。

与此同时,学术的政治化倾向进一步加强。学术界受政治的制约成为那个时期史学的主要特点,史学的理论和解释基本上围绕当时社会中的政治因素转动，以至发展成为政策的阐释工具，这在"文革"期间发展到登峰造极的地步。譬如所谓的"批林批孔"就将春秋时期的思想家孔子拿来跟林彪相比附，以林彪叛党叛国的罪行与孔子的儒家学说对应而展开政治攻击，人为地将中国的历史划分成儒法两条路线之争，儒家代表落后甚至反动的路线，而法家则代表正义和正确的方向，以此对照现实的政治状况。在"文革"期间，儒法斗争的精神贯穿到每个人的心目中，在全国展开了历史与政治的大讨论。人们从批判孔老二的过程中了解了历史，但那种了解带有严重的政治倾向，它将人们灌输成：一切历史不过是人为制造的过程，这个过程的解说取决于今天的立场和观点，于是"影射史学"就此诞生。

"影射史学"的实质是将史学的学术研究用在政治斗争中，以政治观点取代学术观点，历史是政治斗争的工具，不具有科学性和学术价值。"影射史学"的最终破除，同样开始于"实践是检验真理的唯一标准"的大讨论。这场大讨论使许多人受到了教育，他们不再宥于原来的框架，力图以新的思想、以发展的马克思主义观点指导中国的历史学研究，他们吸收了许多西方学术思想的成分，打破了过去学术研究依附政治斗争的一统天下，学术界的自由空间大大加强，原来的禁区陆续开放，人们研究的视野随之扩大。其中表现最突出的是黎澍先生，他针对"人民群众是历史的创造者"等盛行一时的观点展开质疑，认为这不是马克思的观点，而是经过苏联改造形成的，存在许多似是而非的误解。黎澍的贡献体现在对学术僵化的局面展开了质疑和批判，提出许多与（1949年以来的）传统理论不同甚至针锋相对的见解，对历史学界的思想解放起了振聋发聩的作用。

经过这场思想理论的辩论，中国学术界的眼界空前开阔。人们开始认识到过去形成的某些观点经不起实践的检验，它使学术研究长期处于混乱的状态中，禁锢了人们的头脑，对中国人文社会科学的正常发展产生十分不利的影响。经过反思和重新检讨，历史学界对"影射史学"展开了深刻的批判，大致肃清了过去的遗留，人们对这种依附政治性的学术解读比较一致地采取批判和抛弃的态度。同时，人们也对历史学学术性的发展倾注了更多的精力，试图恢复历史学学科的自然面目，这些努力主要表现在：

第一，历史学作为人文社会科学的一个分支，它有自己特定的研究领域和对象，它不是作为政治斗争的工具被人使唤来使唤去，即历史学被赋予的意识形态的政治属性锐减，而学术性逐渐凸显。

第二，历史学研究的视野大大开阔，研究的问题增多，许多过去不被重视的课题开始受到关注；许多人们视为正常的问题被重新检讨；学术研究的深度和厚度超过前人。

第三，研究的方法和思路也大为拓展。西方学术界盛行的人文与社会科学的结合引生的许多方法、思路被引进，增加了人们对问题观察的角度，开阔了研究者的视野，尤其是新一代接受世界著名学府熏陶和教育的青年学者，将新方法与中国历史学研究相结合，不断地开拓学术研究的视野和领域，对史学研究向纵深发展起到了巨大的推进作用。

这些变化之所以发生，主要的原因就是学术界有思想解放的运动，而思想之所以能够解放，还是归咎于"实践是检验真理的唯一标准"的讨论，这是邓小平理论对 20 世纪 70 年代末和 80 年代初中国思想理论的重大贡献。

三

邓小平理论影响历史学的研究，从 80 年代初算起至今已经 20 多年了。在这 20 多年中，历史学从政治的依附工具走向了学术研究的自然状态，逐渐回复本来面貌。如上所言，这是邓小平理论的贡献。这种贡献在 20 世纪 80 年代初主要表现在拨乱反正上面，它使中国包括历史学在内的学术研究从意识形态斗争的工具走向了学术本身的状态；然而到今天，这个理论对历史学研究的影响与当初相比，其重心发生了新的转移。我这里只就自己所能认识的程度谈点看法。

今天的历史研究，如果受惠于邓小平理论，其重心应该从拨乱反正走向平实的研究心态之中。事实上，我们正在这样做。历史学不再被视为显学，甚至成为边缘化的学科而退出中心领域，这是正常的。在一个由尚未解决温饱的社会向温饱基本解决的社会过度的时代，人们最看重的是那些能给他们带来实际利益的学术研究和学科建设，追求精神价值的学术（尤其是人文学科）总是放在温饱之后才会予以关注。考虑到这种转轨的因素，历史学的边缘化就可以理解了。但人类社会的整体发展要求史学的不可忽略，同样是客观存在。作为人文科学的组成，历史学首先是研究者通过他们的研究成果作用于国家和民族的整体，使民族文化优秀成分得以承传和发扬，进而延续国家和民族的文化命脉。这是史学的主要功能。作为个体而言，历史学最终的作用还是培养人的认识问题的能力，它使人对人生、社会、国家和民族有新的、深层次的解读，通过解读而转化出他们对社会的建设所发挥的作用；它的其他价值和作用都是由此而衍生的。

我们这个时代需要历史学做什么呢？答案仍然是实事求是的品格。不过这种实事求是建立在平实的基础之上的。这句话隐含的意思是我们的史学研究还有诸多不尽如人意的地方，譬如不诚实、偏信、功利性等等。

所谓不诚实，是说对历史进行研究的时候，研究者不按照学术规范行事，出现造假、抄袭、剽窃、引证不做说明、一稿多投等现象；还有一种现象是不参考相关的研究成果和作品，闭门造车，低水平重复。上述现象在 20 世纪 80 年代开始出现，到 90 年代增加，到新旧世纪之交达到"兴盛"，至今不衰。出现的原因一是研究者队伍扩大造成的学术失范，研究者本人受教育特别是高层次教育的不足或欠缺，这里尤其欠缺现代意义上的社会科学的训练；二是学术规范不严谨，对违规者的惩处不严；三是我们国家原本形成的良好治学规范传统的逐渐丧失；四是现行体制弊端的催生，比如对人文社会科学的功利性资助、要求限期完成、以行政手段操作学术研究、以工科的集体攻坚心态指导、没有营造良好的学术气氛等等，这些在支持繁荣人文社会科学的口号下实施的具体措施，使历史学的学术研究婢女化和依附化了，甚至丧失了自身的独立性。

偏信是影响学术的另一项弊端。偏信的出现是研究者获得信息或资料的不完整，从这些不完整的资料出发建立的模型和分析就会出现偏颇，与事实真相相去甚远。这个问题其实在理论上人人都明白，但在实际操作中并非人人做得到，甚至研究者经常利用对他（她）论文主题有用的材料，于己方有好处的文献，而不利的资料或信息就被刻意地忽略，更有甚者是对资料采取断章取义的态度，这就使资料的真实性大打折扣；另一种倾向表现在研究中不是从史料出发，而是从观念出发，甚至怀有明显的个人或其他企图。这些现象与学术研究的主旨背道而驰，不符合学术的基本要求。倘若长期如此，我们的学术研究就会走向衰落，其后果不堪设想。

功利性在当今表现得尤其明显。其原因主要是将历史学这样的人文社会科学的效果看得过于直接。这与我们的（相关）掌权者具有工科学术背景的心态有关。工科的特点是集体协作、在特定的时间之内完成任务，注重工程式建设，项目设计直观了然、有可操作性，等等。拿这些标准去衡量人文社会科学，我们就会发现其中存在着巨大的差别：人文的东西更具个性化和人性化，规则性的东西不算多，更体现出不同的风格和形式，不能赶时间、抢效果式的去研究和讨论，等等。人文的东西需要研究者细细地揣摩、反复地研讨，慢工出细活，现在盛行的科研项目完全从工科的特点出发去要求人文社会科学，其结果只能是完成任务交差了事，数量重于质量，其结果可想而知。

现象当然不只这些，但我们也不能忽略历史学术研究的主流趋势，这种趋势是当今学术的中坚，学术研究的成果超越以往任何时代，也的确出现了相当有质量和分量的论述，整体的成绩不论数量还是（某些）质量，都有明显的长进，我想这个现象也不应当被漠视。相信今后随着国内外学术研究的交往和切磋的增加，历史研究的层次会更高。求真求实的精神不但过去支配中国的学术研究，今天和未来仍旧是我们的精神。邓小平理论在今天对历史学研究的意义，正是通过点滴的钻研获得成绩，探索人类的过去以求得真实的境界，并在探索的过程中培养民族的求真务实的品格，它可能还会激发民族的自豪感。不过，平实心态的养成，应该说是邓小平理论对历史研究的重大贡献。

（本文是为参加2004年9月13日由中央民族大学科研处等单位举行的"纪念邓小平百年诞辰学术研讨会"准备的论文，这里是首次刊发）

中国传统王朝国家（观念）在近代社会的变化

我在这篇文章里试图要讨论这么一个问题，即中国传统的王朝国家如何转向现代意义上的国家的。这个命题的背后就是说中国古代社会和现代社会国家政权的性质是不一样的，在我看来，古代的时候是王朝性质的国家，而现代则是民族国家。本文先讲清楚这二者的差别，再解释王朝国家如何走向现代国家、其面临的问题是什么，等等。

一

那么，什么是传统的王朝国家呢？我在《王朝国家体系的构建与变更》[①]一文里主要谈了以下几点内容：

第一，王朝国家的统治思想是政权建立者的合法性与天象的合理性结合一体，以"天人合一"确立其合法地位。

第二，王朝国家统治的群体既有政权依靠的本土部众，还有征服的部落群体，政权的基础和统辖的对象呈分明状态，即统治依托的民众与统治集团的关系更加密切和稳定，被征服的民众处在与统治民族不等的地位。

第三，王朝国家统辖的疆域呈现不确定性和模糊状态。当它强大到足以向外发展时，它就以维护王朝体系的理由向外拓展；

[①] 该文全称《王朝国家体系的构建与变更——以隋唐为例》，后载孙家洲、刘后滨主编：《汉唐盛世的历史解读——汉唐盛世学术研讨会论文集》，北京：中国人民大学出版社，2009年，第165—175页。

反过来讲,当它处在微弱状态时,它就会受到其他势力的挑战。处在二者之间的地域呈现不固定的、动态的趋势,疆域的归属在很大程度上取决于双方政治军事实力和战略的经营、运作等手段。

这里我主要围绕疆土范围讨论王朝国家的基本特点。

中国古典历史可以分作两个阶段。先秦以前,中国王朝建构的形式属于诸侯封建制,即王朝的核心由天子为最高首领及其行政机构所在的都城构成,以此控制其领土;地方上则分布着依附中央的诸侯势力。从都城到边疆,领土以甸、侯、绥、要和荒等所谓的五服构成[①],《隋书》卷29《地理志上》记云:

> 洎乎殷迁夏鼎,周黜殷命,虽质文之用不同,损益之途或革,而封建之制,率由旧章。于是分土惟三,列爵惟五,千里以制畿甸,九服以别要荒。

五服地区与天子的关系视其远近而有不同,距离越近的关系越密切,反之越疏远。以西周为例,周天子在全国各地分封诸王,他将自己的子孙和重要大臣的封地放在都城周围,而将比较疏远的臣属领地安排在外围。这些地区都是在周天子直接或间接的控制之下,这以外的荒服之地,则是周朝管不了的地区,那里存在的势力独自为主,至多在名分上归属周朝。这是西周时期周天子与诸侯在政治上和地域上呈现的特点。

从政治关系上看,距离都城越近的诸侯国,它们与周朝的关系也越密切,而边远地区的王国与周的关系就很疏远,自行其是,不受天子支配。这些地区与周朝的关系表现的特点大致是这样:当周朝势力强盛的时候,它们就听从天子,服从管辖;然而当周天子势力衰弱之际,这些势力就各自为政。特别是在春秋以后,诸侯王力量迅速崛起,目标直指周朝王室,极大地削弱了周室的

[①] 见《尚书·禹贡》,载(清)阮元校刻:《十三经注疏》上册,北京:中华书局,1980年,第153页。参见《通典》卷171《州郡一·序目上》,王文锦等点校,中华书局,1988年,第4456页。

权威；伴随诸侯势力上升的另一种现象则是边缘地区政治力量活动的空间增大，然而这些区域的势力又被纳入到新崛起的诸侯王的势力范围之内，它们随各诸侯国的灭亡而被整合到秦始皇统一后的王朝之中。

秦朝的建立，结束了所谓分封的局面，新型的大一统王朝正式确立。与此前相比，大一统王朝的特点主要表现在：有一个行之有效的统治集团，这个集团以皇帝为首；宰相为行政机构的首脑，对皇帝负责，管理全国政务；皇帝在这个集团里具有绝对性的权威，他主宰一切，因而是集权性质的；中央以设立郡县的形式管辖全国各地，自上而下，下面听命于中央，因而是中央集权性的体制。这种体制对全国控制的程度远远大于夏商周的分封性王朝，然而，它也是从前朝继承和发展过来的，不同程度上延续了前朝的某些传统，这里值得我们注意的是中心与边缘区的对应问题。

上文说过，先秦以前，王朝疆域从都城到边缘，存在着五个层次的土地概念，伴随着这个地域分布着的群体则是古人称之的"华夷五方格局"[①]，即华夏居中，四周为蛮夷戎狄。不同的民族群体居住在不同的地区，以至形成相对固定的概念，这种观念随着秦始皇的统一非但没有泯灭，反而被继承和发展下来。秦朝国土的分配，也是由本土的核心与周边的外围组成；核心之地是以咸阳为都城的关中，以此制衡关东，进而控制全国。这就是秦朝的本土，借用古人的观念，这些地区是王朝国家的基本，所谓九州就是典型的表述。《通典》卷171《州郡一·序目上》说：

> 汉兴，以秦地太大，更加置郡国。其后开越攘胡，土宇弥广，改雍曰凉，梁曰益，又置徐州，复禹旧号，置交，北有朔方，凡为十三州部刺史。而不常所理。至哀、平之际，

[①] 参见陈连开：《华夷五方格局与东夷、南蛮、西戎、北狄》，同作者：《中华民族研究初探》，北京：知识出版社，1994年。

凡新置郡、国六十三焉，与秦四十，合百三。县邑千三百一十四，道三十二，侯国二百四十一。地东西九千三百二里，南北万三千三百六十八里，此汉之极盛也。

汉制承袭秦制，其本土核心与治国的方略大体相同。上面的描述基本上反映了大一统王朝建构后其核心土宇的特征，古人常常用九州概括，而九州的概念随着时代的变化而改变，秦汉以后，它基本上被置于王朝的本土核心来看待的。上个世纪30年代，冀朝鼎先生又提出了"基本经济区"的概念，他说：

在缺乏机械工业、现代运输与通讯设备和先进经济组织的条件下，……中国的统一与中央集权问题，就只能看成是控制着这样一种经济区的问题：其农业生产条件与运输设施，对于提供贡纳谷物来说，比其他地区要优越得多，以致不管是哪一集团，只要控制了这一地区，它就有可能征服与统一全中国。这样一种地区，就是我们要说的"基本经济区"。[①]

这段话比较本质地概括了中国以农业经营为主的国家对领土地域界定的核心观念。按照这种说法，农业的核心地区是王朝建构的基础，只要拥有这个区域，国家或王朝的运作就有了可靠的保证。他虽然没有指明核心区的外围成分，但事实上是存在的。隋朝承袭北周的法统，它又恢复了秦汉以关中制衡关东、进而宰制全国的战略布局，唐朝则在隋朝的基础上向外围地区扩展，以羁縻府州的形式将各民族势力纳入到王朝的有效控制范围之内。这种羁縻州县，根据谭其骧先生的研究，可分作两种情况，一是设置于边外各国、各族原住地的；二是设置于边外各族迁入内地后的侨居地。第二种明确属于唐朝的管辖范围，但第一种就复杂了，他说："设在边外各族原地的羁縻州，'或臣或叛'，在其臣服时有些是可以列入版图的，既叛之后，便应承认其民族自主权，划归境

[①] 见冀朝鼎：《中国历史上的基本经济区与水利事业的发展》，朱诗鳌译，北京：中国社会科学出版社，1998年，第10页。

外，不应视为境内的叛乱区域。有些地区的羁縻州先有一段时间服属于唐，后来为邻国所吞并，也应承认领土主权转移，不能因为边州都督府督护府的册籍上还保留着这些府州名目，不顾事实，硬说这块地方仍然是在唐朝版图之内。"①

按照这样的理解，羁縻府州的内层属于唐朝的控制版图应该说问题不大，但是外层则视其与唐朝的关系远近而决定，在唐朝控制下的则属于唐朝的范围，如果不在此限，或者脱离控制自行独立，那么就不在唐朝的范围之内。值得我们注意的是，外层地区始终处在游移不定的状态之中：当中央王朝强盛的时候，这些地区就被纳入到王朝之内；反之，当王朝衰弱的时候，它们就可能兴起，进而控制中原或征服王朝，这在唐朝后期特别是晚期尤其如此；而13世纪蒙古势力崛起和17世纪满洲贵族起兵更能表现出周边外围地区势力坐大之后其发展进军的势头。所以，古典时期王朝性的国家政权，其土地领域的基本特征大致是这样的：

王朝的疆土由核心区与外围区组成，核心区是王朝国家建立的基础，这个基础破坏了，王朝就不可能存在了。外围地区处在游移不定的状态之中，当王朝势力强大的时候，外围地区就被置于王朝的影响和控制之下；然而一旦王朝自身衰弱，这些外围区域就有可能崛起新兴的政治力量，进而向中原发展并建立政权。决定这些游移地区归属或脱离的，首先是王朝自身的能量，其次是这些地区自身政治势力成熟的程度，其成熟程度与建立自己政权的欲望成正比。

唐宋以后，外围即所谓羁縻性质的地区（即上文谭其骧先生所说的第一种情况），还有许多成熟的国家性政权。从理论上讲，这些政权是独立自主的，但它们往往存在着与中原王朝政治上、经济上的各种依附关系，它们通过朝贡、拜谒等方式与中原王朝

---

① 见谭其骧：《唐代羁縻州述论》，同作者：《长水集续编》，北京：人民出版社，1994年，第144页。

进行联系，从而形成学术界称之的"朝贡关系"、"宗藩关系"、"封贡体系"等①，通过这种形式连接中央王朝与周边各国，以致形成所谓的"东亚格局"。

二

现在再谈谈近代国家的观念以及它对中国传统王朝的冲击问题。

近代国家概念是指：以法统的确立和制度的健全保证国家的合法化；在政治上和法律上承认民族群体的平等地位；国家的主权和领土完整受到国内和国际法的双重保护，具有不可侵犯性。

近代国家最早是从西方产生的。这种国家的形式，是伴随着近代民族的形成而出现的。欧洲历史上国家形态曾经有过这样几种类型，古典时代是城邦制国家，中世纪是基督教统一下的普世国家，然后是王朝国家，近代以后则是民族国家②。所谓民族国家，其基本的内涵是民族成分在国家政权的建构中占据核心的位置，在西欧则强调一个民族建立一个国家的理念；这种民族国家是在同中世纪的教权特别是其后的王朝国家的斗争中逐渐出现并发展起来的。其基本特征主要有：

第一，是民族独立和民族统一的体现者，即完全自主和领土统一；第二，实行中央集权体制；第三，主权人民化；第四，国民文化的同质性；第五，具有统一的民族市场③。它与王朝国家

---

① 相应的研究成果可参阅以下论述中的有关内容：（日）堀敏一：《隋唐帝国与东亚》，韩昇编，昆明：云南人民出版社，2002年；黄枝连：《亚洲的华夏秩序——中国与亚洲国家关系形态论》，北京：中国人民大学出版社，2002年；李云泉：《朝贡制度史论——中国古代对外关系体制研究》，北京：新华出版社，2004年；李凭：《近半个世纪日本研究魏晋南北朝隋唐史的最新总结》，《中国史研究》1998年第1期。

② 参见李宏图：《西欧近代民族主义思潮研究——从启蒙运动到拿破仑时代》，上海：上海社会科学院出版社，1997年，第249页。

③ 参见宁骚：《民族与国家——民族关系与民族政策的国际比较》，北京：北京大学出版社，1995年，第270—281页。

最本质的差别是各种国家的法律地位问题，用李宏图的话概括就是：

> 从君主国家的政治主体来说，它是以专制君主为中心的政治体制，国王大权独揽。他的意志就是法律，整个国家的行政管理机构只是附属于国王统治的工具。如法国国王路易十四就能随意停止三级会议的召开。这样，以国王为中心形成了一种"家天下"的统治体制，整个国家只不过是国王个人的"私产"。这种统治在很大程度上只是最高封建领主统治的扩展。同时，不能不看到，在这个国家中，君主并不完全以治理国家为己任，也不以臣民的幸福为首要目标，他的出发点仍然是服务和确保自己的"王朝利益"。[①]

这段引文的内容虽然讲的是西方，但对理解中国传统王朝国家具有相近的意义。从上面的论述可以看出，民族国家与王朝国家在内涵和外延上均有诸多不同之处。那么，西方的民族国家观念与中国传统的王朝国家现实二者之间的关系在中国近代社会是如何被处理和协调的呢？

西方的民族国家及其观念是在西方列强进入中国之后开始对中国施加影响的。其影响我认为以下两个方面最为典型：一是疆域特别是边疆地区的分合；二是民族主义思潮与国家重构的关系。

所谓边疆地区的分合，这是近代中国遭遇到的前所未有的重大问题。我们从常识的角度看到，近代以来中国边疆地区出现的重大变化就是四周边鄙不断地遭到外强摄取或侵占，譬如东北地区受到俄、日的蚕食和侵略，西北遭遇沙俄和英国的染指，西藏（在英人指使下）出现的分离倾向，西南地区被法国的掳掠，台湾岛沦陷于日本，等等。这种由外来势力暗中支使或直接干预和掠夺边疆的行为，在中国历史上前所未有。此前的古典时代，游

[①] 见李宏图：《西欧近代民族主义思潮研究》，第254页。

牧势力向中原的介入，要么是部分地区的渗透，要么是整个国家的占有，但是在它们统治之后，最终都融化到中原的文化里面，汇合成为一体。像蒙古势力建立的元朝和满洲贵族建立的清朝，它们都以中原正统王朝自居，发展演化为中华文明的核心。而近代列强对边疆地区的攫取，则属于外来势力对中国王朝的破坏性行为，它们要肢解的是中华整个帝国，肢解的目的是削弱中国王朝本身，这与蒙古、满洲势力入主中原是完全不同性质的行为。

那么，是什么因素导致西方列强对中国边疆地区进行分割和蚕食的呢？以前的解释大部分集中在西方凭借军事实力和帝国主义侵略本性的层面①，这在很大程度上解释了中国人对那个时代苦难的记忆所引起的困惑。但有一点值得我们关注，即西方人对中国的观念与中国人自己原有的认识存在着很大的差异，他们认为中国只是汉人的世界，蒙古人、满洲人、西藏人、维吾尔人等都是中国以外的群体，他们不属于中国汉人，其土地也不在中国的领土范围之内。这样的观点在西方世界占据主流，在精神和文化上支配那些殖民主义者和帝国主义者在中国进行的活动。

它们在中华帝国边地进行的肢解和分离，也借用了王朝时代外围边地与核心区的那种关系，即当中央王朝强盛之时，周边的向心力就大；反之则小，周边势力有可能自己崛起或脱离中央。西方列强对中国的肢解，在传统的羁縻性控制下的外族原住地和外藩（即藩属国）几乎同时展开，最明显的例证是沙俄对清朝东北边地和新疆北部的割占、英国支持西藏"独立"、日本抢占朝鲜、法国攻占越南，虽然有先后之别、层次之差，但并没有性质的区隔。这样，传统王朝的宗藩关系、历史上的羁縻府州（外围部分）与核心腹地的分离，就成为近代中国王朝被肢解的主要形式。

从理论上说，周边外围势力脱离中原王朝更加容易，因为它

---

① 参见胡绳《从鸦片战争到五四运动》（上下册，北京：人民出版社，1981年）、李侃等《中国近代史》（第四版，北京：中华书局，1994年）内的相关论述。

们与王朝的关系处在不稳定或者说动荡的状态中,古代的突厥、回鹘、吐蕃、高丽等莫不如此。沃斯克列申斯基指出:"'外藩'这一术语包含好几个意义,它意味着独立的,但在政治意义上说却又较为软弱的统治者,以及名义上依附的领地的统治者,还有附属领地的统治者,而这种情况仅指地处长城以外者。"① 克拉拉·哈非佐娃指出那些被中国授予爵位的外藩首领"不只不服从中国朝廷,而且在各个方面表现出独立态度。最为重要的是,他们完全是出自利益上的考虑,在与中国的结盟关系中是如此,在正常的商业交往中也是如此"②。这段记载比较真实地描写了外藩与中央王朝的心态,它们向中原进奉的目的与王朝自身的想法(及其表述)可能大相径庭,也就是说双方对进贡、封爵这类活动各取所需,就中国王朝而言这些进贡表现了外藩对宗主国的归顺姿态;就外藩而言则很可能是它们获得宗主国的某种优惠或利益的渠道。这使我们联想到 7 世纪 30 年代东突厥降服唐朝之后的情景:过了将近半个世纪,他们再次复国,其心态如碑铭所表述的那样:

> "我们曾是一个拥有独立国家的民族,但如今我们自己的国家在哪里?我们是在为谁的利益征服这些地方?""我们曾是一个拥有自己可汗的民族,但如今我们自己的可汗在哪里?我们现在在为哪个可汗效劳?"③

在这段话里我们分明看不出受唐朝羁縻统治 50 年突厥人汉化的影响,相反,他们的民族情感却跃然纸上,这在某种程度上反映出外藩属国的心态,诚如哈非佐娃所说,这些政权就像商人一样,为利所趋,利之不在,决不前往。这种游移不定、唯利是图者在

---

① 见(哈萨克)克拉拉·哈非佐娃著:《十四——十九世纪中国在中央亚细亚的外交》,杨恕、王尚达译,兰州:兰州大学出版社,2002 年,第 169—170 页。
② 见《十四——十九世纪中国在中央亚细亚的外交》,第 123 页。
③ 见《阙特勤碑》,载芮传明:《古突厥碑铭研究》,上海:上海古籍出版社,1998 年,第 221 页。

外界利诱的刺激下很容易滋生出脱离之心。近代以来外藩之脱离宗主国的心态，应该说是它们行为背后的动力之一。清朝灭亡之时外蒙古主张独立的那些人的逻辑之一就是：蒙古是因为投附满洲人而进入清朝的，现在既然清朝不复存在了，我们当然就不在汉人的控制下了[①]。不管这种理由是否充足，但这却是他们行事的一个理论根据。西方列强正是凭借这种思想和观念肢解中国的。

关于民族主义思潮与国家重构的关系。

民族国家观念在西方列强冲击的情况下也影响了中国的知识阶层。特别是甲午战争中清朝海军的失败震撼了中国人的心灵，知识阶层不理解为什么不弱于日本的清朝舰队却以失败告终，而国土人口大大小于中国的日本却能取得胜利？人们开始认识到单从船炮优劣的技术性解释回答不了问题，可能与制度、体制更有关系，于是要求国家强大、民族振兴的呼声成为主流。孙中山推翻帝制、建立民国的政治理念支配下的民族观，开始接受西方的影响，梁启超等人在理论上系统地研究中国的民族问题。在这种思潮当中，中国人逐渐地从传统王朝国家的观念向近代民族国家的观念转型，尽管来得迟了一些，但毕竟开始认真地考虑这类问题了。

中国民族主义观念的形成是在清朝灭亡前后的过程中实现的，而它的出现既受西方民族国家思潮的影响，又是在推翻清朝的实践中展现的。也就是说民族主义思想是在抛弃传统帝国体制和观念中实施的。孙中山在反清之初，借用了元末汉人"驱逐胡虏，恢复中华"（孙提出的是"驱逐鞑虏，恢复中华"）的口号，明确地显示出他对清朝满族王公贵族为核心的政治性国体的不认同情绪；后来又上升到五族共和，强调汉、藏、回、蒙、满联合一起推翻帝制，改变了单纯以民族成分为革命标志的主张。"五族

---

① 参见（日）松本真澄：《中国民族政策之研究——以清末至1945年的"民族论"为中心》，鲁忠慧译，北京：民族出版社，2003年，77—79页。

共和"与当时知识界中出现的"中华民族"、汉族、少数民族的争论，表明中国的政治界和知识界对国家、民族的对应问题产生了强烈的期待，并力争解决二者的关系。按照王朝国家的逻辑解释，王朝与民族之间并不存在着直接的对应关系，一个王朝之内会有众多的民族群体；一个民族也可能分布在不同的王朝国家之内。但是在清末民初之际，中国人如何因应民族、国家，出现了十分激烈的争议；中国人现在是否按照王朝的形式组建新的政体和国家，成为这时期面对的主要问题。那么，中国人是如何解决这个问题的呢？

中国人的整体思路是将西方民族国家的观念与自己传统的王朝内涵相互结合。在早期则主要受西方观念的影响，具体表现在孙中山的反清的思想中，他将这场斗争视为汉人对抗满人，民族的对抗一度成为他的思想核心；但是到后来他就改变了早先的说法，主张五族共和，说明他的民族观念从汉人与非汉人的分别已经上升到各民族的联合，显示出单一民族让位于多民族共融的转轨[①]。与此同时，知识界也从中华民族等同于汉族开始向中华民族等同于多个民族的共同体的意识转化。20世纪30年代日本对中国的侵略使中国各民族群体的凝聚向心的程度向纵深发展，中华民族是一体成为主导思潮，这对构建中国民族与国家的结构产生了巨大的促进作用。到这个时期，人们不再强调各个不同的单一性民族成分，而是开始更多地关注中国民族与外国侵略者之间的抗争。于是，中华多民族构成的统一体逐渐成为中国人关于民族与国家对应关系的主流观念；这种观念发展到20世纪80年代，则形成了"中华民族多元一体格局"的理论[②]，也成为中国人的

[①] 参见松本真澄：《中国民族政策之研究》，第56—67页；方素梅：《北洋政府时期中国民族问题研究》，博士学位论文，中国社会科学院研究生院，2004年，第26—32页。

[②] 参见费孝通主编：《中华民族多元一体格局》（修订本），北京：中央民族大学出版社，1999年。

共识。这种共识之下的民族与国家的对应关系是:

中国是一个主权国家。中国从王朝国家发展到现代国家,起基本特点是:在一个政府主导下,由多个民族共同组成;其中汉族人数居多,其他民族因人数较少而被称为少数民族,汉族与少数民族共同构成中华民族;中华民族与国家直接对应[①]。

这种形式既受西方民族国家观念的影响,又吸入了传统王朝国家的成分,后者所占的比例似乎更多,所以中国人在国家与民族的问题上,采取的态度一般是国家等同于中华民族,各个具体的民族只是其中的组成部分和要素;中华民族的内部格局仍然继承了王朝时期民族群体的一般特性,即从地域的角度讲,汉人居中、少数民族居边,中原(包括东部)相对发展、边区经济落后,中心与边缘不对称等局面,这些情况即使到今天,也没有本质的变化。

三

综上,本文的初步结论是:

中国传统社会的国家形态是王朝国家。国家政权的组成是以皇帝为首、宰相为辅的核心集团,宰相是行政首脑,负责全国行政;中央、地方行政系统有效地将皇帝的指令颁行于全国;国家领土由中心区和边缘区构成,边缘区分布的大多是非汉人群体,该地区呈现变动的状态;边缘之外则是藩属,它们与王朝形成所谓"宗藩关系"或"封贡体系"。

这种王朝国家到近代社会开始遭受西方民族国家的冲击。西方是以殖民主义和帝国主义的姿态向东方开进的,它们到东方之

[①] 理论界对中华民族概念比较一致的看法是,就民族而言,现存 56 个民族是基础,民族之内还有不同的支系,中华民族则是 56 个民族之上的共同概念,只有它才与国家对应。参见费孝通:《民族研究——简述我的民族研究经历与思考》、《中华民族的多元一体格局》,同作者主编:《中华民族多元一体格局》(修订本)。

后也将其民族国家的观念带来，并在残酷的斗争中使中国人逐渐认识传统王朝的不足和弱势，为了挽救国家和民族，他们被迫对传统王朝国家进行改造，而这种改造又是在破除封建帝制的过程中完成的。清朝满族贵族的统治，又给中国人提供如何认识和协调中国内部各民族关系的契机，中国人在西方民族和王朝民族之间寻找对应关系，最终以中华民族（内部由多个具体民族构成）对应国家的方式解决了这个问题。因此，中国的民族国家既吸收西方的民族国家观念，也将传统王朝国家的要素纳入到了这个体系之中。其好处是，通过近代以来的民族与国家的磨合，中国比较有效地解决了近代社会摆在国人面前的难点，使国家与民族得到了新层次的认同，为中国在新世纪的发展和进步奠定了良好的基础；同时它也带有某些弱项，特别是中华民族和单个民族之间的认同仍存有很大的空间以致让人做出不同层次的理解，边疆地区民族的认同感疏离甚至产生脱离的思想和倾向，仍有伸展的余地，这是西方观念与传统王朝观念结合之后的遗留。在今天国家、民族发展的新的事态之下，中国人的这种观念仍将受到西方和其他地区观念、思潮的冲击甚至挑战，中国的国家与民族之间关系的调整和梳理，仍将是我们面对的主要问题之一。

（本文原载中央民族大学历史系主办、姚念慈执行主编：《民族史研究》第 6 辑（总第 8 辑），北京：民族出版社，2005 年，第 1—13 页，收入本书时略有订正）

传统与近代的对接

——从地域和民族角度论述中国传统王朝的近代境遇

我以前曾经撰写过《中国传统王朝国家（观念）在近代社会的变化》一文[①]，意在辨析中国传统的国家体系与近代民族国家存在着明显的差别。传统的国体是由王朝构筑的，而近代则是西方民族国家观念的产物。中国在近代遭遇的国家形态的转化，（主要）不是自己内在发展的需要，而是在西方冲击下被迫进行的。在那篇文章里，我先是涉及了传统王朝的特点，又列举了民族国家的特征，至于王朝国家如何转化为民族国家的问题，限于自己的知识，只是涉及，并未深入。我打算在这篇文字里，再就传统与近代国家的对接，谈些自己的想法。因我的研究领域是在隋唐五代，这个阶段已超出了我的理解范围，但考虑到这也是自己平时关注的问题，所以不揣简陋，再次涉入。

我所关注的角度，仍旧是在地域和民族两个方面，因为这是传统与近代两个反差比较大、特征比较突出的领域。在下面的文字里，我想就上述两个方面的内容谈以下几点意见。

第一个问题，传统王朝的地域是个什么概念？

就地理观念讲，传统与今天流行的显然有很大的差异。从常识的角度讲，今天的地理区域是在主权国家的范围内，一个国家

[①] 该文载姚念慈主编：《民族史研究》第 6 辑，北京：民族出版社，2005 年；亦收入本书。

有自己确定的领土,并受法律保护,这在联合国公约里有明确的规定。从这个角度看过去的地理,我们就会发现,每个王朝也有自己的领土和地域,它也受到国家强力的保护,并演化成为法统①。但是,这个地域呈现出不确定性,随着王朝的壮大或缩小,地域的范围变动频繁。就中国王朝而言,从夏商周到秦汉,再到隋唐元明清,其疆域地理的范围始终处于变化之中。顾颉刚和史念海先生说:

> 以三代而论,先民活动之区域犹仅限于黄河下游诸地;……春秋、战国之际,边地诸国皆尝出其余力,向外开扩,故汉族之足迹,所至渐广。汉族强盛之时,固可远却所谓夷狄之人于域外;然当其衰弱之日,异族又渐复内侵;故有秦皇、汉武之开边扩土,即有西晋末年之五胡乱华;其间国力之强弱,疆域之盈亏,皆吾先民成功与失败之痕迹。②

这里面疆域的特性,就是处在不断的变化中。至于变化的原因,取决于王朝是否强大,从夏商周之嬗替,到春秋战国诸侯竞相争雄,到秦始皇的统一,无不证明这个观点。事实上,秦汉王朝国家建立之后的发展,同样沿袭这种模式,只不过其疆域的开拓,大大超出了前朝而已③。如果说秦朝疆域覆盖超越古人的话,就是它囊括了当时几乎所有的农耕地区,形成"东至海暨朝鲜,西至临洮、羌中,南至北向户,北据河为塞,并阴山至辽东"的"地广三王"之界④。到了唐朝,以唐太宗、唐高宗为首的朝廷相继征服了东、西突厥,宣告了兼跨长城南北一统局面的确立。此前与秦汉对峙的匈奴帝国之后的草原诸势力,被统合到中原为

---

① 参见唐晓峰:《中国早期国家地域的形成问题》,载氏著:《人文地理随笔》,北京:生活·读书·新知三联书店,2005年。
② 见顾颉刚、史念海:《中国疆域沿革史》,北京:商务印书馆,1999年(此书最早于20世纪30年代末由商务印书馆出版),第1页。
③ 具体情况可参阅《中国疆域沿革史》和童书业的《童书业历史地理论集》,北京:中华书局,2004年。
④ 见《史记》卷6《秦始皇本纪》。

根基的王朝之内,这种局面在唐太宗时代实现了。太宗既是中原王朝的皇帝,又是游牧民族的可汗,局面鼎新,前所罕有[①]。后来的清朝,经过康雍乾诸朝的努力振作,在嘉庆时期形成了"北到外兴安岭,西到帕米尔和后藏的阿里地区,东到库页岛,南到南海"的广阔疆域,局面又为之一盛[②]。我这里只是以唐、清为例,说明王朝的控制范围呈现出这样的特点,即中原地区的周边,随着王朝实力的增强和影响的扩大,逐渐而持续地被纳入王朝的管辖范围。清朝强盛的一统局面,宣告古典王朝疆域的最终确立。

中原为核心的王朝,其疆域既有扩大的趋势,也就有收缩的可能。比如西晋灭亡后,王朝的根基之地先后被诸胡势力所占据,用当时人的说法就是"五胡乱华",这个"华"所在的就是中原,黄河流域自此之后出现许多民族建立的政权。从东汉的角度着眼,这无疑是汉人世界的破灭。另一个明显的事例是唐朝灭亡之后,不论北方还是南方,都出现了小国割据林立的局面,唐朝原来控制的长城东西,出现了契丹和党项人建立的辽、西夏。就唐而言,本土核心萎缩,中央政权垮台后,周边势力不再跟从而自行其是了。清朝的建立,表明满族贵族更是从东北一隅进入关内,干脆将中原汉人的核心腹地全部收入股下。

这种形势,反映出中原王朝扩展的同时,也唤醒了周边势力的觉悟,当他们强大并趁中原王朝衰微之机,向中原进发,随之建立政权,其范围不仅包括中原本身,而且将他们世居的外围地区一同化为统辖范围。也就是说,从地理区域的角度讲,不论是中原王朝向周边出发,还是周边势力向中原推进,都将中原、周边二者紧密地联系起来,最终统合在一起不可分割了。至于疆域

[①] 参见拙著:《唐朝中央集权与民族关系——以北方区域为线索》,北京:民族出版社,2003年,第41—50页。

[②] 参见于逢春:《论中国疆域最终奠定的时空坐标》,载《中国边疆史地研究》2006年第1期。

确立的标志,我倾向于逢春先生的意见,是在乾隆之后[①]。

第二个问题,传统的民族又是个什么概念?

与疆域伴生的民族问题,呈现出同样的特点。各个民族均活动在特定的地区。古代中国的华夏和四夷,它们活动的地区被称作中原和周边。这种观念在先秦时期就已确立,后世继承和延续,秦朝的中央一统性王朝正是建立在这个基础之上。秦汉开启的王朝帝国,其民族群体是由汉人和周边的各个民族共同构建的。具体的情形,有以下两点比较关键[②]:

首先是先秦时代形成了华夏与四夷的关系;春秋战国前后,华夏扩展,形成中原区域内的华夏主体;汉朝时,华夏汉人的民族属性得以确立;魏晋南北朝时期,周边各族进入中原,与汉人融合,这是历史上有文字记载的非汉人群体第一次大规模进入汉人核心腹地的行为,它的直接后果非但没有削弱汉人势力,反而增大了汉族群体,因为这些南下的民族通过各种形式最终融进到了汉人之中。当然,个别汉人融入其他民族的事件也不乏其例,但不居主流。

唐朝之后的民族融合,在蒙古贵族入主中原建立全国性政权的时候,他们打破了以往非汉人控制局部区域的局面,使包括汉人在内的民族被纳入到了这个政权之内。随后,清朝的确立,再次重复了这个过程。不过满族贵族建立的清朝,在统合全国民族方面,较之前者具有更加丰富的经验和娴熟的技巧,清朝各民族的融合达到古代王朝范围内的高峰,可以说最后确立了中国民族

[①] 参见于逢春上文。关于中国疆域最终的确立,学术界一般将它定在清朝康雍乾时期,有的学者则下推到1949年。参见杨奎松:《何为民族主义及我们应该怎样爱国?——对近代以来中国民族主义问题的一种探讨》,载《社会科学论坛》2005年第9期。

[②] 胡如雷曾说:"我国历史上多民族国家的形成和发展过程中,有三个重要时期:第一个是秦汉,第二个是隋唐,第三个是明清。"见《隋唐五代社会经济史论稿》,北京:中国社会科学出版社,1996年,第380页。

统合的基础①。

其次,古人凭借经验总结的"分久必合,合久必分",固然从一个侧面反映出不同政权、不同民族之间的关系,但最终的结果则是合。与统合对应的是,也有不少时期处在分裂或分立的状态,譬如魏晋南北朝,先是东汉末年的诸侯割据,到三国鼎立,再到五胡十六国,再到南北的对峙;五代十国同样是诸国并立,互不归属;即使是北宋统一了中原,北方还存在着辽、西夏、西部回鹘诸国及西南的大理等政权,这是更大范围内的对峙。换句话说,假使从秦朝以后计算,中国历代王朝的发展,大体上呈现着统一与分立的相互转换的特点。之所以又统一、又分立,其中的因素颇为复杂,从民族关系的角度去理解,我认为有这么几层要素值得措意:

首先,中国王朝的群体是由多民族共同构成的。在构成和发展的过程中,民族群体在其中发挥的作用并不一样,汉人因其人数众多,是王朝建构的核心,大多数王朝只有依靠他们才能建立政权。其次,边地各民族是王朝强大的组成要素。但由于其人数较少,居住分散和偏远,不掌握核心文化,因而与汉人比较起来,处于边缘地位。第三,决定汉人与非汉人的要素,主要取决于是否掌握着以儒家为核心的传统文化,汉人与儒家结成不解之缘,形成有机的一体系统,一直处于核心位置;其他民族因与儒家文化结合较少而处在边地。文化因素,是我们理解王朝时期民族群体主次关系的核心内容。第四,汉人是王朝依靠的核心力量,王朝要是脱离了他们的支持,就不能生存下去,或者说,他们是王朝的群体基础;与此对应,非汉群体是王朝强大的必要条件。王朝强盛的基础除了汉人的核心群体之外,还必须要有边地群体的支持,否则是难以维系下去的。

---

① 可参见葛剑雄:《统一与分裂——中国历史的启示》第二章《分与合》,北京:生活·读书·新知三联书店,1994年。

中国古代的王朝体系，正是由多民族共同构成，因此，离开周边的各民族而单纯地谈汉人，不可能全面理解中国的传统，正如费孝通所说："传统中国不是欧洲式的小公国，而是腹地广阔，中央与地方、城市与乡村、主体民族与少数民族之间关系比较复杂而多元的文明国家，这样的国家一般被历史学家称为'empire'（帝国）。"① 由于是多民族组成，就可能因为各种条件的变化和形势的更张，会出现不同的情况。就发展的趋势讲，中国的民族与疆域的发展一样，大体上呈现聚合、分立、再聚合的特征。譬如夏商周三代的发展，促使中原地区之上的华夏群体演变成为这些王朝的民族主体；到秦汉建国，华夏汉族的群体正式形成，华夏/汉人成为王朝国家的支配力量。当然，秦汉的汉人群体是在吸收前此各朝不同民族融合而形成的新型群体，较之于原来的华夏，其内容更加丰富多彩。而唐朝的汉人，更是在魏晋南北朝各民族（尤其是所谓的"五胡"）相互融合基础之上而产生的新的汉族群体，这时候的汉人，较之秦汉又有了新的内涵。此后，经过宋辽金元明，到清朝的消化，汉人的民族群体再次增加诸多新兴的民族成分，所以清朝的汉族，其内容比唐朝还要丰富。

民族的融合是主流趋势，但在中央王朝衰弱的时候，特别是周边新兴势力膨胀壮大之际，他们也在不断地发展自己，壮大自己民族的能量。这种壮大，往往是以削弱中央王朝的实力为前提和目的的。于是，王朝所能控制的区域就相应缩小，其属下控制的民族群体也会（部分）脱离，这种情况，在历史上也时有所见，如同上面那句老生常谈描述的那样，它刻画了古代民族群体之关系的某种印记。从历史唯物主义的角度讲，这正是历史本身的复杂表现。

上面谈论的两个问题，在王朝时代，其突出的特点，就是由

---

① 见费孝通：《论人类学与文化自觉》，北京：华夏出版社，2004年，第221页。

中原以汉人为主体和周边外围及其民族群体共同构成的中心和边缘两个层次，这也是我在其他文章里说的"二元结构"的意思[①]。在这个二元性结构中，核心区与外围区，以及核心区的主体民族与周边区的其他民族是相互依托的关系。就王朝而言，前者是主体，是它得以确立的基础；后者是王朝强盛的条件。它们之间是有机的构成，有的时候表现出的是和谐共处的关系，有的时候则相互竞争和排挤。一般地讲，当王朝实力增强，核心区扩大，外围地区及民族就被纳入到王朝的统辖之下，成为王朝的组成部分而拱卫国家；反之，当王朝衰弱的时候，周边外围及其势力就会坐大，反过来向中原发展，甚至取代旧有的政权，建立新兴的王朝。因此，这个二元结构从长时段讲，始终处在变动的过程中。决定这个变动的，既有王朝中央的政治、经济、军事、思想文化的建构，也有周边外围势力的消长，取决于双方（综合）力量的对比，当然王朝本身一直处在这对矛盾的主要位置上。从秦汉到明清，王朝内部的能量，主旨部分呈现着不断发展和壮大的趋势，周边外围不论地域还是民族，都在朝向王朝核心区聚拢，因此二元结构当中的向心力是发展、增强而不是弱化，还是费孝通所说，中华民族"作为一个自在的民族实体则是几千年的历史过程所形成的。……它的主流是由许许多多分散孤立存在的民族单位，经过接触、混杂、联结和融合，同时也有分裂和消亡，形成一个你来我去、我来你去，我中有你、你中有我，而又各具个性的多元统一体"[②]。

第三个问题，既然王朝的地理范围和民族群体处于变动的状态，那么，在遭遇近代西方国家（包括其观念）冲击的时候，二

[①] 参见拙文：《如何阅读边疆？——李大龙〈汉唐藩属体制研究〉书后》，待刊稿。按：此文已刊登在《黑龙江民族丛刊》2008年第2期。

[②] 参见费孝通主编：《中华民族多元一体格局》（修订本），北京：中央民族大学出版社，1999年，第3—4页。

者表现的是什么关系呢？或者说，中国人是如何因应民族国家的问题呢？

我们讨论这个问题的前提就是二者不是一回事，东西存在的是不同的国家概念。如果没有西方列强的东来，传统的王朝国家将会持续。事实则是，随着西方的东侵，它们新型的国家观念也被带入到东方。

这种观念，就是所谓的民族—国家。从理论上说，是一个民族对应一个国家。这种国家与古代的王朝比较起来，主要体现在它有自己明确的"主权"概念，国家权力是由主权、领土和人口等要素构成①。这里的领土与王朝疆域概念相比，是确定的，受到国家法律保护和国际社会的尊重；其人口是以现代民族界定，赋有并行使公民权利，参与国家的政治、经济和社会各项活动，成为国家的主体与核心；只有他们的参与，国家才能运作。王朝国家只是赵姓、李姓家族的朝廷，百姓是不参与其间的；王朝的掌管和支配，只是极少数人的事情，它的建立或垮台，与百姓没有必然的联系②。

民族国家的形成，最早是在英、法等欧洲西部③，随着它们的发展和扩张，这种民族国家就向欧洲和欧洲以外的地区推进，旋后在世界范围内普遍确立。至于这种类型的民族国家为什么是在西欧而不是别的地区出现，西欧具备什么条件和要素？国内外学术界有深入的研究，本文所关注的，还是它与王朝国家（特别是中国的王朝）存在的差异。现在的问题是，当近代民族国家观念与中国传统王朝国家观念接触之后，二者之间如何协调呢？

---

① 参见徐迅：《民族主义》，北京：中国社会科学出版社，1998年，第34页。
② 梁漱溟曾说："今天我们常说的'国家'、'社会'等等，原非传统观念中所有，而是海通以后新输入底观念。旧用'国家'两字，并不代表今天这含义，大致是指朝廷或皇室而说。"见氏著：《中国文化要义》，台北：正中书局，1975年，第167页。
③ 可参看李宏图：《西欧近代民族主义思潮研究——从启蒙运动到拿破仑时代》，上海：上海社会科学院出版社，1997年；陈晓律：《欧洲民族国家演进的历史趋势》，载《江海学刊》2006年第2期。

从整体上看，国人对待这个问题，似乎没有一个系统而前后衔接的对策，相反，是在问题逼到眼前的时候才被迫应付。我们可以从 20 世纪开端之前和此后两个时期看待这个问题。

此前，满族贵族掌控之下的清朝，他们延续的统治方式完全是传统中国历代王朝的办法。满族贵族继蒙古贵族征服全国并能长久持续，避免了前者的短暂命运，关键因素之一，是他们全盘接受了中原治国的措施，采取了汉化方式，使自己融入中原的传统文化之中。当然，这里面有一个循序渐进的过程，也充满了复杂的变数和激烈的斗争。政治、军事和民族问题交织在一起，困扰新兴的王朝，但经过康雍乾诸代的努力，清朝趋向稳固，运作走向自如。在这种情况下，他们经管王朝的方式，虽然不可避免地保有满洲旧制，但基本延续了传统体制。因此，当西方势力东来之后，清人（特别是统治者）对待它们的态度，完全是以天朝视藩属的观念显现的，马嘎尔尼出使中国并与清朝发生礼仪之争足以反映出后者的这种心态[①]。这说明，在与西方接触之初，中国王朝的统治集团，并没有意识到新来者与过去的朝贡者有什么本质的差异，相反，他们认为这不过是新一拨的远夷。

自鸦片战争起，清朝开始遭受西方列强的武装进攻，通过一个又一个不平等条约的签订，清政府才意识到这些欧洲的远夷与过去的藩属有着多么大的差别！尽管如此，它的认识仍旧颟顸久滞，先是将西方的行为理解成船坚炮利，眼睛盯在硬件的设施上面而不放；随后从船坚炮利意识到开办工厂的好处；当这些还不能解决问题的时候，朝野有识之士就上升到制度性的变革层面。这种认知的方式，用费正清的话概括，就是所谓的西方冲击与中

[①] 参见（英）斯当东《英使谒见乾隆纪实》（叶笃义译）的有关部分，北京：商务印书馆，1963 年。费正清、刘广京编的《剑桥中国晚清史》（中国社科院历史所编译室译）说的更明确，见该书（北京：中国社会科学出版社，1985 年）第 170—173 页。

国的回应,主动与被动、积极与消极、进攻与应对,彰显可知[①]。

20世纪初,国人对民族国家的回应,较之以前,增添了积极探索的精神。这主要表现在认知和实践两个层面之上。

在认知上面,知识界开始关注中西方之间物质背后的制度性和文化要素的差别,并给予认真的考虑。因为此前的各种认识和行为,并没有使中国的地位获得改善,特别是甲午海战中国惨败于日本造成的刺激,使人们对此前政府仿照西方实施的洋务运动等经营中国模式的有效性产生怀疑,而面对列强诸国清朝政府表现出的软弱和退缩,使他们对传统王朝体制的认同立场也开始动摇,尽管持这种想法的只是少数人。就孙中山而论,他的整个行动,表现的都是在对传统王朝国家模式丧失信心的情况下被迫寻找新型的政治实体并取而代之的意志,目的是挽救中国于危难之中。由于孙中山的行为危及清朝的法统地位,对清政府而言,他无疑是一个犯上作乱者;而孙中山为达到目的所采取的方法最终诉诸于武力,于是,辛亥革命的成功,标志着共和体制取代王朝体制,成为20世纪统合国家政权的模式。

与此模式相关的共和体制的观念,就是来自西方的民族国家理念。对孙中山而言,他要取代清朝的法统,唯有向中国传统以外的地方学习和借鉴,民族国家之所以成为孙中山的选项,不仅仅是他个人有美国和欧洲的经验参照,更主要地取决于民族国家模式是使中国走向富强的有效手段,因为孙中山以后的政治家,除了少数试图恢复帝制王朝的行为之外,大多数都接纳了民族国家的方式。看来,这个选项不是个人好恶而是大势所趋[②]。

[①] 参见费正清《美国与中国》(第四版)(张理京译)的相关部分,北京:世界知识出版社,1999年;邓嗣禹、费正清:*China's Response to the West: A Documentary Survey 1839-1923*. Cambridge, Mass: Harvard University Press, 1954。

[②] 杜赞奇说:"现代民族主义的新颖之处在于近百年来遍布全球的民族国家的世界体系。这一体系将民族国家视为主权的唯一合法的表达形式。"见氏著《从民族国家拯救历史:民族主义话语与中国现代史研究》(王宪明译),社会科学文献出版社,2003年,第6页。

就实践者孙中山而论，支配他走向共和国家背后的观念，也有一个思想转变的过程。他有关中国国家建构的思想，经历了从传统到近代的嬗变。当他采取行动推翻封建专制、仿效西方国家建立共和政体的时候，他首先提出的口号是"驱除鞑虏，恢复中华"，这本是源自朱元璋"驱逐胡虏，恢复中华"的文告。朱的目的是要获得汉人的支持，以推翻元朝的统治。文告的背后，隐藏的是统治者与被统治者民族属性的差异，借以激发汉人的愤怒，最终建立朱元璋为首的汉姓王朝[①]。孙中山为推翻清朝，也打出了同样的旗号，显然，他最早要建立的也是汉人的国家。但这种思想与受其支配的行动的狭隘性，很快就显现出来。为获取革命的巨大成功，联合全国各个民族一同作战，是进行革命的必须。形势的发展，使孙中山很快地意识到了这种局限，他不失时机地调整路线，采取五族联合的方针，改变了此前汉人的观念。孙中山的转变，是西方民族国家与传统王朝矛盾碰撞的产物，他的选择，使他处在社会巨变的风口浪尖之上，而他能有如此行为，是他在社会转折中敏锐地把握住了前行的方向。

孙中山是实践者，康有为、梁启超等各路人士，对这种转型也予以严重的关切，他们有关民族和国家的议论，对国人抛弃传统而接受新型国家的政体模式，起了重要的宣传和启蒙作用。如果说此前的中国人对待民族国家（及其观念）是被迫应对或接受的话，那么从此之后，国人则开始认真积极主动地思考和探索了，这些反过头来又诉诸实践。他们的贡献施惠于思想和学术界甚大。在他们之后，中国的学术界和知识界开始关注国家与民族的关系，展开了中华民族、汉族、非汉族（或少数民族）与国家的争论。到抗战时期，面临国破家亡的危难，中华民族整体是一家的观念

[①] 明朝自身也是多民族构成的国家，它对待属下不同的民族群体也有一套治理的政策和措施。但不可否认的是，在它兴起之前人们反抗元朝的统治时，造反者十分清楚地意识到打民族牌是他们唤起社会意识的最有效的手段之一。

开始浸透到国人的思想深处。这场战争,使中国民族的凝聚得到空前的加强[1]。新中国成立后,政府开始有意识地关注少数民族问题,经过调查、识别、讨论,在提升各民族政治、经济和社会地位的同时,凝聚了各个民族,最终确立了中华民族"多元一体格局"的意识和理念[2]。至此,中国从传统王朝走向现代民族国家的进程遂告一段落。

第四个问题,中国民族国家的特点。

近代以来中国走向民族国家的过程,伴随着与西方列强政治上的激烈抗争和经济上的反反复复,特别是思想和文化上的剧烈碰撞,最终形成的民族国家,不仅与西方诸国明显不同,而且与其他任何的民族国家都有所差别。之所以如此,根本原因还是中国的文化类型和自身生长的环境与西方有太多的差异。在这方面,现今中国的特点,与其说表现在疆域之上,不如说民族的特性方面更加明显。疆域和领土,经过近代以来的整理,基本确立下来,虽然它的四周(尤其是北部)被列强(尤其是沙俄)掳掠甚多。而包含今天认定的56个民族组成的国家,是有别于其他国家特别是西方民族国家的最显著的特色。在笔者看来,中国的特色主要体现在将传统王朝国家的因子与西方民族国家的特质结合起来,具有传统与现代的双重要素。中国传统王朝建构坚固而严密,经过数千年的积累和发展,早已形成完善的系统,在遇到外来观念和强力冲击的情况下,不会轻易地解体或消失,而是顽强地抗争。虽然近代中国面临的是西方一波又一波的冲击,处于被迫应付的

---

[1] 美国学者柯博文说:"日本对华巨大而无休止的压力,形成了一种新的民族共识……就是中国只有团结起来反对这场前所未有的威胁,……中国民族主义革命的成功,最终需要打败日本帝国主义,这是一个蒋介石政府无法完成的任务。只有经历一场新的世界大战并通过盟国来打垮日本,中国才能开启一个强大的民族国家创建之路。但这一创建的建筑师将是毛泽东,而非蒋介石。"见氏著:《走向"最后关头"——中国民族国家建构中的日本因素》,马俊亚译,北京:社会科学文献出版社,2004年,第402、405页。

[2] 见费孝通:《中华民族多元一体格局》,此系单独发展的文章。此处见同作者主编的同名书(修订本)第一章。

地位，但是传统的内在要素经过激烈的冲撞之后，在一步一步地与西方的观念结合，最后形成兼容东西的由诸种因素组合的多民族国家实体。尽管这种结合曲折复杂，充满矛盾，但毕竟形成了费孝通等人构筑的"中华民族多元一体格局"理论背后的现实。

这个理论，将中国的民族划分为三个层次，所谓汉族、蒙古族、藏族、回族、维吾尔族、壮族等56个民族，属于中间层次，从传统演化而来，是中国民族的核心概念；在每个具体的民族之内，还有诸多因素构成若干分支，如藏族中的卫藏、康巴和安多，裕固族中的东支和西支，苗族中的贵州、广西、云南等的地区分化等等，这是最基本的层次；由56个民族共同构成的中华民族，是中国民族的最高层次。这个组合在近代和现代历经磨难，彼此反复，充满了与外国势力抗争的痕迹；但从1949年之后，各民族之间的关系却发生逆转，民族平等、和谐共处、共同繁荣不仅成为这些民族的诉求，也是国家和政府追寻的目标，是处理彼此关系的手段，借助域外的理论和经验，结合中国自身的建设和发展，最后形成以汉族为主体、包括55个少数民族组合的整体。这个体系的特点，如上所述，是西方民族国家的观念与传统王朝实际的有机结合。根据其形成发展的过程和背景，我们有理由相信，这种模式的民族国家，将在今后很长的时间内，构成中国民族与国家的主体内涵。尽管现今世界民族国家又受到新型的国家集团（如欧洲共同体，以及各种国际组织或集团）等的强烈影响，就东亚国家、民族成长的历程来看，这种民族国家的模式在未来可以想象的时限内，仍旧起着支配性的作用。

（本文原载耿昇等主编：《多元视野中的中外关系史研究：中国中外关系史学会第六届会员代表大会论文集》，延吉：延边大学出版社，2007年，第49—57页。收入本书时略有订正）

臣民与民族、王朝与国家

——古今转变的范式问题

一

我以前曾经撰写过《王朝国家体系的构建与变更——以隋唐为例》[①]、《中国传统王朝国家（观念）在近代社会的变化》[②]和《传统与近代的对接——从地域和民族角度论述中国传统王朝的近代境遇》[③]等论文，前一篇是在我的隋唐五代史研究的领域内，后两篇则溢出了这个范围。对本领域内的文章，我的把握尚且存在问题，对溢出的两篇文章，则纯属票友性质，不敢奢望，之所以撰写文章，主要是对那个题目有兴趣，自己想尝试一下，以求教于这个问题的行家里手[④]。

三篇文字的核心，涉及两个方面：一是传统国家的形态问题，即所谓的王朝国家。对其性质，我从疆土和人口两个角度考察，

[①] 是为2004年6月在中国人民大学举行的"汉唐盛世学术研讨会"论文集准备的论文，后载孙家洲、刘后滨主编：《汉唐盛世的历史解读——汉唐盛世学术研讨会论文集》，北京：中国人民大学出版社，2009年。

[②] 载《民族史研究》第6辑（总第8辑），北京：民族出版社，2005年；又收录于本书中。

[③] 载耿昇等主编：《多元视野中的中外关系史研究：中国中外关系史学会第六届会员代表大会论文集》，延吉：延边大学出版社，2007年；又收录于本书中。

[④] 本文中的所谓范式，是指对研究的对象进行的总结和观察的思路。在古史领域，有历史唯物主义的阶段性发展理路；近代史领域里有革命范式、现代化范式和后殖民（后现代）主义范式等。参见（美）阿里夫·德里克：《欧洲中心霸权和民族主义之间的中国历史》，《近代史研究》2007年第2期。有关范式的讨论，可参见黄宗智主编的《中国研究的范式问题讨论》，北京：社会科学文献出版社，2003年。

其特征是：第一，地理方位上有核心腹地与周边外围的区隔；第二，存在着主体汉人与附体戎狄蛮夷的划分。二是近代以来出现了民族国家的政治体制和社会形态，主要表现在具体的民族构成成为社会生活中的主体而日益凸现出来，新型的国家政权——民族国家替代了传统王朝。

具体的思路是这样的：

传统中国在向近代中国发展的过程中，有一个根本性质的转化。促进这个转化的因素本身不是中国内在固有的，而是外来的。如果没有外来的影响，就不会存在着这么一个性质转变的过程，很可能是沿着传统持续下去的[①]。具体表现在疆域和民族两个方面（其他方面的转变不在我的讨论范围内，但同样存在着类似的变化）[②]。传统的国家是王朝国家，它在疆域上表现的特点，是由本土核心腹地与边疆外围两个不同的区域所构成。在这个结构内，本土腹地是王朝的核心，也是王朝建构的基础。王朝强大的时候，就会将周边外围纳入到自己的控制之下；而其弱小的时候，特别是控制力丧失之后，周边外围就会有分离的可能，也会向中原发展，甚至建立政权。与此对应，人口中的汉人是王朝依靠的对象，王朝若是离开了汉人的支持，其基础就不会存在了，王朝的灭亡随之而来；周边的非汉人群体则是王朝强盛依靠的对象，

---

① 中国史学界长期争论的社会发展阶段论，或是具体的研究，在涉及传统发展的路向时，基本认定会按照自身的逻辑发展下去。用比较一致的说法就是王朝轮回，如果没有外力的干预，这种轮回可能会持续下去。当然，从生产力、生产关系等社会结构的角度着眼，也有不少学者认定中国自身也会发生深刻的社会变革，走向近代。撇开逻辑论证，单就历史事实而言，中国近代社会的转型，确实是在外力的冲击下实现的。费正清代表的美国学者用"西方冲击——中国回应"这样的模式解说中国近代的变化，虽然有种种的缺憾和不足，但从近代中国转变的现实看，此说至少抓住了问题的一个关键，有一定的解释力。参见费正清《美国与中国》（第四版）（张理京译）的相关部分，北京：世界知识出版社，1999年；邓嗣禹、费正清：*China's Response to the West: A Documentary Survey 1839-1923*. Cambridge, Mass: Harvard University Press, 1954.

② 譬如彭丰文对中古代国家观念的考察，是从合理性依据、国家组成要素和国家结构三个方面进行概括的，参见《比较视野中的中国古代国家概念》，张金龙主编：《黎虎教授古稀纪念中国古代史论丛》，北京：世界知识出版社，2006年。

若缺少了他们，王朝就会弱化，但还不至于解体。过去人们形容这种形势，往往用"根本"和"枝叶"的词汇对应①，我们则采用"二元制构造"的说法，意思是：内缘范畴中的地理方位是农耕地区，与之对应的是汉人；外缘范畴中的地理方位则是牧业地区，与之对应的是游牧群体（当然在内外缘之间是半农半牧地带及半农半牧的民族群体）。内、外缘的地位、角色、与王朝的关系等都不一样，内缘如上文所说，是王朝倚赖的对象，是王朝存在的基础，没有内缘，王朝不可能存在；外缘则是王朝强盛的条件，失去了外缘，王朝会存在，但不够强大。这两种层次的轻重缓急，是分明的②。

到近代社会，中国固有的疆域和群体的观念及其现实则受到来自外部的、具体说是西方民族国家观念的强烈冲击。值得指出的是，这种冲击是伴随着西方武力的介入进来的，易言之，近代民族国家的概念是在西方腥风血雨的吹刮下到来的。这给中国人留下了比较负面的印象，以至于中国社会的转型带有被迫性和"不得不"的烙印。在这种情况下，中国的王朝国家逐步走向近代的民族国家道路，天朝治下的属民开始转向你我分明的一个个具体的民族，如汉族、蒙古族、藏族、满族等等，这些民族与国家政权结成密不可分的关系。而这种关系的建构，则是对西方冲击的回应，如上所述，西方观念东来的武力侵略成分，使中国人在构建自己民族和国家的过程中，充满了对西方的不满和怨恨的情绪，

---

① 唐太宗时期的凉州都督李大亮对皇帝说："中国百姓，天下根本；四夷之人，犹于枝叶。扰其根本以厚枝叶，而求久安，未之有也。"这是对汉人与蛮夷戎狄关系的典型表述。见（唐）吴兢撰、谢保成集校：《贞观政要集校》卷9《议安边第三十六》，北京：中华书局，2003年，第503页。

② 至于为什么会有内外缘之差别，这是中国早期国家（这里具体是指夏、商、周）发展的特性所决定的。早期国家的起始，是先有一块基地，由此向四周扩展，限于当时王朝统辖的能力，分区、分层次的统治形式，是最有效的选择。秦朝建立一统天下的王朝模式，同样继承了早期的治理方略，又影响到后世的历朝历代。这种模式，我们认为就是中国古代王朝的基本架构。

这种情绪的理论性表述，是对中国国家和民族独立的诉求。

二

近代中国在很多方面的遭遇都是古代所没有的，或未曾遇到过的。拿我们讨论的民族问题来说，古代的民族与近代的民族存在着性质上的差别。近代以前的古典时期，尽管有这样的民族（姑且这样称呼），那样的族群，它们的情况都差不多少，不是质的差异。近代的民族观念来自中国以外的西方[①]，西方民族与国家政权的建构结合在一起，形成新型的民族国家，这不单在西方是新鲜的事物，在东方就更是如此了。古代民族向近代民族的转型，以及由此带来的一系列变化，成为人们关注的焦点，特别是近代的民族国家与当代社会有着千丝万缕的联系，至今还在影响着我们的现实生活，这种兴趣的产生，是很自然的。

那么，传统的华夷群体如何转向近代的民族呢？这还要与国家政权的建构联系起来考察，不过我在这里是以民族的转换为核心的，国家建构是为了说明民族转换而显现的。

传统社会民族群体的基本模式和特征是什么样的呢？

就是汉人与非汉人群体的组合。其一般性的特征是：汉人定居（或主要分布）在黄河、长江为核心的平原地区，以种植业为主，以土地为生活的根基，以向国家交纳粮食、布匹和各种税款为职责；王朝通过各级政府和官吏征收税务，支撑整个国家政权和地方政府（包括皇室、官员、军队等）的建设，以行政手段控制全国，以军队维护基业，儒学思想上升为王朝统治的意识形态，使王朝处在合法的状态中。

在这样的政权之下，主体民众就是生活在农耕地区的汉族农

[①] 参见金天明、王庆仁：《"民族"一词在我国的出现及其使用问题》，载《社会科学辑刊》1981年第4期；韩锦春、李毅夫：《汉文"民族"一词考源资料》，北京：中国社会科学院民族研究所民族理论研究室，1985年。

民（包括所谓士、农、工、商各阶层）；与此对应，周边外围地区则分布着各种不同的民族和族群，北方和青藏高原生活的是游牧民，东北地区的是农业和渔猎民，南方则是刀耕火种的非汉农民和猎民[①]，他们在王朝统治者的眼里，是枝叶，汉人才是根本[②]。

建立在这种民族群体之上的国家政权，是以皇帝为核心，以中央政府控制全国而构建的王朝型国家[③]。这个政权集中了一切权力，地方政府对王朝特别是对皇帝负责，它们主要的职责是征税和维持社会的稳定。

王朝的变更，体现的特点是张姓的朝代取代李姓的朝廷，政权的更迭与社会性质的变化没有必然的联系，更多地表现在政治领域内的政治性群体的互换；民族群体的变化也不明显。但这只是与近代变化相对比而言的。事实上，古代的民族群体内外都有很大的改变，有些变化也是非常分明的。具体可以分成以下三个阶段：

第一个阶段是秦汉之前。

这个时期是古代民族界限逐渐清晰和分明的时代。根据近年考古和人类学、民族学的研究，以北方长城地区为例，游牧民族从农业民族划分出来，实际上是在西周以后，特别是春秋战国时

---

① 参见陈连开：《华夷五方格局与东夷、南蛮、西戎、北狄》，同作者：《中华民族研究初探》，北京：知识出版社，1994年。

② 这种观念持续到20世纪上半叶，直到新中国成立之后，随着党的民族政策的确立，特别是在民族调查与识别的过程中，才放弃旧有的观念，形成民族平等、大小民族是一家的新观念。关于20世纪前半期的传统观念，罗香林30年代撰写的笔记里有如此记载："关于人种的测验，我们原拟以客家福老本地三系及蛋民畲民黎人三种为工作的对象。前三系均为汉族，……后三种为汉族以外的民族，虽说与汉族同为组成中华民族的一个分子，自政治上的眼光看来，是绝对不能把它们和汉族分开的；不过，它们拥有的文化，多少总与汉族的文化有些分别，至于人种上的分野，那就更不容我们否认了。"罗香林以文化为视角的划分，仍旧延续了传统，仍然是"根本、枝叶"的翻版。参见氏著：《乙堂札记》，罗260—17, vol. 6, 香港大学冯平山图书馆藏（此处转引自程美宝：《地域文化与国家认同：晚清以来"广东文化"观的形成》，北京：三联书店，2006年，第249—250页）。

③ 在古代社会的环境下，王朝与国家是不分的。参见史文：《论晚清时人对古代王朝观的反思与批判》，载《史学理论研究》2008年第1期。

期的事情①。在这以前,长城地区多数还是农业性的族群聚落,由于气候和自然生态环境的变化,游牧群与农业群的划分才逐渐明朗化。

职是之故,秋战国时期的民族划分,人们常以文化为着眼点,认定中原的农业民族有高尚的文化,而周边不具备这种文化的群体,就是戎狄蛮夷。文化,成为民族群体划分彼此的界标,这是古代民族界定的核心。

这时期政权的更迭,表现的是不同地区的族群替代另一些族群组建政权,建立国家,然后吸收原有的族群,将他们置于自己的控制之下。事实上,后来的征服性族群在文化上似乎还要略低原有的族群,特别是西周代替商朝,其统治集团的文化被视为不如商朝那样发达。不过,春秋战国时期各政权的更替,主要表现在具备中原文明的各个政治团体之间的权力更代,本质上都属于同一个文化圈子,即使是被视为蛮夷的楚国,它后来的发展,也走上了中原认可的道路,自身也成为中原文化的代表者了。这个时期政权建立的文化特征,基本上是在相同或类似的政治性群体的互换中体现的,而文化差异明显的蛮族,被中原视作另外的势力而排除在它们的更替之内。

第二个阶段是秦汉到唐朝。

秦汉王朝的民族观念是在继承春秋战国的基础上又有所发展的。这主要体现在汉与北方草原匈奴的关系上。匈奴是秦汉之际在草原地区发展起来,并形成了以军事征服为主的强大游牧政权

---

① 参见林沄:《夏至战国中国北方长城地带游牧文化带的形成过程(论纲)》(上下),《燕京学报》新14期,北京:北京大学出版社,2003年;王明珂:《华夏边缘:历史记忆与族群认同》第二部分《华夏生态边界的形成》,北京:社会科学文献出版社,2006年。附见 Maspero, H1(马伯乐):*La China antique*(《古代中国》),Paris, 1927, p. 11;拉铁摩尔著:《中国的亚洲内陆边疆》,唐晓峰译,南京:江苏人民出版社,2005年,第41页。

的势力①。汉朝初建时曾经试图征服匈奴，但没有成功，相反，借着骑兵的优势，匈奴常常采取攻势，迫使汉朝防守，汉与匈奴的关系就此形成对峙②，汉朝对匈奴的政策，亦建立在此基础之上。

到汉武帝时期，汉朝实力增强，遂改变政策，展开攻势，打破了匈奴的一统天下，汉匈对等的格局开始转向汉强匈弱，直至东汉匈奴发生分裂，最终瓦解，南部多数匈奴人逐渐与当地汉人和其他民族融合。东汉解体后，中原陷入分裂状态，北方、西北方有实力和有影响的民族势力开始步入中原，试图取代传统王朝。在这种形势下，外族势力入主中原要想获得中原汉人世界的认同和支持，就势必走向与中原文化趋同的道路。易言之，汉化是他们进入中原的通行证。所以，文化的认同、汉文化的取向，是这一时期民族关系的主要内容。

唐朝在太宗的经营下，不但统合农耕各地，而且征服突厥，兼跨长城南北，农耕和草原均处在王朝的控制范围内，打破了汉人传统世界的畛域，唐朝的民族观念亦建立在长城南北统合的基础之上，所以才有唐太宗"自古皆贵中华，贱夷、狄，朕独爱之如一"③的理想境界，胡汉关系进入到一个新的阶段。这个阶段的特征，仍旧以文化为依归界度汉人与胡人世界的差别。

第三个阶段是辽金至明清。

辽金的建立，确立了新型民族关系的格局。用美国学者魏特夫的概括，开始了北方王朝征服性的时代。此前的北方民族对中

---

① 参见余太山：《匈奴的崛起》，《欧亚学刊》第5辑，北京：中华书局，2005年。
② 汉文帝至书匈奴单于说："长城以北引弓之国受令单于，长城以内冠带之室朕亦制之，使万民耕织，射猎衣食，父子毋离，臣主相安，俱无暴虐。"这项以长城划界的规定，不是文帝的创造，而是"先帝制"，应该就是刘邦制定下来的。见《汉书》卷94上《匈奴传》，北京：中华书局，1962年。
③ 见《资治通鉴》卷198唐太宗贞观二十一年（647）五月条，北京：中华书局，1956年，第6247页。

原的关系以渗透（入）为主，现在则转变为征服的方式了①。北方王朝具有的这种特性，说明它们在吸收其他政权文化的同时，其民族意识的觉醒也上升到新的高度。从此以后，南北的关系走向以北方王朝南下征服为特性的时代，到13世纪后半叶，蒙古贵族终于建立起含括全中国的政权，之后的清朝再次将中华纳入其麾下，从而确立了满汉为主体的多民族中央集权的大一统王朝国家的结构。

三

从上面的叙述里我们看到，古代王朝的更替，在一个统治群体代替另一个统治群体的过程中，也充斥着不同民族势力的角逐。特别是在第三个阶段，北方各族群体的统治呈现上升的态势，对当时中原农业社会造成了不同程度甚至全国性的震荡，这在南北宋之交、宋元和明清嬗代之时尤其明显。对北宋而言，契丹人是与他们有诸多差别的民族，建立的政权也是完全不同的类型；而南宋军民看待女真人，简直就是蛮荒无礼之属；蒙古人将治下的民众分成等级，将北方汉人和南方汉人视作最低的二等，亦即民族差异产生的歧见；清朝治下的汉人部分知识分子的拒绝合作，在他们看来是保持中华正统，是有骨气的表现，……诸如此类，都是古典时期民族观念趋向分明的体现。这些日渐分明的民族观，是古代后期民族关系的一项重要内容。仔细追究，其间的差别，仍然脱离不开传统汉人文化左右的老套路，即"入华夏则华夏之，入夷狄则夷狄之"；要么就像陈寅恪先生概括的那样："汉人与胡人之分别，在北朝时代文化较血统尤为重要。凡汉化之人即目为

---

① 见 Wittfogel, Karl A.（魏特夫）, Feng Chia-Sheng（冯家昇）, *History of Chinese Society — Liao (907-1125)*, Transactions of the American Philosophical Society, Vol.36. Lancaster Press, INC. 1949 pp.24—25. 参见王承礼主编：《辽金契丹女真史译文集》（第一集），（该部分系唐统天等译），长春：吉林文史出版社，1990年，第42—44页；（日）田村实造：《关于中国征服王朝》（袁韶莹译），载同前书，第96—109页。

汉人，胡化之人即目为胡人，其血统如何，在所不论。"① 后期的社会，除了文化一途之外，血统的因素呈上升的势头，但没有突破文化的窠臼。

　　近代社会从西方传入的民族国家的观念，与传统的王朝国家有本质的差别，这是人所共知的。西方民族的重要特征，不是笼统的文化所能含涵盖得了的。如果说，古典民族的界定重在文化的区隔，现代民族的界定，涉及语言、地域、经济生活、心理认同，特别是种族和族源的追溯等等②，还有更重要的一层含义，那就是政治性的认同；伴随这种认同的，现代民族的成员是以国家公民的身份显现的，公民取代臣民（或子民），与国家形成的是契约的关系，具有法律认可的政治地位，平等是其核心。王朝的子民，都不具有这些特质。在如此分明的界定下，英格兰与苏格兰、威尔士的差别，虽在一个国家治下，彼此的分别仍旧明显和突出，至于法兰西、日耳曼或意大利等等，他们的差别，明显到只能建立各自的主权国家了③。西方一个民族建立一个国家的观念，随着殖民主义的东来，也影响和刺激了中国的现实。中国王朝在近代主权国家的冲击下被迫做出回应，于是近代的中国面临着王朝向国家转换的境遇，古老的民族观也被迫同时调整。那么，中国人是如何转化的呢？

四

　　必须说明，转换的方向是确定的，这就是采纳西方的民族观

---

① 见陈寅恪：《唐代政治史述论稿》，上海：上海古籍出版社，1982年，第17页。
② 有关近代种族观念的强化，参见（英）冯客著：《近代中国之种族观念》（杨立华译），南京：江苏人民出版社，1999年。王春霞说："清末革命派的'夏夷之辨'与古代强调的'夏夷之辨'不同之处，就是西方人种学的引入，从而使原本强调的文化差异的'夏夷'进而具有了种族主义的色彩。"见氏著：《"排满"与民族主义》，北京：社会科学文献出版社，2005年，第17页。
③ 关于西方民族国家的建立，可参见陈晓律：《欧洲民族国家演进的历史趋势》，载《江海学刊》2006年第2期。

念①。但是在转化的过程中掺杂了诸多传统的因素，应当说，是传统与现代的相互结合②。我要说的是，看似简单的转化过程，里边充满了各种因素的较量和博弈。此话怎讲？

近代民族观的转换，以孙中山和梁启超二人的论说最具代表性。有关的研究相当充分，我这里不做展开。总的来说，孙中山是实践者，梁启超是理论家，他们背后的民族观反映了转换时期的基本特质。

孙中山的民族观念，在反清的初期，基本上是传统汉人民族观的沿承，这从他继承朱元璋而提出的"驱除鞑虏，恢复中华"的口号中得以体现。但是后来，孙改变了观念，继以汉、满、蒙古、回、藏五族为一家的方式，构建他的中华民族概念，并将其视做中华共有的民族内涵。梁启超建立的中华民族理论学说，从汉族独享，上升到汉族与其他民族共享的层次。继承此项民族内涵的，是旋后成立的国民政府。在他们看来，中华民族的构建，固然以汉人为核心，也包括了其他较大的（如上述诸族）民族，但将比较弱小的、尚不具有族群意识的民族群体排除在外（这些都被视作宗族）。这种民族观主导了民国时代。

与此形成对照的，是中国共产党的民族观念。在它的治下，非汉民族享有的一切权利与汉族相同。中国共产党在构建自己的民族观时，受到最大的影响是来自苏联的列宁并经斯大林改造过的民族观。在抗日战争时期国内政治势力和民族一致对外的情况下，中华一家的理念逐渐地衍生出来③。这个理念在 1949 年之

---

① 关于西方民族国家的观念，可参见李宏图：《西欧近代民族主义思潮研究——从启蒙运动到拿破仑时代》，上海社会科学院出版社，1997年。

② 相关的内容，可参见邹小站：《华夷天下的崩溃与中国近代思想的变迁》，载郑大华、邹小站主编：《中国近代史上的民族主义》，北京：社会科学文献出版社，2007年。

③ 有关中国共产党的民族观与民族政策的研究，参看王柯：《民族与国家：中国多民族统一国家思想的系谱》第十章，北京：中国社会科学出版社，2001年；（日）松本真澄：《中国民族政策之研究——以清末至1945年的"民族论"为中心》第三、四章，鲁忠慧译，北京：民族出版社，2003年。

后随着共产党的掌权，构成了既继承传统、又吸收外来民族观的新型框架。仔细揣摩，这个民族框架建构的内容，又经过80年代费孝通为代表的学者的刻画①，形成了比较完整的任知体系，其基本的逻辑是：

中国的民族可分做三个层次，最高的层次是中华民族，这是由包括汉族在内的56个民族共同组成的；与这个层次的民族相对应的是中华人民共和国的国家实体。应当说，中华民族这个含义的特性主要体现在政治的层面上。第二个层次的民族是汉族、蒙古族、满族、维吾尔族、壮族、回族等现今定性的56个民族，这是三个层次中的基本内容，最符合现代民族内涵的属性。这以下的第三个层次是每个民族内部的分支，比如汉族内部的客家、东西南北地域的分支；藏族内部的藏、安多、康巴诸系；苗族内部的湖南、贵州、广西、云南等省区的分支，等等②。

这个民族层次的划分，是20世纪80年代大陆学术界有关中国民族特性最新的界定，反映的是近代西方民族观念对传统中国的冲击之下中国经过百多年的回应和调适的努力与结果。这里，西方的民族观处于主动的地位，中国民族观新形态的建构，是回应这个冲击的反映，但这个反映还不能仅仅以"被动"两个字所能解释。事实上，中国人在回应的同时也包含着诸多的创新，即以传统的民族观和民族成分去因应西方民族国家的同时，将传统中的诸多内容延续下来。比如在现代民族观的改造下，中国传统的多民族共存就成功地被继承下来，并在一个现代国家的结构内得以妥善的安置。因此，我们现在的国家系统，既是现代民族国

---

① 其核心内容可参见费孝通主编：《中华民族多元一体格局》（修订本）第一章，北京：中央民族大学出版社，1999年。

② 参见拙稿：《传统与近代的对接——从地域和民族角度论述中国传统王朝的近代境遇》，载耿昇等主编：《多元视野中的中外关系史研究：中国中外关系史学会第六届会员代表大会论文集》。

家的模式，又有传统王朝的要素，是二者的有机结合①。说到这里，我们不能回避的就是现代民族的建构，与现代国家的建设一体二用的关系，没有现代国家的建设，很难想象现代民族的形成。那么，在这样的建构中，转型的特征表现在哪里呢？

还是体现在国共两党建设的国家政权的类型上面。

如前所述，孙中山建构的国民政府，不论后来如何改变和发展，在民族观和国家类型的建设上，有一个基本的特征，那就是按照西方（这里取其广义，也包括俄苏在内）现代民族国家而不是王朝帝国的模式改造的中国。这种模式的特质体现在民族观上面，停留在汉族（第一类型）是主体、其他较大的民族（第二类型）是附体、弱小的民族（第三类型）是宗族的架构基础上。从这个角度讲，孙中山的民族观有浓厚的传统成分。正如上文所说，在那个所谓"二元制构造"中，汉人的主体与非汉人的辅体之区别，是清晰而分明的，孙中山在改造中国民族性的时候，他既接受西方的观念，也继承了传统。他由排满到走向五族共和，使他脱离了传统的羁绊，"二元制构造"中的民族之主次的限度被打破了。1949年以后的新中国，则将第二个类型的民族（人口较多、势力较大且有定性的非汉族）在政治上提升到与第一个类型（汉族）相等的地位，将第三个类型（人口较少、力量较弱且定性不分明的民族）不仅将它们视做民族，也同样提升到第一个类型的水平上。在政治上、法律上、经济上、社会地位诸方面提升第二、第三个类型的民族与主体汉族同等的地位，是新中国民族政策的核心内容，其背后的民族观则是各民族的平等，这种建构就使民族传统的内、外缘界限不复存在了。特别值得指出的是，内、外缘中模糊状态的丧失随着近代民族观念加强的同时而另一种状态却逐步明晰化了，即各民族在追求平等的同时，此民族与彼民族

---

① 参见郑大华：《略论中国近代民族主义的思想来源及形成》，载郑大华、邹小站主编：《中国近代史上的民族主义》。

的自我认同和他者的认定也更加明确了。

　　这种具有中国特色的现代民族观的架构，是与具有中国特色的现代国家的建构中同步形成的，确切地说，是受现代国家建构的直接影响。孙中山的理想，是以西方的模式建立中国的国家政权，孙之后的国民政府的组建，参照的对象同样是西方（后来受美国的影响更大）的模式，但是，中国在转换国家的过程中伴随着诸多的传统的抗争因素，军阀混战在那个时期很大程度上就是传统的影响。事实上，就是国民政府本身也是军阀和衍生出的现代政党等诸多政治势力的混合物。其中的主导力量国民党目标旨在清除异己势力，试图独大，以至于走向集权。其背后隐含的方向，又有向传统的独裁靠拢。但它最终失去了政权，取而代之的中国共产党，延续的政治性力量和政权的建设模式，经过反反复复的磨合，最终采纳了苏联（斯大林当权）的模式，这就是以掌握权力的中央控制全国、以一党执政多党参政的方式，建成了新式的国家政权，其政体是现代社会的中央权力决定的集权型。在适应现代中国发展的过程中，传统的政治（包括某种程度的政体）模式被有选择的继承下来，形成了现代版的包含传统特质的国家政体结构。我们之称它为有中国特色的，原因就在这里，你在世界任何地方都看不到同样的政体，但你又感觉到它确实是现代的民族国家。这个框架，从孙中山的建构开始，经过国民政府的转换，到新中国的定型，大致耗费了中国人一个世纪的心智。看来，经验告诉我们：近代中国面临的，不是古代中国的国家、政权的改造，那个改造至多是一个政治性的群体代替了另一个政治性群体的王朝；现代中国国家政治结构的建设，是以外来的、西方的模式改造中国固有的模型。在这个改造的过程中，如果纯粹模仿外来的东西而不能很好地结合中国自己的经验，那么成功性就很小，至多是个过渡或短暂的过程；而成功的转型，是外来的理念与本土的传统相互结合，其中特别是政治权力的组合与构建，传统的因素非但不可忽略，甚至还起某种程度上的主导性的作用。中国共产党之所以成功，在这个方面，是继承了古典的真髓的。我们或许可以说，中国现代民族的转换和改造，是在西方民族观的冲击下，吸收传统融合而形成的。我认为，这是中国民族走向现代的特点之一。

五

为清楚起见，我这里再次将文章的基本观点概括如下：

中国传统向近（现）代的转换，表现在民族和国家的层面上，是一个产生于西方的民族观与民族国家的政体替代传统民族和王朝的过程。本文着重于民族（观念和形态）角度，但民族观的变化是以国家观的转变为条件的。具体的演化逻辑和特点是：

第一，传统王朝的疆土与民族是以农耕地区和生活其上的汉人为内缘、以游牧地区和生活其上的非汉人为外缘的；内、外缘的界度呈动态和变化趋势，特别是外缘的概念模糊不定，具有移动性和易变性；内缘和外缘在王朝的地位和作用也不一样，内缘是根本，外缘居其次。

第二，在传统向现代的转变中，民族群体的内、外缘即汉人与非汉人的关系呈现密切的趋势，最终形成中华民族多元一体的格局。这种格局既是因应西方民族观的挑战，也是继承传统内核发展的结果，重要的是，西方民族国家替代王朝国家的进程伴随并支配了这种民族转换的格局。换句话说，中国传统中的民族，特别是汉族与周边民族的联系，随着近代民族观的刺激和影响，呈现的是彼此的密切和强化态势，在民族平等的互动中明晰了彼此的差异，消除了过去的模糊界度。之所以如此，还是民族国家支配的结果。王朝制下的民族联系和国家外缘的不确定性、模糊性，通过民族国家的建构，逐渐得以清晰和彰显。

第三，近代民族国家构建的结果，是以明确的疆界替代了王朝外缘疆土的不确定性；以明确的中华民族的格局取代了传统王朝治下的外缘民族的模糊性和变动性，这个转变经过清末民初以梁启超为代表的理论探索和以孙中山为代表的资产阶级革命家的实践，最终由中国共产党建立新中国为契机而完成。

（本文是为参加中国社会科学院民族学与人类学研究所民族理论政策研究室"清末民初民族主义思潮与国族构建研究"课题组于2007年12月6—7日在北京郊区举行的小型学术座谈会准备的论文，收入本书系首次发表）

第三编
史著评论

通鉴学

自从司马光撰成《资治通鉴》（以下简称《通鉴》）之后，这部卷帙浩繁的历史著作不仅对北宋统治阶级治理国政起到了重要的参考作用，更重要的则是促进了宋代史学和文化事业的空前发展。司马光的《资治通鉴》经北宋到南宋，其影响范围及规模进一步扩大，并相继对后世历史著述的体例、编撰等各方面起到了积极的推动作用。围绕该书，当时和后世的学者文士，或者发挥、改纂、注释，或者订补、议论，形成了以司马光和《资治通鉴》为中心内容的学术研究体系和学风建设，这便是所谓"通鉴学"[①]。今天，"通鉴学"在新时代的条件下获得了更为迅速的发展。其表现特征，一是研究领域的扩大，不仅涉及司马光和《通鉴》自身，还扩展到与之有关的各类人士和《通鉴》衍生的著作。二是研究的层次趋向深入，人们经过系统全面地研讨和发掘，在历史唯物主义和辩证唯物主义的指导下，将宏观与微观、古今中外治学方法结合一体，研究的成果已超出过去的时代。三是对"通鉴学"的研究以论文为主，辅以专著（包括论文集），将司马光和《通鉴》与当时社会的政治发展及历史背景结合起来，进行多视角、全方位的研究，又十分重视司马光一生的思想和实践活动，多发前人未发之覆。四是大陆以外的港台诸地乃至国外如日本等

[①] 现今意义上的"通鉴学"一词，在近人章钰《胡刻通鉴正文校宋记述略》一文中已出现，谓"后贤之为《通鉴》学者，大都为胡注匡益"云云。见《资治通鉴》标点本前附该文，北京：中华书局，1956年，第11页。20世纪40年代末张煦侯专著有《通鉴学》一书，可参见该书修订本，合肥：安徽人民出版社，1981年。

学界同行亦花颇大精力穷探《通鉴》，使得该学科呈海内外呼应之势，这也为过去所未见。

一、司马光的生平及其思想

司马光其人，《宋史》卷336有传，他是陕州夏县（今山西夏县）人[①]，字君实。生于宋真宗天禧三年（1019），其父司马池为天章阁待制。司马光少时喜嗜《左氏春秋》，"手不释书，至不知饥渴寒暑。"仁宗宝元（1038—1039）初年中进士甲科，旋出仕，任奉礼郎、大理评事、国子直讲、同知礼院等，后通判并州，改直秘阁、开封府推官、同知谏院、天章阁待制兼侍讲、知谏院。英宗即位后，他又进龙图阁直学士。神宗时，司马光擢升翰林学士，在这期间，他向皇帝上疏论修心之术，即所谓仁、明、武，而治国之要则注重官人、信赏、必罚。《宋史》本传记其言云："臣获事三朝，皆以此六言献，平生力学所得，尽在是矣。"

宋神宗时，司马光与王安石同居朝列，但二人的政治观点则异多于同，经常争议。后神宗任王安石为相，先后颁布了一系列的变法措施。司马光对新法不以为然，尤其攻击青苗、助役诸法，旋辞去中央官职，外出知永兴军，"自是绝口不论事"[②]，以沉默表示他对变法的不满。此后，司马光辗转洛阳，全力倾注《资治通鉴》一书的编修，神宗亦对他照料有加，书成之后加资政殿学士。司马光性格固执，但人品甚佳，在朝野声誉日隆，甚至居洛阳15年间，天下以为真宰相，田夫野老均称其司马相公。

神宗死，哲宗即位，太皇太后临政。王安石失去靠山，司马光得到重用，出任宰相。他便将王安石变法中的保甲、保马、市易、青苗法陆续废除，但就在这年（即元祐元年，公元1086年）九月，司马光亦因病逝世，享年68岁。死后被加赠太师、温国公，

[①] 今人对其出生地点有争议，详后。
[②] 见《宋史》卷336《司马光传》，北京：中华书局，1977年。

归葬陕州，谥曰"文正"，赐碑称"忠清粹德"[①]。

司马光的哲学思想，因其经历坎坷而复杂，受到各种影响，因而具有复杂性与矛盾性的特点。他将中国传统哲学本源的"道"赋予以物质性的概念，指出道中有象，气象变化，质性散殊，聚而成物。对于天命，他既相信，但又加以淡化，强调人的作用。他深知宣扬"天命"和强调人事对维护统治的作用，无形之间形成了互相矛盾的两个方面。在这一点上，他继承了儒家以来固有的传统。在对待天人关系问题上，司马光将其解释为君臣、父子伦常关系，将天人结合为一体，旨在强化人事，强调人君的统辖治理。值得指出的是，司马光继承了中国古代思想的优良传统，坚决反对阴阳迷信，反对鬼神观念，这些在编撰《资治通鉴》一书时得到了充分的体现。

司马光的政治思想是其哲学思想在实践活动中的具体体现。就总体而言，他主张政治的稳定和持续，"祖宗之法不可变"，"使三代之君常守禹、汤、文、武之法，虽至今存可也"[②]。他反对王安石变法即出此意图。然而我们也注意到，他对现实政治并非看作一成不变，铁板一块。他认为王安石变法太过激烈，从长远看未必有利于整个统治，他需要的是一种渐变，这种变化是在儒家基本思想的指导下进行并为统治集团所能容纳。所以我们注意到，他一方面反对王安石变法，另一方面也在主张"稍变旧制"，"除积久之弊，立太平之基"[③]。可以认为，司马光的政治思想由多种侧面构成，充满了比较丰富复杂的辩证观念。司马光政治思想中一个重要的组成部分，就是对最高统治者君主的重视，他主张忠君报国，君主与整个国家是相互联系的，"国之治乱，尽在

---

① 见《宋史》卷336《司马光传》。
② 见《司马温公文集》卷59《答刘蒙书》，北京：中华书局，1985年。
③ 见《石林燕语辨》卷1，载《司马温公文集》卷13。

人君"[1]；他们的贤愚明暗，决定着国家的兴盛衰败。他认为人君之患莫大于骄矜自满、淫奢自恣，主张用贤治国、信赏必罚，这些都是儒家修身齐家治国平天下在他那个时代的继承和反映。

在学术研究特别是历史著作编撰上，司马光继承了中国史学求"通"的传统，强调审慎研究，探求经验和规律，力求将历史上的人物事件、经验教训全面反映出来，古今结合，以古鉴今，其政治意图和现实目的十分明显，这直接受制于他的政治思想和哲学观念。虽然我们不否认他的历史唯心主义成分居多，但是重人理、重人事一直是他的追求，这方面在《通鉴》一书里表现得淋漓尽致。与以往的那种歌功颂德、粉饰太平、溢美隐讳的史官著述不同，《通鉴》一书十分重视总结历史的经验教训，司马光在全书开辟多处专门用于评论总结的"史臣曰"，即是阐述他思想和观点的集中之点。他撰史的主旨是着眼于当代，一部《资治通鉴》就是为君主治理国政提供的工具，撰史扶危救倾，是司马光学术思想的宗旨，他之所以能成为著名史学家，盖缘于此。

如上所述，司马光的思想与其实践活动，在中国历史上属于言行一致的人物，他的人品表里如一，他的经历坎坷复杂，但却颇遵行封建士大夫的行为准则，具有封建道德规范的理想人格；他清廉肃正，"任官以才，立政以礼，怀民以仁，交邻以信"[2]，在当时那种风化腐败的官场上，他适中地对待荣辱富贵，非一般士僚所能企及，因此颇受时人及后世的赞誉称颂。

二、《资治通鉴》

《资治通鉴》始修于宋英宗治平三年（1066）四月。在这以前，司马光已编成《历年图》，将战国至五代期间的历史编成年表，

---

[1] 见《稽古录》论序，（美）王亦令点校：《稽古录点校本》，北京：中国友谊出版公司，1987年。
[2] 见《宋史》卷336《司马光传》。

又于治平元年修编《通志》，将战国至秦一段的 8 卷进呈英宗，这是《通鉴》最早的样本。英宗阅后，命他继续完成，并开置书局资助。当初该书称为《论次历代君臣事迹》，次年初神宗即位，赐名《资治通鉴》。胡三省《新注资治通鉴序》谓云："宋朝英宗皇帝命司马光论次历代君臣事迹为编年一书，神宗皇帝以鉴于往事，有资于治道，赐名曰《资治通鉴》。"[1] 这个记叙大致符合实际情况。此时司马光担任御史中丞、翰林学士。王安石施行新法之后，司马光便离开朝廷，先以端明殿学士知永兴军，后判西京御史台、提举嵩山崇福宫，居住洛阳长达 15 年之久。在这期间，他主要从事《通鉴》一书的编撰修订，至元丰七年（1084），《通鉴》正式修成，前后持续 19 年，这也正是司马光学问成熟的高峰之期。

司马光之修《通鉴》，其目的十分明确："温公之意，专取关国家盛衰，系生民休戚，善可为法、恶可为戒者以为是书。"[2] 就是将历史上的善恶及君人之道汇集一起，供执政者参考借鉴，神宗赐名《资治通鉴》亦属此意。这种做法，是自古以来的传统。相传孔子编订《春秋》，就是以此褒贬时政，影响当时政治的发展走向。胡三省在上引《序》文中所说："孔子序《书》，断自唐、虞，迄《文侯之命》而系之秦，鲁《春秋》则始于平王之四十九年；左丘明传《春秋》，止哀之二十七年赵襄子愁智伯事，《通鉴》则书赵兴智灭以先事。以此见孔子定《书》而作《春秋》，《通鉴》之作实接《春秋左氏》后也。"[3] 司马光继承了这个传统，用他编写的巨著，告诉人君接受历史经验，吸取历史教训，其用意不可谓不深刻。历史为现实服务，这是司马光写作的动机和意图。

关于《通鉴》的编撰，除了司马光之外，尚有刘恕、刘攽、范祖禹及司马康等人。他们都是以助手的身份协助司马光撰修这

---

[1] 见胡三省：《新注资治通鉴序》，载《资治通鉴》标点本前附该文，第 28 页。
[2] 见胡三省：《新注资治通鉴序》，载《资治通鉴》标点本前附该文，第 28 页。
[3] 见胡三省：《新注资治通鉴序》，载《资治通鉴》标点本前附该文，第 28 页。

部巨帙的。刘恕字道原，筠州（今江西高安）人，35岁时参与《通鉴》的修撰工作，其人博闻强记，精专史学，"自太史公所记，下至周显德末，纪传之外，至私记杂说，无所不览。上下数千载，巨微之事，如指诸掌。"[①] 刘攽，字贡父，临江新喻（今江西新余）人，与兄同登科第，任州县官20年之久，后为国子监直讲、判尚书考功、同知太常礼院。因反对王安石变法而外出，《宋史》卷319本传说他"博记能文章"，专长汉史，是《后汉书》专家。范祖禹，字淳甫，一字梦得，成都华阳（今四川成都南郊）人。幼孤，其叔祖范镇抚育如己子。登进士甲科，"智识明敏，好学能文"[②]，著有《唐鉴》一书。司马康系司马光之子，他参与《通鉴》编纂一书的文字检审，时年只有17岁。这几位助手的分工，胡三省认为刘攽负责汉代的撰写，刘恕负责魏晋南北朝，范祖禹以唐朝为主。但清人全祖望根据司马光写给范祖禹一信，认为刘攽实际撰写两汉至南北朝，范祖禹负责唐朝，刘恕则单独编著五代部分，并据此反对胡三省之说[③]。经今人辩证，大体上认为胡说为确，全祖望之说基本上是司马光早期收集资料、撰写长编阶段的想法。

　　《通鉴》编纂的程序，基本上经过作丛目、修长编、删改定稿三个阶段。倘若将所有环节一并计入，可分为以下几个方面：

　　第一，该书上下断限问题。《通鉴》的上限选定在周威烈王二十三年（前403），是因为是年周天子任命韩、赵、魏三家为诸侯，标志着周王朝的衰落。从前引胡三省《序》而言，司马光修《通鉴》，本意实是承续《春秋左传》，其下限选定在后周显德六年（959），止于五代，从他早期编写的《历年图》来看，其断限既是如此，可知司马光不想涉入北宋史事。今人柴德赓认为宋朝是

---

① 见《宋史》卷444《文苑六·刘恕传》。
② 见《司马温公文集》卷45《荐范祖禹状》。
③ 参见王曾瑜：《关于编写〈资治通鉴〉的几个问题》，载《文史哲》1979年第3期。

司马光生活的朝代，有许多牵扯到皇家是非曲直的关键问题无从定断或妄下结语，所以止于五代之末。好在司马光有《涑水记闻》专述当代史事，算是补救《通鉴》缺宋史之憾[①]。

第二，收集资料，分析排比。这一阶段的重点是做长编工作。其程序，先是将各种文献资料按照年月日的顺序排列，编成丛目；再对史料进行选择和整理，从文字上加工润色，遇到相互抵触或矛盾歧异之处，便考订说明，最后汇为长编。前面所云刘恕、刘攽、范祖禹等人所做的工作，即属于这一类。长编撰写的分量相当大，据说仅唐朝一代就有六百多卷，司马光死后，洛阳尚有两间屋子残稿，多半都是长编底本。

第三，删削长编，加工定稿。这实际上是对史料选择与取舍的问题。其主要工作由司马光一人独立承担。刘恕之子刘羲仲在《通鉴问疑》中说："先人在书局，止类事迹，勒成长编，其是非予夺之际，一出君实笔削。"[②] 这说明司马光对刘恕、刘攽和范祖禹所编的资料系列还要进行一番精心的加工考订，删繁就简，修改整治，考其异同。其工作量之大，仅从上面所记唐代六百多卷便可得知。据他在给友人宋次道的信中透露的信息，他到洛阳后已历八载，专心修书，每三日删整1卷长编，至今已完成唐代部分200余卷，仅到中期大历末年，须经3年可粗成编，又须细删，更费时日。

由于《通鉴》是为皇帝执政提供帮助的，故历朝政治史就构成了全书的中心内容。司马光极力褒扬那种对国家和君主忠孝不贰的人物或事件，而对于丑恶腐败的人和事，他也无情地予以揭露，借以提醒执政者吸取教训。在政治史中，军事和战争方面的记载又占有大量篇幅。战争是政治的集中表现，《春秋》所记国之

[①] 见柴德赓：《关于〈资治通鉴〉》，载吴泽主编、袁英光编选：《中国史学史论集》（二），上海：上海人民出版社，1980年。

[②] 见（宋）刘羲仲：《通鉴问疑》，台北：台湾商务印书馆，1983年。

大事乃在戎与祀,战争在古代社会的政治运筹中占有举足轻重的位置,司马光之写战争,既是秉承史学修纂的传统,也是对历史记述的实际反映。《通鉴》一书贯穿历朝历代,故涉及的战争种类有涉外征战,也有内部纷争;有与外族兵戎相见,也有政权内部互扰;还有相当多的篇幅描写农民起义和农民战争。《通鉴》在这方面叙述得十分详细,文笔生动。交战之前双方的军力部署、作战计划乃至激战过程、胜败影响等等,都尽可能详尽地交代清楚。此外,对于有关国计民生的经济内容,《通鉴》也拨出部分篇幅给予记载,但是与政治军事相比则要少得多,南宋袁枢在《通鉴纪事本末》一书所整理的239件大事,与经济有关的只有2件,可见《通鉴》记述经济的内容并不完整,一般附于政治之下,且分散不一。对于文学、思想、宗教、艺术及社会民俗等方面,限于体例,选入的甚为少见①。

第四,《通鉴》附具《考异》。《考异》计30卷,这是司马光做学问高出别人的地方。《通鉴》包括的时代长达上千年之久,所遇问题层出不穷,在处理文献资料记载问题上,经常出现同事异说、异事同说、一事诸说以及各种史料分歧不一的记载,尤其是魏晋以后,一件事情记载的情况甚至截然相反,矛盾抵牾,对于这些问题,司马光采取慎重态度,不轻易妄下定断。或盲从任何一说,他经过堪别研究,选择比较可信者入选《通鉴》,而对于其他诸说,则不像时人惯常的弃之不用,而将它们逐一收集,排列而成,另撰《通鉴考异》,以备诸说。其态度之严谨、处事之缜密,于此可见一斑,司马光之成史学大家,工作认真负责应视为其成功之秘诀之一。《考异》对于后世研究《通鉴》及其所涵盖的先朝历史,具有重要的参考价值,因古代史籍多已湮没散佚,《考异》或存一二,虽无完本,但亦可略补佚失缺憾,尤于今日学术研究,

---

① 见(宋)袁枢:《通鉴纪事本末》,上海:上海书店,1989年。

意义更加显著。应该说这是司马光对中国史学的一个贡献。

第五，《通鉴》编排的目录。《通鉴目录》与《通鉴考异》构成姊妹篇，为阅读《通鉴》所不可或缺者，其关系至密，自不待言。司马光说："编年之书，杂记众国之事，参差不齐，今仿司马迁《年表》，年经而国纬之，列于下方。又叙事之体，太简则首尾不可得而详，太烦而义理汩没而难知，今操新书精要之语散于其间，以为目录云。"①《通鉴》篇幅浩巨，时跨久远，加之编年体史书固有的缺陷，都足以促使司马光另行编定一部《目录》。他将纪年、朔闰、天象节气以及历代帝王庙号、名讳、年号、年月等项内容按照先后时代的顺序有机地排列一体，构成一部帝纪综合编年表，同时又用它去整齐诸国之事，以年为经，以国为纬，统一时代。它还有一个更突出的为记传和编年体无法替代的作用，即可避开分裂时代各国自为正朔的嫌疑。在《通鉴》中，他采用一朝年号，附以其他相应年号，所选取年号，目的是"以授受相承，借其年以记事尔，亦非有所取舍抑扬也"②。《通鉴目录》所采用的年表体例，在一定程度上将司马光不辨正闰的思想付诸实践，尽管如此，后人特别是南宋人仍旧批评他将三国时代采用曹魏的年号而置南方蜀汉于不顾，批评者所处的位置偏居江南，这与他们各自的环境及心态具有密切关系，虽可以理解，但并不客观，也欠公允。司马光比较合理地解决了《目录》与《通鉴》正文相互配合的问题，他在年表下标出了每段史事所见的卷次，以之与事要、纪年相配合，这种方法突破了目录的功能范围，有学者赞誉他开创了史书主题索引法。《通鉴目录》系单独成书，30卷，篇幅为正文的六分之一，不失为一部简明扼要的政治通史著作。

第六，《通鉴》备载史评和史论。这是《资治通鉴》一书的重

---

① 见司马光：《资治通鉴目录·自序》，上海：上海书店，1989年。
② 见《司马温公文集》卷61《答郭纯长官书》。

要组成部分。在书中置论或就某些问题发表自己的看法，自古已有，例如《左传》有所谓的"君子曰"，《史记》有"太史公曰"，《后汉书》有"论曰"等等。《通鉴》的史论大致有两类，一类是司马光自己所发的议论，一般冠以"臣光曰"三字；另一类是他人所议又被司马光引用移植者。后人对《通鉴》一书出现的评论具体数目统计各有不同，清人伍耀光《司马温公通鉴论》统计总数为 181 篇，柴德赓统计为 186 篇，其中"臣光曰" 102 篇，前人论评 18 篇；陈光崇统计称 213 篇，其中"臣光曰"为 119 篇，前人论 99 篇，一项史事下有两"论"者计 11 处，两"论"之中有一"臣光曰"者 6 处，这样在全书中就共有 206 项史事下附有史论[①]。

司马光的议论多为有关治乱之事，即所谓为君之道、事君之道，积极为当朝的政治服务。其思想倾向、对人物事件的评价，都贯穿在作者编书的指导原则和具体的过程之中，"臣光曰"构成了《通鉴》的重要组成部分。司马光所评论的，大都是比较重要或具有典型意义的人和事，同时对书中记载又兼具总结意义。在史论中，司马光颇重视规谏和告诫，强调君明臣直，知人善任，信赏必罚。"臣光曰"及其他评论，对当时政权和国家盛衰、生民休戚的经验总结，有许多真知灼见，具有积极的意义；然而也有不少保守消极的思想甚至毒素，今人在阅读时应予以充分注意，并用马克思主义观点去进行分析辨证。

三、《通鉴》的价值和影响

《资治通鉴》问世后，受到了统治阶级的重视，后代史学家推崇备至。其书无论从资料收集、史料选材，还是文字表述和描写，都得到了学人的首肯和赞誉。而《通鉴》之能达到这个境界，

[①] 见宋衍申：《〈资治通鉴〉究竟附有多少"史论"？》，载刘乃和、宋衍申主编：《司马光与资治通鉴》，长春：吉林文史出版社，1986 年。

首先是主撰者司马光才学高识，他所挑选的助手都是具有很高的学术造诣和水平。其次，司马光修书认真，具有强烈的事业心和责任感，他编《通鉴》是为最高统治者提供借鉴，历史为现实政治服务始终是司马光的理想和追求，他承袭了远古以来即盛行于士大夫文人之间的主流思想。另外，成一家之言、流芳后世也不能不是他著书的动机之一，他对刘恕就曾讲过："《春秋》之后，迄今千余年，《史记》至《五代史》1500卷，诸生历年莫能竟其篇第，毕世不暇举其大略，厌烦趋易，行将泯绝。予欲托始于周威烈王命韩、魏、赵为诸侯，下迄五代，因丘明编年之体，仿荀悦简要之文，网罗众说，成一家书。"[①] 如此看来，政治上的鉴借、思想意境的追求与传流百世的成一家之书，是司马光编成史学名著《资治通鉴》的根本原因。

《通鉴》之被人看重，即因它是一部简明扼要的中国通史。中国史籍浩繁，对于一般读书士子而言，若要了解历史的过去，除历朝历代为人们所熟知的纪传、编年体文献典籍外，还有为数众多的官私朝野记载，其种类之多难以确切统计。这就很不容易满足人们对过去了解的愿望，尤其是统治者，他们不可能花费颇多精力和时间投入到史籍的甄选阅览上面，客观上需要一部较为简洁的通体性历史著作，《通鉴》正是满足了这一愿望。司马光将三家分晋到五代之末这段1363年的历史，仅用354卷（包括《目录》和《考异》）的篇幅就简明地介绍出来，从而大大减少了人们翻阅众多史籍的麻烦。这在当时，应该说是十分便利的。如所周知，司马迁的《史记》也是一部通史，但它写到西汉中期，这以后大部头的通史性著作几乎没有人再编写，据说南朝有一部《通史》，但也未能流传后代。《通鉴》的问世，正可以弥补这一缺憾，其书所侧重的亦为时人所关注的政治问题，这样的一部书，又怎

---

① 见（宋）刘恕：《通鉴外纪·后序》，上海：上海书店，1989年。

能不被人们所重视呢?

  《通鉴》的特点之一就是该书引证史料十分丰富,《四库全书总目》谓其书:"网罗宏富,体大思精,为前古之所未有。"①司马光在《进资治通鉴表》中也说自己"遍阅旧史,旁采小说,简牍盈积,浩如烟海"②。后人较早对《通鉴》所引文献数目进行研究的是南宋人高似孙,他在《史略》一书中曾计算援引 220 余家,此后,不少学者就此展开争论,有主张 220 种、320 种、272—301 种等说法,近年又有学者提出 339 种之说③。这些史料的种类包括正史、编年史、别史、杂史、霸史、传记、奏议、地理、小说、诸子百家等等,近人崔万秋《通鉴研究》称:"司马光主编《通鉴》也……其最重要资料,不待言乃历代正史,其次则为可以作正史之补助的杂史,再其次则为诸子百家,以及历代朝野随笔。"④ 可以看出,《通鉴》广征博引,正史为主,兼采别史杂史,旁及谱录、文集、碑铭之属,司马光又对之甄别整理,最后加工成书,别为《考异》,使得全书整然有序,合理得当,《通鉴》大为增色生辉。更值得指出的是,《通鉴》援引的史料今多已不存,其书保存至今,可谓弥足珍贵。仅从目前所遗之文献,大致而言,唐及五代部分征用的资料价值最高,这是因为司马光等人距该朝不远,能见到的文献典籍较为丰富,且多为内部密档;魏晋南北朝时代则居其次,三国以前的资料司马光所用与今人能见到的差别并不大。这三部分的撰写,《通鉴》所列时代与卷数的安排大致是:三国以前计 646 年,78 卷;晋至隋计 353 年,106 卷;唐及五代计 343 年,110 卷。可知年代越后,卷帙越多,说明引用的文献越丰富,记载越翔实。

---

 ① 见《四库全书总目》卷 47《史部·编年类》,北京:中华书局,1965 年。
 ② 见司马光:《进书表》,载《资治通鉴》标点本,第 9607 页。
 ③ 见高振铎:《〈通鉴〉参据书考辨》,载刘乃和、宋衍申主编:《〈资治通鉴〉丛论》,郑州:河南人民出版社,1985 年。
 ④ 见崔万秋:《通鉴研究》,台北:台湾商务印书馆,1981 年,第 33—34 页。

另外,《通鉴》的编纂方法有其独到之处。司马光与其助手组成的撰写班子,不同于唐代设立史馆以后形成的重臣领衔、众人同修一书的制度,司马光是个实实在在的主编者,首先选择助手十分严格,各有分工,并且互相配合;在这个基础上,他对全书总体把关,字字斟酌,句句推敲。其次司马光又把写作分成收集资料、作长编、成书定稿几个步骤,又撰写《目录》、《考异》,从而形成《通鉴》博大精深的完整体系。该书不仅体例严整、脉络明畅,而且文字风格前后一致,如出一人之手。这显然归功于司马光的细心整理和修订。清人钱大昕说:"读十七史,不可不兼读《通鉴》。《通鉴》之取材,多有出于正史之外者,又能考诸史之异同而裁正之。昔人所言,事增于前,文省于旧,唯《通鉴》可以当之。"[1]

司马光除了《通鉴》、《目录》、《考异》及前文所列的《历年图》外,他还撰有《通鉴举要历》、《通鉴节文》(又名《通鉴节》、《通鉴节要》)、《百官公卿表》、《稽古录》、《涑水记闻》等书。其中《通鉴举要历》、《通鉴节文》今已佚;《百官公卿表》系司马光叙列宋朝职官制度之书;《稽古录》合《历年图》与《百官表》而成,上迄传说中的伏羲,下迄宋英宗治平四年(1067),此书之作早于《通鉴》,南宋朱熹对此书极为推崇,视之为启蒙之用的历史读物;《涑水记闻》是司马光记载宋朝史事之书,起自宋太祖,下止宋神宗,所记多为国家大政,计16卷。这些著述与《通鉴》有着千丝万缕的联系,是研究司马光和《通鉴》不可缺少的重要参考资料。

《通鉴》成书后,在社会上尤其是学术界产生了广泛的影响,其书的内容、文风、思想、体例都为后人直接或间接所继承。继《通鉴》之后,出现了众多同类、近似或者受其影响的著作,大

---

[1] 见(清)钱大昕:《潜研堂文集》卷28,上海:上海书店,1989年。

体说来较重要的有刘恕《通鉴外纪》、胡安国《通鉴举要历补遗》，南宋李焘《续资治通鉴长编》、李心传《建炎以来系年要录》、刘时举《续宋中兴编年资治通鉴》、金履祥《通鉴前编》，明薛应旂《宋元资治通鉴》、王宗沐《宋元资治通鉴》，清徐乾学《资治通鉴后编》、毕沅《续资治通鉴》等等，这些均可归为应用《通鉴》体例模式编修成书、续衍其家学者。另有南宋袁枢《通鉴纪事本末》、杨仲良《皇宋通鉴长编纪事本末》、朱熹《资治通鉴纲目》，明陈桱《通鉴续编》、商辂等《续通鉴纲目》，清张廷玉等《通鉴纲目三编》等等，这些则多取史料于《通鉴》，自定体例，别为一书。至于其他受《通鉴》影响的学术著作，历朝亦十分多见。总之，《通鉴》对中国史学的发展起到了重大的推进作用，它不仅表现在史籍体裁体例方面，还涉及思想文风、写作方式乃至历史著作的各个角落，其影响非一般典籍可同日而语。

四、《通鉴》的版本问题

《通鉴》受到世人注重，历朝历代不断翻刻印制，于是就出现了版本问题。《资治通鉴》的版本，简约而论，大致上可分为两类，即有注本与无注本。宋朝本一般无注，元以后则多加注解。据近人章钰《胡刻通鉴正文校宋记述略》云，《通鉴》始刻于宋哲宗元祐年间，这是《通鉴》最早的版本[①]。此外还有监本和成都费氏进修堂本。近年有人撰文认为北宋时期只有元祐年间在杭州开雕的杭本即所谓监本，而费本是否为北宋本则存有疑问[②]。南宋时刻本渐多，有监本、绍兴余姚官刻本、吕大著点校增节备注本、景祐本、光宗以前刻本、光宗朝刊本、入注附音本、宁宗朝刻本、南宋前期监本、大字监本、鄂州鹄山书院刊本等等，这些

[①] 见章钰：《胡刻通鉴正文校宋记述略》，载《资治通鉴》标点本前附文，第21页。
[②] 见高振铎：《〈资治通鉴〉刊刻出版考》，载刘乃和、宋衍申主编：《司马光与资治通鉴》。

版本大都残损，遗传至今者，多则一二百卷，少则几卷。今存最早的足本是余姚官刻本，成书于绍兴三年（1133），包括《目录》和《考异》，距今已860余年。

元代刻本，今存有增修陆状元集百家注资治通鉴详节本、增节入注附音本、通鉴音注本、福州刻本等等。明本有弘治嘉靖刊本、开州吉澄刻本、正德司礼监本、万历刻本、天启刻本、汲古阁刻本、元刻明修补本等。清朝则有乾隆二十六年飞雪堂刻本、嘉庆二十一年鄱阳胡刻本、同治十年湖北崇文书局本、道光年间湖南翻胡本、成都存古书局本、番禺任氏刻本、长沙胡元常刻本、光绪十四年上海蜚英馆石印本等等。民国以来主要版本有涵芬楼铅印本、商务印书馆本、《四部丛刊》本、上海国学整理社影印本、《四部备要》本等。

中华人民共和国成立后，《资治通鉴》的整理备受重视，国家有关职能部门成立了"标点资治通鉴小组"，组织十几位历史学家进行标点校勘，这次整理排印主要依据的是清人胡克家翻刻的元刻胡注本。这个本子有胡三省注文，散排于《资治通鉴》相关正文下，阅读极为便利。而且近人章钰根据胡刻本校过宋明等朝的各种版本，也参考了前人所校宋、元、明诸本记录，写成《胡刻通鉴正文校宋记述略》，这样，历朝诸本的长处便得以集中在一起了。此书于1956年由北京古籍出版社印行精装本，同时中华书局也出版了平装本，成为目前最好的版本。然而该书未收录《通鉴目录》，今本正文前所列目录系整理者所加，只记卷、纪、年代，比较原存《目录》，似有缺憾之嫌。此外，1957年还出版了一套4册精装的《资治通鉴》；瞿蜕园、王仲荦等人已分别选注辑成《通鉴选》、《资治通鉴选》，于20世纪60年代和70年代出版[①]。据初步统计，《通鉴》成书900年来共刊印76次，包括全书或部分

[①] 见瞿蜕园：《通鉴选》，北京：中华书局，1962年；王仲荦：《资治通鉴选》，北京：中华书局，1965年，1979年重印。

卷帙，平均每 13 年刊刻一次[①]，这在中国史籍刊印出版史中属于罕见的频繁次数，反映出历代对此书的重视程度。

五、历代对《通鉴》的研究与继承

《通鉴》成书后，据司马光说只有王胜之一人将其从头至尾读完，说明一般人仍然难以完全掌握该书。但从南宋起，研究司马光和《资治通鉴》的人逐渐增多，从而形成了一股研究的热潮，经久而不衰。北宋时期，刘恕协助司马光编著《资治通鉴》外，尚撰有《通鉴外纪》和《外纪目录》，刘恕以《通鉴》不从上古开始为遗憾，计划编写《通鉴》的《前纪》和《后纪》，后因得病早逝，只撰成前纪 10 卷，名曰《通鉴外纪》。曾任《通鉴》刻板的"校对宣德郎"刘安世，著有《音义》10 卷，是专门研究《通鉴》的著作，可惜今天早已不存。刘恕之子刘羲仲撰述《通鉴问疑》，记载了司马光和刘恕编修《通鉴》的往还意见，末附他给范祖禹书信一封，提出 8 条意见向范请教。稍后的晁以道在其《嵩山文集》中亦述及《通鉴》分工、史料选择以及长编撰修等项内容，可惜记载过少。

宋朝南渡以后，《通鉴》比较广泛地受到社会的重视，研究的热情大大超过北宋。今人宋衍申根据张煦侯《通鉴学》将南宋研究《通鉴》的学者按著述体例分作三类，即续《通鉴》学者、改编者和注释者[②]。续作者有胡安国《通鉴举要历补遗》100 卷，龚颐正《续稽古录》1 卷，蔡幼学《续百官公卿表》20 卷、《质疑》10 卷，但今皆不存。最具典型意义的是李焘及其巨帙《续资治通鉴长编》。李焘字仁甫，眉州丹棱（今四川丹棱）人，博极载籍，其所著是继《通鉴》而写的北宋一朝的编年史事，《四库全书总目·史部·编年类》称李焘"以当时学士大夫各信所传，不考诸

---

① 参见高振铎：《〈资治通鉴〉刊刻出版考》。
② 见宋衍申：《〈资治通鉴〉研究概述》，载刘乃和、宋衍申主编：《〈资治通鉴〉丛论》。

实录正史,家自为说,因踵司马光《通鉴》之例,备采一祖八宗事迹,荟萃讨论,作为此书"[1],计书980卷,目录10卷,是宋人最先仿照《通鉴》体例而修撰的一部巨著。另有李心传《建炎以来系年要录》200卷,此书亦采用《通鉴》体例而踵纂李焘长编之书。全书记载宋高宗一朝36年事迹,编年系月,所记颇详。四库馆臣认为李书访学《长编》而不及之[2]。刘时举所撰《续宋编年资治通鉴》是仿照《通鉴》体例而编写的另一部重要史书,此书所记始于高宗建炎元年(1127),止于宁宗嘉定十七年(1224),当成书于理宗时期。全书述时近百年,仅用15卷,故后人病其书过于简略。

袁枢和朱熹等人以改编《通鉴》著称。袁枢的《通鉴纪事本末》是改编《通鉴》体例而创新的名著。袁枢喜读《通鉴》,但苦其浩博,于是别出新意,自创一体。早在其前,纪传、编年二体为史事记述的主要形式,二体各有所长,亦各有所短,"纪传之法,或一事而复见数篇,宾主莫辨;编年之法,或一事而隔越数卷,首尾难稽。枢乃自出新意,因司马光《资治通鉴》区别门目,以类排纂,每事各详起迄,自为标题;每篇各编年月,自为首尾。始于三家之分晋,终于周世宗之征淮南,包括数千年事迹,经纬明晰,节目详具,前后始末,一览了然,遂使纪传编年贯通为一,实前古之所未见也。"[3] 此书收集《通鉴》中305件重要史事,包括239个事目及66条附录。这种体裁出现后,对后世也产生了很大影响,南宋以后元明清诸朝均有仿照其书而创新者。而袁书又较《通鉴》为简,叙事首尾相连,阅读便捷,不失为研读《通鉴》的一部辅助性材料。

朱熹的《通鉴纲目》亦颇具典型性。朱熹是南宋大儒,影响

---

[1] 见《四库全书总目》卷47《史部·编年类》。
[2] 见《四库全书总目》卷47《史部·编年类》。
[3] 见《四库全书总目》卷49《史部·纪事本末类》。

甚著。他很推崇《通鉴》，但对其也毫不留情地提出批评，他认为司马光的政治观点仍不够明朗，对于南北分裂之时司马光处理的方式尤其不满，同时仍嫌《通鉴》过于繁冗，决意编写一部新书，取名《通鉴纲目》，计59卷。他从《通鉴》中节取史实，纲仿《春秋》，目仿《左传》（此部分系其门人赵师渊所作），以书法为主，仿效孔子《春秋》，多所评论，故在体例上虽仿《通鉴》，但两书对照，差异颇大。《纲目》一出，即受到统治阶级的重视，其书正统观念较《通鉴》更甚，朱熹名气又大，竟引来不少人弃《通鉴》而研讨《纲目》，后代亦相效法。大致说来，其要者有尹起莘的《发明》、刘友益的《书法》、汪克宽的《考异》、冯智舒的《质实》等，清朝康熙皇帝又将该书加了"御批"，使朱书更增加了政治蕴义。另外，宋人杨仲良仿袁枢《纪事本末》之法改篡李焘《续资治通鉴长编》而撰成《皇宋通鉴长编纪事本末》也值得一提。清人阮元撰《四库未收书目提要》称："李焘取北宋九朝事实，仿司马光长编之体，编年述事，为《续资治通鉴长编》，成书一百五十卷，卷帙最为繁重，（杨）仲良乃别为分门编类，以此成书，每类之中，仍以编年纪事，……共一百五十卷，各有事目，目中复有子目，汴京百七十年礼乐兵刑之沿革，制度政令之举废，粲然具备。"①

  注释《通鉴》的有史炤的《通鉴释文》30卷，此书主要是注音和解字，但不甚理想。王应麟的《通鉴地理通释》是考据《通鉴》地理方面最早的著作，《四库全书总目》称："是书以《通鉴》所载地名异同沿革，最为纠纷，而险要扼塞所在，其措置得失，亦足为有国者成败之鉴。"又赞誉该书"征引浩博，考核明确，而叙列朝分据战攻，尤一一得其要领，于史学最为有功。"②

  注释《通鉴》成就最著者，无过于宋末元初的胡三省。胡三

---

① 见（清）阮元撰：《四库未收书目提要》卷1，台北：台湾商务印书馆，1971年，第2页。
② 见《四库全书总目》卷47《史部·编年类》。

省字身之,旧字景参,浙江台州宁海(今浙江宁海)人,与文天祥、陆秀夫同榜考中进士,官至朝奉郎。南宋灭亡后隐居不仕,专心著述《通鉴注》,前后持续30年之久。中间又因变乱将文稿丢失,他又在极为艰苦的条件下重新编写,其决心和意志十分惊人。他为注释《通鉴》倾注了全部心血,曾说:"吾成此书,死而无憾。"[①] 胡注部分与《通鉴》篇幅相仿,这部《资治通鉴音注》注释颇详,大凡《通鉴》一书中后人稍有不解或不懂之处,他都详加诠释,有音注、典章制度、地理沿革、人名、事件、文物风俗方方面面。胡注不单纯做注,实际上是校注,其中尤详于官制和地理的考释,而他在注中参引的各种文献今天又多已散失,这就更增大了其自身的价值。胡三省在宋朝亡后,不甘于做新朝臣民,隐匿发奋,通过注释《通鉴》以阐发自己的思想感情和民族气节。因此,他的注中常常充斥着一种情感,不时发出"呜呼痛哉"、"天乎人乎"的感叹。但是,胡注在元明几朝并没有引起世人的重视,直到清朝才有陈景云撰写《通鉴胡注举正》10卷,钱大昕也撰有《通鉴注辨正》2卷,世人才对胡三省有所认识。20世纪40年代中期,陈垣先生憎恨日本帝国主义侵犯中国,通过编辑《通鉴胡注表微》一书以表达对日本侵略者的愤慨。在这种环境下,他自能体悟到胡三省当时注释《通鉴》时的心境,从此胡三省及其注文才引起学术界的广泛重视,其学术价值才恢复到应有的地位。

此外,宋人洪迈《容斋随笔》、王应麟《困学纪闻》、张栻《通鉴论笃》、李焘《六朝通鉴博议》、胡寅《读史管见》、高似孙《纬略》等书,或对《通鉴》订补、考证,或对之褒贬论议,都可以视为研究司马光《资治通鉴》的著作或成果。

元朝系蒙古贵族创建的一个王朝。当时南宋灭亡后,有不少

[①] 见《光绪宁海县志》载其子所撰墓志,上海:上海书店,1993年。

士大夫文人留恋过去,他们将《通鉴》的研究视为抒发思想情感的一种方式,胡三省自不待言,与他同时代的金履祥亦是如此。金履祥入元后隐居教授,撰成《通鉴前编》。《元史》本传说他"尝谓司马光作《资治通鉴》,秘书丞刘恕为《外纪》以记前事,不本于经而信百家之说,是非谬于圣人,不足传信",于是采用《皇极经世历》、《皇王大纪》体例,以《尚书》为主,下及《诗》、《礼》、《春秋》,旁及旧史诸子,断自唐尧以下,接于《通鉴》之前,勒为一书,名为《通鉴全编》①。但其书以《春秋》笔削之意修史,不重史事,取材考辨失之精严,多有虚诞不经之处,大失《通鉴》之意。明人陈仁锡认为金书有类朱熹《通鉴纲目》,径谓该书《通鉴纲目前编》。元代为《通鉴》订正补充的还有白珽的《湛渊静语》、李冶的《敬斋古今黈》、盛如梓的《庶斋老学丛谈》、胡一桂的《十七史纂古今通要》、何中的《通鉴纲目测海》等,但并非都是专门研究《通鉴》者,许多为笔记杂记,有一些涉及《通鉴》的。总体而言,元代研究《通鉴》学者不算多,究其原因,有当时社会环境的改变,更在于《通鉴纲目》盛行,《通鉴》反被忽略,在这种状况下如有上述著作,亦诚如张煦侯所称"已为翘楚"矣②。

这股风气也一度影响到明朝。不过明末社会矛盾激化,农民起义和农民战争波及全国,清军入关而引致的社会动荡,迫使许多读书人企图在《通鉴》的研究上找到拯救社会、消除弊政的良方,或者阐发自己的意见。于是《通鉴》的研究再度转势,出现了许多研究者和著作。明人薛应旗和王宗沐分别编纂了《宋元资治通鉴》,前者157卷,后者64卷,二人同为嘉靖进士,薛官至陕西按察司副使,王官至刑部左侍郎。二书志在继承温公《通鉴》,然而成书之后却实不副名,清人朱彝尊讥薛书孤陋寡闻,唯详道学宗派。《四库全书总目》仅列其书于《存目》之中。王书取材又

---

① 见《元史》卷189《金履祥传》,北京:中华书局,1976年。
② 见张煦侯:《通鉴学》修订本,第161页。

贫于薛,《存目》不载,故多不为学人看重。另外明人陈桱著《通鉴续编》24卷,这是用朱熹《通鉴纲目》的体例编纂而成。陈是元末明初人,任翰林编修,《四库全书总目》称其书:"以继《通鉴》之后,故以《续编》为名。然大书分注,全仿《纲目》之例,当名之曰《续纲目》,仍袭《通鉴》之名,非其实也。"① 从这里可以看出当时《通鉴纲目》仍具有强烈的影响。胡粹中所撰《元史续编》16卷,同用《纲目》体例,依仿明初所修《元史》,详于世祖以前,略于成宗以后。自明商辂等人编修的《续通鉴纲目》问世后,上述二书遂不显于世。商辂官至大学士,他主持编修的《续通鉴纲目》以上述二书为蓝本,专记宋元两代史事,其书重褒贬,轻史事,朱熹的影响依稀可见。除此之外,明人还受袁枢《通鉴纪事本末》体的影响而分别撰有《宋史纪事本末》和《元史纪事本末》,作者同为陈邦瞻,《四库全书总目》称前书"分一百九目,于一代兴废治乱之迹,梗概略具","读宋史者亦不可无此一编";称后书"未能及宋史纪事之赅博",其评价较公允②。

明末严衍是订补《资治通鉴》的集大成者。严衍字永思,江苏嘉定(今属上海)人,明万历时秀才,入清后一生未仕,专心学问,41岁时始读《通鉴》,与门人谈允厚殚精竭智30年,著成《资治通鉴补》294卷。据谈允厚撰《后序》记载,严衍认为《通鉴》存在漏、复、紊、杂、误、执、诬七项不足,于是严、谈二人熟读其书,为《通鉴》进行拾遗补缺、校正订误,共计24项。此书完成后,直到清道光四年(1824),阳城人张敦仁取《通鉴补》补正《通鉴》原文的一部分,汇录成《通鉴补正略》,才得以刊印,这时只分3卷;咸丰初,其书始得完整刻印问世。钱大昕称赞"其有功于《通鉴》者,胡身之后,仅见此书耳。"③

---

① 见《四库全书总目》卷47《史部·编年类》。
② 见《四库全书总目》卷49《史部·纪事本末类》。
③ 见(清)钱大昕:《潜研堂文集·严先生传》。

清人对于《通鉴》的研究较明人为盛。这是因为当时社会贬斥浮华之风，提倡经世致用，后来又兴起考据之学，士大夫文人渐重《通鉴》而一反前朝重《通鉴纲目》之风。在这种潮流中顾炎武是比较早关注《通鉴》的学人，他以"经世致用"为追求，在《日知录》里专辟章节研讨《通鉴》。他从11岁开始习读该书，与时人多阅《纲目》形成了鲜明的对照。杭世骏也很重视《通鉴》，他在扬州安定书院讲学时开列的书籍就包括《通鉴》一书。清人用《通鉴》义例续纂宋元两代史事的，有徐乾学的《资治通鉴后编》。徐乾学字原一，康熙朝进士，官至刑部尚书。据《四库全书总目》记载，徐不满元明人所续《资治通鉴》，认为其年月参差，事迹脱落，于是与万斯同、阎若璩、胡渭等名家"排比正史，参考诸书，作为是编"，起自宋太祖建隆元年（960），终至元顺帝至正二十七年（1367），"凡事迹之详略、先后有应参订者，皆依司马光例，做《考异》以折衷之。其诸家议论足资阐发者，并采系各条之下，间附己意，亦依光书之例"①。可知徐书全部效法司马光《通鉴》，参与者又多大家，故此书质量较好。此后清人毕沅又组织人力撰写《续资治通鉴》220卷，前后历时30余年。毕沅认为徐书在史料、编纂、体例等方面仍旧存在诸多问题，于是以徐书为蓝本重新编修，又借清廷撰修《四库全书》的便利，收集了新资料，名儒硕学王鸣盛、钱大昕、邵晋涵、章学诚、洪亮吉等都曾参与编订，前后四易其稿而成，并用司马光体例，别为《考异》，附于相关条下，以便检阅。毕书问世后，即引起各界的重视和评论。该书作者认为可代替徐书成为定本，但舆论对此则褒贬不一，综观诸家品评之语，足知毕书所出虽晚，亦复短长互见，而最能引起世人之讥者，犹在于其书详宋而略元之失。所以学界有徐书未得成定本，毕书亦不可遽称定本之论。除此之外，清人

---

① 见《四库全书总目》卷47《史部·编年类》。

陈鹤、夏燮分别撰著《明纪》、《明通鉴》也是援用《通鉴》体例而续修明代史事的著作，二书均始自洪武皇帝，终迄明季三王。陈书考证较精，去取谨严，他完成52卷，后8卷则由其孙续成，还有《考异》13卷，散于全书各章。夏书19卷，附记6卷，其书内容较陈书充实，置义例于篇首，又仿照司马光议论，所言往往切中要害。

　　清人对《通鉴纲目》进行补续研究的，有张廷玉等奉敕编纂的《通鉴纲目三编》。是书旨在接续《纲目》和明人商辂《续通鉴纲目》，但《四库》对该书评价并不高，讥其"唯以笔削褒贬求书法之谨严，于事迹多所挂漏。又边外诸部，于人名地名多沿袭旧文，无所考证，尤不免于舛伪。"[①] 此书成于康熙雍正之际，到乾隆四十年（1775）又有《御定通鉴纲目三编》重出。在此之前160卷的《御批通鉴辑览》也已纂成，该书是对明朝李东阳《通鉴纂要》的修正补充，而《纲目三编》即以《辑览》为准，笔削操于君意，二书从学术角度看，价值都不算高。

　　清人对《通鉴》注释考订者颇多，这与朴学之风大盛及时人的学术旨趣有密切关系，仅举若干具有代表性例子以述大端。前举顾炎武《日知录》一书，涉及《通鉴》及胡注六条，多考订辩证。钱大昕《通鉴注释正》列出140余条，多集中在地理、职官及声韵文字。陈景云有《通鉴胡注举正》，今仅存1卷，该书主要从地理方面对胡注进行驳正。赵绍祖在他的《通鉴注商》举出800余条与胡三省商榷。另外，陈景云还撰有《纲目订误》4卷，是对朱熹《通鉴纲目》作的考证；张庚《纲目释地纠谬》、《纲目释地补注》亦属此类。阮元的《资治通鉴释文》也有一定的参考价值。清人其他注释《通鉴》者尚多，限于篇幅，此处不再举论。

　　清代论断《通鉴》的学者，名气最大的无过于王夫之。王夫

---

① 见《四库全书总目》卷47《史部·编年类》。

之字而农,湖南衡阳人。他著《读通鉴论》30卷,旨在借古鉴今、经世致用,"力行求治"之资。他虽隐居不仕,但十分关心当时社会形势的发展和政治的走向,注意研究历史。他在该书卷末的《叙论》中曾说:"于其得也,而必推其所以得;于其失也,而必推其所以失。其得也,必思易其迹而何以亦得;其失也,必思就其偏而何以救失;乃可为治之资,而不仅如鉴之徒悬于室、无与焫之者也。"[①] 在这个思想支配下,他在康熙朝中期完成了这部著作,全书包括秦代1卷、汉代8卷、三国1卷、两晋4卷、南北朝4卷、隋代1卷、唐代8卷、五代3卷,每卷又据《通鉴》所列帝系分若干篇,择史实评论;卷末的《叙论》集中地表明了他的写作意图和思想观点。今人张煦侯称其议论:"穷究因果,博深而且明;既非虚逞词华,又不同于凿空乱道。"[②] 清人伍耀光也辑录而成《通鉴论》一书,将司马光及其他史论汇编一体,并在每篇史论之前加注标题或注解,为一般阅读研讨提供便利。

20世纪以来,《通鉴》研究领域开始出现了一些带有总结性的著作,这便是崔万秋的《通鉴研究》、张煦侯的《通鉴学》和陈垣的《通鉴胡注表微》三书。崔书于1934年由上海的商务印书馆出版,是近代第一部全面研究《通鉴》的总结性著作,对司马光生平著述及编修《资治通鉴》具体过程、参考文献和对后世的影响作用都有述及,为今人研究《通鉴》者不可不参考利用之书。张书初版于1948年,1981年10月安徽人民出版社出版了修订本。是书首次以《通鉴学》冠其名,具体揭示了《通鉴》学研究的各个方面,全书分为编年史之回溯、通鉴编集始末、通鉴之史料及其鉴别、通鉴史学一斑、通鉴之书法、通鉴之枝属与后继、通鉴之得失与编年史之改造等七个部分。修订版又将初版未收入的司马光生平、思想以及编修《通鉴》及其他著作等具体情况以《再

---

① 见(清)王夫之:《读通鉴论》卷末《叙论四》,北京:中华书局,1975年。
② 见张煦侯:《通鉴学》修订本,第163页。

版自序》的形式增补进来，从而使该书内容得到充实。此书至今仍是研究《通鉴》学的一部力作。

陈垣《通鉴胡注表微》写于抗战后期，此书因其特定条件和作者抒发的爱国思想感情而有别于一般著述。作者在该书《重印后记》里说："我写胡注表微的时候，正是敌人统治着北京；人民在极端黑暗中过活，汉奸更依阿苟容，助纣为虐。同人同学屡次遭受迫害，我自己更是时时受到威胁，精神异常痛苦，阅读胡注，体会了他当日的心情，慨叹彼此的遭遇，忍不住流泪，甚至痛哭。因此决心对胡三省的生平、处境，以及他为什么注《通鉴》和用什么方法来表达自己的意志等，作了全面研究，用三年时间写成《通鉴胡注表微》二十篇。"①这就将作者写作的动机意图及时代环境很清楚地概括出来，从而进一步加深对其书的了解。《表微》总目20篇，前10篇内容依次为本朝、书法、校勘、解释、避讳、考证、辨误、评论、感慨和劝诫，后10篇为治术、臣节、伦纪、出处、边事、夷夏、民心、释老、生死和货利；前10篇多是有关史法的内容，后10篇则多是关系史事的。全书引证史籍多达250余种，每篇前列有小序，引胡注700多条，全书20余万字。柴德赓认为该书有四个特点：一是陈先生能了解胡三省，二是征引群籍的审慎，三是对明清以来治《通鉴》者算总账，四是陈先生有自己的议论②。《表微》一书的写作，作者充满了爱国主义激情和对入侵者的仇恨，但因当时处在日本占领下的北平，所以书中很多情感都是借胡注隐喻而发，更具悲愤色彩，这应当说是时代的产物。作者对日寇占领中国痛心疾首，憎恨汉奸，痛责反动政权，他吸取历史上的经验观察世情，用自己的社会经验提出做人处事的正确道路，而《表微》一书正是这种心境的产物，该书在

---

① 见陈垣：《通鉴胡注表微》《重印后记》，北京：中华书局，1962年。
② 见柴德赓：《〈通鉴胡注表微〉浅论》，载同作者：《史学丛考》，北京：中华书局，1982年。

"通鉴学"的研究上具有不可替代的特殊作用。

除上述三书外,20世纪以来有关《通鉴》的著述还有黄公渚选注的《司马光文》、王缁尘的《资治通鉴读法》等等。

六、新中国成立以来对"通鉴学"的研究(著作)

中华人民共和国成立后,国内学术界十分重视《通鉴》的研究和发展,1956年经由专家组织标点校勘的整理本《资治通鉴》问世,成为古往今来最完善的一个版本,其发行量超过了以往的任何时代,学术界亦掀起研究《通鉴》的热潮。自20世纪70年代末,随着党的"十一届三中全会"的召开,学术研究开始进入了一个崭新全盛的时期,"通鉴学"与其他社会科学、人文科学一样获得迅速的发展,学术研究的水平达到了新的高度。

有关《资治通鉴》研究的著作,首先是《资治通鉴》本书的发行。继1956年北京古籍出版社和中华书局的点校本出版后,20世纪70年代和80年代后期、90年代初期先后出版了《通鉴》的影印本和精装本,如中华书局影印的即是1936年《四部备要》本,包括《目录》30卷在内。而有关《通鉴》节选本或选译本的出版也颇具规模,除了瞿蜕园、王仲荦等人的选译本外,60年代又有苗敬一选译的《通鉴故事选译》[1];进入80年代,又陆续出版了徐文选译的《通鉴故事选译》[2]、张竹平的《通鉴故事选》[3]、赵明宇等人的《通鉴故事选》[4]、王梦樵的《通鉴故事一百篇》[5]、陈光崇和顾奎相的《资治通鉴选读》[6]、施丁的《资治通鉴译注》

---

[1] 见苗敬一:《通鉴故事选译》,北京:中华书局,1960年。
[2] 见徐文:《通鉴故事选译》,上海:上海古籍出版社,1981年。
[3] 见张竹平:《通鉴故事选》,郑州:河南人民出版社,1982年。
[4] 见赵明宇、王月林:《通鉴故事选》,呼和浩特:内蒙古人民出版社,1982年。
[5] 见王梦樵:《通鉴故事一百篇》,北京:新华出版社,1982年。
[6] 见陈光崇、顾奎相:《资治通鉴选读》,太原:山西人民出版社,1986年。

（战争卷）[1]、李庆的《资治通鉴选译》及李靖之、张长弓等人编的《资治通鉴故事精华》、《〈资治通鉴〉故事精华》等节译选译本[2]，这对宣传和普及《资治通鉴》起到了很大的促进作用。专门介绍《通鉴》的著作，有冯惠民的《司马光和〈资治通鉴〉》[3]、王运生的《通鉴佳话》[4]、邓国屏的《资治通鉴故事鉴赏》[5]以及陈晨的《资治通鉴故事》[6]等等。近年来，社会一度热衷于将古文译成白话，《通鉴》今译也出现了不少版本，较早的是台湾柏杨的《现代语文版资治通鉴》巨篇（第1册定名《白话译本资治通鉴》）[7]，继又有沈志华、张宏儒主编的全译本《资治通鉴：文白对照今译》[8]，后有陈高华、王连升主持的《白话〈资治通鉴〉精华》[9]，目前仍不时有新的译本问世。1986年，齐鲁书社出版了第一部有关《通鉴》地理方面的工具书，即冯惠民等编写的《通鉴地理注词典》。

介绍司马光的文献，主要有李绍连的《司马光的故事》、顾奎相的《司马光》、尚恒元等的《司马光轶事类编》等[10]。这里特别值得提到的是著名史学家柴德赓所著《资治通鉴介绍》一书，此书由北京求实出版社1981年出版，是他60年代初在中央党校为历史专业学员系统讲授《资治通鉴》而作，此书通俗易懂，又全

---

[1] 见施丁：《资治通鉴译注》（战争卷），长春：吉林文史出版社，1987年。
[2] 见李庆：《资治通鉴选译》，成都：巴蜀书社，1990年；李靖之：《资治通鉴故事精华》，太原：山西人民出版社，1992年；张长弓、高日红：《〈资治通鉴〉故事精华》，西安：陕西师范大学出版社，1994年。
[3] 见冯惠民：《司马光和〈资治通鉴〉》，北京：中华书局，1981年。
[4] 见王运生：《通鉴佳话》，昆明：云南人民出版社，1982年。
[5] 见邓国屏：《资治通鉴故事鉴赏》，北京：知识出版社，1991年。
[6] 见陈晨：《资治通鉴故事》，北京：中国国际广播出版社，1992年。
[7] 见柏杨：《现代语文版资治通鉴》，北京：中国友谊出版公司，1993年。
[8] 见沈志华、张宏儒主编：《文白对照全译资治通鉴》，北京：改革出版社，1995年。
[9] 见陈高华、王连升：《白话〈资治通鉴〉精华》，北京：国际出版公司，1992年。
[10] 见李绍连：《司马光的故事》，郑州：河南人民出版社，1980年；顾奎相：《司马光》，哈尔滨：黑龙江人民出版社，1985年；尚恒元等：《司马光轶事类编》，太原：山西人民出版社，1992年。

面系统，用不算长的篇幅介绍了司马光及《通鉴》。由于作者常年研究，用工颇深，故介绍娓娓道来，极具权威性，是目前《通鉴》入门较为理想的一本读物。

新中国成立后，对《通鉴》和司马光进行比较系统、注重学术研究且有一定力度的著作也不断出版问世，而尤以近十几年来为多。1964年中华书局出版了岑仲勉著《通鉴隋唐纪比事质疑》，作者倾注较大精力对隋唐部分与其他史籍参照互校，提出自己的见解。1982年西藏人民出版社出版的苏晋仁所辑《通鉴吐蕃史料》，是从唐、后梁、后唐、后晋、后周五个朝代中辑出的吐蕃史料汇编，对研究这一时期吐蕃历史状况提供了较为集中的参考。1983年，冯惠民又撰成《通鉴严补辑要》，由齐鲁书社出版，有叙论和辑要两部分，并收集了与《通鉴补》有关的资料。1986年是司马光逝世900周年，山西人民出版社出版了王根林点校的《司马光奏议》，旋后中州古籍出版社（1987年）和中华书局（年）分别出版司马光年谱，前者定名《司马温公年谱》，高编撰，刘光胜点校；后者定名《司马光年谱》，明人马峦初撰，顾栋高续成，冯惠民整理。季平撰著的《司马光新论》，对他一生的政治思想、哲学观点、学术见解以及主要事迹作了史实的辩证和理论上的探索[①]。陶懋炳的《司马光史论探微》则侧重于对《通鉴》中的史评史论，进行分析和研究[②]。宋衍申的《司马光传》也是这股研究热潮中的一部力作[③]。陈克明的《司马光学述》叙述了司马光的生活经历、政治主张和他的哲学思想[④]。最近又有张谦著《〈资治通鉴〉与中国政治文化》，利用《通鉴》来研究中国传统政治文化的蕴意及其优劣，具有较新的含义[⑤]。总之，这些研究

---

① 见季平：《司马光新论》，重庆：西南师范大学出版社，1987年。
② 见陶懋炳：《司马光史论探微》，长沙：湖南师范大学出版社，1989年。
③ 见宋衍申：《司马光传》，北京：北京出版社，1990年。
④ 见陈克明：《司马光学述》，武汉：湖北人民出版社，1990年。
⑤ 见张谦：《〈资治通鉴〉与中国政治文化》，北京：中国广播电视出版社，1993年。

司马光和《资治通鉴》的著作，都是在前一阶段研究成果的基础上进行多视角、全方位的综合探讨，使"通鉴学"走向更深更广的程度，标志着研究新阶段已经到来。

附带一提的是，80年代中期还分别出版了《〈资治通鉴〉丛论》和《司马光与资治通鉴》论文专集[①]，前者是为纪念《通鉴》成书900周年由中国历史文献研究会组织编写的论文集，收文17篇，从不同角度对司马光和《通鉴》展开论述，甚至对同一问题的不同理解、评价等都一并收录。后者是将1984年在长春召开的中国历史文献研究会第五届学术年会提交的论文汇编成集，选定23篇，与上书堪称姊妹篇，所收与上书不同，分为研究方法、司马光思想探讨、《通鉴》及《考异》《目录》、《通鉴》版本体例以及其他几个部分。这两部专集集中地反映了20世纪80年代国内学术界研究司马光及《资治通鉴》的成果和水平。

二、新中国成立以来对"通鉴学"的研究（论文）

新中国成立至今，研究"通鉴学"的成果大部分都是以论文或文章的形式表现出来的。据不完全统计，仅从50年代初至1990年，有关司马光和《资治通鉴》的研究文章接近280余篇，这还不包括那些间接涉及此问题的学术论文。在这些文章中，涉及的内容十分广泛，研究成果也都有一定的深度和广度，有些则代表了学术界很高的水平，但各篇之间也不平衡。

（一）关于司马光的研究

司马光祖籍陕州夏县（今山西夏县），这是学术界公认的事实，争议不大，但是他诞生的地点，早在南宋时就存在着四川郫县（四

[①] 见刘乃和、宋衍申主编：《〈资治通鉴〉丛论》，郑州：河南人民出版社，1985年；刘乃和、宋衍申主编：《司马光与资治通鉴》，长春：吉林文史出版社，1986年。

川今县）与光州光山县（河南今县）两种说法。前者依据的是南宋张行成撰《司马温公祠堂记》，陈培堃即据张文主张此说[①]；而胡昭曦亦针对这种观点撰文，不同意郫县说，他认为郫县说系后人附会，并非事实。胡文指出司马光之父司马池于宋真宗天禧三年（1019）知光山县，司马光于同年十月诞生，其地只能是光山而不是郫县[②]。

作为一个政治活动家和史学家，司马光在当时社会里有着重要的影响。有关他的政治活动，历来是人们关注的焦点。一般认为，司马光在政治上趋于保守，力求稳定，特别对王安石变法革新采取了排斥反对的态度。"文革"期间，学术研究受到政治冲击，司马光的研究被追求现实的政治企图所取代，从而人为地冠以儒法斗争中的儒家典型人物而遭到痛斥和批判，于是保守派、反动派、逆历史潮流而动的落后势力的代表等称号便加在了他的头上。当时批判的焦点就是认为司马光上台后废除了新法，实行"元祐更化"，才最终导致北宋走向了灭亡。1978年党的"十一届三中全会"召开以后，史学的研究工作重新走上正轨，极"左"思想受到遏制和批判，对司马光的研究逐渐转向到客观公允的学术层面，人们重新审视作为政治家的司马光及其活动，焦点仍然集中在他与王安石的关系上，不过论述的观点和思想态度则与"文革"期间大不相同了。

以顾全芳先后撰写的《重评司马光与王安石的分歧与斗争》和《重评司马光与王安石变法》为例，顾文认为王安石变法固然有其进步性，但也存在着消极的一面；而司马光反对王的变法有其保守错误的一面，然而亦不乏合理因素，他所反对的均是新法中的缺点错误。他不同意将王安石和司马光划分成代表革新与守旧、代表中小地主和豪强大地主利益的两个派别，认为这种分法

[①] 见陈培堃：《司马光诞生于郫县》，载《四川日报》1980年8月25日。
[②] 见胡昭曦：《司马光诞生地考》，载《四川大学学报》1985年第1期。

本身就是个错误[①]。杨渭生进一步指出，司马光与王安石在政治上的争论，只是在维护封建统治方法上的不同见解，不属于根本利益上的对立和歧异[②]。骆啸声在其文章《温公与荆公变法思想之比较》也持有同样观点。不过该文提出了这样的问题：既然变法的总目的相同，具体的政治要求也一样，而且均源自孔孟之道，为什么会产生对抗呢？骆文的回答是：司马光的理财方针乃在于节流，不主开源；而王安石正与之相反，"致使二公由挚友变成政敌而意气用事了"[③]。季平的《司马光对时局的认识》一文强调司马光在治理国政上不像王安石那样大兴猛革，而缓改稳进；他认为王安石治国只考虑到能够治好的一面，而司马光除此之外还能考虑到不能治好的一面，可谓老谋深算。他又在另一文里对王安石的"不恤人言"和司马光的"俯顺民心"进行了探索，认为前者实际上存在着对反对新法者的一切意见全盘否定的因素，司马光对封建政治的特点、方法、经验作了系统的总结，"俯顺民心"纵然有"假民心以行己意"之嫌，但为民请命毕竟对当时的民众有好处的[④]。顾全芳的另一篇《司马光的务实精神》文章，赞扬司马光不图虚名、从实际出发、讲求实效，说他既是理论的强者，更是行动的巨人[⑤]。季平在《司马光的知人善任论述评》里称誉司马光任贤使能，进贤退不肖，这是他用人治国的一个好办法[⑥]。也有的学者则批评司马光对客观形势的把握不如王安石敏锐，对待变法的问题更不如王安石那样果断，在用人上也欠眼光，其观

[①] 见顾全芳：《重评司马光与王安石的分歧与斗争》，载《争鸣》1986年第3期；《重评司马光与王安石变法》，载《学术月刊》1990年第9期。
[②] 见杨渭生：《司马光与〈资治通鉴〉》，载《杭州大学学报》1982年第1期。
[③] 见骆啸声：《温公与荆公变法思想之比较》，载《湖北大学学报》1987年第6期。
[④] 见季平：《司马光对时局的认识》，载《晋阳学刊》1985年第2期；《王安石"不恤人言"与司马光"俯顺民心"》，载《北方论丛》1986年第2期。
[⑤] 见顾全芳：《司马光的务实精神》，载《中州学刊》1986年第1期。
[⑥] 见季平：《司马光的知人善任论述评》，载《北京师范学院学报》1987年第3期。

点与季文完全不同①。在因循与变革上,司马光反对激变式的革新,认为尊卑、强弱、贫富乃是天命,不可变更,只能做些局部修正。这样,在道的因循与变革问题上,司马光讲因循多,讲变革少,导致了他阻止新法的实施②。牛致功《从司马光对唐朝几个问题的评论看〈资治通鉴〉的中心思想》一文批评司马光只注意统治阶级的活动,从根本上抹杀了人民群众的历史作用,只能从统治集团的少数人来谈历史上的"治"和"乱",这就限制了他在政治活动中能力的发挥③。

司马光的思想倾向,也是学术界关注的问题。他的思想既体现在哲学、政治方面,也体现在史学、经济乃至民族方面。由于学者占有资料、理解视角的不同,对司马光思想认识和评论亦有歧异,甚至针锋相对。

关于他的哲学思想,赵吉惠著文认为,司马光的哲学思想既有丰富的辩证观念、唯物思想,又杂有一定的唯心论成分和循环论倾向。这种思想上的矛盾也正是他政治态度上的前期(曾主张改变旧制)与后期(反对王安石变法)矛盾变化的反映,也是他所处社会地位双重身份意识的表现④。张知寒在《司马光哲学思想中的积极因素》一文中除了强调他的唯物、辨证因素外,重点指出司马光到了晚年思想趋于僵化,形而上学的观点变重,但并未做出详细的解释⑤。姚瀛艇的论文重点论述了司马光的"天人观",总结其全部内容应当是:既承认社会意义上的"天",又承认自然意义上的"天";既强调天命,又强调人事;在自然意义方面,人力固然有所不及,但在社会意义方面,人力还是大有可为

---

① 见罗家祥:《司马光、王安石德才异同论》,载《晋阳学刊》1985年第3期。
② 见王蔼:《司马光论因循与变革》,载《晋阳学刊》1989年第2期。
③ 见牛致功:《从司马光对唐朝几个问题的评论看〈资治通鉴〉的中心思想》,载《陕西师范大学学报》1980年第3期。
④ 见赵吉惠:《论司马光的哲学思想》,载刘乃和、宋衍申主编:《司马光与资治通鉴》。
⑤ 见张知寒:《司马光哲学思想中的积极因素》,载《晋阳学刊》1985年第4期。

的①。仓修良与夏瑰琦合写的论文则具体阐释了司马光的无神论思想。认为司马光意识到了当时社会存在的佛教、神鬼怪异乃至神道设教对于王朝稳固造成的危害,主张坚决摒弃和批判,这表现了司马光的唯物精神和政治家的胆识,而以往的研究对此则大大地忽略了②。

关于司马光的历史观,杨渭生在指出其缺陷的前提下总体方面予以肯定,"礼治"构成了他政治思想的核心;在关于治国政策、才德判别、农民战争及民族问题上,就当时的历史条件而言,均有其进步合理的内容③。宋衍申从以下四个方面阐述了司马光的史学思想:第一,他继承了中国史学求"通"的传统,既求"通",又求"变",这种"变"是稳健之"变";第二,求实考信,表现在《通鉴》选材广泛,不求《春秋》笔法,不信虚诞,不书符瑞;第三,一部《通鉴》就是实施儒家教化的教材,"礼"是司马光史学思想的核心;第四,宣扬英雄史观。文章最后强调应通过实事求是的分析研究,取其精华,去其糟粕,切忌绝对化④。施丁的《两司马史学异同管窥》将司马光与司马迁进行对比,从写史、史观、史笔三个层面论述了二人的异同。作者总结道,二人各有长短,在历史编纂、历史观点、历史文学方面,司马迁略胜一筹,其原因乃在于他"欲究天人之际,通古今之变,成一家之言";而司马光要"叙国家之兴衰,著生民之休戚",以历史为鉴戒,着重写政治史。司马迁对社会下层和君主专制体会较深;司马光接触上层,对社会政治重大问题关注颇多。司马迁信封建,但对君主专制有抵触情绪,信儒家但不独尊儒术;司马光则积极拥护封建

---

① 见姚瀛艇:《论司马光经学史学思想的哲学基础》,载刘乃和、宋衍申主编:《司马光与资治通鉴》。
② 见仓修良、夏瑰琦:《司马光无神论思想剖析》,载《东北师范大学学报》1983年第1期。
③ 见杨渭生:《评司马光的历史观》,载《晋阳学刊》1987年第6期。
④ 见宋衍申:《试论司马光的史学思想》,载刘乃和等主编:《司马光与资治通鉴》。

专制，强调孔孟礼教，思想保守，非礼勿言。总的讲，他们二人一个"述往事，思来者"，成一家之言；一个为封建帝王统治作参谋，以历史为鉴，是正统的史学家①。

杨翼骧和崔凡芝很关注司马光治学的精神和态度，前者撰写了《应当继承司马光认真负责的精神》一文，强调："司马光在洛阳15年，把全部精力倾注在《通鉴》的编写工作上，等到全书修成的时候，他已是'骸骨癯瘁，目视昏近，齿牙已无，神识衰耗'了！试问：历代史书的主编，能有几个认真负责达到这等鞠躬尽瘁的程度？"②后者着重分析了司马光认真和诚实的原因，认为他自幼便接受了敦诚笃实的教育，培养成一种顽强求实的精神，这对以后成功起了十分重要的作用③。此外，宋衍申对司马光的经济思想进行了研究，宋文指出，司马光在这个方面比较突出的特点是从实际出发，着眼于老百姓的生活及生产的发展，之后再求国力的增强。他反对王安石的某些经济主张并非没有道理，而是在深思熟虑中提出的见解，不应用"顽固"、"保守"这些字眼去否定④。关于司马光的民族观，黄君萍著文《漫评司马光的民族思想》，为司马光在这方面受到不公平的对待辩驳，认为"不避强，不凌弱"是他民族思想的核心，"务实"是他处理问题的指导思想，笃信"信义"则是处理民族关系的基本准则；司马光又提出"交邻以信"，反对欺凌四边或动辄使用武力的作法⑤。木芹的《试论司马光的民族观》一文肯定了司马光冲破了狭隘的偏见，对中原和边地政权不尊此而卑彼，一视同仁，将"四海混一"或"天下离析"视作一个整体的统一国家或是分裂中的状态，向正

---

① 见施丁：《两司马史学异同管窥》，载刘乃和、宋衍申主编：《〈资治通鉴〉丛论》。
② 见杨翼骧：《应当继承司马光认真负责的精神》，载刘乃和、宋衍申主编：《司马光与资治通鉴》。
③ 见崔凡芝：《谈司马光的治学》，载《山西大学学报》1985年第1期。
④ 见宋衍申：《评司马光的经济思想》，载《晋阳学刊》1985年第5期。
⑤ 见黄君萍：《漫评司马光的民族思想》，载《晋阳学刊》1985年第6期。

统观念提出了挑战①。吴光耀《站在反战前列的主和派司马光》一文着重探讨了司马光在处理北宋与西夏关系中的立场态度，在上述思想支配下，他认识到西边用兵祸国殃民，对宋朝不利，力主和好，反对战争。司马光的行为，表明他在政治上的远见卓识，他不愧是北宋一位有政见有影响的政治家②。

（二）对《资治通鉴》的介绍与评价

1956年《通鉴》点校本问世后，一些介绍或研究《通鉴》的文章便陆续发表，时至今日仍旧持续刊出。

较早著文介绍《通鉴》的，有聂崇岐的《我国古代历史巨著——〈资治通鉴〉》和《〈资治通鉴〉和胡注》、王崇武的《我国古典历史巨著——〈资治通鉴〉》及陈千钧的《论〈资治通鉴〉——与聂崇岐、王崇武两先生商榷》等文章③。聂、王均系整理《通鉴》小组成员，谙熟该书。聂的前文篇幅不大，概括地介绍了《通鉴》纂修情况、取材特点及历史影响。后文则是进一步阐发扩展，作者指出《通鉴》使读者用较少的时间了解1300多年的历史发展，编排详略得当，包罗广泛，不载神鬼，《考异》里保存了丰富的史料，对今人研究十分有用，缺点则是遗漏重复、位置欠当、称谓不一，或误二为一乃至事实舛误等等。陈千钧在其文章的前半部分不同意聂崇岐和王崇武的观点，认为他们对《通鉴》存在的缺点不敢大力进行批判，这种态度"并没有使他们对《通鉴》这部古代历史巨著作出过高的评价，而是恰恰相反，低估了它应有的

---

① 见木芹：《试论司马光的民族观》，载刘乃和、宋衍申主编：《司马光与资治通鉴》。
② 见吴光耀：《站在反战前列的主和派司马光》，载《武汉大学学报》1984年第2期。
③ 见聂崇岐：《我国古代历史巨著——〈资治通鉴〉》，载《读书月报》1956年第5期；聂崇岐：《〈资治通鉴〉和胡注》，载《新建设》1956年第7期；二文又收入《宋史论丛》，北京：中华书局，1980年。王崇武：《我国古典历史巨著——〈资治通鉴〉》，载《人民日报》1956年8月30日。陈千钧：《论〈资治通鉴〉——与聂崇岐、王崇武两先生商榷》，载《历史研究》1957年第7期；又收入吴泽主编、袁英光编选：《中国史学史论集》（二），上海人民出版社，1980年。

地位"。接着,作者又从"《通鉴》是时代的产物,而又是中国第一部编年通史"、"司马光的优良治史方法和他的巨大成就"两方面详尽介绍了司马光编修《通鉴》的过程。陈文指出,这部古典巨著是在北宋时代所提供的一切物质条件和千百年来人们迫切要求而产生的,不论在体例上、史料去取上还是编写方面,都标志着中国史籍达到了更为完美可信的水平,创造了中国史籍的良好楷模。

20世纪60年代,介绍评议《通鉴》的文章,以柴德赓《关于〈资治通鉴〉》、《〈资治通鉴〉及其有关的几部书》和王仲荦《〈资治通鉴〉和通鉴学》为代表[①]。柴德赓是"通鉴学"专家,他在文章中介绍了司马光的生平、《通鉴》选材史料、编纂方法、对《通鉴》的评论、胡三省注文、《通鉴》版本、与《通鉴》有关的史籍等,是介绍《通鉴》最翔实最有分量的文章,一向为人们重视。王仲荦在文章题目中首次以"通鉴学"为称[②],其文记述的内容包括司马光与助手刘攽、刘恕和范祖禹等人的简历,《通鉴》的编纂、长处和不足,胡三省注文,以及《通鉴》的版本等,大体上没有超出柴文的范围。

70年代末,"文革"对学术的破坏逐渐得到清理整治,对司马光和《资治通鉴》的研究重新恢复,文章日益增多。较有代表性的是1978年发表的陈光崇《〈资治通鉴〉述论》长文[③],该文论述了司马光的生平、编纂《通鉴》的程序以及由此反映出司马光的史学思想及卓越成就。虽然总体上仍囿于50、60年代的范围,但中间因受"文革"的阻碍,时隔多年之后而撰写的全面介绍《通

[①] 见柴德赓:《关于〈资治通鉴〉》,载吴泽主编、袁英光编选:《中国史学史论集》(二);《〈资治通鉴〉及其有关的几部书》,载《史学史资料》1979年第1期。王仲荦:《〈资治通鉴〉和通鉴学》,载《历史教学》1963年第5期。

[②] 关于"通鉴学"一词,可参看陈光崇:"通鉴学"的形成和展望》,载《光明日报》1984年9月19日。

[③] 见陈光崇:《〈资治通鉴〉述论》,载《历史研究》1978年第11期。

鉴》，仍然给人耳目一新之感。施丁的《论司马光主编〈资治通鉴〉》一文也具有代表性，该文是为纪念司马光逝世900周年而作。作者认为司马光修《通鉴》是为君主"鉴前世之兴衰，考当今之得失"，他选择助手主要从业务着眼，并非为反王安石所为。他不仅识得人才，而且善于使用；对助手有分工，有合作，相机行事，适当调整，发挥作用。历史评论则由他个人负责，统一发论，我国古代史学讲究经世致用，论史喻政，司马光史论尤其如此①。

另有几篇文章则是从编年体或纪事本末体的角度来概述《通鉴》的。安宇寄的《〈资治通鉴〉和编年史》肯定《通鉴》奠定了编年体在中国史籍中的地位，其后续和改编逐渐形成了以《通鉴》为核心的一个编年史体系②。林校生和来可泓各自撰写的论文题目均定名《〈资治通鉴〉和编年体》，林文"企图阐明，北宋司马光主编的《资治通鉴》，在编年史体发展的长河中，具有十分重大的意义，起了总结旧例兼开创新体的作用"。纪事本末新体例的"幽灵已在《通鉴》的躯壳中徘徊，已经呼之欲出了"③。来文则用较多的篇幅叙述纪传体对《通鉴》的作用、《通鉴》成书后对其他体裁史书的影响这两个方面④。林文和来文侧重点不同，但结论大体相近，都对《通鉴》给予赞扬和肯定。许在全、范传贤合撰的《试论司马光与袁枢》，副标题即"兼谈《资治通鉴》与《通鉴纪事本末》"，此文从宋代宏观背景出发，阐述《通鉴》对袁枢《通鉴纪事本末》成书的影响。文中指出，从司马光到袁枢，从《资治通鉴》到《通鉴纪事本末》，我们可以看到，史学与政治斗争的关系异常密切，史学为现实社会提供借鉴，不单限于内容，也包括形式，继承和发展可以并行不悖。"司马光和袁枢在中国中世纪

---

① 见施丁：《论司马光主编〈资治通鉴〉》，载《历史研究》1986年第4期。
② 见安宇寄：《〈资治通鉴〉和编年史》，载《前线》1963年第2期。
③ 见林校生：《〈资治通鉴〉和编年体》，载刘乃和、宋衍申主编：《〈资治通鉴〉丛论》。
④ 见来可泓：《〈资治通鉴〉和编年体》，载刘乃和、宋衍申主编：《司马光与资治通鉴》。

历史学和历史编纂学上先后辉映，建立了永不磨灭的丰碑"①。另外，李春光的《〈资治通鉴〉传入日本及其影响》一文也值得一读，该文详述《通鉴》传入日本后，对日本史籍著述产生的推进作用。作者推测《通鉴》东传日本大约是在12世纪中叶，此后引起了日本思想家和政治家的重视，上至天皇、幕府，下到诸藩及其子弟，都把它作为学习的重要内容。该书的传播，使日本史学上升到一个新的水平，《大年镜》、《今镜》、《水镜》、《增镜》均系仿照《通鉴》而作；在日本史学中占有重要地位的四部名著《吾妻镜》、《神皇正统记》、《本朝通鉴》和《大日本史》等书的撰写也都受到《通鉴》的促动或影响，《本朝通鉴》更是完全模仿《资治通鉴》，《大日本史》也被日本学者称作近似《通鉴》的著述②。目前，国内学界对这方面的报导还比较少见，此文在一定程度上可以弥补这一缺憾，相信今后与海外学界的联系交往会有进一步的加强和扩展。

（三）《资治通鉴》的撰修问题

研究《通鉴》的编纂过程及助手分工状况的文章，也是建国以后占有比较大的分量的。这方面主要集中在《通鉴》编写的"提纲"和"分工"两个问题上。关于提纲，60年代初有过三种不同的意见，一是认为《宋司马光通鉴稿》即是提纲；二是主张"丛目"即提纲；第三种意见认为《通鉴》没有现代意义上的提纲；最近又出现了以《历年图》为提纲的说法。关于助手的分工问题，自宋以来，大致有几种说法，一是刘攽负责汉以前的编纂，刘恕负责魏晋南北朝至隋，范祖禹分工唐与五代；二是刘攽编修两汉，范祖禹编修唐史，刘恕编修五代诸朝，其余则由司马光完成；三

---

① 见许在全、范传贤：《试论司马光与袁枢——兼谈〈资治通鉴〉与〈通鉴纪事本末〉》，载《泉州师范专科学校学报》1986年第1期。
② 见李春光：《〈资治通鉴〉传入日本及其影响》，载《社会科学研究》1988年第3期。

是刘攽负责汉朝，刘恕分修魏晋南北朝，唐则归属范祖禹；四是由清人全祖望提出的，两汉至隋由刘攽担任，唐由范祖禹担任，五代由刘恕担任。此后，诸多学者著文大都集中于此。翦伯赞于1961年发表了《学习司马光编写〈通鉴〉的精神》，认为《宋司马光通鉴稿》就是《通鉴》的提纲；分工方面，他主张上文中的第三说，即刘攽负责两汉、刘恕负责魏晋南北朝、范祖禹负责唐五代，翦说依据的是胡三省《新注资治通鉴序》[①]。不久阎简弼著文《为〈通鉴〉的编写分工质疑》，提出不同的看法，他强调上文第四说即全祖望提出的分修说比较符合实际[②]。但翦伯赞随即撰文回应，认为全祖望之说根据的是《温公与醇夫帖子》，这个帖子述及的分工胡三省并不相信，至多只表明司马光最初的打算[③]。

"文革"期间，这方面的争论被迫中断，直到70年代末，才又重新恢复。较早发表相关文章的，主要有王曾瑜的《关于编写〈资治通鉴〉的几个问题》和曹家琪的《〈资治通鉴〉编修考》等文。王文认为"丛目"是《通鉴》的史料索引，"事目"是提纲索引，"手稿"与事目相类，"长编"的附注是《考异》的底稿。对于编写的分工，王文将其分成开封和洛阳两个时期，在洛阳期间内，刘攽负责隋以前的长编，范祖禹负责唐纪长编，刘恕负责五代长编。刘恕负责的"梁以后"不是南北朝的梁，刘恕死后，范祖禹才接替他完成五代长编的[④]。他又在《关于刘恕参加〈通鉴〉编修的补充说明》一文里强调了刘恕既参加了魏晋南北朝部分丛目与长编的工作，也参加了五代部分；魏晋写于前，余部由刘攽接替，五代写于后，余由范祖禹接替[⑤]。曹家琪文沿袭前期讨论

---

① 见翦伯赞：《学习司马光编写〈通鉴〉的精神——跋宋司马光〈通鉴稿〉》，载《人民日报》1961年6月18日；又收入《历史问题论丛》，北京：人民出版社，1962年。
② 见阎简弼：《为〈通鉴〉的编写分工质疑》，载《人民日报》1961年8月10日。
③ 见翦伯赞：《为〈通鉴〉编写分工问题释疑》，载《人民日报》1961年8月18日；
④ 见王曾瑜：《关于编写〈资治通鉴〉的几个问题》，载《文史哲》1977年第3期。
⑤ 王曾瑜：《关于刘恕参加〈通鉴〉编修的补充说明》，载《文史哲》1980年第5期。

的意见，认为《历年图》即是《通鉴》编修的提纲，在修纂过程中，长编之后还有一个删长编为"广本"的过程；对于分工，曹文讨论颇为详尽，其结论大致与翦伯赞文相似①。仓修良《〈通鉴〉编修的全局副手——刘恕》和杨正基《〈通鉴〉的提纲和〈通鉴〉的编纂程序》等文针对上述文章提出了自己的看法。仓文认为刘恕先着手编写五代部分的丛目和长编，而不是像王、曹二文中所说是负责编修魏纪以后的长编②。作者在《读司马光〈贻刘道原书〉——再谈刘恕参加〈通鉴〉编修的几个问题》明确指出，刘恕既参加了魏晋南北朝部分的长编撰写，也参加了五代十国部分的编修，从时间上看，五代写在前，魏晋编在后。他认为司马光助手分工问题中的刘攽和范祖禹负责的部分争议不大，最主要的是刘恕，明确了刘恕负责的部分，分工问题自然也就解决了③。杨正基文不同意曹家琪以《历年图》为《通鉴》提纲的说法，主张"丛目"就是提纲。《通鉴》编修从丛目开始，经考异历史、修纂长编，又从删削长编到考异和丛目这样一个反复过程④。袁伯诚《〈资治通鉴〉编修考证》在这方面的研究也颇花费精力，他的结论与仓修良的观点大同小异。他还对《通鉴》的编纂体例详细论证，总结出五个方面的特点，对后代影响至深且巨⑤。彭久松的《〈资治通鉴〉五代长编分修人考》也认为刘恕最早主持此项工作，他在宋神宗元丰元年（1078）病逝后，由范祖禹接续而成⑥。周征松的文章《〈资治通鉴〉编撰略论》赞扬了司马光编纂工作中

---

① 见曹家琪：《〈资治通鉴〉编修考》，载《文史》第5辑，北京：中华书局，1979年。
② 见仓修良：《〈通鉴〉编修的全局副手——刘恕：兼谈〈通鉴〉编修分工的几个问题》，载《中国历史文献研究集刊》第1集，长沙：湖南人民出版社，1980年。
③ 见仓修良：《读司马光〈贻刘道原书〉——再谈刘恕参加〈通鉴〉编修的几个问题》，载《杭州大学学报》1981年第3期。
④ 见杨正基：《〈通鉴〉的提纲和〈通鉴〉的编纂程序》，载《中国史研究》1981年第1期。
⑤ 见袁伯诚：《〈资治通鉴〉编修考证》，载《固原师范专科学校学报》1981年第2期；《论〈资治通鉴〉的编纂体例》，同上学报1982年第1—2期。
⑥ 彭久松：《〈资治通鉴〉五代长编分修人考》，载《四川师范学院学报》1983年第1期。

的合理安排和细致负责的精神，认为他在史学思想、史书编纂、历史材料和历史文学方面均有很高的造诣①。陈光崇在其文中总结了司马光编纂《通鉴》的六个特点，即采用编年、革新纪年、改进叙事、创制长编、建立考异、编制目录等②。张新民则强调史馆对司马光修纂《通鉴》一书所起到的重要作用。司马光利用史馆提供的丰富资料，取其所长，避其所短，《通鉴》是官修与私撰相结合的产物，史馆作用不容忽视③。

（四）对《通鉴》的考释辩证及其他

这里是将前面三个部分之外的所有文章均划归于此，所涉及范围相当广泛，约而言之，有如下一些内容：

邱居里《从〈通鉴考异〉看〈资治通鉴〉的史料来源与选材特点》和仓修良《从〈通鉴考异〉看司马光求实精神》二文是研究《通鉴考异》的专文。前者具体探讨了《通鉴》选材的特点，作者指出，《通鉴》对各种文献史料进行严格的选择鉴别，是该书成功的基本条件④。后者则是通过《考异》论述司马光著述的求实精神，"司马光所以要作《通鉴考异》，首先是要把历史真相考订清楚，把众说纷纭的史料加以澄清，去伪存真，选出证据确凿、较为可信者编入《通鉴》，这应当说是主要目的，这一做法的本身就充分体现了司马光研究历史的求实求真的精神"⑤。汪受宽的文章则是专门探索《通鉴目录》的。汪文认为，《通鉴目录》集年表、帝纪、历法、天象、目录、举要和索引于一体，开创了一书目录中的编年史书多功能目录的新体例，在中国史学史上产生了

---

① 见周征松：《〈资治通鉴〉编撰略论》，载《山西师范学院学报》1984年第3期。
② 见陈光崇：《论司马光的历史编纂学》，载《历史教学》1983年第6期。
③ 见张新民：《〈通鉴〉编修与史馆制度》，载《贵州大学学报》1988年第1期。
④ 见邱居里：《从〈通鉴考异〉看〈资治通鉴〉的史料来源与选材特点》，载《史学史研究》1985年第3期。
⑤ 见仓修良：《从〈通鉴考异〉看司马光求实精神》，载同作者：《史家·史籍·史学》，济南：山东教育出版社，2000年。

深远的影响。它是一部形式独特的简明中国古代政治通史,选材既有重点,又兼顾一般,对史事有首尾清楚的交代,着眼于历代统治的经验,君臣议论中关于治国方案的精要话语构成了该书政治通史的基干①。

《通鉴》中的"臣光曰"一直是学术界关注的重点内容,相关的文章不少,但思路分歧并不太大。季平在80年代先后发表了《评〈资治通鉴〉的"臣光曰"》、《再评〈资治通鉴〉的"臣光曰"》等文。在前文中,他总结了"臣光曰"的某些卓识见解,如重视历史经验、强调知人善任、重视纳谏与善谏、主张严明刑赏等,但对它的批判却极为严厉。季文指出,"臣光曰"的反动论点集中在宣扬君权天授、君权万能上,鼓吹封建等级制度的永恒合理,"以礼治国",提倡"明哲保身",对少数民族采取大汉族政策。其实质是英雄造时势的唯心史观,影射攻击王安石革新,强调教化风俗,加强对臣民的统治。"它既充满了极为反动的封建糟粕,又闪烁着许多有益的精华,是封建皇帝和反动派代表人物实行反动统治和晋身处事的教科书。"② 后文则是从《通鉴》本身和史学史的角度对"臣光曰"的内容特点进一步分析。在文章中,作者基本上予以肯定,认为"臣光曰"是《通鉴》的重要组成部分,其中多有引为借鉴的历史教训,史论结合也有利于后人效法③。刁书仁的文章从积极的角度对"臣光曰"进行评论,从而与季平前文形成了鲜明的对照。他说,"臣光曰"表现出司马光重视纳谏和善谏,强调君明臣直,治国知人善任,崇俭戒奢,坚持信赏必罚,对国家盛衰、生民休戚提供了有益的经验总结,值得今人借

---

① 见汪受宽:《〈通鉴目录〉初探》,载刘乃和、宋衍申主编:《司马光与资治通鉴》。
② 见季平:《评〈资治通鉴〉的"臣光曰"——批判封建思想,继承文化遗产初探》,载《西南师范学院学报》1980年第1期。
③ 见季平:《再评〈资治通鉴〉的"臣光曰"》,载刘乃和、宋衍申主编:《司马光与资治通鉴》。

鉴①。张利群在其文章《试论〈资治通鉴〉中的"臣光曰"》总结说司马光"用它来评说历史事件和历史人物,更能直接地表现作者的政治倾向和治世态度,因此'臣光曰'便成为研究司马光不可缺少的珍贵史料"②。

胡三省及其注文,也是学术界关注的重点。60年代初,仓修良撰有《胡三省和他的〈通鉴注〉》,较全面地介绍了胡三省的生平和他注释《通鉴》的活动,认为胡注与裴松之注《三国志》齐名,但其难度和价值却在裴注之上,与《通鉴》同属我国珍贵的文化遗产。该文是为纪念胡三省逝世660周年而作的③。时隔20年,仓修良又撰写了《胡三省〈通鉴注〉简论》一文,此文与上文基本接近,所论内容则更为翔实,主要从文字注释、辨正前人之误、考辨史事记载讹误、对以前史家评论、对历史事件历史人物的评论五个方面论述了《通鉴注》的主要内容及其对历史学的贡献④。冯惠民的《〈通鉴〉胡注简论》不仅强调了胡注翔赡而丰富的史料对《通鉴》传播的功绩,而且也指出了其中存在的博而不约、前后矛盾等缺憾和不足⑤。冯端林的《胡三省的史识与史才》探讨了胡注《通鉴》成功的因素。作者认为,胡氏撰写的很多篇章是对司马光史学观点的发挥和推论,能从富国强兵、国家统一大局着眼,把人物放在具体的环境中评论,纠正了前代史家对历史人物评价的失当之处。"胡注堪称为第一部宏著,博采众书,既发明古义又加上自己的一些新见解"⑥。关于胡三省的籍贯,陈垣先生早在研究胡注中说他是浙江宁海人,后来又有天台人一说。胡克均《关于胡三省的籍贯问题》说胡氏一族在唐末自

---

① 见刁书仁:《试论"臣光曰"中可供借鉴的因素》,载刘乃和、宋衍申主编:《〈资治通鉴〉丛论》。
② 见张利群:《试论〈资治通鉴〉中的"臣光曰"》,载《晋阳学刊》1985年第1期。
③ 见仓修良:《胡三省和他的〈通鉴注〉》,载《文史哲》1962年第4期。
④ 见仓修良:《胡三省〈通鉴注〉简论》,载《杭州大学学报》1982年第3期。
⑤ 见冯惠民:《〈通鉴〉胡注简论》,载《史学月刊》1983年第6期。
⑥ 见冯端林:《胡三省的史识与史才》,载《中山大学学报》1987年第3期。

豫章迁至会稽,再迁至宁海,系后唐庄宗起居舍人之后。所谓"天台"籍贯,是指天台山,即台州代称,不是天台县,胡氏籍贯应是宁海①。

此外,专门研究司马光三位助手的文章也间或有之,但多数都与司马光编修过程一并提及,如前引王曾瑜《关于刘恕参加〈通鉴〉编修的补充说明》、仓修良《〈通鉴〉编修的"全局副手"刘恕》等均是如此。李裕民的《刘恕年谱》第一次比较系统地介绍了刘氏的生平、思想和参加编纂《资治通鉴》的活动②。颜中其也撰写了《刘攽年谱》一文,叙述的方式基本与李文相同,但内容较为详细,该文就刘攽出生至去世的67年经历收罗殆尽,对了解和研究刘攽提供了比较翔实的资料③。关于范祖禹,陈光崇和周原孙分别发表了同名异文的《范祖禹与〈资治通鉴〉》的文章。陈文通过阅读《范太史集》,对书中涉及的范祖禹参与修纂《通鉴》进行了考证,该文也论述了刘恕和司马康等人的活动;周文则偏重于介绍范祖禹修书的全部活动④。

他如研究通鉴版本的有高振铎《〈资治通鉴〉刊刻出版考》⑤,对《通鉴》点校整理提出异议的有吕叔湘的《〈通鉴〉标点琐议》、陈光崇的《〈通鉴·唐纪〉标点本校误》、周绍良的《〈资治通鉴〉勘误举例》和朱玉龙的《中华版〈资治通鉴〉辩证30例》⑥,对司马光记载持有疑问的如傅金星的《〈通鉴〉不载屈原事》,以及

---

① 见胡克均:《关于胡三省的籍贯问题》,载《杭州大学学报》1981年第2期。
② 见李裕民:《刘恕年谱》,载《山西大学学报》1978年第2期;又收入刘乃和、宋衍申主编:《〈资治通鉴〉丛论》。
③ 见颜中其:《刘攽年谱》,载刘乃和、宋衍申主编:《〈资治通鉴〉丛论》。
④ 见陈光崇:《范祖禹与〈资治通鉴〉》,载《辽宁大学学报》1980年第6期;周原孙:《范祖禹与〈资治通鉴〉》,载《社会科学研究》1988年第3期。
⑤ 高振铎:《〈资治通鉴〉刊刻出版考》,载刘乃和、宋衍申主编:《司马光与资治通鉴》。
⑥ 见吕淑湘:《〈通鉴〉标点琐议》,载《中国语文》1979年第1—2期;陈光崇:《〈通鉴·唐纪〉标点本校误》,载《史学史研究》1981年第3期;周绍良:《〈资治通鉴〉勘误举例》,载《古籍整理与研究》1987年第2期;朱玉龙:《中华版〈资治通鉴〉辩证30例》,载《安徽史学》1988年第3期。

施丁的《〈通鉴〉写战争》、许凌云的《〈通鉴〉书法散论》、陈连庆的《〈通鉴〉的战国史学》、颜中其的《〈资治通鉴〉的文学艺术特色》、周文英的《略谈〈通鉴〉对农民起义的记载》等等，也都从不同的角度对司马光及《资治通鉴》阐发议论或考释辨正[①]。刘乃和的《〈通鉴〉、〈胡注〉和〈表微〉》及《重读〈通鉴胡注表微〉札记》二文[②]，不仅涉及《通鉴》和胡三省的注释活动，后一文更多地记载了作者当时跟随陈垣先生治学的活动，她亲身经历了《通鉴胡注表微》撰写的过程，此文提供了大量第一手资料，是研究这方面问题的权威之作[③]。

（本文原载中华孔子学会编辑委员会主编：《国学通览》，北京：群众出版社，1996年，第410—424页。收入本书时将原来的文内注改为页下注，增加了引文出处并有部分订正）

[①] 见傅金星：《〈通鉴〉不载屈原事》，载《读书》1984年第3期；施丁：《〈通鉴〉写战争》，载《文史哲》1981年第6期；许凌云：《〈通鉴〉书法散论》，载刘乃和、宋衍申主编：《〈资治通鉴〉丛论》；陈连庆：《〈通鉴〉的战国史学》，载《〈资治通鉴〉丛论》；颜中其：《〈资治通鉴〉的文学艺术特色》，载刘乃和、宋衍申主编：《司马光与资治通鉴》；周文英：《略谈〈通鉴〉对农民起义的记载》，载《〈资治通鉴〉丛论》。

[②] 见刘乃和：《〈通鉴〉、〈胡注〉和〈表微〉》，载《司马光与资治通鉴》；《重读〈通鉴胡注表微〉札记》，载《〈资治通鉴〉丛论》。

[③] 此文写作于20世纪90年代中期，这以后的十多年时间"通鉴学"又获得迅猛的发展，研究的细致和深度均有新的上升，成果亦多，此稿收入本书时没有涉入近年来的研究现状，只是对原文的论著出处重新标明，以备读者查考。有关"通鉴学"20世纪的研究成果，可参看方建新写的《二十世纪宋史研究论著目录》（北京：北京图书馆出版社，2006年）一书，收录大陆与港台20世纪宋史研究的论文和著作，十分详备。

西域史研究的一部力作

中亚地区在中国古代被冠以"西域"之称,有关该地区社会历史的发展状况,因文献缺佚而不被世人更多地了解,以致成为世界历史研究中的近乎空白之处。自19世纪后期西方探险者东来并盗走大量文物之后,此地遂引起学术界的逐渐重视,国内外相继有多人投入精力对之进行研究。我国近几十年来对西域史的研究进展尤著,有些课题进行得相当深入,并已获得了阶段性的成果。但中古时期活跃于该地的几支重要势力如唐、吐蕃和大食(阿拉伯)之间的活动及其相互之间的关系,则不论国内国外均少有人涉及,日本学者森安孝夫和美国学者白桂思在20世纪80年代中期先后发表文章著作,对上述势力尤其是吐蕃进行探讨,但因引用文献各有偏重和局限,还不能说已完全填补了这段空白[①]。近年出版的王小甫先生的《唐、吐蕃、大食政治关系史》[②]一书则针对七八世纪这三种势力在西域展开的角逐以及它们之间复杂的关系进行了全面系统的论述,富于学术价值,可以说反映了我国学术界对此问题研究的高层次和高标准的状况。

综观全书,我认为该书有如下特点:

---

① 参见(日)森安孝夫:《チベット语史料中に现われる北方民族》,载《アジア・アフリカ言语文化研究》14集,1977年;《ウイゲルと吐蕃の北庭争夺战及びその後西域情势について》,载流沙海西奖学会编《アジア文化史论丛》3,山川出版社,1979年;《吐蕃の中央アジア进出》,载《金沢大学文学部论集・史学科编》第4号,1984年3月刊,别刷;《回鹘、吐蕃789—792年的北庭之争》,耿昇译,载《敦煌译丛》第1辑,兰州:甘肃人民出版社,1985年。白桂思 Ch. I. Beckwith, *The Tibetan Empire in Central Asia*, Princeton University Press, 1987.

② 北京:北京大学出版社,1992年。

一、本书系统地论述了唐、吐蕃、大食三方以及突厥诸部在西域势力的消长及其作用与影响。全书分为正文和附录两部分，正文内容依次为：唐朝统治西域与吐蕃的介入、唐初安西四镇的弃置、葱岭地区的政治角逐、唐蕃西域较量的新发展、东争唐地西抗大食的吐蕃帝国等；附录则收入作者对重要史实考证的文章七篇，附加大事年表、帝王年表、将相年表、缩略语与参考文献、英文提要和地图等内容。

作者认为，唐、吐蕃和大食这三方几乎同时崛起、同时强盛，其关系构成了当时亚洲强权政治史的主要内容，西域则是三方角逐的中心。唐朝对西域的经营是从消灭突厥的霸权开始的，经过30余年的努力，终于在亚洲内陆取而代之。而吐蕃在松赞干布统一青藏高原后也开始向外扩张，西突厥被灭之后，其残余不甘心唐朝"分而治之"的统治，力图恢复其传统的对绿洲地区的控制，这便给吐蕃的介入提供了契机。吐蕃最初进入西域，不是如以往人们认为西经勃律、绕道葱岭的那样，而是通过其北向三条道路的中道即所谓"食盐之路"进入于阗与"五俟斤路"的连结，进而与突厥残部联合对抗唐朝的。当时唐蕃双方均无彻底击败对方的实力，遂以争夺安西四镇为焦点而展开了长期的抗衡，直到武则天统治的时期，唐将王孝杰派重兵驻守四镇，吐蕃才被迫向西开通跨越葱岭之路。但此路战线长远，吐蕃难以维持，成效甚微，而唐则频频得手；此时大食又与突骑施展开中亚之争，在这种情况下，吐蕃转而致力于从东道进入西域。安史叛乱，迫使唐军收缩，吐蕃乘机陆续攻占河西陇右诸地，但四镇仍为唐军据守，至唐德宗贞元八年（792）才完全失手。唐朝的退出，预示着西域从而整个亚洲大陆的强权政治时代基本结束。吐蕃获取天山南部则必须与当地诸势力联盟维系，回鹘人此后曾一度强盛，但亦未能覆盖整个北部草原，旋受迫于黠嘎斯而退出高原。随着分立趋势的发展，整个亚洲大陆都进入了一个新的历史时代。

二、在这个基础上，作者对中外文献深入剖析勘别，对中外研究成果仔细辩证。他在"后记"里说："我在书中批评了一些学者的观点、方法，但凡是他们正确的地方，我也毫不犹豫地加以肯定、引用，可见我的批评完全是纯学术的。"实际情况也正是如此。我们看到，作者掌握的中外资料十分丰富，但所下论断却极为慎重，然而这并不妨碍他提出各种新观点，事实上，他的许多论点都是在与国外学者研讨商榷的方式中提出的。我感受最深的，一是有关安西四镇中焉耆镇与碎叶镇的替代问题。作者不同意四镇初设时有碎叶而无焉耆的观点，认为前者系草原国，后者是绿洲国，按照唐朝与西突厥争夺绿洲的意旨，焉耆应为初置四镇之一，而吐蕃后来的介入才使得碎叶设镇成为必要。唐于其地置镇是在高宗调露元年（679），此前西突厥残部与吐蕃联合攻陷四镇，唐旋派裴行俭以册送波斯王归国、安抚大食使为名征服西突厥，裴的副手王方翼筑城碎叶。这反映出西域的政治形势已发生变化，唐朝开始加强对十姓可汗故地的控制，进而隔断二蕃，这成为唐此后经营西域的主要任务，四镇的活动也从镇抚地方转向防备进攻的重点上来。其二，与此密切相关的是，武则天时期唐军在收复四镇的军事行动中每每以"武威道行军"或干脆以"威武军"冠之，作者认为这并非仅是全称、简称之别，考虑到王孝杰收复四镇后用汉兵驻扎其地，作者推测唐朝军制在西域已由行军向镇军转化，武威军则始开其先。作者又进一步指明唐廷对此前西域政策有所反省，派军长驻四镇，这一重大政策的转变立即给唐朝扎根西域带来了效果。其三是作者对唐、吐蕃、大食三方关系的论述，既回答了以往学术界的歧异纷争，又使得这一问题的讨论向纵深层次发展。作者通过对文献的审别辨析，否定了长期流行的唐朝支持突骑施在中亚对抗大食的说法，认为恰恰相反，唐与大食计会连兵共破突骑施倒是事实。突骑施在玄宗开元、天宝时期复起并与吐蕃联合威胁周边诸国，唐与吐蕃不停地争衡，大食亦卷入与突骑施的冲突，于是唐、吐蕃、大食与突骑施这四方形成了微妙复杂的关系，作者将其概括为"四方三角"关系。

对于大食与突骑施在中亚的争夺，作者精辟地分析认为，这主要表现为新宗教代表的新的政治（伊斯兰教与大食宗主国）与当地历史文化传统（佛教、祆教、摩尼教等与草原牧民宗主）的冲突，基本上与唐无干，唐朝只是在其国力极盛而突骑施又已衰落的情况下才同大食在怛逻斯发生了一次遭遇战。

由于本书扎扎实实的论证，人们应当修改从前那种唐代西域史研究中占主导地位的土著力量一直是突厥人的看法，而可能甚至必要地考虑本书的结论：中亚绿洲的突厥化是以几大强权政治时代的结束为代价的；中亚后来的伊斯兰化实际上是指突厥人的伊斯兰化，其前提则是中亚的突厥化。这些学术观点和见解，都已超越了现有的研究水平。

三、本书的研究层次和水准之所以高，与作者研究方法和手段的独到有直接关系。就文献利用上，王小甫先生不仅详细堪辨汉文古籍和今人著述，而且重点利用了少数民族文献和国外的相关资料，其语种除汉文外，涉及古藏文、阿拉伯文、英文、俄文和日文等等，对古藏文与阿拉伯史料的分析尤为本书特长。这使作者获得了国内外最新研究的成果，视野开阔，始终置身于研究领域的前沿阵地。另一方面，作者又继承了我国史学从大处着眼、从小处入手的传统。我们看到，作者在讨论问题时几乎都从史实的考订出发，但又不限于问题本身，而是通过中外文献的辩证使问题走向深入。这方面的例子充满全书，限于篇幅，只好从略。总而言之，作者对具体问题的考订是建立在全书通篇的逻辑范围内进行的，在史论结合方面达到了一种新的境界。作者将唐、吐蕃、大食三方的关系置身于亚洲大陆的政治变化格局中系统的考察研究，集中反映了中国传统史学方法与西方辩证观点合璧的特点。

然而本书亦有若干可商榷之处。例如第二章谈到唐朝在葱岭以东积极进取，在其西部则消极调和，一开始就不想与大食人对抗，作者并没有继续深论；第三章述及大食势力进入中亚，锡尔河中游、拔汗那及七河地区实际上并未成为其附属问题，也有进一步阐释的必要；同一章论述唐在西域采取羁縻政策，大食人亦颁布相应措施，但旋即加上吐蕃一语，又未深解，亦似有突兀之感。作者计划在此基础上撰写《吐蕃对外关系史》，与此书配套，我们希望新作能早日问世。

（本文原载《中国社会科学》1995年第2期，第206—207页）

中西学术之间：荣新江新著《中古中国与外来文明》

北京大学古代史研究中心荣新江教授的新作《中古中国与外来文明》由三联书店于2001年12月出版。该书是他研究粟特和摩尼教、景教论文的汇编，集中地展现了他近年研治上述问题的成果。该书也代表了大陆历史学界对这个有国际影响的学科研究的最新水平。我这个估价不知是否过分，不过张广达先生在该书的序言中说："新江的业绩使人感受到目前学术群体的锐进势头，由陈垣、向达、冯承钧、张星烺、方豪、韩儒林、朱杰勤、韩振华、孙培良、章巽等先辈开创的研究中西交通、中西文化交流的传统，因新江和他的许多同一代学者的新颖研究而得到继承，而迈入新境界，而发扬光大。"[1] 这里将荣新江置于当代研治中西交通和中西文化交流的新锐之一，应该说是实事求是的定位。

该书由四个部分组成。前三个部分属于专题研究，第四部分是书评，共收录有关中西交通和交流的书评11篇。前三部分研究的问题包括粟特人、祆教、摩尼教和景教，并以粟特、祆教为主，这是全书最精彩的部分。

第一部分的题目是"胡人迁徙与聚落"，由《西域粟特移民聚落考》、《北朝隋唐粟特人之迁徙及其聚落》、《北朝隋唐粟特聚落的内部形态》和《隋及唐初并州的萨保府与粟特聚落》四篇论文构成。前两篇论证粟特人入华及其分布的地区，勾画了他们向

---

[1] 见张广达先生序文，载荣新江：《中古中国与外来文明》序，北京：生活·读书·新知三联书店，2001年，第5—6页。

东迁徙的路线,即从塔里木盆地北道经据史德、龟兹、焉耆、高昌(西州)、伊吾(伊州),或从南道经于阗、且末、石城镇进入河西走廊,经敦煌(沙州)、酒泉(肃州)、张掖(甘州)、武威(姑臧、凉州)、高平(平高、原州),入长安、洛阳,并北上灵武(灵州)、六胡州、太原(并州)、雁门(代州)、安边(蔚州、兴唐)至幽州、柳城(营州);南路从洛阳向东经汲郡(卫州)、安阳(相州、邺郡)、魏州(魏郡)、巨鹿(邢州)、常山(获鹿、恒州)、博陵(定州)到达幽、营二州。上述地区的粟特人活动情况,有不少成为学术界关注的对象,而且像W. B. Henning、贝利、蒲立本、池田温、张广达、姜伯勤、陈国灿、N. Sims—Williams、W. Sundermann、吉田丰、森安孝夫等中外学术界拔尖的专家都曾进行过研讨,起点相当高,作者在他们研究的基础上又增加了新的内容,使上述地区粟特人活动的轨迹更加清晰。比如对于阗地区粟特人的活动,作者从斯坦因在安得悦发现的一件佉卢文契约文书中买卖一方suli'ga、va'giti、vadha'ga 字体入手,支持科诺夫suli 'ga 即粟特的观点,进而推测粟特人进入于阗的时间至少在7世纪以前。他又对和阗、敦煌等地出土的于阗语文书,从历史学的角度补充贝利有关粟特的例证,不仅证实于阗地区粟特人的存在,而且考释出他们向当地政府交纳丝物或政府征税等日常情况,使该地区粟特人的面貌逐渐清晰起来。在谈到瓜州粟特人的问题时,作者对康姓墓志铭里频繁出现的"会稽"一词产生疑问。因为众所周知,会稽处于江南越州,其居民是地地道道的汉人,其郡望在唐朝也属于名门之列;然而瓜州境内也有一个以"会稽"命名的地方,作者认为东迁所经瓜州的粟特人墓志中的"会稽"应当指此而言。安史之乱以后,一些与安禄山同姓的粟特人为避嫌,采用瓜州会稽作为自己郡望时有意省去"瓜州"二字以同江南望门混淆,他们的这种行为是受了中原传统观念的影响。

我以前曾注意到粟特人入华之后生存的两种方式,即分散与聚居[1]。但聚居的情况如何？目前尚没有仔细的研究。荣新江上述第三、四篇论文就是针对这种情况的，《北朝隋唐粟特聚落的内部形态》尤其值得注意，该文属于首次发表，可以说是国内对粟特聚落所做的第一次详细的阐释。这两篇文章所依据的材料，都出自新近在太原和西安发现的虞弘墓和安伽墓，这两座墓室石棺上的雕像描绘的内容展现出聚居粟特内部社会的生活景况，时间一是隋朝，一是北周末年。学术界对其中"萨保"一词并不陌生，但对具体情况的掌握就非常薄弱了。作者在这篇论文里首先谈到萨保问题，他接受吉田丰和姜伯勤对"萨保"一词的解释：其原义是指队商首领，延伸为队商所形成的聚落上的政教兼理的胡人大首领[2]。正史记载萨保最早的是在北齐，作者考订出它作为中原王朝中央或地方政府、地方王国的职官则在6世纪前半叶的北魏时代；在上述官府势力所不及的地区，胡人聚落中的萨保则往往称为"首领"或"大首领"。作者根据虞弘墓志记载，并将目前所知萨保开府的情况从唐朝提前到了北周末年；接下来，该文用大量的篇幅描绘萨保外交、商业活动的场景。安伽墓石棺床后屏的6幅图像生动地展现出萨保在粟特聚落中的地位以及其他宴饮、狩猎、会客、出访等的活动，特别是他们与突厥的交往，汉文史籍虽多次提及粟特与突厥的关系，但是像这种非常具体的交往情景，则是不多见的。

该文另一处有贡献的地方是破除了以往人们认为粟特人聚落的纯粹性的印象，指出整个聚落的构成以粟特人为主，同时也包含其他西域和北方游牧民族的成分；其婚姻形式属于内部通婚制；聚落日常的生活有宴饮与乐舞、出行与经商、狩猎与种植等等。他们墓葬的形式在本土盛行的则是骨瓮葬，即人死后，其尸体由狗或飞禽食掉，将骨头置于瓮中埋葬；但是从安伽墓和其他粟特石棺

---

[1] 参见拙文：《唐代墓志中的昭武九姓粟特人》，载《文献》1997年第1期。
[2] 见《中古中国与外来文明》，第115页。

的情况来看，入华之后他们就废弃了纯粹的骨瓮葬式，改为汉地的墓室安葬方式了，但是又将尸骨火烧置于墓门之外。作者说："这种葬式既不是中国传统的做法，也不是粟特本土的形式，应当是入华粟特人糅合中原土洞墓结构、汉式石棺以及粟特浮雕骨瓮的结果。"[①] 这正反映了粟特墓葬的转变过程。到了唐朝，粟特人的墓葬则多为汉式结构，逐渐与汉人混同。经过该文的论证，我们比较清楚地知道了粟特人墓葬转变的基本线索，其价值是很高的。

粟特人的祆教信仰问题，是作者着力的另一个方面。学术界对粟特人的宗教信仰有诸多说法，因为他们在东来的过程中传播摩尼教和景教，入华后许多人又改信了佛教。作者在此文中提供了更多的粟特人与祆教信仰有关的证据，使人们对这个问题有了进一步的认识。

第二部分"胡人与中古政治"由《高昌王国与中西交通》、《胡人对武周政权之态度——吐鲁番出土〈武周康居士写经功德碑〉校考》、《安禄山的种族与宗教信仰》、《一个入仕唐朝的波斯景教家族》、《敦煌归义军曹氏统治者为粟特后裔说》五篇组成。我对其中的第二、三篇更有兴趣，印象也相对清楚。第二篇文章论述的是日人吉川小一郎在高昌故城购得的一方唐朝石碑载有的信息，此碑文内容罗振玉《西陲石刻后录序》有录文，定名为《武州康居写经功德碑》。作者在此基础上进一步研究，认为碑文内容是武则天时期胡人翻刻的佛经目录，著录最晚者是693年所出的《宝雨经》。《宝雨经》等经文的翻刻，揭示出武则天上台前后政治斗争的复杂程度超出了以前人们想象的程度。因为武则天利用《大云经》为自己上台张目是人们熟悉的，文献中对武周与胡人的关系也有程度不同的记载，但那主要是在政治斗争的中心地区。《宝雨经》的翻译以及由此反映的胡人的政治态度，

---

① 见《中古中国与外来文明》，第154页。

说明远在西北陲地的西州同样有胡人拥护武则天的事实。西州地区是粟特胡人聚居地之一，在这本书里作者早有论述，作者提供的地方上胡人对武周的政治态度，给我们提供了一个新的信息，扩大了我们关于武则天政治与宗教关系的认识，而且这种关系远及西陲，值得进一步思考。稍感遗憾的是，该文论述仅此而已，倘若再深入一步，则有关武则天与胡人的关系将会得到更清晰的阐释。

第三篇文章涉及的安禄山族属问题，是众多学者都曾感兴趣的。作者在这里没有提出什么惊人的见解，只是对陈寅恪等人的观点作进一步的印证。其中给我留下最深印象的是作者对安禄山字义的解读。他说，安禄山与其他胡人举行的拜天仪式与祆教的祭祀之礼是一样的行为。"禄山"也作"轧荦山"，意为"光明、明亮"，"轧荦山神"就是"光明之神"，即祆教崇拜之神。他的文章考证详细，几无所遗，因而能发人所未发之覆。这是荣文给我较深的印象。

第三部分"'三夷教'的流行"由《祆教初传中国年代考》、《粟特祆教美术东传过程中的转化———从粟特到中国》、《〈释迦降伏外道像〉中的祆教密斯拉和祖尔万》、《〈历代法宝记〉中的末曼尼和弥师诃———兼谈吐蕃文献中的摩尼教和景教因素的来历》、《摩尼教在高昌的初传》五篇构成；第四部分"汉唐中西关系史论著评介"包括十一篇书评，即：赫德逊《欧洲与中国》，D. D.Leslie 和K. H. J. Gardiner《汉文史料中的罗马帝国》，吴玉贵《突厥汗国与隋唐关系史研究》，王小甫《唐吐蕃大食政治关系史》，蔡鸿生《唐代九姓胡与突厥文化》，《中国与伊朗：从亚历山大到唐朝研究论集》，富安敦《质子安世高及其后裔》，罗丰《固原南郊隋唐墓地》，E.Knauer《骆驼的生死驮载———汉唐陶俑的图像和观念及其与丝路贸易的关系》，龚方震、晏可佳《祆教史》和森安孝夫《回鹘摩尼教史之研究》等。第三部分内容似乎更专门化一些,第四部分则是书评,限于篇幅,这里就不再论述了。

就全书读后的印象,以及我平时对荣新江教授治学的了解,我认为其书和他本人治学有以下几个特点:

第一,他治学的基本方法继承了陈寅恪以降的实证考据,每篇都有新意或自己的见解,所以写出来的东西有较高的学术参考价值。其他风格的史学文章也各有价值,我这里指出的是荣新江教授的论文只是史学文章的一种形式。每个有成就的学者都会逐渐地形成自己的风格,从这点上讲,他的风格是比较突出的。

第二,荣文的另一个特点是对材料的搜罗无遗。这使得其文章往往超出前人及时贤,我不止一次地听到过同行的这类说法,读者也可以从该书中领略到。

第三,该书的引证和参考利用他人的成果严格地遵循学术规则,而且与国际学术接轨,这同作者长期与国外学术界保持着密切的接触有直接关系。

第四,就我的感觉,该书在印制上几乎没有什么错误,这当然是编辑仔细、出版社把关严格的功绩,也是作者本人对学术产品精致要求的结果。学术研究被学者视为生命,这是中国和国际治学谨严者的通性,然而在今天却常被人忽视,以致出现不少违规或背离学术操守的现象,荣书展现给世人的则是学术孜矻研磨、搜求不已的写照,这些都是值得我们学习并大加赞赏的。

(本文原载《中国边疆史地研究》2002年第4期,第107—109页)

高宗其人之真相

——孟宪实教授《唐高宗系列讲座》之评论

一

继《唐太宗系列》之后，孟宪实教授又开始了《百家讲坛》《唐高宗系列》的讲授。较之于高校或研究所范围内的学术性的研究和讲课，通俗、普及地与广大民众分享历史上的某些人物和故事的乐趣，是《百家讲坛》追求的宗旨。历史学术社会化和普及化，其好处之一是让更多的人了解过去发生的那些事，这类展示手法从古至今持续不衰，"文革"之前著名历史学家吴晗就曾组织过一批有分量的专业史学家撰写历史故事，目的是向社会介绍中国辉煌的过去，在他们了解和享受文化的同时，也把自己给优雅了，所谓"陶冶情操"，是历史功能的一个社会性价值取向。

对历史的叙述，可以分成学术性和非学术性的两大类，前者属专业范畴，有其自身的标准和目标，也有为追求目标设定的各种规矩，因其专业化，只能局限在少数人或专业人士之间；后者则属社会化和大众化的，目标是引起所有人的共鸣，其范围是全体受众。《百家讲坛》的设定，正好是跨越二者之间，是以专业人士将专业的内容采取通俗易懂的方式传达给非专业的社会大众。它要求既有专业的素养，又具备大众喜闻乐见的接受方式。较之于历史小说和电影电视，讲坛的内容是真实的，它不能有过多的虚构，也不鼓励作者自己过多的臆想，基本上是在史实的前提下做比较生动的叙述，使人喜欢，形象活泼，甚至催人泪下，或让人欣喜若狂，目的还是追寻历史的本真。从这个角度着眼，我觉得《唐高宗系列》的讲授，至少就我阅读的讲稿而言，作者这个意图是十分明显的，这也正是我下文谈论的基础。

二

这个系列正像以前《唐太宗系列》一样，是建立在资料和信息比较扎实的基础之上的，通俗地说就是凭借史料说话，因而是比较真实和可信的，与时下流行的"戏说"是两码事。研究历史的人都很清楚（我这里指的是实证史学），由于文献记载的选择性加上散落流失，古代很多事情和人物的具体情况我们今天所知甚少，要想复原，就必须通过专业的训练，以该门学科的规则和要求去研究，进而揭示出不为人所知的东西，通过史料的解读，提出合理的假设和猜想，这些都是有效的手段，属于学术性和研究性探索的范畴。这个系列依据的规则正是如此，所以我说它是建立在信任而真实的基础之上，至少大致上是如此的。那么，这个系列有什么特点呢？就我阅读的范围而言，我觉得以下三点给我的印象比较深刻：

第一是对高宗性格的刻画。

具体到唐高宗这个人，传世的是文献留给我们的印象就是仁孝、懦弱，其政治的表现和作为则不敢恭维，甚至还遗留祸端。如《旧唐书·高宗纪》的"史臣曰"里有这么一段话，说他"惑麦斛之佞言，中宫被毒；听赵师之诬说，元舅衔冤"，"卒致盘维尽戮，宗社为墟"[1]。"中宫被毒"指的是高宗的皇后王氏被废、武则天册立的事件；"元舅衔冤"是指支持王皇后的朝中重臣长孙无忌被排挤和被铲除的政治事件。史臣所说的这些评论，都是带着指责和批评的语调，显然，他们对高宗并不满意。到了《新唐

---

[1] 见《旧唐书》卷5《高宗纪下》，北京：中华书局，1975年，第112页。

书·高宗纪》里,史臣评论的语气就更加严重,说他"溺爱衽席,不戒履霜之渐,而毒流天下,贻祸邦家"①。

两《唐书》的史臣,一是五代时期的人,一是北宋时代的人,他们对高宗的态度,显然是严厉的批判。其批判的目标,就是高宗任用武则天,最终导致以周覆唐事变的发生。显然,武则天是他们的众矢之的,而高宗则是武则天上台的牵路人。现存的文献,主旨基本在此。在这个叙事的框架里,高宗被掩盖在武则天的"光环"之下,他几乎丧失了主动,处处受武则天的支配和制约。除了武则天的手腕和计谋之外,高宗之所以罩在武则天之下,还是他性格的仁弱甚至懦弱造成的。然而,在孟宪实讲授的这个系列里,作者眼中的高宗皇帝,显然不完全是这个样子,如他所说:"我讲的唐高宗,也许与你的印象很不一样。复原唐高宗,就是我的使命。"② 在这种思路指导下,年轻的李治,在即位之前的太子时代,仁弱性格外表下隐藏的,是他为追求目标而矢志如一的韧劲儿;表现最突出的地方,就是他与武则天的邂逅。后者当时还是李治父亲唐太宗李世民的才人,按道理属于李治的母亲辈分,但是李治在守候生病的父亲的床榻之旁,却与武才人眉来眼去,用宋朝人的话说,就是:"高宗为太子时,入侍,悦之(指武则天)。"③ 两个人于是就好上了。当然,这一切都是偷偷进行的。按照一般的孝道,皇太子与自己后母辈的才人产生感情,并且又上升到婚姻的地步,即使唐朝后宫在某种程度上濡染北方游牧社会上层贵族收继婚习俗(就是儿子可以与自己非血亲的庶母结成婚姻)的情景下,也是不被认可的,况且李治偏偏又以通达事理的孝顺著称呢!

---

① 见《新唐书》卷 3《高宗纪》,北京:中华书局,1975 年,第 79 页。
② 见孟宪实:《唐高宗系列讲座》第一讲《殿下的早年生活》。附注:我这里引证的孟宪实教授的原文是他较早的电子讲稿,不是后来出版的《唐高宗的真相》一书(北京:北京大学出版社,2008 年),下同。
③ 见《新唐书》卷 76《后妃上·武氏传》,第 3474 页。

出现了这档事，再用"仁弱"、"忠孝"的字眼去描述李治，就显得十分的苍白无力了，相反，在作者看来，李治的真实形象显然被后人有意识地涂抹了，他用总结的话语强调，说道："李治是一个性格复杂的人……在父皇的权威面前，在传统的道德和政治要求方面，他低调做人，认真做事，小心谨慎。所有他需要的品质他都具备，所有正面的评价他都拥有，然而他想做的与社会不合拍的事情，他也照做不误。我们可以用八个字评语：'外圆内方，胆大心细'。北京话叫做'蔫坏'，现在流行的说法是'闷骚'。你们希望我做的，我都做得天衣无缝，我自己想做的，要你们毫无觉察。太子不是需要孝道吗，那我的孝道谁都挑不出毛病，你们还要特受感动。你看太子殿下，亲自为父皇允脓包，不肯坐车，扶着父亲的御辇步行几天。感动不感动？感动。但私下竟然敢动父亲的女人，法律立场的庶母。你说这个胆子有多大？"[①] 能够有这样胆子的人，确实不在胆小怕事之列。这至少是作者要告诉我们的一个真相。

第二是对高宗与长孙无忌之关系的描写。

我印象深刻的是作者对高宗与老臣长孙无忌双方形成的权力结构"二元制"的概括。

高宗与长孙无忌的关系，是两《唐书》和《资治通鉴》等文献着力描述的部分，其史实的叙述无大差别，基本理路如下：

长孙无忌不仅是太宗十分信任和器重的大臣，也是太宗皇后长孙氏的兄弟，他在太宗选择后嗣的为难处境中态度坚决，拥戴李治，又受命辅佐新皇帝。高宗上台后，长孙无忌以元老的身份处理朝政，位极人臣，高宗十分尊敬这位舅舅，朝廷内外，凡大事小事，都与宰相舅舅协商。然而，在自己后廷家务之内，高宗看中了武则天，试图以她取代皇后王氏，但受到长孙无忌的阻挠，

---

① 见《唐高宗系列讲座》第二讲《从殿下到陛下》。

他以王氏出身高门、礼法修行有度为由,拒绝高宗的更换,于是出现纷争,甚至在朝廷会议上剑拔弩张,最终武则天取代王皇后,长孙无忌遭到贬黜,被迫自杀了。

由于事关大局,特别是朝廷政治的走向,这段君臣的纷争,历来受到人们的关注。史学家们在阅读这桩纠葛的往事时,对诸多内情和隐匿不明之处,索引辨证,试图搞清真相,于是有陈寅恪先生的"关陇贵族"与"山东寒族"之争的论说。此说的逻辑是:武则天取代王皇后,标志着唐朝关陇贵族集团掌控朝政的局面被打破,来自山东的非贵族势力就此登上政治舞台,开始了新一轮的社会变革,从而告别了门阀政治。继此之后,围绕王、武嬗代之后的政治动向,有所谓庶族地主代替贵族地主、新兴地主与南北朝旧家世族之争、关中贵族官僚与关外一般官僚之别,乃至重臣集团与新官僚集团的互动等等的议论[1]。

这些都是学界着力的地方,应该说比较透彻地澄清了不少的隐晦和迷暗。但是作者并没有就此止步,相反,他认为高宗与长孙无忌的关系实际上是权力的"二元结构",我这里还是引用一段他的原话,即:"皇帝跟长孙无忌的这次交锋,充分反映出了这个时期朝局的根本症结:君臣二元结构。名义上皇帝是政权的最高责任人,但是实际上因为有一个权臣的存在,皇帝的实际权力得不到落实。朝廷中存在着两个权力核心,皇帝与权臣。这样,就势必发生矛盾冲突。永徽时期的二元政治结构,一方面是唐高宗,另一方面是长孙无忌。"[2]

既然存在着两个权力中心,在处理朝政的过程中势必会出现冲突:皇帝是权力的核心,以他为主掌握政权,是名正言顺的事情;但舅舅的威望超越常人,他周围形成了自己的党派,控制着

---

[1] 见胡戟等主编:《二十世纪唐研究》,北京:中国社会科学出版社,2002年,第36—37页。

[2] 见《唐高宗系列讲座》第三讲《舅舅当家》。

实际权力,这一山二虎,或借用传统的话语"睡榻之下岂容他人安身",明摆着要起冲突的。按照这个思路,作者接着以册立李忠为太子、处置房遗爱谋反案为线索,刻画出长孙无忌权力的暴涨,特别是通过房遗爱的案件,清除政治隐患吴王李恪、高宗之叔李元景乃至名将李道宗、薛万彻等人,进而形成以长孙为首的核心势力,"名义上皇帝统管一切,实际上大权都在长孙无忌手中"[①]。

面对着此情此景,高宗怎么办呢?

作者用了一个词——"突围",借以表达年轻皇帝对舅舅专权的不满。于是,武则天、王皇后有关后宫位子争夺的情感因素,就被赋予了外廷政治冲突的色彩。这时候的皇帝,不再是默默的忍让,也不再悲情痛声,表现出来的则是坚忍不拔,他那外表仁弱背后隐藏的机智和主见,第一次明确地彰显出来,而且一发就不可收拾:先是免除皇后舅父柳奭的中书令职务,继之切断后宫与外廷的联系,然后是废黜长孙周围的同党褚遂良诸辈,最后矛头所向,直指长孙无忌本人。在这二元制的政治结构里面,皇权由退让转成进攻,相权则从咄咄逼人的态势陷入尴尬被动的境地;而引起外廷局面改变的,则是内廷中的王、武皇后的易位,易位的因缘固然是感情的转变,但这感情却浸染了浓厚的政治情怀。对高宗而言,迎娶武则天,是他摆脱长孙无忌控制的手段,是他冲击"二元制"恢复皇权本位第一的途径,唯此,他才得以成为正常的君主,才能名正言顺。

这就是高宗的真相。

可惜,这真相被文献遮掩了,不管传世史料的写作者动机是什么,反正留给后人的高宗形象,是被大大地篡改了。高宗的本真相貌,如果今人不做仔细认真的辨证,是不容易触摸得到的。作者的目标,就是要还其本真的面貌。上面列举的,只是其中的

[①] 见《唐高宗系列讲座》第五讲《长孙的巅峰时刻》。

一个。更多的真情，读者可以从他的讲演里，或者著作中，再去寻觅。

第三是写法上的通俗并有赋有吸引力。

这是我阅读部分章节之后的另一个感受。作为大众化的、通俗性的文字，表达是否畅顺、情节是否跌宕起伏、情感是否丰富多彩，这些都是必不可少的要素。作者显然注意了这个问题，用词造句都比较风趣和讲究，比如第三讲《舅舅当家》一开始，作者就采用了这样的笔调："唐高宗李治上台伊始，工作很努力，完全当得起勤政二字评语。这么勤奋之后，新皇帝感觉应该很好吧。不，他的感觉很不好，用现在的话来说那就是不爽。为什么呢？""皇帝勤政爱民，大臣们应该欢欣鼓舞，……皇帝应该很高兴才对啊。事实是皇帝并不高兴，不仅没有什么赞颂的声音，不仅没有鲜花和掌声，连基本的肯定都没有获得。高宗如同一个傻瓜在忙碌，更有几件事情让年轻的皇帝感到不爽，十分不爽。"由此而展开线索，直奔主题，这不失为良好的开端。史学作品之所以能够引人入胜，除了内容的生动和丰裕之外，更需要文辞表达的优美和流畅，美国研究中国历史的学者史景迁教授，以擅长叙述和文字漂亮著称，读他的作品，每每被那精致的刻画所吸引，这是他的作品风行于世的原因之一。《百家讲坛》的读物，理应如此，本书的撰写，也体现出了作者的这个追求。

（本文以《"闷骚"的唐高宗》为名刊载于《中华读书报》2008年4月23日第15版，收入本书时仍采用最初的名称。此外，特加上一副标题以凸显本文的评论性质）

李志贤先生《杨炎及其两税法研究》书后

李志贤先生现任职新加坡国立大学中文系，所撰《杨炎及其两税法研究》（北京：中国社会科学出版社，2002年）是他攻读博士学位论文的成果。这部作品经过多次修补增订，前后费时达8年之久，显然属于精雕细刻之列。古人累世撰著一书并不奇怪，花费数年时间写作一部作品更是常有的现象，限于当时写作、印刷的条件，他们耗费时日有诸多的原因和理由；今天随着技术条件的提高，作品印制出版的过程大为减缩，不再需要更多的时间了，然而一些看中自己成果的学者，亦有度日如年、殚精竭虑地辛勤耕耘自己成果的经历，如田余庆先生撰写的《东晋门阀制度》一书即是如此[①]；他的另一部作品《秦汉魏晋史探微》出版后十余年，再次研磨，最近又出版了修订本[②]。邓广铭先生晚年更将精力投入到自己以前作品的整理和校订之中，孜孜不倦，精益求精，传为学界佳话。像这类学者如此看中自己学术作品的，我们可称之为"以学术为生命"的人物，他们为当今的学术研究树立了良好的榜样。李志贤先生的这部作品，也是常年钻研的成果。拜读大作之后，我对其中的观点、论证、考辨等，都留下较深刻的印象，以下就自己的认识所及，谈点看法。

一

作者将这部作品分成十章。第一章"绪言"，主要阐明该书

[①] 北京：北京大学出版社，1987年。
[②] 北京：中华书局，1993年；修订本亦由中华书局出版，2004年。

选题的意义与写作宗旨、史料的运用、研究方法和内容结构等。第二章"杨炎的生活时代",记述了杨炎生活的时代背景与社会面貌,揭示了开元天宝盛世背后潜伏着的种种社会问题,特别是安史之乱后唐朝面临的政治与财政危机。第三章"杨炎的生平事迹",细致地考察了杨炎的家世、个性、思想、才能、仕途和政绩等内容。第四章"杨炎的政治斗争",重点分析了杨炎所经历的政治斗争的原因和性质。第五章"杨炎倡行两税法的财政因素",分析了中唐以后赋役制度存在的基础——均田制隳坏、租庸调制瓦解所引发的财政体系的破坏,以及这种破坏对国家造成的损害等,指出两税法施行的必要性。第六章"推行两税法的财政前提与有利条件",该章论述了两税法之前肃宗和代宗二朝颁行的财政政策与局部改革,以及这种改革与两税法施行的关系。第七章"两税法的内涵",是对两税法本身进行的深入细致的考察和研究。第八章"两税法评议",评论两税法对当时社会民生、财政状况和政治局势的发展变化所产生的作用,对后世财政赋役制度造成的影响,还有后人对它的评价等。第九章"两税法反对论辨析",针对陆贽等人反对两税法或持有疑义者,作者从理论和现实情况两方面展开辨证,说明反对的不合理性。第十章"总结",是对全书主旨进行综合性的评论,肯定了杨炎的功绩和两税法的作用[①]。书后还附有"杨炎生平简表"、图表26幅,参考文献内容十分丰富,包括典籍、专著、论文(含博士、硕士论文)和日文论著、英文资料等计732篇部。

该书从设计安排、内容撰写、学术规范与程序、书后附录与参考引用,以及技术规则的处理等,都有周到翔实的处置,可以看出作者经过了严谨的史学学术训练,并在实践中模范地执行。这在今天强调学术规范而在实际中屡屡出现违规的情况下,我认

---

① 见李志贤:《杨炎及其两税法研究》,北京:中国社会科学出版社,2002年,第11—12页。

为本书及其作者是属于严格遵守学术规则行事的典范。

二

以下是我阅读本书的一些想法。需要说明的是，由于我本人对经济、财政问题没有过多的涉猎，有许多问题不是很清楚，所以自己的想法或评述在行家里手看来可能属于常识性的问题或者小儿科，不过我尽可能少出现些错误。

我读此书的第一个印象是作者对杨炎参与的政治斗争性质的辩解。

按照史籍看，杨炎在两《唐书》里属于政治上奸诈小人之列。《旧唐书》卷118《杨炎传》的史臣曰："仲尼云，富与贵是人之欲，不以道得之不处。反乎是道者小人。（元）载陷（李）辅国以进身，弄时权而固位，众怒难犯，长恶不悛，家亡而诛及妻儿，身死而殃及祖祢。（王）缙附会奸邪，以至颠覆。（杨）炎躩崔祐甫之规，怒段秀实之直，酬恩报怨，以私害公。三子者咸著文章，殊乖德行。……积恶而获令终者，其在余殃乎！"这里将杨炎与元载、王缙同列，说他们"殊乖德行"，显然是从道德角度立论的。这种评定是中国文化的传统，至少在王朝时期属于主流话语。不过，也许本书作者处于作传的一般习惯，对历史中有关杨炎的评论不以为然，他似乎以同情传主的心境为杨炎辩诬。不过话说回来，对历史人物的评论，向来是仁者见仁、智者见智，评论的标准和取向因人、因地、因条件而有诸多差别，杨炎在历史上遭遇的诟病，当时人们多是从道德角度去立论和取舍的，因此必然带有历史的痕迹；现今时代，距杨炎生活的年月相去千年之遥，作者所持的立场更加客观和公允，因而所置之评也更能反映历史的本真。

该书第四章主要讲杨炎的政治斗争。作者分成四节谈了以下几个问题：杨炎与元载的关系、与刘晏之争、与卢杞的关系等，最后阐明斗争的性质。其内在的逻辑是：杨炎第一次参与的朝廷斗争是被迫卷入而不是自愿的。杨炎之与元载结合，纯粹是同乡的缘故，元载后来遭代宗贬弃，杨炎也被（莫名其妙地）牵连进去，这才是他贬官的原因。两年以后，杨炎又受重用，返京任职，但他随后就与刘晏产生矛盾。传统的观点是，元载贬官时刘晏属于审判者一方，现在杨炎得势了，他自然要为元载报仇。但作者指出杨、刘之争并不是那么简单，"是由其他更复杂的因素所引发的，杨炎为元载复仇，只是传统史家或朝廷史官笔下的表面推断，并不是根本的或最重要的原因"①。这个最重要的因素就是德宗的介入，它远远大于二者个人之间的政治斗争。德宗为什么要支持杨炎打击刘晏呢？作者认为有两个原因，一是传闻刘晏曾参与奏请代宗册立独孤妃为皇后，使德宗怀疑刘晏涉嫌宫闱之争；二是刘晏的权势超出了德宗容忍的限度，他为朝廷制定的经济和财政改革的措施，被他日益擢升的权职所抵消，"当杨炎拟制了一套具体的财政改革方案后，德宗再也无需有此顾忌，于是便假借杨炎之手压制刘晏，解除了自己的心腹之患"②。但杨炎帮助德宗除掉刘晏的举措却引起了朝野的不满，面对这种形势，君臣二人不能相互协调，尤其是杨炎本人更将责任推卸到德宗身上，犯了大忌，最终导致被杀的厄运。就此思路，作者认为杨炎所参与或涉及的权力角逐，属于王朝统治阶层内部的政治斗争，即如作者所称的"杨炎与刘晏产生矛盾的起因当是权力之争"③，这与以往主张旧门阀豪族和新兴庶族之间的争斗或因经济政策不同而产生争执的说法毫无关系。

值得我们注意的是，作者在这里特别对杨、刘二人的理财政策提出了自己的解读。以前有些学者认为，杨炎与刘晏的斗争，

---

① 见《杨炎及其两税法研究》，第 123 页。
② 见《杨炎及其两税法研究》，第 126 页。
③ 见《杨炎及其两税法研究》，第 123 页。

除了元载的因素之外，杨炎还特别推行自己的一套（财政）措施与刘晏抗衡，意思是说杨炎的财政改革怀有私人斗争和意气用事的成分。本书作者则不同意这种说法，他认为，"在探讨杨炎的各项财政改革是否是杨、刘之间政治斗争的产物这一问题时，我们不能仅以史书中对单一历史事件的记载便断章取义地下定论，而应该综合当时的时代背景和政治局势，以及杨、刘和其他有关人物的种种事迹，从较广、较多的层面仔细观察和推论，才能较全面和客观地窥视历史真相"[1]。在这种思想支配下，他承认杨炎与刘晏存有权力之争，但是杨炎并没有改变刘晏的财政政策以此与他对抗。换句话说，杨炎与刘晏的财政政策本身没有冲突，为什么呢？因为他们面临的历史背景和政治因素相同，都是出自挽救国家财政的目的；他们所处的同是均田制瓦解、租庸调不畅的时代，如何解决政府的税收是他们共同面对的问题，因而财政措施的趋同就不奇怪了。作者进而认为杨炎的财政改革不但不与刘晏冲突，而是刘晏改革的延续。我在阅读这部分时，对作者从唐朝后期整个社会背景和长时段角度着眼的全局观，深有体会，我认为这是本书的长处。

第二个印象是有关杨炎的财政思想及两税法颁布的缘由。

对今人而言，杨炎是以财政赋税的改革者面貌出现的，但历史上他首先是政治家，即德宗朝的宰相，财政赋税是他全部行政的内容之一，因有两税法颁行而产生的社会影响，人们对杨炎的印象就逐渐深刻了。李志贤先生的这部作品既涉及了杨炎本人的事迹，又将重点集中到两税法的身上，正如书名所示，他将杨炎与两税法改革的内容恰到好处地结合在了一起。我下面关注的内容主要倾向两税法及其与此有关的部分。

对杨炎财政思想的研究，作者在本书中花费了不少的工夫。

---

[1] 见《杨炎及其两税法研究》，第 122 页。

在作者的眼中，杨炎对当时的经济运作特别是财政收支，有一套理论层次的认识。财政收支是国家政权运行的物质保障，然而肃、代二朝中央政府在税收方面遇到了前所未有的障碍，如何加强中央的财政收入，成为二朝政权维系和稳定的必要条件。而要有效地行使政府对财政的管理，就必须清晰地划分皇室私产与国家公赋的界度，用李志贤先生的话说就是"保证国家公赋独立的财政概念成了杨炎财政改革措施的一个重要基础与原则"[1]，作者认为这是杨炎财政思想的一个特色；另一个特色是杨炎明确提出"量出制入"作为编制财政预算和课税的原则。除此之外，他的财政思想的精华，还在于他在税制改革方面重视以资计税、反对以人丁征课的计税方法；"以贫富为差"作为征税的标准，力求均平赋税负担，这些也是杨炎财政改革的原则。

关于两税法实施的原因，作者分析的就更加深化，对我而言也有诸多新意。

在谈及这个问题的时候，以前的学者认为唐玄宗时期社会上存在着这样的现象，即人口的增加超出了土地的限度，均田制的维系遇到了前所未有的困难，处在这种情况下的均田制很难再有生存的空间。这种现象有没有？应该说不成为问题。但本书作者将均田制的隳坏和两税法颁行的主要原因不是放在这个因由之上，他更认为均田制本身被买卖甚至借助外力被巧取豪夺，使它丧失了原有的功能，这是它瓦解的最主要原因；均田没有了，建立在它之上的租庸调制也就势必被破坏。而在均田制向两税法过渡的中间，唐朝政府也不断地颁行各种措施，调整或改变赋税政策。譬如肃宗就曾于至德二载（757）在江淮地区推行过"税亩"制，具体情况虽然不甚清晰，但其按亩征税的原则和方法，称得上是唐朝赋税改革的先声，为杨炎倡议的"以资产为宗"的两税

---

[1] 见《杨炎及其两税法研究》，第82页。

法提供了借鉴的条件。

另一项内容是宝应二年（763）颁布的按资纳赋的税制，它也为强调不分主客、以资产为宗的两税法提供了蓝图。朝廷随后就放弃了早已失去功能的租庸调制度，转而开始按亩征税，赋税征收的标准由"以丁身为本"向"以贫富为差"转化。同时，政府开始征收青苗钱，促使农业税收结构向资产税转向，这有助于中央财政的独立性。另一方面，政府又大幅度提高地税税率，使税收大增，最终取代前期的"租"，为两税法的核心确立基础；也迫使占田多的地主拨出更多的地租收入作为赋税上交政府，这与两税法以资产为宗的赋税原则如出一辙。

代宗一朝进行的局部性或区域性的赋税改革措施，间接地废除了租庸调制而改行"以亩定税"和"量产定赋"的征收税制，以原来国家财政收入较次要的地税和户税代替租庸调作为主要的税源；在这种税制之下，资产的多少和田地的有无成为纳税的依据，赋税制度由按丁为主转向以户为主，由据籍课丁转向不分土客，由租庸调额征收转向户税的据资分等，这些新税制，为两税法的颁行奠定了基础。作者认为，代宗朝所颁行的新税制实际上是从租庸调崩坏到两税法确立之间的过渡，而刘晏的改革使中央政府的粮食有了保障，加强了中央财政的独立性，为两税法的出台提供了条件。诚如作者所说："代宗一朝对过去地税的许多规定都进行了一番革新，在新的税制下，地税既税钱，又税粮，田亩以上、下等，征收不同的税率，税分夏、秋二征，使地税基本上具备了取代租庸之租，成为正税核心所需的条件，也为建中元年杨炎奏行两税新制，将地税并入两税系统提供了必要的基础。"[①]

第三个印象是关于两税法的内涵。

传统的看法主要有三种：第一，是户、地二税合称；第二，

---

① 见《杨炎及其两税法研究》，第206页。

是夏、秋两征合称；第三，是户税的专有称呼。该书在参考和吸收前人研究成果的基础上，对两税法的内涵提出了自己的解释。作者认为，两税法实际上是指包含了户、地二税，分夏、秋两次征收的赋税制度。"两税"的涵义，以征收时间而言，是指"夏税"与"秋税"二季征收；以征收的内容论，则是指以"户税"和"地税"为主的新税制。其核心虽是"居人之税"和"田亩之税"，但并不是唐初以来户税和义仓地税的简单凑合和承袭，更不是租庸调的转化，而是安史之乱以后在南北各地改革旧税法的基础上，融合了租庸调、户税、地税以及各种杂税发展演变而产生的一种内容广泛的新赋税制度。

说它新，是与租庸调制度对比而言的。按照财政原则，租庸调采用的是"量入为出"的办法，而两税法改为"量出制入"的预算；按课税原则和纳税对象讲，两税法改变了均田制以丁为本的原则，确立了以资产为宗、以地税和户税为主的制度；租庸调课以均一之税，基本上是一种定额税，两税法以贫富之别和负担能力之差异其税额，属于比例税；两税法改变了以户纳税的旧制，不分主客，包括商贾，一律以现居地为依据纳税；与租庸调制相比，两税法的纳税面增大，除鳏寡孤独者外，其他人一律按照资产和户等级别纳税；在缴纳税物上，租庸调以实物为主，两税法则钱物均可；就纳税额和税率作比较，租庸调的时代，朝廷规定全国一律的田租定额，各地按统一税额征收，两税法的税额和税率随地摊派，全国不再一致；从征税的时间来看，租庸调缴税不一，还有地税、户税等力役杂税，终年催收不止，两税法则统一了税收时间；在税收分配上，两税法分成留州、送使、上供三个份额，采取"以支定收"的原则，严格核定州、使两级的分配额，与租庸调下的全国税收上缴朝廷、再下拨地方的方法大相径庭。

第四个印象是关于两税法的评价。

两税法的实行具有重大的意义。从战国到清朝的赋税发展过程看，若以两税法为标界，可以划分前后两大阶段。前一阶段的赋税政策贯穿着"以丁身为本"的原则，后一阶段则体现"人无丁中，以贫富为差"的精神，是比较进步合理的赋税思想。它的进步主要体现在：

改对人征税为对财产征税，废止特权阶级豁免征税的权利，一律按资产多少缴纳。这在一定程度上扩大了农民的人身自由，缓和了租庸调制负担不均引生的社会问题。两税法对纳税时间、手续、税目和税额都有明确的规定，有助于减少百姓与官府的矛盾。从理论上说，社会民生的安稳能促进农业生产力的提高，工商业也随之发展，再加上两税法以钱计税和折钱纳税，为商品经济的发展提供了有利的条件。

从两税法开始，经北宋熙宁变法的赋役改革、明代的一条鞭法到清朝的摊丁入亩，历代王朝推行的赋税改制都沿着两条明显的线索演进：一条是从丁口、土地分征，逐渐将丁口税移入田亩，转向一切正税都从地亩所出，变成按资课税；另一条是由实物赋税逐渐转向货币赋税。两税法的精神自始至终在赋税改革中体现出来，这说明它比较符合社会经济发展的需要，具有进步意义。作者说："两税法的新税制，体现了中唐时期赋税制度的彻底改革。如果说租庸调制的崩溃结束了适应古代农耕社会的井田均田一脉相承的经济传统，那么，两税法的实行则是开启了适应中唐以后政治军事局势，满足商品经济日趋发达所需的赋税制度。"[①]

无须讳言，本书也出现了若干错讹，多数属于文字的误漏，尤其引文失误较多。因为作者远在新加坡，稿件交给大陆出版社后双方的联系不太方便，作者本人审阅的条件或机会，与大陆特别是北京本地相比就困难多了，希望将来修订时能够校改。

（本文原载《烟台大学学报》2006年第1期，118—120页）

[①] 见《杨炎及其两税法研究》，第261页。

对王震邦教授《陈寅恪论学的四个面向》博士论文的阅后意见

王震邦教授撰写的《陈寅恪论学的四个面向》这篇博士论文，我因每天都有诸多杂事要处理，不能一气呵成地阅读完毕，"整体感"的损失很大，表现在对他论说的各项内容不能有连贯性的理解，而他这篇论文本身就很有深度，需要专心致志的阅读并经过仔细认真的琢磨，方能有所收获。而我恰恰在这方面缺失不少，阅读起来，前后衔接不准，理解起来可能与原文所描述的有较大的差距。不过，这篇论文内在的吸引力大到足够吸引我的程度，虽然有上述的麻烦，仍旧促使我继续读下去，而且我现在有一个办法可以在一定程度上弥补我的缺憾，即我在阅读的过程中一旦有想法了，就马上写出来，这样就不至于等到断断续续地阅读全文之后再写，那时候恐怕将前面阅读过的东西遗忘了。我写此文开头的部分，就是这种想法的兑现。

近来读书的时候忽然有一种感觉，那就是我们每当阅读他人文章或开会与别人交流意见的时候，常常发现双方争论的并不是一回事儿，特别表现在对某个人的学术观点表示出不同意见的时候，常常会有你争议的问题不是原作者的意旨，而是你心目中自己的设想，甚至出现驴唇不对马嘴的现象。评论一篇别人的论文，最需要的就是首先读懂这篇论文的意思，然后才有讨论的必要。话的道理谁都理解，真正议论的时候往往会陷入缺少针对性的窘境。这是我经常看见或遇到的一种现象。

那么，什么是好的学术评论或评议性文章呢？这没有固定的模式。我对这个问题的想法是，在读懂原作者文章、著作意思的前提下，提出的问题和想法应该针对原作者文章或著作中的问题而发，与作者有直接而不是间接式的交流。最高的境界，就是顺着原作者文章、著作的思路发挥下去，揭示出作者本人想说而没有说清楚的意思，或者作者压根儿就没有想到而你替他（她）想到的问题，一个层次一个层次地如同抽丝剥茧似的，将问题搞清楚。

读王震邦先生论文的初步感觉，是文章写得有深度，作者对学术论文的写作规范等均有深入和透彻的理解。我现在每年阅读北京大学、北京师范大学、首都师范大学和京外如浙江大学、陕西师范大学等学校的博士论文十余篇，硕士论文就更多，因而不能说对博士论文没有发言权，但我阅读台湾高校的博士论文则很少，真正全文仔细阅读的，就是这篇文章。就我阅后的感觉，文章写作各方面均很到位，具体说有如下的印象：

第一，文章的绪论部分，对前人和时贤已有的研究成果收罗得基本完备，并对这些文章和著作均能比较完整地总结和评议，分析很到位，说明作者在总结前人成果的时候，是认真地阅读了原作品的。能够总结前人的成果这个事情本身并不难，难的是能否认真地阅读并真正吃透它的精神。很多人写文章固然有不少参考和借鉴他人的研究成果，但是不是真正读遍了他所引证的成果呢？这是有疑问的。至少应该对他人成果中具有代表性的作品有比较透彻的了解。就此而言，王震邦先生的博士论文总结和借鉴他人的作品和成果，是做到了了解其精神要旨的。总结到位，并有识见，这给我十分深刻的印象。例如，他对余英时先生有关陈寅恪诗文所隐含的背后情怀的解释，就有他自己的见解，他说："余英时解诗固有其长处，虽不无凿之过深处，尚颇能进入陈的心境；但若放大历史格局看，诗之达诂否，未必就能概括当时全貌。"[1] 余英时先生是现代华人学者研究中国思想史和政治史的大家，特别钟情于知识人（即我们熟悉的所谓"知识分子"的另一种称呼）的研究，他所发表的一系列论著中，有关知识人及其思想、社会政治中的思想与文化，是其研究和关注的重心。他有关陈寅恪先生的学术与思想，也颇多新见和精到之处，多发前人未发之覆。由此，余先生不仅受到海外学术界（尤其华人学界）的赞誉，而且近年来也持续受到大陆学人的尊重和关心。王震邦先生的这篇博士论文对余英时有关陈寅恪的论述，自然予以关注并加以评论，而其评论中以尊重透出商议，以景仰而有理性之检讨，对余说有清醒而直觉的认知。我读后为作者的卓识而印象深厚。

另一较典型的例子是，与学界学人对陈寅恪治学及其精神赞颂弘扬的态度相反，龚鹏程对陈寅恪治学之中的一些问题有自己的理解，他认为陈的学问有被抬举之高的倾向，陈所依据的外语、西文知识等工具，特别是所讨论的文化背景多为其他学人所不知，故人们对陈的治学充满了赞美之辞。实际上，剔除这些外在的光环，陈的结论未必令人信服。就理性与冷静的分析理路而言，龚鹏程的议论，与多数学人的角度迥然有别，王震邦论文对龚的论述，也颇具理性的分析，诚如文中所言："龚文的最大价值或不在推倒陈寅恪，其实也很难推倒，但若从一个相对冷静的角度，重新审视'陈寅恪热'，应是符应陈寅恪一生最坚强的信念：'独立之精神，自由之思想'，足备一说。"[2] 我个人是赞赏这个态度的，这里面的评述，是就其文章表达的思想而出发，所谈论的问题也是针对着龚文本身的，没有情感，只有理性，这是学术论文的真谛所在。

---

[1] 见王震邦：《陈寅恪论学的四个面向》，台北：中正大学历史学研究所博士论文，2007年，未刊稿，第14页。
[2] 见王震邦：《陈寅恪论学的四个面向》，第20页。

说到这里，我不禁想起了大陆另一个学人黄永年先生。他生前曾发表多篇文章讨论问题，有不少涉及陈寅恪研究的领域，黄先生很尊重陈寅恪，将他视作自己学问的指路人而怀念，但他所讨论的具体问题却与陈寅恪的观点多有差异，甚至不惜花费篇幅与陈商榷。这在大陆史学界不算多见，也许我的视野狭窄，像黄先生公开发表作品对陈先生某些论点驳难的，毕竟不是很多，但其中所透露出的求真、求实的精神，却十分可贵。黄先生史学功底的深厚，使他有足够的学养与陈先生对话，我每每读他的作品，也深有感受。对陈寅恪先生学问、人品的尊奉与赞誉，是对陈先生一生业绩的肯定，与陈先生学术研究本身商议、争论，表现出学术研究追求真理的求实品性，而对这些进行理性思考和缜密的逻辑思维，则是我们后学向前辈学习、继承中国学术事业并推动其发展的历史责任。王震邦先生对待学术研究成果的吸收、总结之精到，让我想起了这些。

第二，这篇论文对陈寅恪学术方法的渊源所作的分析，我认为是目前研究中比较有新意的地方。对陈寅恪学术思想和治学方法的研究，人们关注得不可谓不少，但多数人似乎仅仅停留在提出他的学术方法受西学影响的层面之上，至于怎么影响的，有哪些具体入微的过程，则是不了了之。其原因是陈寅恪本人对自己国外游学的情景（包括治学方法）留下的记载实在是少之又少，甚至几乎可以说是空白。我只记得有两件事与此有直接关系，一件是刘桂生教授在《北大史学》发表文章[①]，专就德国所藏陈寅恪在德国上学的一份学籍的文件所做的说明，透露出陈先生早年游学德国的若干痕迹。另一件事是前一两年在"往复"学术网电子页面上偶然浏览到曾留学普林斯顿大学的原北京大学历史学系的陈怀宇君就陈寅恪史学方法受德国学派的影响所写的一篇文字

---

① 见刘桂生：《陈寅恪、傅斯年留德学籍材料之劫余残件》，载《北大史学》第 4 辑，北京：北京大学出版社，1997 年。

（因当时只是一般性的阅读，现在再查找则很难了），这是我见到的对陈氏学术渊源论述的最具体性的文章，只可惜陈怀宇君所谈的具体情景我忘记了。

现在王震邦先生的博士论文再次提起这个话题，并就陈寅恪治学方法的渊源作分析和推论，显然，谈陈寅恪的学术，其学术渊源的问题是绕不过去的。

作者讨论陈寅恪的学术渊源，是在与胡适的对比中呈现出来的。在作者看来，胡适所继承的西方学术命脉，是近代皮耳士、赫胥黎、杜威等人的学术体系；而陈氏则远承古希腊的柏拉图和亚里士多德的学术传统，并且与黑格尔的"辩证法"有某种暗合之处。二者之差别，是很明显的。陈寅恪在西方学习用力最勤的应该是梵文和东方其他语言，而对西方兰克史学思想和系统等接受的似乎有限，他说："从东方语文学和西方汉学，打开陈寅恪和西方学术的接触面，与其说更接近西方的现代方法论或社会科学，不如说陈寅恪通过对西方古典文学的研读，更有机会上接希腊古典文化，有机会取中国传统文化思维模式和西方古典的方法论如辩证法的思维模式作一对照，互相证发。"[①] 作者认为，陈寅恪治学的特点，主要表现在采用语言学的技能用于研究历史，而他在语言方面下的工夫及其取得的成就，是其他人望尘莫及的；他所采用的语言工具，取西方新学说之法研治中国历史，其境界则高于乾嘉诸老，用陈寅恪先生的话说，就是"如以西洋语言科学之法，为中藏文比较之学，则成效当较乾嘉诸老，更上一层"[②]。而陈寅恪之所以有此抱负，又与其早年受学，特别是家业之兴衰的境遇具有直接的关联。

震邦先生的这种揭示，我以为有深度。

[①] 见王震邦：《陈寅恪论学的四个面向》，第180页。
[②] 见陈寅恪：《与妹书》，原载《学衡》第20期，1923年；又收《陈寅恪集·书信集》，北京：生活·读书·新知三联书店，2001年，第1页。

按照震邦教授的逻辑，如果我理解不错的话，应当是这样的：陈寅恪先生学问之中学与西学的结合，应当说其学术研究的思路、手段，及其采用的方法，均来自西学，特别是对西学中语言文字的重视并以此作为治学的手段这一套掌握得娴熟而自如；其方法则源于古典希腊先哲的学理解释，及其背后所隐含的分析理路，尤其表现在思维的辨证方面，这是陈寅恪先生史学方法的内涵。但陈寅恪之所以对历史有十分浓厚的情节、甚至以之为生命情怀的追踪，则是与陈寅恪家世逢遭磨难的波折经历有不解之缘。陈氏对近代中国的震荡、坎坷的际遇，以自己的家族为契机，满怀古旧世家之子的心境，试图以解释中古历史而探求现世国家与民族的命运；他内心所磨砺的中西文化冲突之下的古今演变，其所承担的文化使命，使陈氏陷入到痛苦的挣扎之中而不能自拔。选择历史作为研究对象，是陈寅恪对自己家族、近代中国民族命运之所系的关注。这种关注持续了他的一生。在我看来，陈氏关注里对文化转轨中出现的诸多反复，特别是自己人生中的遭际，为不能自已而无奈，而痛苦。他的研究，从开始说，就面临着苦痛。这是他治史的心结所在。

第三，这篇论文虽如作者所说仅选择四个角度论述陈寅恪先生学术思想的特点，实际上，陈寅恪一生的活动主要就建立在学业之上，因此所涉及的基本上涵盖了陈先生的治学和学术的全部。其中作者所涉及的有关陈寅恪先生的文化倾向与选择，是人们长期感兴趣的话题，正如人们熟悉他在悼念王国维的题词中倡导的"独立之精神，自由之思想"那样，人们更愿意以此来比附陈寅恪自身，这些都是学界所熟悉的。王震邦先生这篇文章的独到之处是，他进一步阐释出陈寅恪文化认同的内在因由。他在论文里接触这个问题是从陈寅恪为清华大学出的考试题"对对子"引生的。对对子所蕴涵的文字和音韵的结合，是汉字语文的特点，作者论述陈氏出题背后，隐藏的则是他关于中文文法在古今转变过程中朝什么方向发展的关注,在中西交际相互影响、特别是中学遭受西学强烈冲击的浪潮中,中国文化朝向何处去的大问题。从后来的中国语文走向上看,陈氏所不认可甚至有所抵制的《马氏文通》非但如他所愿,反而成为人们接受的中文文法通则,这使陈寅恪感到自己有关中国语文发展的主张遭受不小的挫折。

如果说"对对子"所反映的是陈氏在具体的语文和句法方面秉承的中国文化发展方向性问题的讨论尚且处在外表的地步,那么,陈寅恪有关中国传统文化在现代社会的境域及其发展旨向,是陈先生内心更加关注的情怀。我认为作者在论述陈寅恪这种文化选择的问题中所具有的突出贡献,就是表现在对陈氏文化认同并与中国现实结合寻找出路这个问题的解释上面。正如论文所说,清末开明派的代表张之洞提倡的"中学为体,西学为用"代表着西学冲击中学风浪之下国人的回应,尚且可以标明我中华为主的气势,但其背后所显现的则是中华文化遭受西方冲击而损失殆尽的残酷现实。陈先生在近代中国遭受西方影响而失去自我文化体统的状况下,想到的问题依旧是如何在现代语境下恢复和创造中国自己的文化体统。作者对陈寅恪20世纪50年代所发表的几篇论文背后隐匿的主旨做出推测,认为《论韩愈》一文中"天竺为体,华夏为用",实系陈氏重新检出"西学为体"的声明。而此"体"与张之洞之主张的"中学为体"从字面上实在是冲突对立的,但作者认为陈氏之"西学为体"的背后,是中国文化遭受西方冲击(此处特别指1949年以后受苏联这个"西方"的影响)之下如何因应的态度。接受西学,以之为体的目的不是为体自身,而是先以"西方"的东西补足中国文化,然后再试图恢复中国文化的本位,这个恢复实际上就是创新,最终的目标还是构建中国自己的文化体统[1]。就此而言,张之洞的"中学为体"应当说是在西学

---

[1] 见王震邦:《陈寅恪论学的四个面向》,第182页。

冲击的浪潮中坚守传统的一种声嘶力竭的呼喊，张的处境是在西潮的包围之中，他所追寻的仅仅是中国的影像；而陈的"西学为体"，处在"西方"冲击并制约中国文化的急难关头，他所昭示的是以接受"西方"的前提下重振中国文化的意蕴和信念。应该说陈氏的思路是先接受西方文化，再进行改造，以此恢复中国文化、重新形成自身的体统以应对现实。陈的主张走的是接受与再造的路子，相比张氏，陈的态度显然更加积极和主动，也更有灵活性。这是我读王震邦论文的感受。

说到中西文化在当今中国的命运，陈寅恪先生在他一生中的学术研究和追求中，始终以自己的实践去回应，陈氏也做出了明确的解答。但问题是，同样的情形在今天仍旧如此，甚至从程度和涉及的幅度上看，都较之过去更为强烈，可以说，中国传统与以西方文化为主的现代文化之间的接触与调适，一直是个不可回避的问题。当下中国的学术界和知识界已经发出重振中国文化的呼声，但如何回应和重振中国的文化？这是个言人人殊的课题，少有标准性的答案，但有一个倾向似乎成为人们共同的诉求，那就是今日中国文化的再兴，既不是传统中国文化的简单复制，也不是西方文化的直接翻版，而是在全球一体化的背景下中国文化过去与现代的对接经过改革更有创造之后所形成的新型文化。这个文化的具体相貌仍旧处在模糊的状态，但其精神与旨趣，似乎与陈寅恪先生的诉求有某种程度上的契合。这样看，陈氏有关中西文化对接问题的论述，对今天中国文化的振兴，仍旧具有启发和昭示的作用。

该文写作流畅，行文字句均能表现出作者深厚的中文（可能包括西文的）功底，只要读者细心阅读，就会发现，我的这些说法，并无溢美之意。如果说个别之处尚有可商榷之处，不妨有如下几点：

其一是第 179 页正文第 16—17 行："摆脱家国危机阴影，以求知寻求出路,是陈寅恪自幼就由来自家庭的思考和安排,并成为小留学生赴日求学。"此句的句法应当是"以求知寻求出路,是……的追求或目标"。该句缺少了"追求"或"目标",使原话句法不够完整。

其二是作者征引书目部分中涉及的多卷本著作最好有所注明,如第188页第6行"《毛泽东选集》"应有卷数为好。

(本文系首次发表)

田晓岫《中华民族发展史》读后感

田晓岫教授撰著的《中华民族发展史》一书于 2001 年由北京的华夏出版社出版。拜读该书之后，我对该书及其由此引发的相关问题就自己的知识所及，略谈一二。必须声明，我的专业只是中国古代史的某个断代领域（隋唐五代史），不能全方位地把握整个的历史过程，因而所作的评论可能不确切，甚至出现非专业用语，请谅解。

一

以前我在读唐际根发表在《读书》2002 年第 1 期上的文章《考古学·证史倾向·民族主义》时有些观点曾引起了我的注意。唐文意在回应西方学者批评中国学术界存在的简单地"以考古资料证明某些文献记录"的现象。他说："中国学者中确实存在一批'证史学家'。尽管这些学者相当一部分来自非考古专业，但其简单而危险的研究方法显然不利于中国考古学的发展。"文中提出了一个如何对待历史文献与考古资料结合的问题，这在理论上不难获得认同，但在实际中，二者的结合确是颇为讲究的。从考古学专业的角度讲，某些历史学者在研究早期历史的发展过程时，对某些考古资料的利用，可能并不恰当，或存在着超越考古规则的现象。我认为这种说法有其根据。然而历史学者对早期历史的研究，除了文献之外，考古发掘的任何东西都成为他们参考借用的材料，这本身也是历史学学科研究的规则，所以二者的结合成为现今学术研究的通行方法而被普遍地采用。我很清楚唐文的用意，作为非考古专业者，我们在利用其成果时，必须谨慎、仔细、符合规则，所以我本人在涉及中国早期即夏商周历史时，感觉到十分棘手，不知如何是好。当然由于我的专业与先秦史无关，研究中并不经常地涉及上面的问题，然而田晓岫教授的这部专著恰恰就涉及这个领域，那么，我们如何看待这部作品呢？

按照田晓岫教授的说法，"本书拟从民族学的角度，探讨中华民族形成和发展的历史过程，包括其中所含现存各族发生发展的历史过程，以及一些在历史上曾经显赫一时的民族发生发展消亡的历史过程"[①]。这个说法符合民族学学科的规则，换句话说，从民族学的角度研究中华民族的形成发展是该学科的内在属性之一。然而这就必然涉及远古时期的历史，因此考古发掘的资料就势必为其所用。于是，问题又回到了原点：民族学、历史学的研究与考古学成果的结合问题。如何按照研究规则将二者结合在一起，这才是问题的关键。我认为此书进行的研究是符合民族学和历史学学科的规则的，田教授本人曾在中山大学人类学系攻读硕士研究生，具备考古学的相关知识，她有三重学科训练的背景，做这样的题目，应该说是比较合适的。但是还有一点要注意，即本书的定位。如果专为学术研究而撰写，目前最佳的方式还是个案性的论文或专题性的研究，阶段性的梳理也同样必要。由于学科之间存在着若干差异，这样的研究方法在考古学界比较盛行，而在历史学和民族学领域里除个案性专题之外，宏观大型课题也是近年频繁出现的现象（至于优劣暂且不论），田著涉及的范围宏远，既可做大，也可缩小。从本书的规模讲，属于小的；但内容又多，这就迫使作者只能在有限的篇幅里谈宏观问题，因而个案性的专题并非本书刻意的追求。从这个角度讲，本书不以个案性专题研究为特点，追求更多的是对中华民族整体发展线索的梳理。

---

① 见田晓岫：《中华民族发展史》，北京：华夏出版社，2001年，第21页。

对本书的定位，我认为是从历史学、民族学并结合相关考古发掘知识而撰写的有关中华民族发展历程的作品，意在梳理和贯通，属于通俗性的学术作品。这样，上文所说的考古发掘与文献对应中出现的毛病或问题，可能就在某种程度上消解了。

二

田书涉及的中华民族课题，是最近十余年学术界着力的热门。以我手头掌握的著作而言，就有费孝通等撰著的《中华民族多元一体格局》，费孝通主编的《中华民族研究新探索》，潘龙海、陈连开、金炳镐的《中华民族学初探》，陈育宁主编的《中华民族凝聚力的历史探索》，陈连开的《中华民族研究初探》，张博泉的《中华一体的历史轨迹》，黄爱平、王俊义的《炎黄文化与中华民族》，张磊、孔庆榕主编的《中华民族凝聚力学》，马戎、周星主编的《中华民族凝聚力形成与发展》，卢勋等撰著的《中华民族凝聚力的形成与发展》和伍雄武的《中华民族的形成与凝聚新论》等。这些著作都是从整体上讨论中华民族的形成和发展的过程，多数从历史学学科的角度论证，也有社会学方面的研究；至于对中华民族之内的汉族和各个少数民族进行的分析和研究，成果更加丰富。可以说，近20年来大陆学术界对中华民族的研究已经发展到前所未有的程度，田晓岫的著作正是在这个背景之下出现的，但是本书又不完全同于上述作品，我认为主要有以下几个特点：

第一，本书研究的范围包括自远古至清朝时期中华民族形成和发展的整个过程，按照历史学的分期属于古代史阶段，这方面与上述著作没有本质的差别；但是作者研究的重点则是远古和夏商周三代，秦汉以后王朝时代虽然也占有不少的篇幅，但其特色显然不如前者，三代以前，作者是这样安排的：

第一编"从远古到华族的形成"由三章组成：第一章"从原始游群到相对定居的氏族——三皇纪"；第二章"原始社会晚期部

落联盟的发生和发展——五帝纪";第三章"华族的形成——五帝纪"。第二编"夏商周三代中华文化模式的定型"也由三章构成:第一章"夏王族的兴起和夏朝九州各族";第二章"商王族的兴起与商朝各族";第三章"夏商周三代的科学技术进步与文化成就"。三代以后是按照秦汉、魏晋南北朝隋唐、五代十国宋辽金元和明清的顺序撰写,分成四编。全书共六编58节,计360千字。

在本书中,作者虽力图全面照应,搞好篇幅的平衡,但作者研究的深度和注意的焦点显然是在秦汉(包括秦汉)之前。我在拜读该书时,看到作者注文里提及她对早期历史研究的论文,如《中国古代濮族分布考》[1]、《说蚩尤》[2]、《西藏载入中国版图始见于〈夏书·禹贡〉》[3] 等文章,说明作者先前以论文的形式进行过类似的研究,以这种专题性质研究的成果充实到本书,无疑使这部分具有较高的学术价值。读者会发现,通读本书之后,全书的精华也正在这里。当然,田书论述的内容在学术界一直存在着争论,直至今天,研究者们仍未形成共识。我只是说这个部分是田书多年研究的心得,有其自身的学术价值。

第二,正是这样,田书提出的较有新意的观点,也多集中在前部。譬如贯穿本书的一个中心线索就是,作者认为中华民族的形成可以追溯到夏朝之前的帝舜时代,其标志就是这个时期中国已经从部落和部落联盟进入到了民族和国家的阶段。帝舜时代出现了私有制,父权制家庭普遍存在,与之相伴的伦理道德观念(即父义、母慈、兄友、弟恭、子孝等)也已形成,确立了统治机构和管辖范围,等等。总之,此时的华族或中华民族已初步确定。此其一。

其二,在谈到周朝时期东部诸夷汇聚融合的问题时,作者说:

---

[1]《中央民族学院学报》1992年第5期。
[2]《中央民族大学学报》1997年第3期。
[3]《中央民族大学学报》1998年第5期。

"从历史渊源来说,东夷诸国本帝舜有虞氏朝华人之裔。但在周朝后期,即春秋战国时期是以与周王室的血缘亲疏关系为标准来区别华夷,故称其为东夷。"[1] 作者此段论证背后的逻辑是,远古时期所谓的族群或民族的差别,远不是我们今天想象的那么严格分明。所谓中华/华夏、东夷、南蛮、北狄、西戎这类概念,其实都是人为赋予的差别。"华"作为族称有广狭二义,狭义仅指有虞氏的贵族或圣人后代;而广义的"华"则包括当时向有虞氏朝贡的一切部落。"中华"称号起初是地理概念,指中原内地,后衍为族称,包括其管辖内的所有族群。从虞舜开始,华族内部的人将四方之民冠以北狄、南蛮、西戎和东夷,这些称呼或出自地理方位、自然环境因素,或出自文化特征。"从五帝以来,在中华大地上,部落的迁徙、汇聚、融合、分解不断地发生。……终于在虞帝舜时形成了有共同行政区划,有共同的文化心理素质的稳定的人们共同体。后人以虞帝舜的名字来称呼这一人们共同体,称之为'华'。虞帝舜本是东夷之人,华夷从开始就是一回事。"[2] 我认为文中的后一句话有新意。以往我们比较看重中原华夏与周边戎狄蛮夷之间的区别,特别注重其族性之差异,强调彼与此。田晓岫认为早期华夷之间实际上没有什么不同,只是建立政权的统治集团以自己为核心、以自己族体血缘划分,人为地分成自身族群与其他族群,并强调彼此的差异,就像春秋战国时代周王室以自己血亲关系区别华夷一样。这样进行解释是否符合实际情况或为学术界所接受,还有待于今后的观察,但是这种观点对我们认识远古时代的民族、族群的实质情况,我以为是有所助益的。

第三,如上所述,本书研究的是中华民族的整体发展路径,虽然不包括近现代社会,但跨越的时间几达数十万年,特别是早期文明所在的新石器数千年历程,都在本书的讨论范围之内。以

---

[1] 见《中华民族发展史》,第166页。
[2] 见《中华民族发展史》,第92页。

一人之力，完成跨越如此之长的时期和如此众多的朝代，这在我们以断代史为研究领域的人看来，是有着颇为丰富的创造力和魄力的行为。正因为如此，本书建立的基础则是清儒以降缜密、细致、丰厚的研究积累，这种研究在学术界产生的影响足以贯穿到我们所能遇见到的未来。我的意思是说，田晓岫研究涉及的问题都是学术界长期关注并历经众多学人孜孜矻矻钻研的，起点甚高，成果也很丰厚，她若要研究就必须建立在这个基础之上，所以这个课题实际上有相当的难度。按道理说，本书应以考证为主，论断有据。但是摆在读者面前的，则是以36万字完成的中华民族历程，其叙述相当简洁，这也与上述诸书不同。究其原因，本书可能是作者对本科生和研究生讲课进行的积累，既然这样，这部中华民族发展史就不可能详详尽尽地罗列材料，或穷于一段进行地毯式轰炸的搜求无遗，那么我们对本书的定位也就跟着发生转移：这部作品与上述著作还有一点不同的是，它更接近于大学生、研究生的教材或参考书，它顾及的对象是对中华民族研究有兴趣并打算进一步深造的人，为他们提供参考，诚如华祖根先生在该书的序言中所说："田晓岫新著《中华民族发展史》是一本有学术价值，能够给读者提供中华民族发展历史比较全面、准确的基本常识的著作。"

（原载《广西民族学院学报》2005年第2期，第187—188页）

一部值得中外读者阅读的长城书品

——评介《话说长城：英汉对照》

新近由江苏科学技术出版社出版的董耀会先生的作品《话说长城：英汉对照》一书已问世[①]。该书由"感受长城的物质与精神"、"步入长城的历史脉络"、"置身长城的防御体系"、"穿过长城的建筑时空"和"欣赏长城的关口胜迹"等5个部分组成。全书的汉文篇幅不大，但介绍比较全面，尤其是在书的左侧部分配备了相应的英文译文，构成该书两个部分的对照，中英文加在一起，共计18万多字。在今天书籍繁多、各种阅读物充斥市场的情形下，这部书虽小，但书籍的装帧和设计都很到位，是谓时下供人了解长城文化的一部较好的普及性作品。

该书作者董耀会先生，早在上个世纪80年代中期，就与另外两个志同道合的青年一起，怀着追寻先人遗痕、踏访历史踪迹、弘扬传统文化的心愿，从今河北省东端的山海关开始，徒步行走在长城故址两侧，直到今甘肃省的西端嘉峪关，全程超越万余里，为古今未有之壮举，深受社会各界的赞誉。董耀会先生自此之后，就与中国的长城事业结下了不解之缘：在民间或官方组织的长城保护活动、长城考察、北京和地方省市举行的国内国际长城事业的研讨会上、弘扬长城的各项活动中，乃至组织民间申报"新世界七大（文化）奇迹"、向国外宣传和推介长城与中国的文化，直至陪同国外包括两届美国总统克林顿和小布什等外宾参观慕田

[①] 见董耀会著、王静译：《话说长城：英汉对照》，南京：江苏科学技术出版社，2008年。

峪、八达岭等等的活动中,都有他精力充沛的身影。

撰写长城内容的文章和著作,向中外读者介绍长城和中国的传统文化,则是董耀会投身长城保护事业的另一项重要内容。此前他已出版了《明长城考实》(与他人合作)、《长城》、《长城万里行》等书,编有个人文集《瓦合集——长城研究文论》、《守望长城:董耀会谈长城保护》,担任《中国长城百科全书》、《长城国际学术研讨会论文集》等文集的主编、副主编或主持工作①,在长城的学术研究并以此宣传和介绍长城的事业中,做出了突出的贡献。现在推介给读者的这部《话说长城》,是他向国内外宣传长城、长城所代表的中华文明的又一项举措,如上所说,这部作品虽小,但有英文相配,可以很方便地向国际朋友介绍中国的长城文化。虽然长城在国际上有很高的知名度,但人们对长城墙体背后所隐藏的中国文化,特别是具体的人物、事件、长城东西南北的民族关系、长城在具体朝代发生的具体事项等等,还是比较陌生的,这不单是国外朋友,即使是国内众多的人也是知之不多的。加强长城的保护,这种声音不知传播了多少年,人们的内心潜意识早有了相关的保护意识,但是,长城墙体和附属性建筑过于长远和庞大,特别是裸露在风雪阳光沙尘之下,以及出于诸多人为利益

---

① 这些作品分别为(按先后顺序排列):华夏子(三人合名,董耀会是其中的主要作者):《明长城考实》,北京:档案出版社,1988年;《北大人》(1)(主编),北京:书目文献出版社,1993年;《长城万里行》,郑州:河南省科学技术出版社,1994年;《中国长城百科全书》(副主编),长春:吉林人民出版社,1994年;《北大人》(2)(主编),北京:华夏出版社,1994年;《北大人》(3)(主编),北京:华夏出版社,1995年;《长城国际学术研讨会论文集》(主持),长春:吉林人民出版社,1995年;《秦皇岛历代志书校注》(主编),北京:中国审计出版社,2001年;《长城》,北京:中国水利水电出版社,2004年;《瓦合集——长城研究文论》,北京:科学出版社,2004年;《万里长城纵横谈》,北京:人民教育出版社,2004年;《触摸长城——无字的巨书》(主编),北京:中国旅游出版社,2005年;《走进长城的春天:"剑南春2006中国长城新闻采访万里行"文集》(主编),北京:国防大学出版社,2006年;《中国长城年鉴》(主编),北京:长城出版社,2006年;《沧桑长城》,上海:东方出版中心,2007年;《走进长城》,北京:外文出版社,2007年;《守望长城:董耀会谈长城保护》,北京:文物出版社,2008年;主编《中国长城博物馆》等刊物。

的驱使等因素，其遗址建筑逢遭破坏，也是令人惊讶和痛心的。国内外的有识之士，为此奔走呼号，倡导长城的保护，也是人外有人，持续不停，董耀会自然是其中的坚定者和带头人。除了其他保护性的活动之外，撰写长城的书籍，无疑是一项具有价值的工作，这可以使国内外的朋友更好地了解长城的修建、建筑风格、长城所反映的古代各种关系、长城历史内容的丰富多彩，以及修造长城的劳动者的聪明智慧，这些恰恰都是今人着意了解想知道的，从这个意义上说，这部中英文对照的著作，是作者宣传介绍长城的又一个奉献。

说到这里，上面有些话似乎还有申说的必要。

长城在中国处在人人皆知的状态，也是世界其他国家了解中国的象征。不论在国内还是国外，要说"长城"俩字，几乎无人不晓，其知名度大概没有其他标志可以超过。但是，长城在当今的存在情况，却不能令人满意，甚至令人堪忧。原因说起来也不复杂，就是因为庞大而缺少保护，要不是早已列入国家文物古迹保护和世界遗产保护名单之列，长城的很多地段恐怕早已不见踪影了。即使国家和民间如此热心甚至强烈的提倡保护，长城的很多部位仍旧遭到自然特别是人为的破坏。从道理上说，今天还存在着人为的破坏，好像有点不解：都什么时代了，文物古籍还有人为的破坏？情况很复杂，一两句话说不清楚，从事长城研究和保护的部门和人员，对此是清楚的，长城沿线地区的百姓也都明白，直到今天，长城的某些地段仍然被漠视、忽略，明目张胆的破坏也时有发生。我们对这种行为的回应，一是加强法制观念特别是文物法规和条例的宣传，强化人们保护文物古迹的意识，严厉制止和打击破坏长城的各种行为；二是呼吁全社会，唤醒良心，开展各种形式的保护长城的活动；三是从事学术和文化事业的人们加强长城学的研究，使之走向深入，就像上个世纪80年代以来研究"敦煌学"、"吐鲁番学"那样，使长城学的研究，包括考古调查、文物普查、建筑维护、文献整理、历史研究等各方面在现有的基础上更上一层楼。通过多种渠道和形式的宣传，使现存的长城遗迹得以更多地保护和更完善的保存，这样，我们的子孙后代才有更多的机会目睹长城的风采。出版长城的图书（包括纸质版、电子版等），是宣传长城和保护长城的好方法，更是研究长城的必要形式，这部书品，虽然只是通俗性的介绍，但也正是通俗，才能吸引大众的兴趣，才有更多的人阅览和通读，在当今传播和弘扬长城文物和长城精神的氛围下，不失为一个有效的宣传和介绍手段。至于书中谈论了哪些具体的内容，有什么精彩的情节，只有请读者自己亲身欣赏了。

（原载《中华读书报》2009年3月11日《图书推荐》栏目，发表时编辑将题目改做《长城，一座文化之"城"》，并做了删节，现将本文最初的题目与原文收入本书）

第四编
学术综述

一九八三年我国敦煌吐鲁番学研究概况

1983年是我国敦煌吐鲁番学研究的重要一年。本年8月，召开了中国敦煌吐鲁番学会成立大会、1983年全国敦煌学术讨论会。会上，季羡林作了《关于开展敦煌吐鲁番学研究及人才培养的初步意见》的报告，他从八个方面论述了开展敦煌吐鲁番学研究的迫切性和重要性，其中特别提到了人才的培养，并把它作为一项战略问题看待。

本年的学术研究，较前几年有了很大的发展，发表了很多文章，出版了一些专辑和专书。现分两部分介绍如下：

一、刊布有关敦煌吐鲁番学研究成果的专辑和专书

本年内出版的有关敦煌吐鲁番学研究的各类专著约二十种，其中唐长孺主编的《敦煌吐鲁番文书初探》和北京大学中国中古史研究中心编撰的《敦煌吐鲁番文献研究论集》（二），集中体现了1983年学术研究的成果。其他专辑、专书则从不同的角度研究探讨了敦煌吐鲁番学的各类问题。

唐长孺主编的《敦煌吐鲁番文书初探》一书[①]，共汇集武汉大学历史系魏晋南北朝隋唐史研究室的同志近年来的研究论文

[①] 见唐长孺主编：《敦煌吐鲁番文书初探》，武汉：武汉大学出版社，1983年。以下所引著述凡未标注年份的，均为1983年出版，特此说明。

17篇。

陈仲安《麹氏高昌时期门下诸部考源》。在这篇文章中，作者在分析了吐鲁番出土的麹氏高昌王朝残奏的署名格式后，指出，麹氏王朝在文书制度上远承魏晋。作者还根据出土的造寺碑、墓表、墓志以及文书，认为麹氏王朝没有台省建制，即不具备尚书、门下、中书的完整体制，并考证了其不建台省制的原因。同时，作者论述了麹氏王朝重要职官的职责及历史渊源。

朱雷《论麹氏高昌时期的"作人"》。作者在文中对出土文书记载的"作人"的身份进行了详细考证，他认为"作人"一词在麹氏高昌时期实际上含有三种性质迥异的身份：一种是作为高昌政权征发的各种徭役的担当者；一种是寺院中的雇佣劳动者；一种是类似部曲或宋齐"十夫客"的封建隶属者。文章重点研究了第三种性质"作人"的特点、隶属关系和经济地位诸问题。

卢开万《试论麹氏高昌时期的赋役制度》。作者在文中着重论述了麹氏高昌王朝的赋役制度与内地不同的地方特殊性，指出："计田输银"不是以土地面积大小计算，主要以土地肥瘠不同类型计算，属北凉计赀制度的沿袭，并且有以酒纳租的现象。调分大小，据地而征。徭役较复杂，但计田承役制度独具特色，也应渊源于北凉计赀制度。将租、调、役分成俗道（僧）两类，也是不同于内地的特点之一，反映了高昌地区寺院经济的发达。同时，作者还对这一时期的各项税收进行了研究。

唐长孺《唐贞观十四年手实中的受田制度和丁中问题》。作者运用吐鲁番出土的唐贞观十四年（640）手实残卷，分析研究了唐初西州地区仍袭前朝受田制和丁中制的现象及原因，指出：贞观十四年手实中的"合受田八十亩"不合乎唐令规定，而符合于北魏受田规定；贞观十四年至永徽二年（651）行之于西州的丁中制与武德令不合，而远承西魏、周、隋；受田制在贞观时改从唐令，丁中旧制一直沿袭到永徽二年，这点可能和西州地区兵役、力役的繁重有关。

唐长孺《唐西州诸乡户口帐试释》。作者对吐鲁番新出土的17件户口帐进行了系统整理，论述了这批户口帐的形式、性质和内容，他指出：这批户口帐为唐代计帐提供了重要线索，这种户口帐为本州制定分类统计型计帐提供了诸色户口的数字和帐后变化等资料；更为可贵的是，这批户口帐在一定程度上为我们提供了有关唐初西州社会结构的统计资料，对于唐代全国社会结构的研究也许足资旁证。户口帐还反映了唐朝全套的地方行政、土地赋役制度和军事制度在西州顺利实施的情况。

陈国灿《唐代的民间借贷——吐鲁番、敦煌等地所出唐代借债契约初探》。作者在文中按剥削的内容、手段和特点，将唐代民间借贷类型划分为四种：生息举取；质押借贷；物、力偿付借贷；无息借贷。作者分析了各种类型的剥削率，同时对民间借贷与土地的关系、便贷契与举取契的区别、债务者与债权者的关系诸问题进行了探讨。

程喜霖《从吐鲁番出土文书中所见的唐代烽堠制度之一》。在文中，作者认为：吐鲁番地区出土的大量唐前期的烽铺文书，是研究唐代边防镇戍烽堠极其珍贵的材料。作者考证和论述了唐代烽铺的建制、上烽制及伊西庭三州烽铺诸问题，指出：唐代烽燧制度渊源于汉，烽铺地方化倾向是唐代烽燧制度有别于前朝的主要特征；唐代烽燧制度比之汉代更加完善了，它与唐朝的政治、经济、军事制度一样起着承前启后的作用。

陈国灿《从吐鲁番出土的"质库帐"看唐代的质库制度》。作者在文中总结了吐鲁番出土的这批帐历的共同特点及性质，考证了其时间和地点，全面论述了唐代质库的经营，指出：唐代质库内有一套完整的工作程序和制度，质库经营的发达和完备，正是封建商品经济活跃的一种反映。在唐代，质库制度是作为封建剥削制度的一种补充而出现的。

黄惠贤《唐西州高昌上安西都护府牒稿为录上讯问曹禄山诉李绍谨两造辩辞事释》。作者对该文书进行了校录、定名工作,叙述了该文书的内容,并探讨了文书中所涉及的胡汉借贷及西域贸易、交通、唐官府民事审讯等问题。

鲁才全《唐代前期西州宁戎驿及其有关问题——吐鲁番所出馆驿文书研究之一》。作者在文中就西州馆驿的设置特别是宁戎驿的情况进行了考证和研究,分析了驿丁和驿长的有关问题,指出:西州在唐管辖时,馆驿制度与内地州县相同,这些表明唐朝对于西部边疆实施着有效的控制和管理。

卢开万《唐高宗永淳年间西州高昌县百姓按户等储粮的实质》。作者对吐鲁番出土的《唐高宗永淳元年(682)西州高昌县下太平乡符》进行了分析,认为:百姓按户等储粮事,其实质是一种界于民间原始义仓与封建国家直接掌握的正式义仓间的储粮备荒措施。这种措施的目的是防止灾荒,使均田制下属于狭乡区域的高昌地区均田农民能够保持再生产,以保证政府课役的正常进行,使中西交流畅通。

黄惠贤《从西州高昌县征镇名籍看垂拱年间西域政局之变化》。作者认为:唐咸亨元年(670)至长寿二年(693)间,西域发生的第一个重大事件是唐政府第二次设置安西四镇,并以碎叶代焉耆,此后,安西都护府曾一度移镇碎叶;第二个变化是以金山都护镇抚碎叶以东、天山北路,作者阐述了围绕着四镇与安西都护府的废置以及西域诸势力与唐廷之间的和战所反映的西域政局形势及变化。

唐长孺《唐西州差兵文书跋》。作者对金祖同《流沙遗珍》所收录的唐代差兵文书进行了研究,指出:第一,该文书所反映的差兵年代应为垂拱二年(686)或二年左右;第二,为应付当时的军事形势,差兵和征发杂役任已打破了那种富裕者尽先拣点的原则;第三,对三卫的重视,表明在唐初,世袭的将门子弟仍被认为是理所当然的军队骨干，这点与后期不同。

陈国灿《对唐西州都督府勘检天山县主簿高元祯职田案卷的考察》。作者缀合了流散各地的22件文书，并对全案内容进行了综合分析，认为：贞观十四年（640）唐军攻克高昌后，在西州也推行了均田制，在边远的天山县仍然可以觉察到统一国家制度、法令的存在。作者指出：由于赋役杂征的苛重，大小地主对公田的兼并、侵渔，造成均田制实行过程中的种种弊端，这类弊端是制度和法令所不能解决的。

杨德炳《关于唐代对患病兵士的处理与程粮等问题的初步探索》。作者在文中指出：在唐代士兵若有疾病，主司必须提供"医药救疗"，若士兵行军途中患病则付州县疗治，即"放留"；镇戍的兵募年满放归时由政府发给程粮，分发程粮是以"粮递"的形式送到士兵手中的。

朱雷《敦煌所出〈唐沙州某市时价簿口马行时估〉考》。作者指出：唐代市场中的口马行，是一种贩卖奴婢及马匹之类畜产的组织，其中口即唐律所云之"贱口"，亦即奴婢，马即马之类畜产，因两者在法律上的地位相近而归为一行，反映了残酷的阶级压迫。

孙晓林《唐西州高昌县的水渠及其使用》。作者全面叙述了唐代西州高昌城周围的灌溉渠系、浇灌制度和灌溉渠整修的规定，认为：唐西州水利灌溉事业比前朝有了进一步发展，西州地区社会经济发展和水利灌溉事业的发展有密切的关系。文后附有西州城周围灌溉渠系示意图。

《敦煌吐鲁番文献研究论集》第二辑，北京大学中国中古史研究中心编，北京大学出版社出版。这是继第一辑（中华书局1982年出版）之后的又一本敦煌吐鲁番研究专集，本辑共收入文章20篇，记35万字。

邓广铭在本辑序言中回顾了北京大学对敦煌学的资料整理

和文献研究的历史和前辈学者刘复、向达、王重民等人对此的贡献，并介绍了北京大学中国中古史研究中心设立的宗旨、研究课题和今后的计划。

王重民遗稿《记敦煌写本的佛经》。作者全面介绍了敦煌千佛洞所藏的二万件汉文写本佛经的收藏和整理情况，分析了不同时代经卷所具有的各自特点，并阐述了这些特点与当时的政治、经济、军事、文化以及地理交通等各方面的关系。最后指出：敦煌写本佛经的史料价值非常巨大，研究者应充分发挥这一大批写本的作用。

姜亮夫《敦煌学之文书研究》。作者认为敦煌学研究中对文书的研究是其重点，文书研究考证方法，应以乾嘉以来诸老所开创之正字考证诸法为基本方法，指出：这种方法是我国古文献研究的传统方法；他同时还介绍了一些就专攻敦煌文书所发现的问题如何解决的方法。

季羡林《新博本吐火罗A（焉耆语）〈弥勒会见剧本〉1.31/2、1.31/1、1.91/1、1.91/2四页译释》。作者按照内容排列页码顺序，确定幕次，译成汉文，同时对译文进行了详尽的注释（包括语法解释和内容解释）；有些不见于其他已知残卷的词，作者则核对回鹘文译文以及梵文和汉文相当的章句，加以揣测，确定词义。

王仲荦《新集天下姓望氏族谱考释》。作者确定斯二〇五二号文书《新集天下姓望氏族谱》为唐德宗时代的作品，并依据《广韵》、《元和姓纂》、《古今姓氏书辨证》、《战国策》、《新唐书》、《风俗通》等十几种古代史籍以及一些碑铭、墓志、题记和敦煌文书，对该文书中所包括的九道九十一郡七百七十个姓氏和郡望逐条考释，归纳了这些州郡和姓氏的渊源及演变，指出，在这个《氏族谱》中旧有郡姓几乎都被保留下来，同时又涌现很多新的郡姓（包括一些已成为当地望族的汉化鲜卑姓氏），有些是魏晋南北朝史书未曾提到过的。作者认为：族谱的变化，标志着庶族地主在逐渐抬头，门阀士族在逐渐衰落。

周祖谟《记吐鲁番出土急就篇注》。作者介绍了西汉人史游所编《急就篇》流传的原因及各种版本和注本，并比较了吐鲁番出土的北魏写本、颜师古本和松江本的异同，证明此写本属另一传本；还根据此写本文辞比较简单、方言较多和多引《诗经》文句的几个特点，推测可能是北魏时崔浩所作。

左景权《法国所藏敦煌汉文文书新目释例》。作者积几十年功力，新编成《法国所藏敦煌汉文文书新目》。作者就新编与王重民《伯希和劫经录》（收入《敦煌遗书总目索引》）和法国国家图书馆敦煌汉文写本目录（迄今只第一分册刊布于世）的异同加以比较，并对新编凡例详加说明。

唐耕耦《敦煌四件唐写本姓望氏族谱（？）残卷研究》。作者对敦煌出土的四件姓望氏族谱残卷（甲·北图位字七九；乙·斯五八六一、伯三一九一；丙·斯二〇五二；丁·伯三四二一）进行考释，认为：第一，残卷甲所载郡姓系辑自唐初或唐以前的各种著作；第二，考证残卷乙的时代在甲后；第三，残卷丙的作者可能是陇右道人，撰写时间晚于乙。作者指出丙卷的郡姓明显增多，一方面说明唐中后期崇尚郡望的社会风气仍然很盛行；另一方面又说明庶族地主兴起，世家大族衰弱，士庶界限逐渐消失。

王永兴《试论勾官——唐代官职研究之一》。作者运用出土文书及文献资料，论述了唐代勾检制的两大系统、各级官府之间的勾检关系及勾检系统中两个领导机构等问题，阐明了勾检的内容和它的重要意义。他指出：勾检制或勾检官职是唐代行政制度及官职的特点之一，也是优点之一，是唐代封建国家行政制度的组成部分。勾检制和勾检官职的正常实行，是唐代前期富强繁荣的重要条件之一。

姜伯勤《上海藏本敦煌所出河西支度营田使文书研究》。作者对该件文书所出地区、年代及性质作了进一步探讨，认为该文书反映了河西营田由镇戍兵屯田转变为用僦募方式招农民强户营田的这一历史转折。

卢向前《马社研究——伯三八九九号背面马社文书介绍》。作者指出：该文书是一份唐玄宗开元十四年（726）二至四月沙州敦煌县勾征开元九年悬泉府马社钱案卷。通过对这一案卷的考察及参照其他文献材料，可知，马社是府兵制度中官营的带有迷信色彩的民间互助团体，马社的设立是由唐代马政"牧于官而给于民"的特殊性质决定的；马社是官马缺乏的一种补充形式；马社是以祭祀马神的形式出现的，而后逐渐演变成官府征领钱物的一种手段，这种转变当在武则天时期；马社的组织形式完全是借用了府兵的编制，而折冲府的府兵则是马社的当然成员。

安家瑶《莫高窟壁画上的玻璃器皿》。作者从莫高窟400余个洞窟壁画上收集隋至西夏时期的85件玻璃器皿画面进行研究，指出：壁画玻璃器皿的主要器形的67%都可以在我国相应时期出土实物中找到类似的对照物，这批壁画玻璃器皿具有相当的史料价值。85件壁画玻璃器皿的画面中，有69件表现萨珊、伊斯兰的风格，这是西亚玻璃制品经过丝绸之路输入我国的又一证明。

祝总斌《高昌官府文书杂考》。作者对吐鲁番出土的官府文书中某些公文用语（1.记识奏诺奉行，2.辞、列辞，3.启，4.敕）、程式和类别加以考释，指出：从十六国至隋唐时期，高昌地区不但在政治上一直归属于内地中央统一政权，而且在文化上、文书制度上也与内地浑为一体，从而再一次证明新疆很早就是祖国不可分割的一部分的事实。

王永兴、李志生《吐鲁番出土〈氾德达告身〉校释》。作者根据伯二八一九号背所载的唐制授告身式以及其他材料，整理研究了有关氾德达的两件制授告身式文书，并据第二件文书研究了唐代前期四镇的置废问题，重点在于推定唐于上元（674—676）至调露元年（679）之间有过一次恢复四镇之举。

刘俊文《吐鲁番新发现唐写本律疏残卷研究》。作者对73TAM532号文书进行考释和研究，认为：该卷是西州都督府的法曹作为档案抄存的律疏写本的一部分，内容是律疏卷六名例中的"称日者以百刻"条和"称加者就重次"条的各一部分；该卷依据的底本是开元二十五年（737）颁行的《开元律疏》；该卷书写年代当在开元二十五年九月至天宝元年（742）二月之间，对于唐代法制史和唐律的研究以及对今传本《唐律疏议》的校勘都有重要的价值。

许福谦《吐鲁番出土的两份唐代法制文书略释》。作者对吐鲁番的72TAM230：46（1）和72TAM230：46（2）两件文书进行了整理、录校工作，作者确定这两份文书撰成于唐高宗咸亨元年（670）至上元二年（675）之间，其性质是重修的度支式。作者还解释了诸驿赐物、报蕃物、纲典、僦勾等几个疑难名词。作者指出：文书中所反映的诸驿所需钱物取给地方和方法，对唐前期诸驿财务制度可起补充和证明作用；此外，文书表明了租调折纳他物，至迟到高宗时期，已成为唐租庸调制的一个显著特点。

齐东方《吐鲁番阿斯塔那二二五号墓出土的部分文书的研究——兼论吐谷浑余部》。作者研究了1972年吐鲁番唐代墓葬出土的新资料，主要解决了以下问题：

第一，确定了这是一份武则天晚期瓜、沙等州唐代官府的军事文书；第二，对文书内容作了仔细考释，确定这是关于吐谷浑归降唐朝事件的记载；第三，根据文书提供的新资料，结合敦煌文书及文献，对吐谷浑余部与唐朝、吐蕃的关系以及吐谷浑国灭亡后在西北地区的历史作了探讨，尤其是对吐谷浑国灭后"余部"的疑案，发表了新的看法。

周一良《敦煌遗书论文集序》。作者指出：王重民先生在敦煌写本遗书研究方面取得成果的经验有两点：一、古典文献方面的学问和造诣是他所研究敦煌遗书取得成就的根本；二、青年时期工作所在的北平图书馆，给他学术研究上的成长，提供了极为有利的条件。

左景权《〈大正新修大藏经〉第八十五卷—旧刊新评—〈敦煌文书学发凡〉之一章》。作者在充分肯定日本学者矢吹庆辉所编《〈鸣沙遗韵〉·图录及解说》（即《大正新修大藏经》第八十五卷）这一巨著所发挥的重要作用的同时，指出此卷尚有可议之处。

饶宗颐《说鍮石——吐鲁番文书札记》。作者用吐鲁番出土文书及其他文献材料，考证了鍮石的含义、用途和不同称呼。

荣新江《敦煌卷子札记四则》。作者运用敦煌出土文书，探讨了归义军时期的几个问题：第一，区别了敦煌的两个张氏；第二，通过对张球和张景球两者家世和履历的分析，认为不能将两者视为一人；第三考定了曹议金的卒年；第四，考定了《瓜沙古事系年》的成书年代。

《敦煌研究》试刊第二辑，敦煌文物研究所编，甘肃人民出版社出版。该刊主要发表敦煌文物研究所研究人员的最新研究成果，同时刊载国内其他学者的有关文章，并报道国内外敦煌学研究的学术动态和资料性的介绍。每期附有若干幅图版。

《敦煌学辑刊》总第三期及创刊号（总第四期），兰州大学历史系敦煌学研究室主办的学术性刊物。主要刊登有关敦煌吐鲁番遗书中的经济、政治、地理、文学、艺术、宗教和考古等方面的研究论文；同时刊载有关学者和论著（包括译著）的介绍、国内外研究动态等。

《王梵志诗校辑》，张锡厚著，中华书局出版。任半塘为该书作序，并审校全稿。作者依据敦煌遗书二十八种不同的写本，以及散见于唐宋诗话、笔记小说内王梵志的遗诗，经过钩沉辑逸、校订考释，整编成王梵志诗的全集，该书分卷基本上依据王梵志诗原卷编次顺序，书后附有《王梵志诗语词索引》。

《敦煌遗书总目录索引》，中华书局出版。原书由商务印书馆 1962 年出版，这次中华书局重印时，对原书部分错漏作了修改；修订前，曾分别征求了刘铭恕和刘修业的意见。

《吐鲁番出土文书》第四册、第五册，该书由国家文物局古文献研究室、新疆维吾尔自治区博物馆、武汉大学历史系魏晋南北朝隋唐史研究室协作进行整理编辑，唐长孺主编，文物出版社出版。这是继《吐鲁番出土文书》第一册、第二册、第三册之后的又一批文书整理汇编。第四册共收入哈拉和卓墓出土文书 18 件和阿斯塔那墓出土文书 164 件，第五册共收入阿斯塔那墓出土文书 175 件。

《敦煌学论文选》上集，兰州大学历史系敦煌学研究室、兰州大学图书馆合编，兰州大学图书馆印制。该集登载了新中国成立前后各方面有代表性的论文 21 篇，书后附有新中国成立前后敦煌学著述和论文目录索引。

《新疆考古三十年》，新疆社会科学院考古研究所编，新疆人民出版社出版。该书总结了新疆 30 年在考古方面取得的重要成果，同时也包括对吐鲁番出土文书的整理和研究论文等内容。

二、散见于各期刊上的有关敦煌吐鲁番学研究的论文

1983 年敦煌吐鲁番学研究的论文较前几年显著增多。据统计，1983 年敦煌学术讨论会提交的论文近九十篇，本年度的唐史学会年会论文中也有少部分涉及敦煌吐鲁番文献的，加上公开发表的文章总计达 200 篇，这充分显示了我国敦煌吐鲁番学研究的广阔前景。

（一）历史

均田制历来是唐史研究的重要课题之一。韩国磐在他的《关

于吐鲁番出土的唐代户籍残卷中的几个问题》①一文中就吐鲁番地区受田数量之少提出问题,作者认为当地田土少,只能按狭乡的原则办理,而实际受田还要少得多;作者认为该地区的永业田与口分田实际上就是一回事。对此,宋家钰说得更明确。他在《唐代户籍上的口籍与均田制——唐代均田制的性质与施行问题研究》②一文中指出唐代户籍里出现的永业、口分田都是民有的私田,官府的所谓收授,实质上是将一部分民有土地改授给另一些民户,或本户内继承,这并没有改变土地的私有性质。杨际平《从敦煌户籍看唐代均田制下土地还授的实施问题》③一文在谈到永业田性质的问题上持相同看法,并由此证明敦煌地区乃至全国并没有进行经常性的土地还授,户籍上记载的还授只是账面上的调整,不反映实际情况;安史之乱以后土地的还授更无法进行。与上述论点相反,袁昌隆《初授的永业田不是均田农民原有土地——永业田性质探讨之一》④一文中认为北魏至隋唐的永业田是指国家将无主的荒地授予农民的土地,它属于国家所有,而不是民户的私田。

关于西州地区的"常田"、"部田",黄永年在他的《唐代籍帐中"常田""部田"诸词试释》⑤长文中作了详细的研究。作者认为常田是质量较好的耕地,部田则是质量较差的耕地。文书上用"常田"、"部田"标志土地优劣,"是为了计算赀财,以定户等第,然后按户等高下向户主征税"。韩国磐也对"常田"、"部田"进行了探讨,结论与此相似(见韩国磐上文)。此外,两位作者还对文中出现的"潢田"、"卤田"、"陶"等十余个名词进行了考释。

关于唐代的社会经济制度,王珠文有《关于唐代定户等及户

---

① 《中国社会经济史研究》1983年第2期。
② 《中国史研究》1983年第4期。
③ 《社会科学》1983年第6期。
④ 《社会科学》1983年第6期。
⑤ 《文史》第19辑,北京:中华书局,1983年。

令中几个问题的研究》[1]，对唐代制定"三等户"、"九等户"的时间以及"三比"、"五比"、"九比"的含义进行考证，指出唐代定户等的资产不包括土地。作者又在另一篇《关于唐代户税的几点意见》[2]对"大税"、"小税"和"别税"进行了研究，证明两税法的夏秋二征制应源于前期户税的两征制；西州地区的户税可以折纳柴。

杨际平《敦煌文书安环清卖地契的性质和年代——与余也非先生商榷》[3]针对余也非的观点[4]，指出安环清文书是卖地契而不是租佃契，其时代是吐蕃占领瓜沙时期，不是宋代。

朱雷《唐"籍坊"考》[5]在日本学者池田温研究的基础上对唐代的"籍坊"进行分析。作者指明"籍坊"是保存户籍的机构，同时还具有记载、调查、核对户籍等事项的职能。在另一篇《吐鲁番出土文书中所见的北凉"按赀配生马"制度》[6]中，作者论述了北凉的"按赀配生马"制度，该项制度规定百姓根据"赀簿"为政府养马。这种制度只见于高昌地区。

对西北历史的研究，也是近年来研究者注意的课题。陈守忠的《公元八世纪后期至十一世纪前期河西历史论述》[7]讨论了安史乱后吐蕃对河西陇右地区的占领，以及由此引起的吐谷浑、党项、回鹘、沙陀诸族的迁徙，又对当地的瓜沙归义军、甘州回鹘和凉州的蕃汉三个政权作了较详细的研究。刘光华在《敦煌上古历史的几个问题》[8]中对"敦煌"一名的由来与范围、《尚书》中记载的"三危"、《左传》记载的"瓜州"以及敦煌地区的上古居

---

[1] 《山西大学学报》1983年第2期。
[2] 《北京师范学院学报》1983年第1期。
[3] 《四川大学学报》1983年第4期。
[4] 见余也非：《宋元私田地租制度》，载《四川大学学报》1981年第3期。
[5] 《武汉大学学报》1983年第5期。
[6] 《文物》1983年第1期。
[7] 《西北师范学院学报》1983年第4期。
[8] 《敦煌学辑刊》总第三期，1983年。

民、建郡年代等问题进行了较详细的考证。

王冀青的《有关金山国史的几个问题》[1]，运用敦煌文书对河西地区上承张氏下启曹家的金山国的创建者、金山国与回鹘的战争、金山国与西方的关系等问题进行了探讨。

姜亮夫在他的《瓜沙曹氏世谱》[2]一文中则对归义军曹氏的世系进行考证。作者认为曹议金是张氏女夫，曹氏代张是张氏诸婿帮助的结果。该文考证出曹议金有四妻，即张、李、索、宋；有四子，即元端、元德、元深和元忠。对此，孙修身《谈与瓜州曹氏世谱有关的几个问题》[3]提出不同看法。作者认为曹代张主要原因是张承奉违背父祖遗训而不受人们欢迎的结果，加之曹氏是当地望族，本身又有能力，因而很快取代张氏而成为归义军政权的首领。曹议金有三妻而不是四妻，这就是李、索、宋三氏，没有张氏，因而也谈不到有元端这一子。

此外，吴震在《吐鲁番文书中的若干年号及相关问题》[4]一文中考证了十六国时期至高昌章和之间有关的年号和相应的问题。程喜霖的《从吐鲁番出土文书所见的唐代烽堠制度之二——唐代烽铺的管理》[5]是他关于这方面研究的第二篇文章（第一篇见《敦煌吐鲁番文书初探》）。

（二）少数民族历史和语言

西北少数民族的历史和语言研究，是近年敦煌吐鲁番学的一个重点。

杨际平在《吐蕃时期敦煌计口授田考——兼及其时的税制和

---

[1] 《敦煌学辑刊》总第三期，1983年。
[2] 《浙江学刊》1983年第1期。
[3] 《社会科学》1983年第5期。
[4] 《文物》1983年第1期。
[5] 《武汉大学学报》1983年第5期。

户口制度》①中对吐蕃占领时期的两份敦煌残卷进行了研究。他的结论是：吐蕃将当地居民按"将"、"部落"的形式进行编制，实行计口授田和"突税"制，但不久以后，所授的土地即转为私有。

孟凡人在《唐代回鹘控制北庭的过程》②中详细探讨了回鹘控制北庭的整个过程，作者将回鹘的活动分为准备、渗透、控制和占有四个时期，指出正是由于回鹘控制了北庭，后来才能顺利迁入西域，成为今日新疆地区的一个重要民族。

汤开建、马明达在《对五代宋初河西若干民族问题的探讨》③中探讨了河西汉族的"吐蕃化"、回鹘势力对瓜沙州的渗透、甘州回鹘与肃州龙族的关系以及河西吐蕃部落的分布及政治中心的东移等问题。

殷晴在《于阗尉迟王家世系考述》④一文中从尉迟氏族源的传说到尉迟政权的结束，论述了于阗王国长达一千余年的历史，证明于阗长期与中央朝廷保持友好关系。黄盛璋在他的《和田塞语七件文书考释》⑤一文中着重考证了伯二九五八号的七件塞语文书，对其中涉及的沙州曹氏、甘州回鹘、西夏和于阗的历史地理也有所论述。

关于《弥勒会见记剧本》的残卷，本年有好几篇文章进行了研究。李遇春、韩翔《新疆焉耆县发现吐火罗文A（焉耆语）本〈弥勒会见记剧本〉残卷》⑥介绍了这个剧本的发现过程和流传情况。季羡林在他的《谈新疆博物馆藏吐火罗文A〈弥勒会见记

---

① 《社会科学》1983年第2期。
② 《新疆社会科学》1983年第3期。
③ 《敦煌学辑刊》总第四期，1983年。
④ 《新疆社会科学》1983年第2期。
⑤ 《新疆社会科学》1983年第3期。
⑥ 《文物》1983年第1期。

剧本〉》[1]一文中，对此进行了系统的论述。该文首先介绍了这个剧本的流传；其次对剧本的内容加以解释，指出这个剧本有助于确定吐火罗文的词义，推动比较文学研究的发展。在后一部分里，作者联系公元二世纪的《舍利弗剧》证明剧本这种文学体裁在中国起源很早，尤其在新疆受到特别欢迎。此外，斯拉菲尔·玉素甫、多鲁坤·阚白尔《哈密本回鹘文〈弥勒会见记〉第三品（1—5叶）研究》[2]对这个剧本第三品的前五叶（共十面）进行了翻译和校释。

对藏文的研究，王尧、陈践著有《敦煌古藏文〈礼仪问答写卷〉译解》[3]一文，作者将P. T. 1283号文书定名为《礼仪问答写卷》，并进行了讨论，指明该文书是藏族的礼仪规范，文后有译文和注释。王尧等又写有《敦煌吐鲁番文书第P. T. 1291号〈战国策〉藏文补证》[4]一文，用藏文材料补证了《战国策》一书。

（三）宗教

宗教在古代敦煌吐鲁番地区很有影响，目前关于这方面的研究正在逐步展开。

关于佛教，陈国灿的《吐鲁番出土的〈诸佛要集经〉残卷与敦煌高僧竺法护的译经考略》[5]，对本世纪初日本大谷探险队在我国新疆吐鲁番的吐峪沟古寺院遗址获得的一件《诸佛要集经》残卷的年代、译地以及敦煌高僧竺法护的译经活动进行了详细的考证，并附有竺法护部分译经年表。史苇湘有《刘萨诃与敦煌莫高窟》[6]一文。该文着重论述了并州沙门刘萨诃在敦煌地区的活

---

[1] 《文物》1983年第1期。
[2] 《民族语文》1983年第1期。
[3] 《西北史地》1983年第2期。
[4] 《青海民族学院学报》1983年第3期。
[5] 《敦煌学辑刊》总第四期，1983年。
[6] 《文物》1983年第6期。

动,指出他在敦煌、河西、陇右的群众中很有影响,与乐僔、法良齐名。

方南生在《〈双恩记〉创作年代初探》[①]一文中对《大方便佛报恩经》的讲经文《双恩记》的创作年代进行了考证。作者认为这份讲经文可能产生在盛唐末或中唐大历、元和年间。项楚的《〈维摩碎金〉探索》[②]认为《敦煌变文论文录》中的《维摩碎金》应定名为《维摩诘讲经经文》,并对作者沙门匡胤及写经背景、年代、抄写时间作了考订。

关于摩尼教,林悟殊撰有《敦煌〈摩尼光佛教法仪略〉的产生》[③]一文。作者分析了敦煌发现的汉文摩尼教经《摩尼光佛教法仪略》产生的时代背景和内容,认为该经不是中亚摩尼教经的汉文译本,而是唐玄宗时代在华的摩尼传教师奉诏撰写的一个解释性文件。

(四)文学和语言

敦煌写卷有相当部分涉及文学内容,在这方面,诗和变文占有突出位置,而研究的领域也以这两方面为宽。

张鸿勋在《试论敦煌文学的范围、性质及特点》[④]一文中将敦煌文学分为诗文、俚曲小调、小说、讲唱文学几类,作者认为敦煌文学是指保存在敦煌遗书内、唐五代时期流行在当地的以上述内容为主体的文学作品。它的性质和特点,一是俗文学(与民间文学差不多),二是受各民族、各种宗教的影响,三是受当时各种政治、社会势力影响。张锡厚在《敦煌文学的民间风格》[⑤]一文中着重讨论了敦煌文学的民俗性,它直接或间接地影响了后代

---

① 《社会科学》1983年第5期。
② 《南开大学学报》1983年第3期。
③ 《世界宗教研究》1983年第3期。
④ 《社会科学》1983年第2期。
⑤ 《文史知识》1983年第4期。

诗词、小说和戏曲文学的发展。作者又在《论王梵志诗的口语化倾向》[1]一文中着重论述了王梵志五言诗的民间风格。

关于诗的研究，主要有高国藩的《谈敦煌唐人诗》[2]、匡扶的《王梵志诗社会内容浅析》[3]以及李鼎文的《读逸名〈敦煌廿咏〉》[4]等。第一篇对舒学《敦煌唐人诗集残卷》中59首逸名诗进行了研究；第二篇讨论了王梵志诗反映的社会内容；第三篇则对王重民遗著、刘修业整理的《〈补全唐诗〉拾遗》中《敦煌廿咏》25首诗进行了论述。此外，还有毛水清的《〈唐诗写本残卷〉校考札记》[5]等。

至于词、曲、赋、话本、音韵等研究的文章较少，我们见到的有柴剑虹的《列宁格勒藏敦煌〈长安词〉写卷分析》、周丕显的《敦煌俗曲分时联章歌体再议》、张锡厚的《羽毛如利剑，精诚化鸳鸯——敦煌写本〈韩朋赋〉浅析》和《敦煌话本研究三题》，以及姜亮夫的《瀛涯敦煌韵辑补逸》、龙晦的《唐五代西北方音与敦煌文献研究》和张鸿勋的《敦煌讲唱文学韵例初探》等[6]。

在变文研究方面，研究者主要对王重民等编著的《敦煌变文集》一书进行订误或补遗。郭在贻发表了两篇文章，一篇是《敦煌变文校勘拾遗》[7]，一篇是《敦煌变文校勘拾遗续补》[8]，共提出80余条意见。袁宾的《敦煌变文校勘零札》[9]也校正了40余

---

[1] 《文艺研究》1983年第1期。
[2] 《社会科学》1983年第3期。
[3] 《西北师范学院学报》1983年第4期。
[4] 《西北师范学院学报》1983年第4期。
[5] 《南宁师范学院学报》1983年第1、2期。
[6] 《北京师范大学学报》1983年第4期；《敦煌学辑刊》总第四期，1983年；《名作欣赏》1983年第3期；《社会科学》1983年第2期；《敦煌学辑刊》总第四期，1983年；《西南师范学院学报》1983年第3期；《敦煌研究》试刊第二期，1983年。
[7] 《中国语文》1983年第2期。
[8] 《杭州大学学报》1983年第3期。
[9] 《社会科学》1983年第6期。

条。祝敏彻的《敦煌变文中一些新生的语法现象》[1]和李思明的《〈敦煌变文集〉中的量词》[2]从语言学的角度对变文进行了研究。此外，郑文在《〈王昭君变文〉创作时间臆测》[3]中对《王昭君变文》的创作时间作了考订，作者认为该变文是在唐宣宗大中初年（847）或以前创作的。

（五）艺术

敦煌艺术的研究文章，有段文杰的《略论敦煌壁画的风格特点和艺术成就》[4]，这篇文章对十六国时期至元代的敦煌石窟壁画的内容和风格进行了综合研究。作者认为，敦煌壁画的艺术成就，主要表现在造形与变形、描线和赋彩、装饰性构图和以形写神、吸收外来艺术等方面。在他的《唐代前期的敦煌艺术》[5]一文中，从洞窟形制到塑像、壁画内容，描述了敦煌艺术的民族风格，认为这种风格的形成一是传统文化的影响，二是中原佛教艺术西传的推动力量，同时也吸收了外国艺术的有益因素。作者还写有《张议潮时期的敦煌艺术》[6]一文，对张议潮时期的敦煌洞窟、壁画艺术进行了研究。此外，洪毅然在《简谈艺术与宗教——从敦煌壁画看"宗教艺术"的基本演变规律》[7]中着重从理论上探讨了艺术与宗教的关系。

讨论敦煌壁画的文章较多。萧默的《唐代建筑风貌——从敦煌壁画看到的和想到的》、郎绍君的《早期敦煌壁画的美学性格》和李浴的《简谈敦煌壁画的艺术本质及其现实意义》分别论述了

---

[1] 《社会科学》1983年第1期。
[2] 《安庆师范学院学报》1983年第1期。
[3] 《西北师范学院学报》1983年第4期。
[4] 《敦煌研究》试刊第二期，1983年。
[5] 《文艺研究》1983年第3期。
[6] 《敦煌学辑刊》总第三期，1983年。
[7] 《西北师范学院学报》1983年第4期。

敦煌壁画的艺术特色和反映的风貌[①]。方萌的《莫高窟艺术中的动物画》、刘玉权的《漫谈莫高窟早期壁画中虎的形象》专门讨论了壁画中的动物形象[②]。乌密冈的《敦煌图案的组织结构与纹样》和陈麦的《敦煌图案的魏唐风格》则专门研究了壁画图案[③]。此外，还有贺世哲的《敦煌莫高窟壁画中的〈维摩诘经变〉》、欧阳琳的《敦煌壁画中菩萨造型的依据》、王庆明的《敦煌壁画临摹随感》和王伯敏的《敦煌莫高窟壁画变色记略》等文[④]。

敦煌艺术的研究，庄壮在《丰富多彩的敦煌音乐》[⑤]一文中，较全面地介绍了壁画中反映的乐器、乐队和乐舞，以及写卷中记载的乐谱、歌词等。陈应时的《〈敦煌琵琶谱的解读〉译后记》、席臻贯的《〈佛本行集验·忧波离品次〉琵琶谱符号考——暨论敦煌曲谱的翻译》等文着重从译文的角度讨论了敦煌曲谱问题[⑥]。

在舞蹈方面，季羡林在《敦煌舞发展前途无量》[⑦]一文中高度评价了唐代敦煌地区的舞蹈；其他如叶宁的《敦煌舞和敦煌学》、《探索敦煌舞专辑》等也从不同角度对敦煌舞蹈进行了研究和探讨[⑧]。

关于吐鲁番艺术研究的文章则很少。我们见到的有刘凤君的《试释吐鲁番地区出土的绢画伏羲女娲像》和李铁的《高昌乐舞图卷》等[⑨]。

（本文原载中国敦煌吐鲁番学会秘书处编：《中国敦煌吐鲁番

[①] 《文艺研究》1983 年第 4 期；《文艺研究》1983 年第 1 期；《美苑》1983 年第 3 期。
[②] 《飞天》1983 年第 3 期；《飞天》1983 年第 1 期。
[③] 《美苑》1983 年第 3 期；《新美术》1983 年第 1 期。
[④] 《敦煌研究》试刊第二期，1983 年；《飞天》1983 年第 2 期；《新美术》1983 年第 1 期；《新美术》1983 年第 2 期。
[⑤] 《中国音乐》1983 年第 4 期。
[⑥] 《民族民间音乐》1983 年第 3 期；《音乐研究》1983 年第 3 期。
[⑦] 《舞蹈论丛》1983 年第 4 期。
[⑧] 《舞蹈论丛》1983 年第 4 期；《阳关》1983 年第 6 期。
[⑨] 《新疆大学学报》1983 年第 3 期；《新疆艺术》1983 年第 1 期。

学会研究通讯》(内部发行)1984年第1期,第3—13页。本文是宁欣与我二人合作完成的,她负责第一部分,我负责第二部分,为保持文章的完整性,现征得宁欣教授的同意,将全文收录于此)

长城学研究的一次盛会

——首届长城国际学术研讨会概述

近年来，关于长城的研究逐渐引起学术界和社会的重视，国内已经召开了三届学术讨论会，取得了较大的成绩。在这个基础上，1994年9月23至25日，由中国长城学会主办的首届长城国际学术研讨会在北京举行，来自美国、日本、英国、法国、德国、瑞士、匈牙利、韩国、泰国及中国内地、台湾、香港等国家和地区的近百位专家学者出席。大会收到论文60余篇，从各个角度研究探讨长城，有些问题在大会期间展开了热烈的讨论，现就大会学术研究及讨论的相关问题归纳综述。

一、长城修建的原因

长城最早的建筑，始于春秋战国时期，一直到明朝，前后持续近2000年，清代初期，也有个别地段的增修。在这期间尤以战国、秦、汉、北朝、隋、金及明诸朝修造最为集中、规模最大。这些朝代为什么不惜代价去修筑千里甚至万里长城呢？自古以来人们就进行各种探讨，而其原因似乎也并不算复杂。在本次研讨会中，不少中外学者提交的论文就涉及这个问题。一般来说，长城本身是作为防御工程而存在的，但是在什么时期进行防御？防御本身又表现了王朝什么性质的政策？学者们争论得很热烈。美国学者林霨和中国学者姚有志等人将长城工程的建造归诸于王朝的软弱。林霨举明朝为例，强调中国传统单靠学问和修身养性的道德力量不足以抵御北方游牧势力的南下，用政治与之妥协的办法又多为执政者不取。明廷最初曾设计了一系列打败蒙古人的军事战斗计划，然而到 15 世纪中叶都归于失败。在这种情况下，朝廷做出的决定是既不攻打游牧势力，又不与之讲和，而是试图修建长城加以防御。他得出的结论是：那些力量不强的软弱朝代，都采取了修筑长城的办法[1]。姚有志、毛振发等人明确提出，修筑长城往往是封建王朝国力衰弱时的无奈之举，其后果也相当严重，不仅激化了军事需求与经济发展能力之间的矛盾，也能导致内乱外侵甚至覆亡的结局[2]。冯嘉苹等人撰写的《万里长城的地理界线意义》则认为长城之建，既不是强盛王朝的产物，也不属于国力衰竭聊保边安的举措，而是两种势力之间不能压倒对方、互相对峙的结果，她将长城概括为各民族政治力量较量的"力"的平衡带，在秦始皇统一后，集中地表现中原农业文化与北方草原游牧文化之间的对抗与交往。

二、长城的军事作用

军事功能，是长城修建的直接起因。学术界对此一直颇为重视。吉人的文章将长城视为古代人类防卫设施的杰出代表，称赞它是最为完善的军事防御体系，为保卫农耕地区的社会安宁和生产发展起到了重要的作用[3]。孔令铜和范中义的文章批评了防御为主不是高明战略的说法。孔文指出，长城据险制塞，总比没有任何设防工程的原始阵地更利防守，某些段落的长城千百年基本没派上用场，恰恰说明那些方向使来犯者视为畏途[4]。范文强调，

---

[1] 见（美）林霨：《从战略角度看中国长城》，向研讨会提交的论文。以下均系会议论文，不具注。
[2] 见姚有志、毛振发：《古长城国防价值的再评估》。后姚有志的《从古长城看中原王朝的防务特征》一文，刊载于中国长城学会编《长城国际学术研讨会论文集》，长春：吉林人民出版社，1995 年。
[3] 见吉人：《万里长城——古代人类防卫设施的杰出代表》；后收入《长城国际学术研讨会论文集》。
[4] 见孔令铜：《长城的历史作用及其辨证评说》；后收入《长城国际学术研讨会论文集》。

农业民族防御游牧民族的内犯,最好的办法只有以守为主,而长城的修筑可以抵御防备,使内地得到安宁,还能使中原与塞外各民族和平相处、共同发展①。陈可畏在《论战国时期秦、赵、燕北部长城》一文里讨论了战国中期秦、赵、燕三国筑长城的原因,作者认为其主要动机即是防备匈奴和东胡势力南扰。而在事实上,长城的确发挥了重要作用,其效果直接影响到秦、汉二朝②。史念海从西北地区长城的建置出发,考论长城作为军事防御设施,必然依据地理条件,而它的筑成在某种程度上也补葺了地理形势的不足③。冯恩学探讨了金朝修筑界壕工程的效果,指出:蒙古诸部势力兴起后,攻灭西夏势如破竹,而对金朝则采取迂回包抄,显然金代北部的长城防御工程起到了阻滞作用。如果金朝不筑界壕,情况就大不相同了④。

三、长城的历史地位和现实意义

这是本届讨论会的中心议题。罗哲文有两篇文章论及于此。一篇比较全面地论述了长城作为中华文明的象征和人类历史遗产的重要意义;另一文从南北交流的角度审视长城,指出这种交流不仅丰富了各个民族自身和中华民族整体文化的内涵,而且也促进了各民族的经济发展、社会进步与国家的统一⑤。季羡林在文章中重点强调长城与中华民族特性之间的关系,他认为长城是防御工程,它反映了中华民族反对战争、爱好和平的传统意识⑥。

---

① 见范中义:《明代长城与边防战略》;后收入《长城国际学术研讨会论文集》。
② 见陈可畏:《论战国时期秦、赵、燕北部长城》;后收入《长城国际学术研讨会论文集》。
③ 见史念海:《论西北地区诸长城的分布及其历史军事地理》;后以《论西北地区诸长城的分布》为名收入《长城国际学术研讨会论文集》。
④ 见冯恩学:《金代长城的战争观》;后收入《长城国际学术研讨会论文集》。
⑤ 见罗哲文:《中华悠久历史的丰碑,世界古代工程的奇迹——论长城的历史地位、现实意义、国际影响和保护措施》、《中国古代长城南北的文化对话与交流》;后收入《长城国际学术研讨会论文集》。
⑥ 见季羡林:《长城与中华民族的民族性》;后收入《长城国际学术研讨会论文集》。

陈连开指出,长城是中国古代农牧民族关系的产物,标志着农牧两种文化之间的矛盾冲突与交融统一,是农牧两大民族及其经济文化既矛盾又不可分割的反映。他认为,"对万里长城的心理反应一成不变的观念是不存在的"[1]。针对这个问题,曹大为也表达了自己的观点,他指出,鉴于长城蕴织着极为复杂、丰富的思想内涵,因视角和价值取向的差异,人们对长城存在不同的认识是很自然的。当我们在新的历史时期把长城当作民族性格、文化精神的象征加以辨析诠释时,则应在严肃考察长城历史作用的前提下,选择最本质的特征、最能激励中华民族奋发振兴的内涵而阐释弘扬[2]。台湾学者曾祥铎《万里长城的历史作用与价值》从六个方面进行讨论,他指出,中国人修筑万里长城,再靠文化上的人道主义精神,成功地保住了北温带的人类文明。长城之雄伟气势与其所显示的坚毅不拔的精神,已成为中国人最引为自豪之处,长城过去的实用价值,已转化为今日的精神价值[3]。

四、长城的意象

这个问题与上文有内在的逻辑联系。这里更侧重于长城所展现的精神或意识。如齐庆昌等撰写的《万里长城与中华民族的传统意识》一文,着重指出长城对外防御敌方的进攻,对内加强了民族的凝聚力,它成为中华民族团结统一的纽带,反映了中华民族的和平意识和爱国意识[4]。杨辛认为长城在美学上表现出那种阳刚之气的壮美,其特征是以巨大的体积和深存的精神内涵,在

---

[1] 见陈连开:《万里长城说》;后收入《长城国际学术研讨会论文集》。
[2] 见曹大为:《凝聚中华民族的历史丰碑——评长城的历史作用》;后收入《长城国际学术研讨会论文集》。
[3] 见曾祥铎:《万里长城的历史作用与价值》;后收入《长城国际学术研讨会论文集》。
[4] 见齐庆昌、任佳峰:《万里长城与中华民族的传统意识》;后收入《长城国际学术研讨会论文集》。

刹那间震慑欣赏者的心灵，其意义回味无穷[1]。韩国李圣根和中国台湾的郑玉秀均从长城与诗歌的关系入手，论述了古典诗篇蕴示的长城精神。郑文将唐朝文学家置于劳动者的立场上，揭示出他们同情下层人民、反对统治者剥削压迫以及谴责战争的人道主义精神。她认为，中国文学家的这种态度显然是受中国传统哲学思想的影响的[2]。台湾学者宋光宇介绍了长城的"意象"在台湾社会中的变化。他指出，20世纪70年代以后，台湾经济的腾飞直接刺激了岛内外的各种交流，随之产生了一个文化认同与文化寻根的风潮。现在，人们更关心台湾本土的文化内涵，在这个过程中，原来的"长城意象"也跟着发生转变，学者们感兴趣的是，在"中国"这一广阔的文化领域内，台湾文化究竟居于什么地位？目前正在全岛之内展开探讨和争论[3]。

五、对长城多视角多层次的探讨

从不同的侧面或角度研究长城，这是本次会议的重点。韩嘉谷的《论前长城文化带及其形成》一文认为，万里长城建造前，沿线已经出现了一条彼此联系密切、拥有大量相似因素的文化带，该文具体讨论了该文化带的形成过程及其自然和社会两方面的因素[4]。李鸿宾的《长城与历代王朝的政治发展》重点论述了长城与中国王朝政治发展动向之间存在的关系，按此理解，长城应属于政治的产物，它的兴建与否，主要是各朝当政者在处理政治问题（包括军事的或民族的）所采取的相应措施。长城本身修建的动机简明单纯，但就历史发展而言，长城增修毁损，蕴含了中华

---

[1] 见杨辛、章启群：《长城若干美学问题的思考》；后收入《长城国际学术研讨会论文集》。
[2] 见韩国李圣根：《长城与中国诗歌》；郑玉秀：《文学的长城：唐朝以长城为背景的反战文学作品》。郑文后收入《长城国际学术研讨会论文集》。
[3] 见宋光宇：《"长城意象"在台湾社会的转变》。
[4] 见韩嘉谷：《论前长城文化带及其形成》；后收入《长城国际学术研讨会论文集》。

民族内部各种政治斗争、经济互通、军事攻伐、民族融合及文化交往的复杂情形[①]。李凤山在《论长城带在中国民族关系发展中的地位》里总结出四个特点,即长城带是古代经济交流的中心、文化交流中心、中国稳定和统一势力的中心,它也是中华民族实体形成的中心[②]。李召朝考论了长城修建的经济基础,认为长城是社会生产力发展到一定水平、有了一定的物质基础,且新的生产力推动经济关系急剧变革时,作为一代统治阶级为巩固和发展自身政治地位及经济利益而修建的一项卓有实效的军事设施[③]。王子今具体研究了汉代河西长城对西北地区贸易活动的促进,结论是,河西长城之建,为当地民间贸易的发展创造了条件[④]。韩光辉等撰写的《北京地区明长城沿线聚落的形成与发展》是研究长城沿线居民区形成与发展的专文。作者认为,在明朝,这些居民点多系驻守的军人家属,到了清朝,随着驻防的裁撤,居民聚落转归州县,一如地方,形成了山沟谷地民居经济的发展格局[⑤]。匈牙利王俊逸提交的《匈牙利人如何看万里长城》一文,否认匈牙利人是匈奴后裔的传统说法,认为他们与欧洲芬乌语系的民族有亲缘关系。匈牙利人在过去的150年里不断有学者对中国长城进行研究和调查,该国的盖来孟石匠故事与中国的孟姜女传说也有相似的意蕴[⑥]。

[①] 后另撰《唐朝三受降城与北部防务问题》一文,刊载于《长城国际学术研讨会论文集》。
[②] 见李凤山:《论长城带在中国民族关系发展中的地位》;后收入《长城国际学术研讨会论文集》。
[③] 见李召朝:《论长城兴建的经济基础》。
[④] 见王子今:《汉代河西长城与西北边地贸易》;后收入《长城国际学术研讨会论文集》。
[⑤] 见韩光辉、李新峰:《北京地区明长城沿线聚落的形成与发展》;后收入《长城国际学术研讨会论文集》。
[⑥] 见(匈牙利)王俊逸:《匈牙利人如何看万里长城》;后收入《长城国际学术研讨会论文集》。

六、对长城的考察与考古发掘

与会者普遍感到，对长城进行实地调查，或者通过考古发掘进行研究，这是最有价值的基础工作。在这方面，近年来取得了丰硕的成果。与会的中、日、美等国的代表就有亲自踏查者，他们介绍了自己考察的收获，提出了长城研究工作中应注意的问题。如彭曦结合自己的感受谈到，对长城研究要有系统性，从中华文化的整体着眼，而进行全面科学的考察，则是研究的基础[1]。刘建华也就长城实地调查中应注意的问题提出了自己的看法[2]。徐苹芳等人则就战国至秦汉间所筑长城从考古学的角度进行了详尽的研究。徐苹芳指出秦始皇长城较战国长城更向外拓展，而汉代长城基本是修复连接秦长城。但其西部则远出秦墙之外，有力地保护了西域通道[3]。张荣方也很看重这一点，他的《西汉长城的修缮及其意义》重点讨论的就是西部新筑长城对汉代的发展所起到的重要作用[4]。徐乐尧利用汉简专门研究长城的后勤供给系统，对其中的仓、库、阁三种机构及其职能作了透彻的分析[5]。李正宇的文章只述及西汉敦煌郡内的长城建置，但是研究细致深入，他认为，敦煌治所通往周边的警烽线直到清代仍旧发挥着功用[6]。关于北朝的长城，只有艾冲的《北朝诸国长城新考》一文。艾文考定了北魏和北齐长城的起讫地点，认为东魏和北齐长城为一个防御体系的不同部分，北周长城只是对北齐长城的增补而已[7]。

---

[1] 见彭曦：《十年来考察与研究长城的主要发现与思考》；后收入《长城国际学术研讨会论文集》。
[2] 见刘建华：《关于长城调查研究的若干问题》；后收入《长城国际学术研讨会论文集》。
[3] 见徐苹芳：《考古学上所见的秦汉长城遗迹》。
[4] 见张荣芳、王川：《西汉长城的修缮及其意义》；后收入《长城国际学术研讨会论文集》。
[5] 见徐乐尧：《汉简所见长城的后勤供给系统》；后收入《长城国际学术研讨会论文集》。
[6] 见李正宇：《敦煌郡的边塞长城及烽警系统》；后收入《长城国际学术研讨会论文集》。
[7] 见艾冲：《北朝诸国长城新考》；后收入《长城国际学术研讨会论文集》。

此外，与会的不少学者还向大会提交了自己所在地区有关长城考察与研究的文章，主要有陆思贤的《内蒙古长城遗迹与有关研究课题》、鲍桐的《包头及河套地区古长城遗迹考察与研究概述》、许成的《宁夏古长城》、张亚平的《山西长城的历史与现状》、郑绍宗的《河北省明长城部分段落的考察》、郑孝燮的《长城沿线几个重镇城市论述——山海关、宣府、大同》和任鸿魁的《虎山长城的遗存情况与保护对策》等[①]，这些文章的作者常年工作在各地，有的不只一次两次地参与长城调查考古工作，所获情况详尽属实，具有较大的学术价值。上述文章长短不一，但共同特点是资料翔实，论述有据，为今后更加深入或综合研究提供了条件。同时也应看到，考古发掘工作虽然成绩可瞩，但大量工作仍有待进行，单就长城整体考古工作而言，目前尚未开展，今后的工作应在区域考察与总体布局的关系上多下工夫。值得一提的是国家有关部门已组织人力利用航空遥感等现代科技手段对长城进行测量和研究，目前已完成北京和宁夏地区的考察，这方面的成果主要反映在陈述彭等人撰写的《从太空看长城》和黎风等《宁夏长城航空遥感调查研究》等文章中[②]。

此外，本次研讨会还有一些文章涉及长城区域考古发掘及其他相关问题。吴礽骧的文章《丝绸之路上的又一重大考古发现——敦煌悬泉遗址》，向大会介绍了迄今最为完整的一座汉朝驿站遗址的发掘经过。据介绍，这次发掘共获简牍20000余枚，其他文物3000余件，为研究汉朝社会历史提供了丰富珍贵的资料[③]。李永良对已出土的汉简进行了归类研究，向大会提交了《河西汉简

---

① 郑绍宗、郑孝燮、任鸿魁三文后收入《长城国际学术研讨会论文集》。
② 陈述彭、布和敖斯尔、李胜强：《从太空看长城》；黎风、顾巍、曹灿霞：《宁夏长城航空遥感调查研究》。二文均收入《长城国际学术研讨会论文集》。
③ 见吴礽骧：《丝绸之路上的又一重大考古发现——敦煌悬泉遗址》；后收入《长城国际学术研讨会论文集》。

的发掘与研究》一文[1]。邱久荣考查了东北地区高句骊与汉王朝的关系，认为该地是在西汉政府直接统治下，并对高句骊称王一事提出了自己的看法[2]。

七、长城的保护与旅游开发

这个课题，引起了与会者的更大关注。其中英国学者迪克斯和美国布洛迪的观点尤其具有代表性。迪克斯的文章《保护防御工程——万里长城的保护与旅游》重点强调的是保护与旅游之间的关系。在作者看来，保护无疑是第一位的，不能够以毁坏文物为代价发展旅游事业，应该对参观人数及各种设施进行规划安排，控制在适宜的范围内，力争使长城遗址与周围环境保持协调[3]。布洛迪建议与中国长城学会发展关系，在长城沿线重要地段设置工作组或工作站，具体负责保护事宜，使长城的文物保护与该地区的经济发展同步而行[4]。李孝聪也很关心长城保护与旅游开发的问题，他在《对长城文物保护与旅游开发措施的思考》一文中从设施建置、环境保护及宣传工作等角度具体研究了上述问题[5]。李庚的《北京司马台长城段设计修建调查》一文，结合司马台地段的实际情况探讨了长城保护与开发的理论原则和技术方法[6]。看起来，长城的保护问题已经越来越引起人们的重视和关心，国外人士在会议期间的各种发言，绝大部分也都与此有关。中外联手，借助一切积极的力量共同保护长城文化遗产，应当是今后的

---

[1] 李永良：《河西汉简的发掘与研究》；后收入《长城国际学术研讨会论文集》。
[2] 见邱久荣：《两汉对高句骊的管辖》。
[3] 见（英）Greald Dix：《保护防御工程——万里长城的保护与旅游》；后收入《长城国际学术研讨会论文集》。
[4] 见（美）布洛迪：《尊重历史，构筑未来》。
[5] 后另撰《英国境内的古罗马哈德里安长城遗迹及其维护》一文，收入《长城国际学术研讨会论文集》。
[6] 后修订为《中国旅游业保护性开发使用长城的理论原则与技术方法——北京司马台长城段设计修建实证性研究》一文，收入《长城国际学术研讨会论文集》。

主要任务。

八、"长城学"学科体系的创立

对长城进行研究，从长城建立之时起就已经开始。不过当时人们的出发点都是建立在现实的政治立场上或着眼于军事角度。从学术层面研究探讨，自新中国建立以后，特别是最近十几年来，已经取得了长足的进展；国外及港台地区也有不少学者从事这方面的工作。这次会议首次将中国与其他国家学者组织起来进行交流，互通信息，取得了很大的成果。到目前，一个以长城为研究对象，涉及历史、军事、民族、经济、政治、地理、考古、建筑、文学艺术、文物保护、旅游开发等多学科多层次的学科体系已经形成。罗哲文、董耀会合撰的《长城学的几个基本理论问题》从该学科产生、研究对象与研究范围、学科特点、学科分类、方法论及与其他学科的关系等方面进行了详细的阐述[1]。这次国际学术研讨会的召开，标志着一个新阶段的到来。综观整个情况，可以认为，此次会议既是对过去的科学研究与调查发掘进行一次总结和交流，又是为今后进入更深层次的研究工作确定新起点、奠定新基础，相信不久的将来，具有国际影响的"长城学"学科体系会更加完善和成熟，成为中外瞩目的显学。

（本文原载《文史知识》1995年第3期，第50—57页。发表时所用"李方准"系我的曾用名，特此说明。此次收入本书时对文章又做了校正，其中的多数文章后被收入到中国长城学会编的《长城国际学术研讨会论文集》里，但此文写作时该论文集尚未出版，收入的情况没有反映，这次校订凡被收入集子的，在注释里均有所指明）

---

[1] 见罗哲文、董耀会：《长城学的几个基本理论问题》；后收入《长城国际学术研讨会论文集》。

第五编
其他文论

关于长城保护与发展的几点看法

这是一个人们十分熟悉、反复谈论又谈不出新意,然而又是操作性十分简便的课题。事实上,在中国目前的情况下,政府法规的制定和执行的力度,可能是对诸如长城这类被人们视为珍宝而在实际中忽略不管的文物保护的最可行、最有效的办法之一。此外的其他办法虽然具有效力,但比起政府行为,显然是处于下风的。这涉及中国国民整个法律的意识和素养问题。长城是个文物,但长城的保护却超出了一般的文物范畴。从侠义的角度说,长城的保护反映的是法律意识是否浓厚,但仅从这个角度论证,还不足以反映事物的全部相貌。在这篇文章里,我打算从一般常识和事物内在规则这两个角度,谈谈长城的保护与长城区域的发展问题。

一、20世纪80年代以前长城的观念

先说保护。

长城的保护在观念上没有任何的异义,易言之,保护长城已成为妇孺皆知的事情。1949年以后的中国政府对长城的保护,不论从法规政策上,还是在具体的执行和操作中,应该说一直是重视的。只要我们查看有关的文件和报导,这种情况并非少见。但是,在计划经济的条件下,长城的保护问题与当时人们的观念有直接的、密切的关系。具体说,长城在中国人的心目中已经从纯粹的文物古迹上升到精神的象征和寄托。20世纪前期,中华民族遭受外国帝国主义和列强的侵略冲击,特别是日本侵华,使中国

人内心遭受的屈辱,以新仇旧恨的形式迅速爆发,在全国范围内激起了仇恨帝国主义和殖民主义的爱国热情,中国人内在的情感以极度愤慨的心态表现出来,这就是我们今天十分熟悉的民族主义情绪。至少从1840年代鸦片战争以来,中国人的这种民族情绪一直存在并时有高涨,到20世纪30—40年代达到高潮。

在反抗外敌的斗争中,中国人的民族情绪得以爆发,而长城则是这种民族情绪表达和展现的主要形式和高度集中。长城在历史上所起到的防范外敌(针对中原王朝或农业民族而言)的作用被20世纪中国人作为保家卫国的精神而被刻意地继承和发扬下来。于是,物质载体或单纯的军事防御功能就被赋予了深刻的精神内涵,其内容的阐发与中华民族所受的危难联结在一起,成为20世纪前半期人们理解长城的主要方式。

20世纪后半期,中国社会发生了巨大的变化,遭受侵略和屈辱的历史不再,就民族和人民的层面讲,长城所蕴涵的危难情结随着中国国家的强盛而被淡化。其后的长城在新时代被赋予了新的内容,中国独立自主发展的道路使长城浸染了浓厚的自我保卫精神,以意识形态为建国核心的中国政府以保卫社会主义、抗击帝国主义的名分强调国家之间的斗争,尤其是社会主义意识对资本主义的抗拒,长城被强烈的阶级斗争情绪所支配,"钢铁长城"的意义在被视作国家军队象征的同时而强化。这是20世纪80年代以前中国人对长城的基本认识。

从古典时代的军事防御体系,到抗战时期的精神感召,再到新中国建立后保家卫国的精神寄托,可以清楚地看到,长城是怎样地从实体转化到精神的,以及这种转化所揭示的中国文化的特性。

二、20世纪80年代以后的长城观念

20世纪80年代以后,长城在人们的心目中逐渐地走向淡化

或平实。70年代末中国的政策开始转变,即邓小平主张改革开放,屏弃了以阶级斗争为纲、以敌我矛盾处理国内外事务的方略,确立以经济发展为国家的核心政策,调整国内各阶层的关系,与各国加强经济、贸易、政治和文化的联系,中国人的思想观念随之发生巨大的变化,原来的那一套思维模式所建构的长城观念也开始转变。长城的物质载体重新受到重视,以之作为旅游资源促进经济发展被各级政府部门给予超出以前任何时代的关注,特别是地方以此为手段,赚取大量钱币致力于文物保护和社会的发展。于是,长城的物质载体在这种经济利益的驱动下被人们提升到新的高度:它不仅是中国或中华民族的象征,更是我们赚取外汇或国内游客大把钞币的有效手段。从东部的山海关,到西部的嘉峪关,长城就这样被各级政府、民间团体或群众所关注和利用。

这种关注和利用是有条件的。即长城只要能给当地带来利益的时候,它才被人们认识。事实上,纵横几万里的长城在北方地区并非每处都是如此。那些延伸在边远或人迹罕至地区的长城,与地处北京、天津、秦皇岛这些经济文化发达地区的长城相比,其被人们关注的程度的差异,超出了一般人的想象。至少到目前,人们心目中的长城,无非就是指上述地区的几处,横亘在北方内陆的绵延千里的长城,则被人们长时间忽略。于是,我们看到,原本联结为一体的长城(及其概念)被人为地分解成不同的部分,八达岭、居庸关、山海关成为人们心目中的长城典范而被国内民众和国外游客所熟知,他们回忆或追念中的中国伟大象征,就体现在八达岭或山海关的城墙、敌楼、云台等景物之中。除此之外的其他城墙、残垣断壁和附属建筑,多数存留在专业人士和所在地区的百姓头脑之中。

这种反差与其说是长城本身造成的,不如说是长城所处地区的命运所系。上文论述的八达岭、山海关,与其他地区长城之不同,核心的原因是八达岭接近北京,是参观北京必去的游览场所,这种条件其他地区很少具备。易言之,八达岭之辉煌首先是它贴近北京而享有得天独厚的条件;而山海关则是中国另一处著名的旅游景区,它与秦皇岛海滨构成一片,成为北方滨海游览的核心地区而被人们关注。这是山海关长城兴盛的主要原因。至于它被人们认同为东部长城的起点,虽然在明朝的确如此,但这个因素并不是第一位的。不论是八达岭还是山海关,我们清楚地看到,它们本身的价值与它们所处地区的重要性是连为一体的,如果不是这样,八达岭、山海关就不会有今天这种局面。说到底,长城之被人们看重,与所处地区的重要性存在着直接的关系。

这一段我打算做如此的总结:80年代以后,由于中国的重心从强化政治和意识形态转向了经济建设,中国人的精神相貌也发生了变化。长城在这种转变过程中,其形象也从政治性的象征逐渐地走向实用的文化遗产,主要表现在长城的部分地段被用作旅游开发、为地方经济建设增加资金而受到重视。这种以经济利益为手段对长城施加的功能,是80年代以来最突出的表现。

三、长城的保护问题

但是,仅仅从经济和物质的角度观察长城,又不能全面地解释问题。事实上,今天的人们对长城的理解程度和深度都超出了前人。处在改革开放的时代,中国人对长城的认识范围较以前的任何时候都要广泛:长城不再仅仅是中国文明的一个组成部分,人们更愿意从世界文明的角度探索它。

今人对长城的关注,首先是从文物保护的角度着眼。时至今日,长城在各个地区保存的状况很不平衡。在北京、秦皇岛或甘肃的嘉峪关,长城因有旅游开发价值而受到各级政府和群体的关心,长城的修缮和保护得到有效的加强。但是更多地区的长城遗址却没有这么幸运,它们处在无人过问或忽略的状态之下;要么就是仅仅停留在官员和文物保护部门的文件宣传当中。根据2002

年8—9月中国长城学会组织的专家考察的报导,现存的长城大致呈现这样的景况:三分之一保存得比较好,受到政府和人们的重视,主要是这些地区具有典型性和旅游开发价值;另外的三分之一保存尚好,虽然遭受一定程度的破坏(包括自然损毁和人为破坏);剩下的三分之一则完全被破坏了,其中最主要的是人为的损毁。而损毁的原因十分简单:当地人自己家里要修建房舍或牲畜棚窝,长城遗址的砖瓦正可以用做材料而不必花钱购买。对这些人而言,用长城的砖瓦修建自己的棚舍似乎是理所当然的行为,他们并没有将长城视做人类古典时代的奇迹而刻意地保护。从这个角度讲,国人对长城的理解仍旧需要政府和专家的大力宣传(无论怎样宣传都不过分),特别是这种宣传更应该深入到与之有关的民众群体之中。当地的文物保护部门对这种行为是否知情或采取何种方式加以制止?从考察专家提供的信息看,至少在他们考察之前,破坏的行为仍时有发生,他们将意见反映到省级部门之后,破坏损毁的行为才被制止。这很清楚地说明,当地的文物保护部门要么是不知情,要么就是熟视无睹;前者证明他们渎职,后者则证明他们违法。

这个事例告诉我们这样的事实:长城与当地百姓的生存密切相连。走上良性循环发展的发达地区,长城能够给他们带来巨额的资金受到人们的关爱,长城是作为民族瑰宝而被对待的,长城的优势话语也在这个地区得以建构并成为文化象征的。

与此相反,北方腹地或边远区域之内的长城则被排除在这种优势和象征之外,它们在追寻经济效益的环境里,很自然地成为所在地区追逐利益甚至个人或小单位自己私利的手段,拆墙修建棚舍的行为再不过清楚地展现了这种行为。当人们从道义的角度去批评或者纠正他们的过错之时,更值得我们深思的是具体考虑长城与他们自身的关系问题。其实,事情可能比人们想象的要复杂一点。如上文所说"长城与当地百姓的生存密切相连",处在经济欠发达地区，百姓的生活离不开他们的生存环境。长城建筑之所以成为用来修盖自家房舍的材料，除了上面说的文物保护意识淡薄外，主要是他们自身经济的利害关系在起支配作用。经济的考虑是他们损毁长城的主要原因。于是，长城保护的问题便超出了自身的属性范围。

四、保护的措施

长城作为整体加以保护是没有疑问的，但是在操作中就不完全一样了。事实上，长城受到人们的关注是分成具体的部分的。人们经常谈起的长城无非就是上文中频繁出现的八达岭、山海关等部分，人们对它们倾注了无限的人力、物力和财力，对这部分的保护不是理论的论证而是实际的操作。有关专家、学者对长城保护提出的建议或论证一直没有停止。文物学界普遍持有的意见是修旧如旧、保持长城的原始风貌。就我个人的感觉而言，对旅游景区长城的保护，为参观者修建的附属性设施值得特别的关注。至少在目前看，国内旅游景区的文物古迹普遍地被附属性设施所掩盖：人们本来的目的是参观文物古迹自身，欣赏自然风光或景色，但是当我们到达景物之地，更多地被商业气息浓厚的饭店、旅馆、餐饮、小商品摊贩所纠缠，更令人不能忍受的是那些人造的景点不伦不类地堆砌在参观者的必经之地。这与联合国自然景观与文物保护的规定是冲突的。这些人造景物大多与文物古迹或自然风光不相协调，明显地看出多出自非专业工作者的头脑之中。易言之，这些地方的设施主要是由不懂行但有权力的人掌握的，这套机制对此应负主要责任。

对文物保护乃至利用，本身就是对立统一的矛盾，如果不加科学严谨地按照程序处理，就可能出现严重的问题。在欧洲和北美地区，人们对文物或具有文物价值的宫殿、教堂、城堡等建筑，一般采取的保护措施是保持它们原来的面貌，特别是欧洲对文物古迹的保护更是从周围整体环境的角度着眼，使文物自身与周边景物和谐统一，譬如一条古老的街道或一座教堂，几百年前是什么样子，今天大体上仍旧如此。环境与景物的协调，是欧洲保护的首要标准，这与联合国文物古迹保护的宗旨完全相符。中国的文物保护也遵循着这个原则，许多地区古迹的保护也的确如此。但也不能不看到，与之相反的保护措施也常常见于各地。就长城而言，特别是发达地区赢利的长城景观，有不少地段的长城如同上文所说，是被淹埋在与之不协调的人工设施之中的。对这个问题，最好的解决办法就是严格地按照联合国自然景观保护的条例去管理，专家的意见应该是决定性而不是咨询性的。

更难的保护问题是典型地段以外的广大地区。那里的长城保护受到当地经济发展滞后以及由此引生的观念的严重制约。这些地区的主要想法是把长城作为摇钱树而开发和利用，有此想法的多属于这些地区交通较好的地段，或距城市较近、人口较多的场所。其他边远或交通不便之地，即吸引游客少或不具备旅游条件的长城，则常常出现上文涉及的以私利而损毁的现象。不论是旅游开发，还是自毁长城，都是政府特别是文物保护部门予以严重关注的问题。对后者除了进行宣传教育外，特别要加大力度对直接责任者和监管者进行追究，当然，对直接责任者依照法律进行相应或程度更大的惩处更是必须的。

五、保护与发展

发达（展）地区的长城可以为该地区旅游文化、商业和服务行业提供条件，支持社会经济发展；同样地，欠发达（展）地区也想利用长城达到上述目的，这无可厚非。问题是这些地区采取什么措施既能保护长城，又能促进经济和社会发展？

一般而言，欠发达（展）地区的经济和社会发展程度普遍偏低，这里的生产多以农业为主，工业经济比较落后，现代化的生产体系有待建立和完善。这些地区处于内陆腹地，交通不便，与外界的联系甚少，生产途径比较单一。生产的多样化和社会发展的多途径是他们长期追寻的目标，问题在于他们所处的地理位置和自然环境与东部和南部地区相比都不十分理想，其滞后之局面并非短时间之内形成的。从历史上看，中国在隋唐以前国家发展的重心是在西部的关中平原；到宋朝建立，都城从西部移向东部。都城的转化，除了政治原因之外，中国社会经济文化重心的转移，是不可忽视的因素。而这种因素与自然环境和生存条件具有直接的关系。从此之后，东部和南部成为中国整个社会发展的中心。处在东部地区的长城，自然受该地区社会发展整体水平的影响。所以当我们讨论这些地区长城的问题时，地区的条件是考虑的必备因素。上文所言农民挖长城为自己所用，根本的原因就是其经济困难所致。

　　理论上说，要解决上述地区长城的保护问题，必须与当地社会经济的发展协调在一起。但是这些地区经济的发展非一朝一夕所能达到，在此之前难道就不重视长城的保护了么？这种假设显然是不成立的。欠发达（展）地区的长城必须受到保护，这种保护不论当地经济发展与否都要进行。这需要文物保护法规的完善，特别是中央和地方政府为保证法规的贯彻和执行所采取的措施。目前我们面临的主要问题是有法不依、有法不行，要使这种情况得到改变，除在宣传和教育上多做工作外，特别要强化人们的法律意识，这也需要行政的介入。从积极主动的角度而言，长城的保护与当地经济发展的有效结合，可能是各种办法当中的最佳选择。但是内地经济发展水平受到制约的条件之下，要想将长城视为赚大钱以促进当地社会手段的企图，也是不现实的。内地长城的保护与当地社会经济发展的目标、方式，各个地方都会找到不同的办法解决，但目标要适当，切不可过大过高，换句话说，内地长城的开发和利用要根据自己的情况做出适当的安排，规模要适中，景点的设计与当地自然环境相协调，不要超出长城本身的承载范围，特别是不要过分超出长城范围去开发，那样不但不能保护长城，可能还会破坏长城。开发长城应该多多地吸收发达国家文物保护的经验和办法，使长城既为今人缅怀古代文明提供参照，又能在最佳的程度上保护它。二者的结合或协调，需要政府部门、文物部门和各阶层人士的共同研究和努力。再说一遍，长城的保护与开发问题，最具有发言权的是专家，其次才是他人。如果不按照这种方式去运作，肯定会坏事。

六、对青山关长城保护与发展的思考

今年（2003年）9月15—17日在河北迁西县举办了"中国长城保护与长城区域发展研讨会"，本人蒙允受邀参与研讨，并参观了潘家口、喜峰口和青山关等地的长城遗址。这里以青山关最具有代表性。根据我粗浅的观察，对青山关长城有如下的认识：

从迁西县城出发北上，沿西北方向行10公里（直线）即抵达三屯营乡，这里在明朝是蓟镇总兵官的驻守地。明朝为防卫蒙古骑兵南下，在北方长城沿线设立九个军镇分段防守（即辽东镇、蓟镇、宣府镇、大同镇、山西镇、榆林镇、宁夏镇、固原镇和甘肃镇）。三屯营是蓟镇最高军事统帅的指挥部，其战略地位十分重要。顺此北上，途径大黑汀水库和潘家口水库，其中潘家口和喜峰口长城因后来修建水库而渗入水下。青山关则高矗山脊，形势险峻，与喜峰口和潘家口形成对照，从旅游观光的角度看极有特色。迁西县长城体系是以三屯营为核心，以长城墙体为外围防守而成为一个整体。这样的体系能够保存至今已属不易。现在的三屯营遗址虽遭破坏，但修复起来并不十分困难。如果上述设想成为现实，那么迁西县长城的保护和开发就能建立在比较优越的基础之上。

就目前而言，迁西县长城遗址的情况可以概括为以下几个特点：

第一，现存的长城与周围的环境协调一体，大致上处在和谐的状态之中，这是与八达岭长城、山海关长城比较而言的。该地也正是因为没有被开发才保留原始的风貌的。开发之后的关键问题是能否保持住这个特点，需要各方给予关注。

第二，长城自身也处在比较原初的状态，这也是该地长城的优势。现存的长城经过当地各级政府的保护，人为损毁基本被遏止，保存得比较完好。但这是处于开发之前，一旦成为旅游景点，游人纷至沓来，长城势必被人们踩踏，到那个时候，长城能否保存旧貌还是未知数。这段长城如何保护？需要认真研究。

第三，作为旅游开发，迁西县长城是整体而非局部。至少它应与潘家口水库和三屯营景点连接成为一个系统，这也是该地长城旅游的优势所在。如果再与当地栗子、枣、梨等水果经济特产的参观连接成一片，则开发的区域更广、层次也更深。这几个特点都是其他（有长城）地区所不具备或不明显具备的。

第四，本地处在京津唐三角开发区之内，交通便捷，吸收的客源以北京为主，辅之以天津和东北地区。这个地区的民众比较富裕，尤其是都市群体，有较强的消费能力，目前形成的近郊周末度假成为时尚，到距京城数百公里之外的风景名胜参观或休闲度假，可能是另一种时尚，迁西县长城旅游景区正好可以满足这项需求。

但是，现在的青山关长城还处在初步的开启阶段，需要做的工作是大量的。首先要解决的课题是文物保护和旅游开发二者之间的关系。

文物的保护和开发是两个范畴不同的内容。保护是指对历史文物和遗迹采取措施使之免遭自然损毁和人为破坏的行为；而开发是利用文物遗迹为现实利益服务，以文物遗迹的参观、旅游吸引游客而增加收入，或以之为项目招商引资，进行经济建设。二者的目的和利益并不一致。在目前的中国国情形势下，这二者又往往结合在一起。单纯地进行文物的保护，文物部门资金短缺，许多措施虽然制定或颁布了，但没有物质保障，实际上只流于形式，真正的保护是谈不上的。就长城而言，河北迁西虽处在比较发展的地区，当地财政收入好于长城沿线大多数县市，但让它拿出更多的资金用以保护长城，恐怕也不现实。国家文物部门用于保护长城的资金原本就有限，该地区长城又不是处在十分危机的状态，所以单靠文物部门自身很难解决保护中所需要的资金问题。于是，国家与当地联合保护长城就成为现实解决长城保护的首选方式。

对迁西而言，保护长城应该说是他们自身的问题，迁西人也的确有这种自觉的意识。因为长城作为中国古典文明的象征，长城所在地区的人们首先可以感受这种品格，在改革开放的年代，经济建设成为各个地区发展的主要内容，长城在这样的建设中其价值日益凸显而被人们所认识。正如唐山市旅游局长所说，要说对长城的重视，我们搞旅游的人比谁都重视，因为它跟我们的事业有直接的关系。这里将文物的保护与旅游开发联系在一起，利益和价值被捆在一块，应该说反映了当地人们对二者关系的普遍看法。这是长城保护的前提和基础。我要强调的则是，在这个基础上，要加大保护意识，拿出更多的资金用于保护，并在文物专家的指导下工作，使长城纳入到科学的保护措施之中。为此，我们针对目前青山关长城的保护和开发提出以下几点意见以供参考：

第一，自身定位问题。这主要是与周边同类长城旅游景点对比而言的。八达岭位于北京西北，是北京旅游的主要景点，它的特点是吸引游人多，大凡来京的中外游者和客人，都可能去八达岭参观游览，这样的优势在其他任何地区都无法找到。青山关以东的山海关，是到北戴河旅游的必经项目，此处与大海结合在一起，是吸引游客的动力。青山关与他们相比，不具备前二者的地理条件和优势，所以在定位的时候就要特别考虑自己的特点和长处，即上文提出的山水相间、古朴原初、特产优势，让参观者产生回恋过去、发思古之悠情的心态，在都市的生活繁忙之余，到此休闲度假以释放他们工作的紧张和压力，返回都市后再以饱满充沛的精力重新投入到工作和生活之中，他们的心情应该说是愉悦和轻松的，这就达到了参观游览的目的。青山关的定位应该以此而展开，切忌不要同八达岭和山海关看齐，盲目投入，这里的游客资源与上述二者都不能相比，特别是不能同八达岭相比，否则定位不当，会造成严重的误差和损失。在招揽客源上，当地部门目前的想法是以会议旅游和团体访游为主，将这里开辟为旅游度假和休闲之地，即让客人在此住宿，形成观光、住宿、休闲的模式，时间控制在2—4天左右。这种形式应该说是比较合适的，它的主要目标是为那些在都市长期紧张工作的人提供休闲、缓解压力的条件和环境。我要加上一句，即这样的定位再适当放大一点，应该加上散客，甚至以散客为主，因为会议旅游和团体度假的范围太小，而全国各地都在搞同样的活动，青山关是否有足够的客源还是个疑问。散客则不受这样的限制，其人数是大量的，他们应该是青山关旅游休闲的主要来源。

第二，开发的整体性。如上所说，青山关长城不是单个的景点，而是众多景点的聚合。目前虽然刚开始运作，但在发展的计划方面应该有全面的设想。据北京师范大学历史系赵世瑜和曹大为教授考察，三屯营应是迁西文物保护和今后开发中更为重要的地区，因其历史上的战略地位而成为该地区的军事核心，但这一点尚未引起人们的重视。撇开此点不谈，单就山水与特产的联合开发，目前也只是初步展开。这些尤其需要当地文物、旅游等有关部门予以特别的关注，实际上他们已经在做了。相信他们更多地与相关部门和专业人士共同协商，制定出科学合理的保护和开发方案。

第三，附属设施的建置与安排。所谓附属性的设施是指为游客、参观者中途吃饭、行走、住宿等生活必须的内容而修建的配套工程，譬如饭店、旅馆、商店以及旅游纪念品、地方土特产品销售的方式，与此相关的纪念馆、博物馆等等。这些所谓的楼堂馆所随着青山关长城的开发会陆续建设。目前青山关长城的环境非常优美和安静，但这是因为游客少，今后开发游客大增，这样静谧的生活环境可能就要被打破了。那时候是否能保持现在的环境还是个问题。当地旅游部门将青山关脚下的村庄打造成游客住宿的旅馆，保持当地百姓生活的情景，让住宿者产生远古的幽思之情，这样是成功的例证。随着游客住宿的增加，还需要建楼堂馆所，它们建成什么样式？需要认真研究。我们希望要保持青山关目前的面貌，不管修建多少房屋，其规模不宜过大，要按照该村的格局和样式修建，以农家院落为基本形式，保持古朴格调，切忌不可修建现代性建筑，那样会大杀风景。另一个要考虑的问题是这些人工建筑距离长城有多远，也希望采纳专家的意见，既不可过近，也不能太远，将长城自身的保护与游人参观方便二者协调，以保护为中心，兼及其他。

第四，人文环境的改善。这一点与第三点是一个问题的两个方面，具体涉及饮食、住宿、交通等。目前的青山关在饮食、住宿上都保留了当地的古朴民风，使游客享受本地物产的同时感怀特殊的人文风貌，这是青山关最美、最有特色的地方。今后的开发仍然按照这个方式进行。需要注意的是在各个细节加工制作上应精益求精，以精品取胜。譬如当游客享用饭菜时，能够感受到明清的品味；住宿的房间格式和布局，也让人与明清浮想在一起，找到当年的感觉，等等，这些做起来并不困难，只要聘请一些明清史研究者进行咨询或顾问，吸取他们研究的成果，问题就解决了，这对当地旅游开发，特别是对游客的吸引，具有莫大的好处。

总之，青山关长城要给游客一个返回明清时代的感觉，让他们浮想联翩，他们在旅游、休闲之时能够体验历史的情境。这是本地文物保护和旅游开发得以成为特点的必备条件。

第五，服务意识、服务质量与素质的提升。这是人们经常提及的问题，也是青山关今后要保持的重要内容。我们作为迁西县和青山关的客人，处处受到款待，内心是很感动的。作为游客，尤其是人数比较多的时候，这种热情是否能够完好地保持，需要当地职能管理部门特别注意。服务的意识与质量成正比，意识是关键，而服务的意识强弱，与所受的培训和教育又有直接的关系。希望当地把提高服务意识再提升到新的层次和高度。青山关服务的意识层次要与本地区淳朴的民风结合在一起，要让客人享受本地特色的服务，这种服务是热情友好的，但又不同于北京或山海关的。这样，才能树立真正的品牌，竞争力也由此而上升。

第六，在自己职责范围内加强责任心。青山关长城的保护和开发不论是现在还是今后，肯定会遇到各种各样的难题，有些问题并非几个人或部门所能解决。但不要丧失信心，要在自己本职范围内发挥最大的能量，做自己力所能及的事，只要大家团结一起，为共同的目标奋斗，一切的困难都会找到解决的办法的。

参考文献

华夏子：《明长城考实》，北京：档案出版社，1988年。

高旺：《长城访古万里行》，北京：中国广播电视出版社，1991年。

高旺：《内蒙古长城史话》，呼和浩特：内蒙古人民出版社，1991年。

中国长城学会编：《长城百科全书》，长春：吉林人民出版社，1994年。

中国长城学会编：《长城国际学术研讨会论文集》，长春：吉林人民出版社，1995年。

罗哲文：《罗哲文长城文集》，北京：外文出版社，1996年。

《中国地图集》，北京：中国地图出版社，1999年。

李守中：《长城》（全二册），台北：远流出版事业股份有限公司，2001年。

丁新豹、董耀会主编：《中国（香港）长城历史文化研讨会论文集》，香港：长城（香港）文化出版公司，2002年。

文化部等七部委：《关于进一步加强长城保护管理工作的通知》，文发（2003）13号。

董耀会主编：《长城旅游》（画册），香港：长城（香港）文化出版社公司，2003年。

董耀会：《万里长城保护的问题和思考》，载《中国文物报》2003年7月25日《遗产周刊》。

（本文是为2003年9月15—17日在河北省迁西县举行的"青山关中国长城保护与长城区域发展研讨会"准备的论文，后刊载董耀会主编：《中国青山关长城学术研讨会论文集》，北京：中国经济出版社，2004年，第37—43页）

关于《长城保护条例》的解读

一、什么是长城？

据今已知最早的长城是从春秋晚期到战国时代兴修的军事防御工程，由于历史上中国的情况很复杂，长城的修建也多种多样，我们现在把有一定长度、建在地面上的防御性建筑称作长城，包括墙体、城堡、关隘、烽火台、敌楼等等。

春秋战国的时候，各个诸侯国为了争夺霸权，互相攻击，处于防护的目的，就修建城墙，保护自己免遭敌方的进攻。

秦始皇统一农耕地区之后，为防御北方游牧势力的南下，开始将原来诸侯国的长城连缀起来，形成了万里之上的长城，这是映入人们眼帘的长城概念。以后的历朝历代都不同程度地修建和完善长城工程，不过都属临时救急，没有横亘万里的举措。直到明朝，政府花费巨资去修建东起山海关、西至嘉峪关的万里长城。明朝的目的是防御北方蒙古游牧力量的南下，这有点类似秦朝的举动。

到了现代社会，中国的南北地区和生活在南北的人群早已组成一个共同的国家，长城的军事防御功能就自然丧失了，但是长城的意义却随着现代国家的构筑而成为国家和民族文化的象征，尤其成为人们回顾过去、缅怀先贤的载体，成为现代国家和我们生活的一个由各种意义组合的精神价值的代表。

二、长城易遭破坏的原因与现状

但是，像我们这样认识长城的，在全社会还不是十分的普遍。

就像我们认识文物一样,你的生活与文物所处的时代越远,文物的价值就越大,人们对它重视的程度也就越高。这是因为文物本身具有不可再生性,一旦失去就不可弥补,而且时代越远久,保存下来的就越少,它也就越弥足珍贵。长城也是文物的一种,但是它分布广,体积大,不能放置在博物馆里,处在大自然的环境下,很容易遭到破坏,这是其一;更关键的问题恰恰就在它的巨大上面,人们觉得破坏点问题不大,于是你拿一块砖,我取一车土,长此以往,长城就被侵蚀了,这是其二;长城所处的地区大部分是经济发展相对滞后的,为了自己或所在地区的建设,往往打长城的主意,这是其三;还有就是人为建设性的破坏,这是其四。

在这种情况下,目前的长城,如果分成三部分而言,三分之一完全被破坏,根本看不到了;三分之一还依稀可见;三分之一算是比较完好的。但是2002年和2006年的考察,发现那种情况也不乐观了。以明长城为例,史料记载全长6300多公里,现在仅剩下2500公里。董耀会说:"从这次抽查(指中国长城学会2002年举办的'中国长城考察万里行活动')的一百多个点结合以往长城学会掌握的情况来看,明代万里长城有较好墙体的部分不到20%,有明显可见遗址部分不到30%,墙体和遗址总量不超过5000华里。这还是较为保守的估计。"[①]

三、颁布的背景

应该说国人还是比较重视长城的。这主要体现在两个方面:

第一是国家重视。从20世纪50、60年代以来,国家就曾制定政策和措施将长城列入重点文物加以保护。但是限于当时的财

---

① 见董耀会:《中国长城万里行考察报告》,载中国长城学会、中国长城博物馆编:《守望长城:董耀会谈长城保护》,北京:文物出版社,2008年,第71页。

力、人力和观念，长城的保护不是整体性而是局部性的，尤其是比较典型的地段或比较发达的地区，像大家熟悉的山海关、八达岭、嘉峪关等等，而大部分不那么知名的地段保护得则不很到位。

第二，作为公民，人人都知道长城，但知道得不多，特别是"万里"的意义仅停留在概念上，对长城的总体了解也是概念上的，长城真正作为文物加以保护和爱护，还只停留在一部分专业人士的层次，整个社会尚未形成比较深刻的认知。

第三，由于认识不完整，特别是长城的保护在与具体地区具体利益产生直接冲突的时候，人们便自觉或不自觉地以毁坏长城来满足自己的愿望，对个人是这样，对一个集体或一个地区也同样如此。还有就是为了旅游开发而打长城的主意，出现乱搭乱建的现象。

这些现象早就引起专家学者的警觉，作为专业部门，国家文物局和地方文物机构，早就制定出各种保护条例和规定，应该说起了很大的作用的；中国长城学会的成立，则说明民间社会也投入精力进行宣传，唤醒人们的保护意识，通过不断的呼吁，希望引起整个社会、特别是国家权力部门的高度重视。这是《长城保护条例》制定的现实背景。

四、《长城保护条例》颁布的内容和意义

国家文物局副局长童明康对这个问题有很好的解释，他说：《长城保护条例》总结了几十年来长城保护工作的实践经验，在总体思路上把握了这样几点，第一，依照文物法的规定，针对长城的特点和长城保护中所存在的突出问题，补充、完善了有关的制度和措施，更具有针对性和可操作性。第二，对长城实行整体保护、分段管理、明确长城所在的地方人民政府的责任。第三，发挥社会力量参与长城保护的积极性，明确长城利用单位的责任，设立长城保护员制度，这在过去都是没有的。第四，对长城的利

用行为加以规范,明确将长城段落辟为参观游览区应当坚持的原则和所应具备的条件[①]。

我个人认为,这个条例的 31 条规定,可以分成这样几个部分:

第一是明确了保护的概念、原则、范围和职责。

与以往相比,现在的保护是将长城作为整体进行全方位的保护。过去的保护是以某个重点地段为特征的,像山海关、八达岭、嘉峪关等是全国重点文物保护单位,而且也被列入联合国教科文组织的世界遗产保护范围之内,国家也花费巨资管理、维修,各级地方政府的文物部门也多有贡献,但是,那毕竟属于地区的、局部的、重点的,而大部分长城则没有这样幸运,破坏最大的就是那些地段。我们所看到的人为性的破坏,不论是取土用砖,还是生产建设,破坏的发生主要是在这些地段。现在的条例则将长城的整体作为保护对象了,具体说是国家文物部门拿出总体方案,地方政府分区管理,并将经费落实到政府的预算当中,这就从经费的角度保障管理维护的正常运行。不论是中央还是地方,管理和保护,都要征求专家的意见,加大了专业人士参与的力度,这对长城保护是不可缺少的。

第二是制定了比较具体并赋有可操作性的机制和办法。

有了明确的概念和保护范围,那么具体的操作就成为关键的因素。以前人们在不同程度上也重视长城的保护,你到任何地方去问任何人长城需要不需要保护,回答都是肯定的,这反映至少人们的观念还是维护长城的。但是缺少具体的措施,尤其是可操作性的措施,多数停留在保护的观念上,真正地实施则要大打折扣了。这个条例的颁布,正好给我们制定了可以具体操作的办法,比如作为地方政府,现在在你管辖的区域内涉及长城的保护,就不是可有可无的责任,而是必须负责起来,保护不好还要被追究

---

① 参见童明康接受中国政府网专访,就"进一步做好长城保护工作"的问题进行的在线访谈。引自"中国长城网",中央政府门户网站,发布时间::2006 年 10 月 31 日。

责任，会丢官，这对地方官员而言就非同小可了。

对公民个人而言，国家鼓励人人负责，为保护长城献计献策，这样的规定在以往的基础上更加明确了。同时，还制定奖励措施，鼓励工作突出的个人、集体和组织。以前也有类似的举措，但现在则纳入法规当中，更有制度性的保障。

第三是建立专门机构、明确地方政府的责任。

我认为这是本条例中最突出的特点。与以前的文物法规比较，长城单独作为文物保护，这是第一次。把它单独拿出来，使人们看得更清楚，使人们头脑中的意识更加明确。如果说以前是一种自愿的行为，带有可管可不管的意思，现在则强调必须管起来，作为中央和地方政府，凡是在你所管辖的地区和范围，只要有长城，就是你工作分内的责任。这个条例将责任明确化和固定化，特别是地方政府不可推卸的职责，是条例中引人注目之处。比如各地对管辖范围之内的长城要检查核实，定期上报，列为省级和国家文物保护单位；制定保护条例，特别是在经济建设中与长城保护相冲突的时候，明确把长城保护作为首选，如第十二条规定："任何单位或者个人不得在长城保护总体规划禁止工程建设的保护范围内进行工程建设。……进行工程建设应当绕过长城。无法绕过的，应当采取挖掘地下通道的方式通过长城；无法挖掘地下通道的，应当采取架设桥梁的方式通过长城。任何单位或者个人进行工程建设，不得拆除、穿越、迁移长城。"这在以前是没有的。以前遇到这种情况时往往是破坏长城，这个条例的制定，会在最大的程度上保护长城。

除了政府职能的明确外，设立专门的机构加以保护，是本条例的另一个突出的地方。在没有条件的地方则派驻专人看管，这对加强那些不突出的地段，往往也是最有文物价值的地段是个权益之计，目前看来是比较好的选择。

第四是以法律和法令的形式对违法破坏行为进行明确的惩罚

和管束。

这一条也是本条例的鲜明之处。从积极的角度讲，最好不列上这些惩罚性的措施。因为长城的保护是大家的事，人人有责。但实际情况相当复杂，人与人的认识不一样，尤其是长城与自己个人利益发生冲突的时候，长城的损毁就成为首选。因此，进行适度的惩罚，直至追究法律责任，不仅必要，而且非此不可。单纯靠说服教育，所起的作用有限，这个条例加大执法力度，是目前可行的最好措施之一。

这个条例，一方面规定对毁坏者的惩罚，更重要的是对各级政府借口各种原因进行破坏的惩罚，特别是对工作不得力的相关执法和保护部门，条例也有严格的要求和约束。就是说破坏一旦发生，作为保护和管理部门，你未能尽职尽责，也要承担责任。

第五是明确了地方经济建设、特别是旅游发展与长城保护之间的关系。

这个问题一直困扰着各级政府和部门。从观念上讲，一方面要保护长城，一方面要利用长城进行旅游开发，似乎二者并行不悖。但是在具体的执行和操作中，二者则很不好界定。对各级政府，特别是经济建设和地方开发而言，长城是很好的可利用资源，在他们的眼里，长城就是宝贝。但是这个宝贝只有用起来，给自己带来效益的时候，它才成为宝贝。因此，他们很积极地给长城装修、打扮，试图让它更吸引人，能招徕八方游客，为自己的地方带来经济的、社会的，甚至文化上的效益。这个想法本无可厚非，但是过度的开发，与长城的保护是有矛盾的。按照文物保护的一般原则，就是放在那里不要动，让它保持原貌，可是你不让游客登长城，他（她）还愿意来吗？他（她）要来登长城，时间一长，人员过多，损毁就出现了；有客人，就要修建楼堂馆所，吃喝拉撒，这些都要有场所，修在长城脚下，就会影响和破坏文物。不进行开发吧，又没有效益，缺少资金，保护也成了问题。

所以将开发和保护结合起来如何做得更好，是今天人们关注的核心问题。这个条例的颁定，加大了保护的力度，现在我们面临的关键问题之一，就是要对以往的保护措施与旅游经济开发二者的协调关系进行认认真真的总结了。按照联合国文物保护的法则，结合其他国家的成功经验乃至失败的教训，我们相信会有一套兼顾各方利益的办法出台的。

五、青年学生的责任

保护长城是全社会的责任，包括你我所有的群体。作为在校的大学生，大家的责任又比较突出。我认为表现在以下几点：

第一，大学生有比较良好的思想意识和实际作为。

长城的保护是大家的责任，这是没有疑义的，但不同的人对保护的重要性的认识是不一样的。从保护意识确立的过程看，也是分阶段、分地区形成的；在具体操作的过程中，也因地区和人们群体的不同而有诸多方法的差异。就社会群体阶层的特点而论，大学生是群体中最自觉、也最具有接受能力的那个部分。虽然我们现在处在高等教育的普及时代，但是从整个社会人口教育构成的比例来看，受过高等教育的人还是很少的；特别值得指出的是，受过高等教育的群体主要分布在大中城市和东部地区，而长城所处的内陆尤其是西部，人们的教育素质则有待提高，这对长城的宣传与保护是不利的。大学生群体的素质较高，这是公认的事实，他们对国家、社会的认识更加清楚，也更具理性，能够自觉地将个人利益与社会责任结合在一起考虑各种事情。我们当今持续开展的长城的保护活动，首先应该让他们有清醒的认识；他们有了认识以后，就会带动周边的其他群体，从而形成社会各阶层的广泛认同。大学生群体带头的效应较其他社会群体更加突出，这就是我们向大学生进行宣传和保护长城的意义所在。

第二，大学生的影响超出了自身。

大学生群体是即将走上工作岗位的人群，也就是说他们处在从青年走上成年的阶段，人生观正在成熟地发展。对国家、社会抱着什么态度？是否尽职尽责？这不仅关系到他们本人的发展，也关系到作为社会群体组成的那个部分对社会贡献的大小和多少的问题。他们对长城的保护和对祖国优秀文化遗产的认识与态度，这个时段是至为关键的。如上所说，这个群体未来的潜力和超出自身影响的能量，使他们处在一个特殊的地位，长城保护意识若在大学生群体形成坚固的基础，其所产生的社会影响，将会远远地超出他们的自身。

第三，保护的责任无所不在。

大学生可以参加像今天这样的专题活动，大张旗鼓地行动，也可以在日常生活中努力尽责。后者更关键。因为长城的保护是无时无刻不在的行动，一天也不能缺少，而青年学生们的日常行为，对长城的保护更加直接和具体。比如你对周围的其他人宣讲了长城的意义；你向你的亲属讲解了长城的历史和文化；你今后成家带着小孩参观长城，告诉他（她）要珍惜爱护长城；你为长城的保护和修缮添砖加瓦；你成才发达之后为保护长城捐赠钱款、行善等等，这些都是大学生为长城的保护所能直接做得到的。特别值得指出的是，当你参观长城的时候，不在墙上刻写、涂抹，不乱丢废物，不损害植被，这些更是你爱护长城的具体表现。

当然，这些行为的背后，是你对长城保护的自觉意识。仅仅保护还不够，还要了解长城的具体建设、特别是长城的文化内涵、长城与中国文明的关系；大学生人文素养的构成和提高，作为中国人，长城是少不了的。这些都是大学生素质高尚的具体体现。

（本文是为2006年12月1日在中国人民大学举行的由中国长城学会等主办的"长城保护与青年人的责任——庆祝《长城保护条例》颁布实施公益论坛"准备的讲演稿，此处系首次发表）

我对长城入选"世界新七大奇迹"的想法

中国长城这次顺利地入选"世界新七大奇迹"（除长城外，其他6个奇迹分别是：约旦佩特拉古城、意大利古罗马斗兽场、墨西哥奇琴伊察玛雅城邦遗址、秘鲁马丘比丘印加遗址、印度泰姬陵、巴西基督雕像），我个人感到是一桩很高兴的事情。理由如下：

第一，现在所谓的世界七大奇迹，是相对于过去的七大奇迹而言的。过去的七大奇迹即人们熟悉的埃及金字塔、古巴比伦空中花园、古希腊宙斯神像、古希腊罗德岛巨人雕像、摩索拉斯陵墓、阿尔忒弥斯神庙和亚历山大灯塔。这个叫法是在公元前由一个腓尼基人昂蒂帕克那里传出的。他是将他自己和当时人的视野范围内人工建造的建筑选择最有代表性的，列出7个，所谓的世界七大景观或奇迹就出现并传开了。

这七大景观主要分布在地中海周围，最远的是巴比伦空中花园。可见，这是地中海文明的产物。此后，随着西方社会的发展，特别是近代以来在全球的扩张，西方文明也随之扩展到全世界，其文明的各项内容，包括评价的指标等等，也跟着传播到世界各地。七大古迹、七大奇迹就是这种传播的产物。

第二，那么，为什么还要举行新的七大奇迹的评选（确切说叫"海选"）呢？一个不言而喻的理由是，古代的七大奇迹，除了埃及的金字塔之外，其他的早已湮没无闻了，它们在古代就损毁了。大部分时间里，七大奇迹只是人们对地中海沿岸文明的一种追忆。于是，瑞士人贝尔纳·韦伯掀起了民间的海选活动，以众多的普通参与者的投票为方式确定当今世界遗留下来的众多文物古迹中最负盛名、与古代七大奇迹相对应的新的世界七大奇迹。

第三，今天的选择与过去相比，有许多新的内容。

首先，今天的选择范围是全球，超出了某个特定的区域。这是因为今天的资讯发达，全球已连为一体，人们的视野扩大，选择的余地自然就增大了。

其次，今天的选择者更具有群体性和广泛性。此前的仅仅是个人，或若干人的行为，无意识性明显，而今天的众人参与，表明越来越多的人关心和爱护，具有积极的理性意识和感念情怀。

其三，不错，这次的海选属于个人（或私人）行为。与官方组织或以学者专家的评选相比，这种海选的科学性、权威性、准确度等，都容易让人产生某种怀疑。从专家的角度讲，我同意这一点，即我们必须首先承认，从官方和专业角度举行的评选，更具有科学性与合理性。因为专业人士所依据的评选条件和评审标准更多地是从文物古迹内在的价值去衡量的。事实上，不论是联合国，还是各个具体的国家，都有自己的评判标准，也的确评选出众多的文物古迹作为保护对象留传后人，但这些与新七大奇迹是不同的评判标准，两者可以并行不悖。现在的新七大奇迹，只是反映出这个星球上的一些人，出于某种动机和心态，联系过去的七大奇迹，如法炮制当今的新型七大奇迹，作为民间群体性的活动，我认为是十分自然的。

第四，不论是旧七大奇迹还是新七大奇迹，我们发现，他们都是人类历史发展过程中人工建筑的工程。旧七大奇迹代表着地中海沿岸和两河流域的人类文明精华。如上所述，这是限于当时人们的视野范围。这提醒我们注意这样的问题：人类自身发展已有数百万年的历史，也相应地留下了众多的活动遗存。就人类自身生产技术的进步，距今10000年左右开始步入到新石器生产阶段，技术的进步使人类社会的发展达到空前的程度。但旧七大奇迹告诉我们，更能标志人类进步的物质载体，还是出现在金属制造的社会里。距今4700—4500年的埃及金字塔，在那前后，人类已能冶炼金属，并用于生产当中；古希腊的发展更能说明，这些宫殿、陵寝、神庙的建筑，固然是设计家、劳动者或精工巧匠的辛勤和智慧的结晶，但其前提则是金属生产技术的提高。因此，金属时代（或者说青铜时代）是人类文明结晶高潮的第一个时期。世界七大奇迹就是这个结晶的代表。

然而，新七大奇迹更多地反映的是金属时代以后的产物。约旦佩特拉古城是公元前4世纪到公元2世纪的产物，它与古罗马斗兽场都属于罗马时代；奇琴伊察玛雅城邦遗址和马丘比丘印加遗址分别是5—13世纪和（大约）1450年至1532年之间的建筑；泰姬陵始建于1632年；最晚的巴西基督雕像不过是20世纪的产物。而长城持续的时间，从有确切记载的战国时期到明朝，即从公元前的5世纪持续到17世纪，延续2000多年。这些奇迹，都是在铁器时代即生产技术进入比较发达的时期建造的，我不知道投票者们是否有此考虑。这次的评选，就其时代而言，似乎并没有给予更多的关注，可以看出民众选择的背后，实际上有个知名度和品牌的观念在里头,这似乎说是某种情绪化的产物，与专业评选相比，显然还缺少比较周全的考虑，至少我是这样认为的。

但是，评选出来的结果，我们不能否认，海选的奇迹所具有的代表性，应该说更广泛了。旧七大奇迹多是古希腊、罗马的东西，两河地区的仅有巴比伦花园。新七大奇迹涉及的文明特征，有罗马帝国的遗址，有美洲印第安文化的遗存，有中国儒家文明和印度文明的表象，还有基督教的因子。这些分布，不管是有意识的挑选还是无意识的表决，至少反映出我们这个时代多种文明并存的文化特征。联想到英国历史学家汤因比的全球不同文明存续的论述,尤其是美国学者亨停顿关于异质文明互相碰撞的学说，学者和理论家们所塑造的世界的多样化与文明的多重性，的确通过全球民众的海选而被再一次地证实。与亨停顿的文明冲突论相比，海选的七大奇迹，更多地表明我们这个星球的文明与文化的多样性与并存性的现实。从这个角度着眼，新七大奇迹所反映的背后，是分享和共存的文明特质，而不是彼此的争斗！

第五，就新七大奇迹而言，长城有它的特殊性。现有的文物古迹都是人类文明的瑰宝，这是公认的。但是具体到文物古迹本身，则是千差万别的。与其他6项奇迹比较起来，长城具有如下的特点：一是它修造的时间长，如上所言，仅从战国时期算起，到明朝末年，这中间一直断断续续地修筑，持续2000多年。二是分布的地区广泛，整个北方地区，从今天的东北到新疆，几乎每个省、市、自治区都有或多或少的分布，所谓"上下两千年，纵横十万里"是十分形象具体的写照。三，正因为这样，长城作为人类文化遗产，它的特性十分突出；但是作为保护的对象，则过于庞大和广远，不可能像故宫、颐和园那样把它们圈起来做特定的护理，而且保护经费也负担不起。四，还有，长城涉及的地区要进行经济建设和开发旅游等等，城墙、烽燧、堡垒等建筑常与此冲突，特别是早期建造的地段，原本就被毁弃，留下的只是模糊的基址，很容易被忽略而遭到破坏，所以长城的保护一直是个很头疼的问题。我们原先采取的措施之一就是将一些保存完好的地段作为文物加以立法保护，特别是某些典型部分成为旅游热点而受到人们的关注，投入的经费相应增加，这些地区的长城保护得就比较完整；而偏远和无人问津的地段，看上去似乎用处不大的，往往就遭到自然特别是人为的破坏。这些问题，政府相关部门（尤其是文物保护部门）、学术团体、各界人士没少花费精力进行宣传、教育，也采取了各种手段和措施进行保护，但效果不平衡。这次借入选新七大奇迹，无疑给世人再次认识长城提供了极好的机会。这样的机会，至少可以唤醒国人对长城认识走向深入，我认为海选是必要的。就一般民众而言，长城的观念已经深入人心，但对长城的具体情形、更深层东西的认识或认同，还有待提高。从这个角度讲，长城的这次参与评选与入选，其积极的意义无疑是更大的。

（本文是我于 2007 年 7 月 10 日参加中国长城学会主持的"祝贺中国长城入选世界新七大奇迹座谈会"所作的发言，会后整理成文，刊载《中国长城博物馆》（内部刊物）2007 年第 2 期，第 54—55 页。收入本书时略有校订）

潘光旦先生与他的学术研究

——纪念潘光旦先生百年诞辰

一

潘光旦先生1968年病逝，时年69岁，这在今日的学术界属于英年早殁之列。也因为如此，今天的年青一代对他已知之不详，然而，他确是中国学术界，特别是在中国的优生学、社会学、民族学和教育学领域曾经产生过重大影响的学者。他与中央民族学院（今中央民族大学）和历史系（今历史文化学院）有着深厚的关系。今年是潘先生的百年寿诞，值此之际，特作此文，以志纪念。

潘先生1899年8月13日生于原江苏省宝山县罗店镇。他于1913年至1922年期间在北京清华留美预备班学习，后在1922年至1926年间到美国留学，先在纽约汉普夏州哈诺浮镇达茂大学学习生物学，获学士学位；旋就读纽约哥伦比亚大学研究院，学习动物学、古生物学和遗传学，并获硕士学位。学成归国后，他前后任教于国内吴淞政治大学、光华大学、吴淞中国公学、清华大学、西南联合大学等。1934至1952年间，他一直在清华，期间8年抗战时则就职西南联大，先后任清华教务长、社会学系系主任、西南联大社会学系系主任等职。1952年全国院校进行调整，他调到新成立的中央民族学院工作，任研究部第三室主任；1956年历史系成立，潘先生即任教于此，直至去世。潘先生与民大的亲密关系达15年之久。

二

潘光旦先生的学术研究领域涉及优生学、社会学和民族学等学科。由于所学专业的关系，他非常重视优生学，用生物学的眼光盘诘人类社会。以生物进化和遗传发展的方法对社会和族群进行研究，是潘光旦社会学研究的特色。他一生在这个方面倾注了大量的心血。新中国成立以后，由于党和政府对民族问题的关注，他亦将自己研究的重点转向民族问题。综观潘先生的一生，他是一位勤奋努力、开拓进取、颇有创新的开风气的学者。他留给我们600万字的学术成果对中国学术界的发展和整个社会的进步具有振聋发聩的促进作用和传世影响，是一份值得我们珍惜和继承的瑰宝。我们今天纪念他，就是要发扬他的优秀品德，弘扬他的学术精神，为今日的中国学术做出新的贡献。这是我们纪念潘先生的最好方式。现谨就我们了解的潘先生治学的某些特点，略述如下：

第一，潘先生的学以致用精神。

潘光旦先生在《〈中国伶人血缘之研究〉绪论》里说到：

> 作者本来不信完全"为研究而研究"的那种矫情的态度，他以为我们虽不必把"文以载道"的话看得太死，至少得承认一种学问多少总有一些用处，总得和人生的休戚发生一点关系。他的所以研究近代中国的伶人，目的绝不仅仅在满足他一些求智识的欲望，表示他一些分析事实、推原因果、寻求结论的本领。他是有实用的目的的。他至少希望他这一番努力，对于中国整个的人才问题，多少可以指出一些解决的途径来。[①]

从这一段引文里，我们可以看出，潘先生这部著作的撰写有

[①] 见《中国伶人血缘之研究》，北京：商务印书馆，1987年，第1页；又收录潘乃谷等选编：《潘光旦选集》第一卷，北京：光明日报出版社，1999年，第210页。

着明确的目的和功用,而不是"为研究而研究"。如前所言,他在清华、留学及回国期间,正是"五四"新文化运动在中国迅猛蓬勃发展的时期,西学强烈地冲击着中国,传统文化和外来文化激烈的碰撞和交织,"科学"和"民主"两面大旗成为时人冲破传统藩篱的思想武器,对中国知识青年产生了至深且巨的影响。从潘先生上述的写作动机和他一生撰述的文章、著作,我们每每都可以看到他这种格物致知、经世致用的思想品质。在这种思想的影响下,潘先生以具体实用的科学兑现他救国启民的抱负,用自己勤奋的研究成果服务于整个社会。这也正是"五四"一代学人的共同特性。因而潘先生不仅在伶人的研究中,能够打破旧时的陈规陋见,而且通过这一课题,"对于中国整个的人才问题,多少可以指出一些解决的途径来"。

第二,在这种经世致用思想的支配下,潘先生研究的课题,都集中在国人关注的焦点上,或社会的现实之中。这里具有典型意义的,是他对中华民族发展与中国人口关系问题的讨论。

众所周知,新中国成立后,马寅初先生因为提出了人口计划发展的理论而受到了错误的批判,致使中国人口暴涨,马寅初的名字因而也家喻户晓了。在阅读潘先生的文章之前,世人却很少知晓潘先生本人早在数十年以前就已开始关注中国的人口问题了。摆在我们面前的,就有《人口数量与人口政策》、《人口品质与人口政策》、《人口流动与人口政策》以及《民族的根本问题》等。在后一篇文章里,潘先生指出:"民族的根本问题,具体言之,是一个人口的位育问题。"[①]这里的"位育",是他从《中庸》篇"致中和,天地位焉,万物育焉"的注解"位者,安其所也;育者,遂其生也"中辑释"安所遂生"而来的。他论述说:"所以民族根本问题或中心问题就是:怎样在上文所说的环境之内,背景

---

① 载《潘光旦选集》第二卷,第228页。

之前，求一个所以安所遂生之道。安所，属于生活的静的方面；换言之，就是民族秩序的维持。遂生，属于生活的动的方面；换言之，就是民族进步的取得。"① 这就是说，"位育"对民族而言，是一个民族之区别于其他民族的特性保持与该民族自身发展之间的关系，用今天通俗的语言表述，即中华民族的传统文化继承延续与现代化发展改变的对接关系。潘先生将这个根本问题又与中国的人口联结在一起，他说：

> 很多人承认中国民族问题的根本问题之一是人口问题。人口问题有量与质两个方面。以言量，问题是唯恐其太多；以质言，问题是唯恐其太少，唯恐优秀分子与有用的人太少。许多人所见到的人口问题只是一个量的问题；对于质的问题的认识，似乎是还很不够，并且有于教育的重要以外，根本否认这问题的存在的。②

潘先生指出，人口压力的问题，在中国出现的比西方要早得多。然而对这种压力作学理的分析研究，中国却晚于西方。他特别将人口的质量与数量区别开来，对质量他不仅发出了引人注目的呼唤，而且对尚未引起整个社会理性认同的今人而言，无疑具有更大的挑战意义。今日中国巨大的 12.5 亿人口数字，倘若以发达国家的标准指数衡量，我们在人口质量上存在的差距，仍然十分巨大。大量消费型人口对中国走向现代化、步入发达的国家行列，其阻力之巨，包袱之沉，超出了常人的想象。现在回想起来，潘先生早在五六十年以前就对这一问题做了学理层次上的研究，可以说他是一位目光敏锐、洞察深邃的学者。只可惜，他的这种学说似乎没能引起世人足够的注意。后来马寅初先生的人口理论又

---

① 见《潘光旦文集》第二卷，北京：北京大学出版社，1994年，第229、226页；又收录潘乃穆、王庆恩编选：《潘光旦民族研究文集》，北京：民族出版社，1995年，第50、48页。

② 见《关于人才问题》，载《潘光旦选集》第一卷，第289页。

遭到不合理的批判，中国人口在没有科学指导的政治号召下处于超出常规的发展，最终使中国整个社会背上了沉重的包袱。今天，当我们盛赞中国实行计划生育政策减缓人口取得初步成功的时候，我们更应该多想一想这些社会科学家们的疾呼。如果当初他们的合理化建议能够成为指导政府实行计划、方针、政策的依据，今日中华民族的人口，不论是数量的控制，还是质量的提高，将会达到怎样的程度？这是不难判断的。由此，我们在阅读潘先生的文章、著作时，确实感到这位先哲在20世纪前期的大声疾呼包含着多少深邃的科学理性！潘先生的学术研究，他留传给我们的成果太可宝贵了。

第三，潘先生与中国民族学。

潘光旦先生对中国民族问题的关注，在20世纪40年代以前，主要是从优生学和社会学的视角进行研究；从民族学的角度研究中国的民族问题，尤其是中国的少数民族，则始于50年代，这主要是新中国建立以后党和政府十分关心少数民族的进步和发展，开始有计划地进行民族识别、民族社会调查工作的缘故。1952年，全国高校进行调整，潘先生所在的清华社会学系归并到新成立的中央民族学院，他本人亦任职于民院的研究部。在这种情况下，潘先生专业的重心就转向了中国民族的历史研究和现状调查的领域里。具体而言，他对民族问题的展开，发轫于土家和畲两个民族的识别和调查上。然而，有关畲族的调查文字资料，今天已难寻觅了[①]。表现潘先生这方面学识的代表作品，是长达13万字的《湘西北的"土家"与古代的巴人》一文[②]。此文分作"前论"和"本论"两部分。在"引言"里，他对土家与古代巴人关系的讨论所据，向读者进行了详细的交代。取材有四个方面：一是"土

[①] 参见《潘光旦民族研究文集》中的费孝通先生代序"潘光旦先生关于畲族历史问题的设想"和该书"后记"，第1—2、368页。

[②] 载《潘光旦民族研究文集》、《潘光旦文集》第二卷。

家"自己的传说；二是历代正史中的"蛮夷"传；三是地理沿革的史籍和方志；四是有关笔记、游记及诗文集子。文后直接参考征引的文献近190种（部），体现了潘先生进行科学研究的严谨勤奋、翔实完备的钻研精神。

在该文的"前论"里，潘先生列举大量文献论证"土家"与历史上出现的"蛮"、"瑶"、"苗"、"獠"等族属不存在着继承关系，而与巴人则有密切的亲缘联系。"本论"是全文的核心，分成十个专题，即"巴人的起源与初期发展"、"巴人的一般散布"、"巴人进入了湘西北（上下）"、"论据一——自称"、"论据二——虎与生活"、"论据三——白虎神崇拜"、"论据四——语言中两个名词"、"论据五——姓氏"和"湘西北的巴人成了'土家'"等，十分详尽地论证了土家——巴人的历史和社会等诸问题。

在《访问湘西北"土家"报告》一文中[1]，我们看到潘先生出访湘西所开列的详细的调查方法和计划方案，从事情的缘起与目的、行程摘要、访问的方式和方法到访问所得、地方领导的看法与态度等等，十分周全。这是一篇典型的社会调查报告，对当时开展的民族工作具有针对性极强的指导作用，对后来者也有很好的启示作用。从这份调查报告的计划，再联系上述论文的撰写，可以看出潘先生对民族问题的研究，即十分重视其历史上的渊源关系和发展过程，又非常关注现存的各个方面的实际状况。其方法涉及了历史学、民族学、社会学等学科领域，为中国民族学的研究起到了开创和示范性作用。正是在这种严谨、缜密的研究基础上，潘先生将其成果以《湘西北、鄂西南、川东南的一个兄弟民族——土家》[2]为题，送交政协第二届全国委员会第三次全体会议，并在1957年3月18日的大会上（与向达先生合署）做了

---

[1] 载《潘光旦民族研究文集》。
[2] 载《潘光旦民族研究文集》。

专题报告；以后又经多方面的调查和研究，土家民族的族属问题终于得以确认。溯本追源，潘先生之功不可没。

潘先生在民族调查和识别工作中所表现的这种严谨认真、实事求是、学以致用的科学探索精神，特别是在身残不便的条件下表现的不畏艰难、顽强拼搏的意志，是中国学术界和学人崇高品质的体现，很值得我们学习和继承。潘先生虽然早已离开了我们，但他的精神永驻；他的科学品格和睿智慧质，永远昭示后来者！

（本文是为1999年12月8日由中央民族大学科研处、历史系和民族学系联合举办的"纪念潘光旦先生百年诞辰学术讨论会"准备的论文，后刊载陈理、郭卫平、王庆仁主编：《潘光旦先生百年诞辰纪念文集》，北京：中央民族大学出版社，2000年，第274—280页。收入本书时略有校订）

传统与现代之间

——西部开发引生的少数民族现代化问题

一

西部开发作为国家发展计划之中的重要项目而成为全中国关注的问题。目前有关开发的各项措施和计划已经出台或正在制定当中。中央和地方广泛关注西部的建设，旨在加强西部地区的交通设施、通讯建设、科技教育、经济发展和环境保护等各方面，较之以往的发展计划而言，今天我们给予西部以更多的关照，计划设施更为周全，这是以前任何时代所不可比拟的。然而，西部又是众多民族分布的地区，西部的开发涉及该地区整体民族的发展；西部的经济建设，必然影响到民族自身的变化。这个变化如何进行？变化的方向指往何处？这涉及中国少数民族现代化与保护民族传统文化的关系问题。

少数民族现代化与自身的传统文化的发扬，在历史上曾经以各种形式存在着。不过中国历史上的少数民族发展的问题，主要表现在周边地区与中原本土之间的关系上面。夏商周三代，中原王朝以天子所在的都城为中心形成了王朝的核心区域，周边各族与王朝发生的经济交往、战争兼并、群体融合、文化吸收等构成了相互之间的全部内容，最终周边地区被纳入到王朝体系之内，而成为华夏的组成部分。到秦始皇统一中国以后，中央王朝权力的扩展，是以对周边地区经营控制的不断强化为表现形式的。隋唐建立在魏晋南北朝分裂局面的基础上，这个重新统一，建立在更加广泛、更为新质的层面之上,因而它所包容的内涵也就更为丰富。秦汉以来,中国的重心一直是以关中即传统意义上的西北为核心,因而那时期周边民族地区的开发,表现在民族地区加强与中原传统文化联系这个层面之上的。这就是说,历史上各个族群的发展与中原文化的结合,表现的是他们自身文化与汉文化关系的协调问题。

西部作为一个问题的意识提出来,大约是在北宋时代或以后。从当时国家发展的重心集中在都城的选择上这个角度观察,北宋实际上开启了都城分布在(中原地区的)东部的历史新阶段:北宋选择了开封,但南宋则被迫南移至杭州,元明清则再度北上建都北京。其中的原因多表现在政治上,尤其是中原与北方民族的关系上,所以还不能说是有规律性的移动。但都城转移的背后,不能不牵涉到整个政权、国家乃至社会的方方面面的变化,易言之,都城的转移带动了中国发展的重心区域的转移。

与中原王朝东移的同时,西北地区也先后建立了诸多民族性与地区性的政权,这些区域性的政权后来随着中央一统王朝的重建(如元帝国),又重新被纳入到了王朝的一体之内,这个时候,西部的民族地区与西部的发展就成为一个问题来看待了。可以说,在统一国家内,西部作为明确的问题意识,主要体现在元朝和元以后。

历史上的西部问题,如上所述,主要表现为当地的民族与中原王朝各种交往上面,如征战往还、徙民实边、田地垦殖、贸易交往等等。西部作为中国整体的组成部分,在隋唐以前受到了特别的重视,但是政治中心东移之后,其战略地位随之下降,从此就形成了东部为主、西部为辅的格局。今天的西部大开发,与历史上相比,其性质发生了根本的变化:所谓关注西部,是在一个现代主权国家的范围内主要就西部地区的经济、社会发展做考量、策划,使西部能够快速地发展起来。在这里,其经济的意义远远地超越了其他。今天我们面临的主要问题是发展，特别是民族地区的整体发展。历史上的中国王朝，则主要是对西部的控制，政治性的意义是第一位的。今日这方面的含义自然也很重要，西部关系到国家稳定与整体发展的大问题，但今天加强西部是以经济建设为手段，通过经济的发展而强化政治上的稳定和国家的统一。这个思路，与现实环境和条件是紧密结合在一起的。

就今日而言，现在的西部开发，也是改革开放形势的要求。自20世纪70年代末以来，中国东部呈现经济、社会迅速发展的局面；东部沿海地区较之以往进步极大，其经济建设、交通运输、通讯设施、文化教育、医疗卫生、生活娱乐等各个方面均呈上升势头，并逐步与国际先进国家接轨。西部在这同时也有相当程度的发展，但与东部比较起来，相对的差距愈来愈明显，东西部失衡的裂痕加大，长此下去，势必引发新的问题，而原来早已解决的其他问题可能因此而复发，这对中国整体的发展将会构成威胁。因此，在东部已经有较大发展的基础上，国家提出今后一段时期重点加强西部发展的战略，就成为解决目前问题的最佳方法。

二

从上面的论证我们可以看出，今天西部开发表现的问题是经济建设和社会全面发展的问题。在这个背景下，我们如何关注西部的民族问题，这是需要我们重视并予以解决的。从现今的各种讨论来看，人们关注更多的是西部的经济建设、环境保护、教育发展等问题，这些当然都是十分重要的。但是，由于上述的倡议者和设施的建设者一般都来自各个具体的部门，他们提出的问题更多的是从本行业、本部门立论，从民族学或民族问题的角度进行讨论，尤有必要，而此前这样的考虑似乎是不同程度地被忽略了。今天我们在讨论西部的开发时，就再也不能如此了。

西部的开发，如果从民族角度立论，是否有其特殊性？我们认为有特殊性的。这就是当地的少数民族问题。说到此,西部的开发,涉及少数民族的现代化与其自身传统文化如何协调的问题。人们在讨论这一问题时争论颇大。有人认为,传统文化与现代化是对立的,要现代化就必须消除传统文化;而有的学者认为它们之间并不存在代替的关系,应当是互相协调的问题,传统文化中孕育着现代化的因素,问题是如何找到二者的最佳联系。

就学理层面看,现代与传统显然是两个不同的概念。现代化按照罗荣渠的概括,即:

> 从历史的角度来透视,广义而言,现代化作为一个世界性的历史过程,是指人类社会从工业革命以来所经历的一场急剧变革,这一变革以工业化为推动力,导致传统的农业社会向现代工业社会的全球性的大转变过程,它使工业主义渗透到经济、政治、文化、思想各个领域,引起深刻的相应变化;狭义而言,现代化又不是一个自然的社会演变过程,它是落后国家采取高效率的途径(其中包括可利用的传统因素),通过有计划的经济技术改造和学习世界先进,带动广泛的社会改革,以迅速赶上先进工业国和适应现代世界环境的发展过程。[1]

这就是说,现代化主要是生产的过程,或者说是以生产为核心带动的整个社会的变化;而传统是指一个国家或民族以往的生活过程,以及适应这个过程而形成的文化习俗。就中国民族地区而言,以往的生产是以农业和畜牧业为主导的,由此形成的社会习俗也与此密切相关。它与现代化形成了鲜明的对照,从这个角度说,西部少数民族的现代化,与传统之间并不协调,甚至存在着明显的对抗性因素。要现代化,就可能抛弃传统文化。在世界上,比

---

[1] 见罗荣渠:《现代化新论——世界与中国的现代化进程》,北京:北京大学出版社,1993年,第16—17页。

如美国的西部开发，伴随着的是当地印第安人传统文化的被消灭、文明丧失的过程。早在此前欧洲人到达美洲大陆进行开发之际，更伴生了血腥屠杀印第安人的残暴。在世界许多其他地区，现代化也是以破坏传统文化为代价的。今日中国西部的开发，也涉及现代化与传统文化的关系。那么，这二者之间关系的处理，除了以往的各种方法和手段之外，是否还有其他的途径可以选择呢？

现代化与工业化同步发展，是历史的实践。但是二者本身并不相同。工业代替农业，是一般国家走上现代化的路径。然而现代化不仅仅就是工业化，其含义更加宽泛。今天的现代化更包括了生产技术的进步、通讯传媒的发达、商业贸易的繁荣，更涉及人们生存环境的改善，精神文明的提高，特别是人与自然的和谐发展，这些已成为当今世界各国十分关注的课题。中国走向现代化之路是必然趋势，这不存在争论。问题是，中国通过什么途径走向现代化？中国是不是选择与今天已经发展起来的欧美国家相同或相近的途径呢？

首先要说明，中国的现代化不可能超越以往的路径另辟他途，现代化的内涵已经约定了相似的基本要素，不论那一个国家都必须具备，否则就谈不上现代化。但这并不是要中国也走上以破坏自然生态环境的老路上去。中国东部的发展已经取得了举世瞩目的成就，工业化有了相当程度的发展，在这种情况下西部的开发，就要十分注意其自身自然环境和人文环境的协调。现在人们注意到自然环境的保护，这是十分可贵的现象。我们要强调的则是人文环境的持续发展，而西部民族和民族文化就属于这个范畴。

三

说到底，现代化的方式不是单一的，而是多样的。时至今日，人们观念当中的现代化再也不是卓别林影片中出现的工厂机器隆隆的轰鸣声，现代化首先是一个过程，这个过程是以维护人与自然、人与社会和谐发展为目的，其中包容着传统文化与现代化之间的和谐共存的要素。这是以往谈论现代化所没有的新内容。与此相关的另一个话题则是当今世界面临的全球化与国家主权保护的关系[①]。全球化是一种强劲的趋势，它首先是经济的趋同化，现在世界上任何单一的国家都不可能将自己封闭与世隔绝，在经济上不与其他国家交往，除非是这个国家决策集团的有意行为，但那样也就要承受被国际大家庭所排斥、其发展进程遭受挫折的风险。

经济的全球化必然带来其他方面的变化，全球化以经济为主，但又不仅仅局限在经济领域，涉及全方位。中国自20世纪70年代末改革开放以来，它在各个方面开始与世界接轨，逐步采取世界通行的行为准则。另一方面，在全球化加强的同时，各个国家的主权也在不断地强化，特别是民族自决观念并没有随着全球化而削弱，相反在加强，表现之一是一国之内的不同民族要求建立主权国家的呼声强烈，并在苏联、南斯拉夫、捷克斯洛伐克等国家已经演化成为事实。这两种截然相反的现象同时并存，是我们这个时代的基本特征。之所以如此，根本的原因是各个国家发展进程的差异引起的。西方国家已经步入现代社会，他们追寻的目标与那些尚处于发展初期或正待起步的民族国家自然不会一样，这在当今国际社会出现的政治斗争、经济贸易交往等各方面都有明显的反映。

具体到中国，我们走向现代化是必然的趋势，不可阻挡。但是现代化与中国传统文明之间的关系需要我们予以妥善的协调。如上所述，传统中国是个农业社会，处于前现代化阶段。中国的现代化发展，必然与传统文化产生矛盾，近代以来的中国社会，

[①] 具体内容参见肖宪、袁勤：《论全球化的发展趋势》，邱小平、何道隆：《略论21世纪的世界大趋势》，均载《思想战线》2000年第1期。

正是交织着多重矛盾和斗争，20世纪50年代以前的中国挣扎在争取民族独立的奋斗之中，50年代以后的中国，则拼搏在社会的建设，特别是经济发展的战场上。但在当时两极格局阵营对垒的状况下，中国的发展建设处于自我封闭的环境下，其发展的步骤比较单一。到了70年代末期，中国自身遭受"文革"的摧残，国民经济破坏严重，国家的整体建设处在停滞阶段。于是，同世界接轨，走与世界同步发展的道路，就摆在中国的面前。接轨之后，现代化与传统文化之间的关系也就成为我们必须要解决的问题了。80年代兴起的文化热和90年代国学的复兴，正是国人在思想、知识文化领域对这个问题给予的回答。人们已经认识到，中国走向现代化，必须与它的自身文明结合起来，中国不能走向西化，虽然西化与现代化之间存在着密切的关系，但毕竟是两码事。中国传统文化的自醒，期间蕴涵的优秀因素，不但与现代化不冲突，反而能促进现代化的进一步发展。传统文化的自我改造，可以孕育着现代因子。关键是我们如何对待、如何处理。80年代亚洲四小龙的奇迹，打破了现代化与西方化等同的神话。这些国家利用西方的科学技术，与儒学传统文化有机地结合，创造性地发展了东亚模式，成为大陆中国学术界讨论的热门话题。事实也证明现代化方式的多样性。

西部开发，与当地民族文化的保持，其间的关系与上文一样，都有现代化与传统文化二者的协调问题。这样看来，西部发展，一方面强调它与其他地区的一致性，特别是在物质建设上；另一方面，还要强调其自身的文化特性。西部民族众多，各民族自身的传统文化既悠久又复杂，传统与现代之间的矛盾化解，是摆在西部开发中的重大问题。在我们看来，以下几个问题尤其需要关注：

第一，西部开发的经济建设与生态环境的保护和协调发展，已经为各方面所关注，成为人们的共识。这一点无须更多的论述。

第二，西部开发意味着社会的整体进步，在经济利益互动的环境下势必影响和增进民族自身的进步；而民族的进步又是与民族自我意识的觉醒并行的。传统中国的少数民族，是指相对于中原汉族先进的经济文化而处于滞后阶段的那些族群，历史上，少数民族的发展进步，在很大程度上是以吸纳中原文化经济的方式为标志的，少数民族的发展与接受汉族文化同步是一个普遍的现象。汉文化的博大精深，尤其是汉民族的强大优势，使它对各个少数民族体现出了宽容怀化的开放心态，以至于汉文化自身从不刻意地加以强调。这种中原文明与周边民族文化主辅相依的状况，是中国几千年来发展演变的自然结果。我们今天承继的正是这一传统。现在，这种趋势仍旧在持续着，西部开发的形势，使得这个趋势加快而不是减缓。其原因如同历史上一样，中国民族的结构，即汉民族与各个少数民族不论是人口的数量，还是文化、教育、科技等整体实力，仍存在差别。这种差别在短时间内难以消除。因此西部民族对中原文化的认同，在今天表现为对东部经济发展和社会进步的认同，这仍然是西部民族地区发展的基本指向。

第三，上面曾经说，随着西部开发带来的社会进步，当地民族自身意识的觉醒也会进一步提高。联系到当今民族势力的崛起和民族意识的普遍增强，中国国内西部民族的自身意识也在同步增长。历史上，西部民族势力中蕴藏的分立意识曾经多次地转化为分离行动，西部边疆的巩固，一直为中原王朝所瞩目。今天的情况当然与历史有差别，但是当地的事项仍然有不稳定的因素存在，特别是近代以来中国边疆民族地区不断遭受西方列强的侵略和蚕食，遗留下的边疆民族问题又被今天某些国外敌对势力所利用，比如西藏达赖的分离势力，他们与域外力量互相勾结，试图分裂西藏；新疆尚有"泛突厥斯坦"思想的侵蚀，主张大突厥主义仍在少数人当中有影响，这些意识及其行为对国家的稳定和社会的进步都构成了严重的威胁。现在的问题是，各个国家中民族势力的崛兴,特别是民族主义与民族势力自立的思潮,对中国的民族问题将会产生什么样的影响?民族主义思潮对中国的少数民族自身意识将会造成怎样的结果?这些问题尤其应引起我们的注意。潘蛟说:

> 在一个民族中,民族自我意识较强的成员往往并不是那些聚居于该民族腹心地区、浑身上下充满着本民族传统文化气息的农民,而是那些受外族涵化程度较深,已丢失了不少本民族传统文化特质的知识分子。情况之所以会这样,我想根本原因在于,民族自我意识是在民族之间的交往互动和参照对比过程中被唤醒的。[①]

这段引文的意思是说民族自我意识的觉醒是在民族交往互动的环境下强化的。在一个纯粹的民族地区内,彼此之间都是同一民族,这种意识就不大可能萌生;而在多民族交往的情况下,此一民族与彼一民族的界限就会表现出来,在某种外在条件的刺激下可能会引发民族主义的情绪。西部开发,给予当地更多的外界影响和刺激,将会促使隐藏在内心深处的民族情结凸显出来,强化民族观念。处于民族互动的那些知识分子较之于淳朴的农民,他们经受了更多的文化熏陶和磨练,受到了更多更好的教育,文化素质有明显的提高,这既是他们自身的进步,也是自身民族的发展,更体现出整个社会的进步。这一点必须澄清,因为这是民族和国家发展与进步的必经过程,否则,我们的论题就会失去方向。这样看来,随着教育程度普遍提高之后所引致民族意识的强化,不但不是倒退的表现,恰恰相反,它是民族自醒和民族进步的表征。一个民族如果意识不强,或者根本就没有,除非它是一个国家内的单一民族,要么就是处在尚待发展的阶段。中国古代某些民族

[①] 见潘蛟:《民族定义新探》,载马启成、白振声主编:《民族学与民族文化发展研究——庆祝林耀华教授从教六十二周年纪念文集》,北京:中国社会科学出版社,1995年,第161页。

意识的淡化，根本的原因即是这些民族的发展进化处于较为滞后的阶段。一旦他们发展起来，其民族意识的强化，就是必然的表现。因此，今日西部开发，将会不可避免地导致民族主义情结的再现。这些情感、民族意识的强化，可能会成为开发当中一个突出的现象。问题是，我们如何将这种民族意识与国家整体的发展结合起来？将民族情绪与中国整体社会的进步联系在一起，使它成为我们这个时代国家发展与民族进步的促进因素，这正是本文论述的宗旨。

第四，基于上述认识，我们对西部开发中将会出现的民族情结问题抱有较为乐观的态度。这是因为，中国的民族问题与其他国家的同类问题性质上并不相同。今天成为俄罗斯国内头疼的车臣分离主义叛乱问题，其中值得我们特别关注的是它的历史过程。俄罗斯在历史发展上，是以沙皇帝国的军事武装扩张和侵吞为基础的，其国内民族文化的交往、融合并没有经过相互之间的协调而达到（比较）和谐的状态，而是处在大小不等、强弱分明，甚至长时期存在着强势民族同化弱势民族的倾向，各个民族被整合到一个国家内的基础并不稳固，一旦形势转变，国家的凝聚力很容易被各民族自身的分离倾向及其所代表的势力所取代。今日问题的症结正是历史的遗留。而中国却与此大相径庭。中国的民族发展不是历史中皇权帝国肆意侵吞演变的结果，恰恰相反，中华民族的发展，是中华文化凝聚的结果。关于这一点，费孝通主编的《中华民族多元一体格局》一书有充分的讨论[①]。简而言之，中国社会的各民族是在长期的历史发展进程中逐渐融合形成的，中国各个民族之间的关系是你中有我、我中有你，彼此密不可分。白寿彝先生在谈到中国民族关系的主流问题时说过这样一段话：

[①] 见费孝通主编：《中华民族多元一体格局》（修订本），北京：中央民族大学出版社，1999年。

> 在这个历史阶段里，可能友好合作比较多，不管什么形式的友好，朝贡也罢，会盟也罢，和亲也罢，总算是和好吧。在另一个历史阶段里，也可能民族间打得难解难分，汉族跟少数民族打，少数民族之间也打。这如何解释呢？一定要在这两种现象之间找出个"主流"，定出个"支流"来，我看不好办。我们研究历史，不能采取割断历史的方法。从一个历史阶段看问题，固然是必要的；从整个历史发展趋势看问题，则是更为重要的。在民族关系史上，我看友好合作不是主流，互相打仗也不是主流。主流是什么呢？几千年的历史证明：尽管民族之间好一段、歹一段，但总而言之，是许多民族共同创造了我们的历史，各民族共同努力，不断地把中国历史推向前进。我看这是主流。[1]

这就是说，中国各民族在长期的历史发展中已经形成了一个整体，彼此之间的关系非常密切，并不是随意就能割断的。现今的中国民族格局和中国多民族国家的建构，正是历史发展与演变的结果，所以今日中国的民族问题，不是现在的问题，是历史与当今的结合，其内在的凝聚力并不因为外在条件变化而变化，根本的原因还是内在的结构，尤其是历史的因素在起支配和决定作用。这是中国不同于其他国家的特点所在。现在，随着西部开发的进行，国内各民族之间的联系呈现的是越来越密切而不是疏远，彼此的交流是越来越频繁而不是减少，民族的凝聚力也随之增大而不是减弱。但是，这也并非完全是个自然的过程，我们所要做的工作还很多，民族方针和政策制定得是否合适，是否符合西部的实际情况，这都影响或制约着民族关系的发展。为此，随着西部的开发，有关这方面的问题应引起全社会的重视。

---

[1] 见白寿彝：《关于中国民族关系史上的几个问题——在中国民族关系史研究学术座谈会上的报告》，载翁独健主编：《中国民族关系史研究》，北京：中国社会科学出版社，1984年，第9页。

四

综上所述,本文的基本观点是:

西部开发为中国民族问题在新时期向更高层次的发展提供了极好的机会,特别对西部民族的经济发展和社会进步是一次空前的促动。但是开发必然要涉及民族问题,西部开发与民族发展如何有机地协调?需要国家有关部门进行深入的研究。就整体而论,这项开发,本质上反映了民族自身传统文化的价值与民族现代化如何协调的问题。而现今的世界各个国家在解决类似的问题时既有成功的经验,也有失败的教训,特别好的典范似乎不算多,更多地表现出以削弱或以民族传统文化的丧失为代价的。中国西部民族地区的开发却不能再重复这样的道路。西部开发应当是在发展经济的同时,促进社会的整体发展,这期间民族自身的优秀文化传统应得以发扬而不是削弱;民族的美德应得以阐扬而不是消除;民族自觉意识的强化促进本民族的社会进步和民族之间更紧密的联系,而不是引致民族之间的隔膜甚至民族分裂。

本文还认为,西部开发还使我们注意到当今世界的一体化和民族国家独立发展这两种情况的并立。对中国而言,事实上反映的是传统文化与现代化的关系问题。首先说明的是,现代化与西方化是不同的概念。西方化走向了现代化,但只是一种类型。中国搞现代化,必须走中国自己的道路。由于中国传统上是个农业国家,其现代化也必然伴生中国自身的特点。对中国而言,传统文化与现代化关系的协调始终是中国人苦苦追寻的目标,力图找出最佳的结合点。西部开发正是在这样的环境下开始的,因此就必须考虑这个问题。本文对此的基本观点是,在开发的同时要关注这个问题,进行深入细致的研究,找出开发的同时保存西部民族自身优秀文化传统的方法,使之与现代文明结合,从而促进西部的进一步发展,避免因纯粹的经济建设而导致民族特质的无端丧失。今日人们对保护环境和自然生态已经开始给予关注,这是好的开端;但是,对西部民族特性和民族的整体关照,似乎还缺少相关的研究和机制对应,本文即是对此提出的一点看法。

(本文以《西部开发引生的少数民族现代化问题》为名刊载《青海社会科学》2002年第4期,第36—39页。现恢复最初的名称,并略做订正)

我对构建和谐民族关系的理解

"和谐关系"是党中央在改革开放将近30年的过程中,对中国现存各种社会关系进行协调和整理的一种新思路。说它新,是因为以前没有明确地提出过。从1949年以来,中国共产党和政府对社会关系进行调整,有诸多的方针政策颁布和实施,办法也多种多样,但明确强调以"和谐"为基本内涵的政策性措施,这还是头一次。

事实上,人们共同生活在同一个国家、同一个政府之下的各种阶层、群体、社团之间存在的关系如何处理、如何协调,是任何政府或权力组织都要面对并给予解决的课题。中国共产党人对这个问题的认识,早在建党的时候就注意到了,特别是毛泽东同志撰写的《中国社会各阶级的分析》[1],对20世纪早期中国社会不同阶层和人群的调查,很能反映出早期共产党人对社会阶层的认识。他提出的不同阶层,划分出不同的群体,目的是为当时进行革命,即团结谁、打击谁做思想和舆论的准备。这可以看作是革命时期的典型分析。

今天,在国家走向现代化的时代,特别是在与世界接轨的条件下,我们所面临的对象、群体、阶层等都有巨大的变化,过去的各种固定模式的群体面临着解体、重组、再构建的形势,也就是整个社会处在转型的过程中,如何随着社会的发展进行调整,

---

[1] 毛泽东:《中国社会各阶级的分析》,载《毛泽东选集》第1卷,北京:人民出版社,1991年。

这是摆在全社会面前的一个艰巨而困难的任务,而且这个任务不可回避,必须完成。民族关系的适应性调整,是整个社会调整的一个重要的组成部分,而这部分更具有特殊性,我在这里就这个问题谈点不成熟的想法,请批评指正。

一、历史上民族关系的调整

"和谐关系"的本质,是指在一个国家和政府的领导下,社会各阶层和群体相互包容、相互促进、协调发展、共同进步。

中国古人对不同民族关系的建设,应该说在大部分的朝代里都给予不同程度的重视。在所谓的汉朝"文景之治"、唐朝"贞观之治"、清朝"康雍乾盛世"为典型的时代,除了政治、经济、社会、文化各方面的发展和进步之外,还体现在民族关系的和谐上面。中国是多民族共同组成的国家,民族关系的协调是关系到国家政权稳定、社会发展和谐的关键因素之一,凡是民族关系搞得好或比较好的时期,都是中国王朝强盛、发展的高峰时期;反过来,民族关系搞得不太好的时期,也是王朝趋于保守和比较衰弱的时代。对民族关系处理得比较理想、在人们心目中留下深刻印象的,我这里只举唐朝初期的太宗时代为例进行说明。

唐太宗贞观时期(627—649),是中国历史上被人称道的时代,有"贞观之治"的说法。这个时代被人称道的原因,是社会从隋末动荡的形势转向整治和恢复生产、全面发展的关键阶段,社会的各个方面都有明显的治理和改善,呈现出兴旺发展的局面。在这里,如何协调社会内部的各种关系,特别是处理中央王朝与周边民族势力的关系、营造良好的周边环境,是唐太宗政治的闪亮之处。

与历史上多数统治者相比,太宗对周边地区的各个民族给予更多的理解,他强调,所谓的夷狄实际上与中原的汉人一样,都是值得尊重的群体。他在总结自己成功的经验中,将民族政策列为5项重要的措施之一。正是在民族相对平等的政策指导下，唐朝对周边投附或被征服之后的各个民族，能够采取比较妥善的措施安置他们。以东突厥为例，它原来是亚洲北部最强大的游牧势力，一度控制着亚洲的北方草原、高地，唐朝建国后的贞观四年（630），太宗派军征服了东突厥，以羁縻州县的形式将他们安置在长城沿线地区。所谓的羁縻，就是重用原来的部族首领，以他们为州县行政长官，保持他们原有的生活方式和统治形式，他们每年向政府朝奉，以此表达对朝廷的忠诚。长城沿线，是农业文化与游牧文化的交界汇合之处，唐朝将突厥人安置在这里，可以使他们保留游牧的生活，也为他们今后更好地发展提供了条件。

羁縻这种办法，是继承古人的，唐以前的朝代，对边区各个不同民族采取的方法、措施，总体上可以用"羁縻"的词汇概括，这种政策的特点是针对民族群体自身的情况予以比较妥善的安置和对待。唐太宗安置突厥降户的意义则在于，他将以往的经验、个案性的政策和措施赋予了制度性的安排。羁縻州县在他的时代成为中央王朝处理周边民族关系的一项制度性设计，这对后世产生的影响相当长远。

在这种开明政策的指导下，贞观时期的民族关系出现了各民族交往频繁、彼此照应、和谐共处的局面，这与以前相互纷争、甚至残酷杀戮的现象形成了鲜明的对比，对整个社会安定和繁荣发展，做出了突出的贡献。

像这种民族关系比较良好与和谐发展的现象，在历朝历代都有不同程度的反映。那么，是什么原因使得统治者认为和谐的民族关系要比不和谐的关系重要呢？

这与中国历史文化传统有直接的关系。中国历史发展的动力之一就是多民族的相互融合、相互促进。这既是早期多民族群体发展的直接影响所致，也与中国的地理环境密切相关。中原地区是国家的中心，周边向中原的靠拢成为各民族强盛的因素，内聚外围的特征使汉族与各少数民族的关系呈现的是凝聚而不是疏离的趋向。任何周边民族若想走向繁荣和强盛，都离不开中原的支持和密切的配合。当然，这种关系在历史上表现的形式并非单一，而是包含着交往、通婚、联合、融合、战争、争衡、进攻与防守，等等，在这些说不清道不明的事项中，中国各民族的关系越来越密切，越来越紧凑，最终形成了"你中有我，我中有你"的局面。

其中，还有一个思想因素起着至关重要的推进作用，那就是大一统的思想理念。

大一统的思想，包含着民族的多样、地区的差异、文化的不同等因素，它不强调绝对的一致，而承认差异，但前提是在中央王朝的统辖之内。这种思想的实质是差异与一体的辩证统一。说它有差异，不论在思想、文化、族群、地区各个方面，中国的中原和周边各处，都有自己的特点，彼此之间的不同和差异相当明显，将这些集中起来，可能会有诸多的矛盾和问题。但是，将它们置于一个国家和政权之内，并不是要同化一切，不是以一个为主兼并其余，而是保持各种特色、维持原有的相貌，在中央王朝之内竞相开放，和谐共处，所谓有容乃大、兼容并包是也。

二、历史上民族关系调整的实质

那么，历史上民族关系调整的目的和实质是什么呢？

调整民族关系的主要目的就是协调和处理不同的民族共同生活在一个地区，或者一个王朝之内的不同地区所遇到的各种问题。就民族生活的形式而言，这里主要表现在三个方面，一是一个地区之内的不同民族，二是不同地区的不同民族，三是不同地区的同一民族。前一种又呈现出分散性的、个体的和小规模的聚集，中间的也有同一地区内的一个民族和多个民族共处的情形，后一个则是同一个民族因所处地区而存在的差异性。

就民族生活的区域而言，一般呈现的是汉族居住在黄河、长江为中心的中原内地，少数民族分布在边疆四周。

由于中国王朝地域辽阔，人口众多，因此民族的多样性是与中国王朝产生伴随的现象。在这样广阔的疆域之内调整众多的民族群体，一直是各个王朝处理政务的核心之一；如何将这些利益不同的民族群体相互协调、共同在中央王朝的统治下从事生产劳动和日常生活，是王朝统治集团面对的重要任务；让众多的民族和谐生活、彼此促进，也是王朝统治能否稳定和长久持续的关键。所以，对任何王朝而言，民族关系的协调，是它们处理的最重要的问题之一。它们处理的目的就是共同生活，在王朝统领下维持正常的生产和劳动。这既是王朝统治的目标和追求，也是民族关系的本质。

不过，在王朝的统治下，这种民族关系的性质还有几个方面值得关注：

第一，这种关系是主辅性质的。

历史上的各个王朝，固然都承认和强调地区的复杂性和民族的多样化，但是，对任何有别于汉人自己的民族而言，中原王朝的统治集团内心始终存在着你我的差别，将周边民族视做"蛮夷戎狄"或"中国根本、四夷枝叶"的现象，是王朝国家对汉人与各民族、族群关系最常见的描述，这反映出王朝统治集团的基本心态。受其影响，汉人是王朝的主体、核心，是依靠的根本；而周边民族则是王朝联系的对象，是团结的对手，一旦将他们纳入到自己的范围之内，王朝就会变得强盛；一旦失去他们，王朝就会削弱，但尚不至于消亡，而汉人的支持则是王朝能否存在的关键。

这种观念的背后，隐藏的是以中原起家的王朝，它们依托的根本力量是汉人的历史现实。中原王朝以黄河、长江流域为中心向四周发展，呈现出滚雪球似的状态而不断扩大，在民族的关系上表现的是越来越多地容纳各地不同的民族和势力，在其发展过程中，就形成了本土核心与周边外围的概念，直到清朝灭亡前后，其观念才被近代的民族国家概念所取代。

第二，这种关系与地域的特点是紧密结合的。如上所述，汉族与各非汉系民族主辅关系的建立，除了思想和观念上的根本、枝叶的特点之外，与中国王朝所处的地理位置有直接的关联。王朝的发展，在地理上遵循着这样的一条线索：即王朝的地理中心，是以黄河为基础，扩展到长江流域，以此为本土，再向周边扩展。这样，王朝的疆域就呈现出本土核心与周边外围两个层次。这两个部分的地位是有差异的：本土核心是王朝生存的关键，失去了它，王朝存在的基础就没有了；外围周边地区，是王朝强大的条件，但失去了外围，王朝照样存在，只是它的强盛基础不确定了。就二者必居其一的角度讲，核心显然是第一位的。

与疆土特点相同的，是王朝民族群体分布的特点。换句话说，汉人主要居住在本土核心，非汉系各民族则分散在四周外围，二者的关系与本土、周边的关系相似，即汉人是王朝依托的核心，失去了他们的支持，王朝就不能存在；周边民族则是王朝强盛的支持力量，但与汉人相比，是居于第二位的。

第三，这种关系的稳定性与变动性相互交替。在上述本土外围的地域和主体辅助的人口特征支配下，王朝时期的民族关系受此支配和影响。这种关系的本质是不平等的。由于外围地区的模糊性和不确定性，王朝边区的民族群体对王朝的向心程度，也同样受此影响，于是就出现了这种现象：当王朝势力强大的时候，它就兼容了周边广大的民族群体和广阔的地域；而当它势力衰弱的时候，它就失去了一些或若干的民族和地域。这种获得和失去，取决于王朝自身的力量和感召力，取决于王朝与周边各地民族势力的关系，也取决于周边各族群自身能量的增减和民族意识的强弱。总之，外围地区和边地民族势力的不稳定，在古代各王朝是个普遍的现象；但同样不容否定的是，周边外围地区的各种势力及其所在的地区，与中央王朝的联系，是越来越密切、越强化而不是相反，这从秦朝的匈奴，到汉朝的南匈奴、魏晋南北朝的"五胡"、隋唐诸族，乃至辽金的南下、蒙古帝国统领中原和四周，到清军的入关，我们看得十分清楚：中国历史上的各民族的交往和接触，乃至融合，呈现的是加强的趋势，这也是中国古代民族关系发展的主流方向。

三、今天民族关系的本质和特点

中国现代民族关系的格局和特点，都是从古代继承和发展下来的。虽然现在的民族关系与古代有性质的差异，但其连续性，是我们理解今天民族问题的切入点，否则就得不到真正的理解。

那么，今天的民族关系与古代相比，有什么性质差别呢？

今天的民族关系是在现代民族国家的范围内展现的。所谓现代的民族国家，是指国家的领土和疆域是固定的，受到国内和国际法的承认；民族国家内的民族关系平等共处，是法律承认并赋予的。在当今的中国，民族问题的本质表现在各民族的共同发展和繁荣上面，这里边蕴涵着平等的基础。但这是就整体而言的。现今改革开放已近30年，中国各方面取得的发展突飞猛进，这是不争的事实。然而，经济的发展给原有的社会群体和阶层的划分带来巨大的冲击。与民族有关的经济建设，体现在东西部的距离越来越大。而经济发展受到人员素质、交通地理、自然环境各种因素的制约和影响。东部沿海地区从宋朝以后就成为经济发展的前沿地区，1978年政策灵活之后，这里更得风气之先，经济迅猛发展，国民生产产值的比重飙升迅速，由此带动的教育、文化、社会整体发展也十分明显。与此对应的则是，西部地区在这30年中也取得了令人瞩目的发展，但横向对比，这种发展的有限性就凸显出来：不是西部不发展了，而是东部发展得太快了；东西之间的差距不但没有缩小，反而进一步拉大。经济的发展是整个社会发展的基础，近些年来，西部与东部的各种差距都在上升。作为生活在东部和西部的群体，处在这种差别中，原来建构的民族关系就受到或开始遭受严重的挑战了。

在计划经济的时代，全社会分配的均衡，使东西部地区的差距人为地缩小了；但是，近30年的政策性主导之下的各种措施的采用，使东部的优势明显地增加，有效资源的利用使东部得天独厚，它的发展让西部相形见绌。必须说明，计划经济的设置没能促进中国经济和社会的进一步发展，其促进的作用是有限的，中国政府被迫放弃了这种经济发展的模式，转而采用市场经济发展的方略。市场经济取代计划经济使中国整体取得的进步，大于东西部人为的拉近。这是为什么中国采取市场经济的根本原因。这是其一。其二，这种差距的产生不是人们有意的设置，主要是各种条件的影响、制约而在建设过程中出现的，尽管各级政府和建设部门不愿意看到这种局面的出现，但它却是客观现实，而且双方的差距还在拉大。

处在市场经济发展基础之上的民族关系，与原来计划经济时期相比，也同样发生了深刻的变化，这种变化体现在这样几个方面：

一是民族群体之间因经济发展的不平衡而使得他们之间的收入差距加大，从而形成贫富不均的现象，而这种现象又表现在同一地区之间的差别和不同地区之间的差别上面。特别是后者，目前成为整个社会关注的焦点，而对具体的个人而言，同一地区相同群体的差别更能引起他（她）的关注。

二是经济收入的差异导致社会角色定位的转换。先富裕起来的群体与相对滞后的群体对各种利益的博弈变得突出起来，特别是前者，掌握着更多的资源，拥有较多的发言权力，在社会上发挥着更大的作用，使他们获取的利益越来越多，即拥有了强势的位置。与之相对，滞后的群体在这场博弈中所处的角色越来越尴尬，甚至成为弱势群体，他们因为种种条件的限制，自身所获取的利益减少，双方的差距很容易转变成情绪的对立，社会的分层在这种条件下开始重新调整和安排。

从上面的讨论，我们可以总结出当今中国的民族关系的本质及其特点：所谓本质，与前一阶段没有差别，即各民族共同发展生产和共同富裕与繁荣。但是新时期的特点随着形势的变化而有新的变化，这就是随着经济发展带动的整个社会发展，使东部和西部地区出现的差别呈现加大的趋势，特别是社会阶层的重新组合，在西部内部如何调整、东西部之间如何调整，是新时期面临的任务。整体而言，新时期的民族关系更本质地体现在，在发展的过程中，如何调整各民族的经济、社会利益，使大家同处在一个国家之内有效合理配置，达到最佳而公正的组合，是目前民族关系的根本所在。

四、民族关系调整的方向预测

就中华人民共和国成立以来到现在的几十年时间而言，当今的民族关系处在新的转折时期。主要表现在：

第一，中国已走向以经济建设为核心的发展道路上，经过近30年的努力，我们已从建国初期比较贫穷的状态进入到初步小康的阶段。随着经济的发展，文化、教育、科技乃至整个社会都跟着发生变化，而且还在继续变化。这些变化对原有的社会各阶层造成了强烈的冲击，社会群体开始出现新一轮的组合。在这种组合的过程，民族关系也同样面临新的调整。

第二，现在的民族关系调整的方向是什么？那就看看过去的民族关系是什么。建国以后新中国的民族关系受到中央和各级政府的高度重视和关注，首先强调民族平等、民族团结，特别是帮助少数民族走向进步，争取在短时间之内，使各民族和民族地区的经济、文化、社会有较大的发展。在民族发展的过程中，一是特别注意少数民族干部队伍的建设，使之成为带领各民族发展的先锋队；二是在制度上确立民族区域自治制度，形成了比较完善的自治区和州、县、乡各级政府组织；三是采取措施帮助民族地区进行经济建设和社会发展；四是促进民族地区的教育和文化事业的繁荣。

这些在今天仍旧要继续完善和发展。目前的民族关系，可能主要体现在民族地区的经济建设和教育文化的发展上面。现在的国内外环境比较安定和谐，为中国的民族关系走向新的阶段提供了良好的条件，借助中央政府的政策、措施所释发的力量，以东部的发展支持和带动西部，特别是民族地区，这是目前民族关系中的尤其要强调的内容。前几年中央政府制定的西部大开发的战略就是这种新型民族关系的体现。此其一。

其次，经济的发展必然要带动整个社会的发展，特别是政治的发展。如上所述，中国古代王朝的民族关系，是建立在汉人为主、非汉民族为辅的格局之上，汉族的政治、经济、思想文化和各项制度，都占据着主导和优势的地位，非汉民族在整体上无法形成自己的实力，只能依附跟从，其地位的弱化是显而易见的。这种局面直到今天仍旧在多方面存留，虽然政治上少数民族的地位有了空前而实质性的提高，但是经济和社会发展的总体水平，还不能与汉族特别是东部地位相比。这种差异也是客观实际，必然会影响少数民族的政治、经济、文化和社会的地位。在可遇见的将来，这种局面将会持续下去，虽然在某些方面可能有所改善，但整体局面不会变化太大。于是，中央政府制定和颁布照顾民族和民族地区的基本政策也就不会改变，某些方面可能还要加强。通过中央政府的宏观调控和指导，让中国的民族和民族地区得到更多的照顾，其利益的分配额度也相应加大，这是今后国家处理民族关系中的一项重要内容。

第三，不可否认的是，民族和民族地区在经济发展和社会进步的同时,他们的自身意识和自我认同也在呈现加强和凸显的趋势。从发达国家民族关系的发展历程可以看出,在若干民族组成的国家之内,不同民族和群体在本民族发展及其调整与其他民族共处的过程中,会出现各种问题,特别是利益的博弈。说到底,各种资源的配置、利益的协调是当今民族关系中的核心,而核心的博弈会激发各民族的政治热情,从而使问题变得复杂化。我认为这是目前民族关系中的主要表现。

那么,如何处理当今的民族问题,特别是协调新型的民族关系呢?

现实社会,人们今天重视的问题主要表现在两个方面,一个是经济利益,一个是政治权益。对目前的中国民族关系而言,前者是现时的迫切要求,后者是将来的诉求。

经济利益的分配,是目前人们关注最多、也最集中的地方。改革开放改变中国最多的地方,就是唤醒了人们对经济利益的追求,"追求富裕的生活,过上好日子"成为民众为之奋斗的目标,也是中国社会发展的内在动力。但是,随着经济的发展,对产品的分配和利益的占有,成为今日中国最敏感的问题之一,由于人们在生产和分配当中掌握的权力不同,在分配领域中出现了强者占优的现象,即权力的掌握者有优先支配财富的权利、垄断性行业占据的利益超出限度、地区的不平衡与利益占有的差别(城乡差别、东西部差别等等)、工作性质不同的群体出现的收入高低不均等等,使社会各阶层的收入、利益获取出现了前所未有的分化,占据份额多的人和阶层成为强势,具有更多的发言权和决策权,而其他的则成为弱势群体,贫富分化明显。在民族关系方面,少数民族的分配和利益在全国总的盘子中所占的份额有减少的倾向,虽然这不是绝对而是相对的;就绝对数额看,少数民族的收入和利益获得在增加,但与东部发达地区横向比较,其利益份额的占有则是下降的。对这个问题进行解决,最好的方式就是让少数民族地区有快速的发展，但在实际操作中则非常复杂，因此，国家进行调控、平衡利益，特别是对民族地区采取措施予以特别的照顾，是最佳的方法之一。就性质而言，现在的手段与以前没有差别，出现差别的是具体的操作方式和运行过程。顺便一说，这也是中国解决民族关系中最有效的办法之一，事实证明一直比较成功。

政治权益的诉求，是今后民族关系中突出的表现。中国的少数民族从1949年以后，其政治地位获得空前的提高，但是在全国的政治生活中，从某种程度上讲仍具有象征性的意义。随着民族整个素质的提升，作为人口较少的民族，其政治性权益的要求和提高，可能是今后的发展方向。不是说少数民族没有政治性追求，而是因其原来的经济、社会滞后，他们政治上的追求被限制在一定的范围之内。1949年获得政治解放，权利加强，但较之于多数民族而言，还有很大的发展空间，这可能是今后民族关系中比较突出的问题。这些现象在发达国家中早已显现，通过各方面的讨论、协商，力图用比较公正、客观、合理的方式，达到民族团结、友好、和谐的局面，是完全可能的。值得我们高兴的，这与中国共产党和政府的方针、政策是一致的，也是它的组成部分。

行文至此，我们通过上面的论述，对目前建立和谐的民族关系的基本理解概括如下：

1949年以来的中国民族关系，是在党和政府的指导下，确定了团结各民族共同繁荣富强、共同发展、促进少数民族经济文化和社会建设、发展的方针、政策。现阶段由于改革开放导致中国社会经济的全面发展，各阶层面临重新组合的局面，当前突出的问题是发展经济，利益则成为人们关注的焦点，处理民族关系中的经济利益尤为突出。换句话说，如何从利益的角度调整各个阶层和民族群体的关系，是当今民族关系中的关键问题。在经济发展的过程中，民族关系中的政治性权利的诉求，将会逐渐凸显出来。以中国自身的智慧,这类问题将会得到妥善的解决。其中主要的因素,还是中央政府制定的方针和政策。这个政策满足于各方需求,特别少数民族的利益,就会形成和谐的局面。从目前看未来,和谐民族关系的构建,是国家和各方的共同愿望,以往的经验也足以促使我们找到妥善的方法予以解决。至于具体的问题和矛盾,则处处显现,但在总体上的处理,将会是令人满意的。

(本文是为2006年12月6—7日中共中央统战部在北京怀柔举办的"构建社会主义和谐社会与民族关系理论研讨会"准备的论文。原有"内容提要",为保持全书体例一致,此处将其删除,并做了修订。此文系首次发表)

期望中的国家民族博物馆

首先我得声明,我不是博物馆方面的专业工作者,对博物馆领域的内容不熟悉,纯粹是门外汉,但我对它是很感兴趣的,因此,我下面的讲述,是从一个业余者的角度谈谈我心目中的中国民族博物馆的景象和对它的期待。

实际上,我对中国民族博物馆的印象早在筹建的开始就已经有了。记得1983年我们大学毕业的时候,有一个女生好像就分配到了民族博物馆,当时说是正在筹建。由于我也是从别的同学口里间接得知,这种印象不很确定,但"中国民族博物馆"的字样,及其所隐含的意义,从此就在我的心里扎下了根,所以后来每当听到这消息的时候,我并不陌生。

上面这个小故事,是我第一次听说民族博物馆的,只有概念,很抽象的。切身的体会,还是1987年在云南昆明参加唐史研讨班的会议期间,去大理(当时叫下关)参观州博物馆的时候感受的。这个博物馆展出的内容,多数是有关白族百姓生产和生活方面的各种物件,虽说经过20年的岁月,我至今还有比较清楚的印记。白族是当地最多的少数民族,我对他们的亲身了解,就是从这次参观开始的。当时的感觉就是白族的文化比较先进,特别是他们居家的四合院的影壁,给我留下了深刻的印象:雕梁画住,精刻细凿,比北方四合院的装饰似乎要精致一些。此后的1997年,我又一次去大理,这次带学生去实习,因事情繁忙,没有去成博物馆。

我对其他民族类博物馆的体验还是在云南。也是在1997年,带学生去实习的过程中参观了云南省民族博物馆和昆明市的民族村，这些场所所展示的内容都是以该省各个民族的生活和生产图景为主，比较生动地刻画了各民族的风土人情，特别是民族村，还伴以青年男女演唱、跳舞等活动，充分地展现出云南地方和民族的诸多特色，形象十分鲜明。民族村的形式，现在已扩展到全国各地，我不知道最早是不是从这里开始的。除此之外，每当外出开会，比如去新疆乌鲁木齐、吐鲁番等地，都尽可能去看看当地的博物馆，加上我自己在民族院校工作，研究的问题也涉及民族和民族关系，虽然说我搞的内容是古代的，毕竟在民族大家庭里生活和熏陶多年，所以对民族类的博物馆不能说了解很多，但至少不陌生。还有一条也不能忘记，我所在的中央民族大学，本身就有民族博物馆，而且我也多次参观学习，那里的藏品也很丰富，从上个世纪 50 年代建馆以来就陆续收集和保存不少的好东西，多数是各民族的服饰，自从搬到了新址之后，面积扩大，展厅增加，加上精美的设计和装修，进去参观，真是艺术享受，这博物馆确实是精神食粮，也是学校的一个门面。

现在再来说中国民族博物馆吧。

正如民族大学的博物馆是学校的门面一样，中国民族博物馆也是国家的一个门面，而且这个门面大得很。为什么？原因再简单不过：中国是个多民族组成的国家，各民族的博物馆就是这个多民族国家的写照。实际上，我们今天再谈民族博物馆有多重要这类问题都有点过时了，你去街上问问，大凡有点墨水的回答，都是赞成或支持的。这么大的国家，人口这样多，民族又这么繁花似锦，建个代表各民族的国家级博物馆，再正常不过了。

不过，尽管如此，我还是从自己的感知谈谈它的重要意义，或许里面还有一点可供参考的地方。我主要侧重在以下几个方面：一是精神和文化上的价值，二是国家整体建设上的价值，三是和谐社会的价值。

先说精神和文化方面的价值。

大家知道，中国是由众多的民族共同组成的国家，历史源远流长，如果从新石器时代人类社会进入到较高级的状态开始算起，我们的文明有七八千年之久；从夏朝进入国家阶段，到现在也有4000多年了。在这期间，众多的民族活跃在中原和四周，逐步地从分散走向一体，最终形成现今的56个具体的民族和居其上而汇成的中华民族整体。对此，有国家博物馆（原来的中国历史博物馆和中国革命博物馆合并而成）展示这个历史发展的过程；各省、市、自治区也有自己的省属或市属的博物馆展示自己地区的先民生活，特别是历史时期的文化发展；甚至到地区一级，也有不少地方历史文化遗存的博物馆和展览馆，这些，都是大家熟悉的。

上述博物馆展出的内容，主要限于当地早期人类活动的历史痕迹、社会发展的各个侧面，固然具有全面性和本地的特色，对活动在当地的民族也有不同的描绘。但是，这些博物馆毕竟侧重在历史和文化层面，而中国自古以来繁衍生息在祖国各地的不同民族，即我们今天所称之为汉族和少数民族的各种人群，一直是历史活动的主体和核心，他们的历史不仅悠久流长，而且丰富多彩，更重要的是作为一个13亿人口的大国，众多民族共处而又比较和谐地生活在一起，搭建一个专门性的平台用以展示这些历程，实在是必不可少的。换句话说，作为集中展示中华各民族共同生活与发展的专业性博物馆，既是国家、民族的建设和进一步发展的要求，也是体现中华民族精神和文明价值的需要。

再说国家整体建设方面的价值。

改革开放至今，中国已从一个比较贫穷的发展中国家，变成一个相对繁荣富强的国家了。就国民生产总值而言，目前已居世界第四位，今年据专家估测能再上升一位（与德国并列）；更有学者估计中国已成为当今世界仅次于美国的第二大经济体了。在经济、贸易发展的同时，中国的政治、外交、思想和文化等各方面也都有令人瞩目的进步。作为中国组成部分而土地辽阔、资源丰富的民族地区，与全国一样，在社会整体进步的带动下，民族间的关系日益密切，民族事业在今天也受到了更多的关注，在这种背景下建立一个国家级的民族博物馆，同样是国家、民族整体建设的需要和全国人民的利益所系。

当今世界，凡是经济文化比较发达的国家和地区，自身的历史和民族文化，都被视为宝贵的精神财富和物质财富而加以刻意的保护和延续。欧洲不论是发达的西部和北部，还是东部或南部，每个国家都有众多的博物馆、展览馆，一方面向后人述说先民的奋斗历程、创造的各种财富、形成的文化精神；另一方面，则对这些物化的和精神的遗存不遗余力地采取措施加以保护，这些都已为人所熟知。历史不长的美国，更以其巨大的经济基础为依托，对文化事业、民族历史和文物方面的保护，更舍得花钱修建种类繁多的博物馆和展览馆。在美国城乡、公司企业，特别是大专院校，甚至中学，各种类型的博物馆丰富多彩，构成了解美国历史、文化和社会的主渠道，博物馆在当今美国人的生活中具有重要的位置，甚至不可缺少，这并非言过其实。

一个民族、一个国家，回顾自身发展的历程，可以通过不同的途径去体验，发达国家普遍选择博物馆的形式，说明这是诸种渠道当中最佳的方式之一，它最大的好处就是（比较）完整地保留过去的遗迹。一句话，博物馆是西方发达国家保护民族文化和精神的主要载体，这是他们发展到目前的经验的体现。这种先进的经验，同样也适合于我们国家。特别强调的，而且是众所周知的事实，中国的历史和文化命脉从古至今一直没有间断，中国各民族的发展脉络也从古典持续到今天，作为重视自己文化命脉的民族，以修建全国性的民族博物馆为载体而保存和展出，这是再合适不过的方式了。

从建设和谐社会的角度讲，修建一个代表当前和今后的民族博物馆作为国家与民族和谐的象征，其意义不仅在今天突出，而且本身也能成为新时期历史发展的象征。中国历史上各民族之间存在着多种多样的关系，有彼此政治互动的、经济贸易交往的、科学技术促进的，还有各民族相互融合的、思想文化互通的，其多样性和复杂性异彩纷呈，但是其发展的趋向，则是各民族之间的关系越来越密切，而不是越来越疏远，也正是这样，中国各民族才能联合成一体，形成56个具体的民族构建的中华大家庭。瞩目世界，民族间的分合互争，恩怨情仇，古往今来，持续不停，与此形成鲜明对照的是，中国各民族之关系，用"和谐共处"来表示，并非言过其实。时至今日，这个大家庭走过近30年改革开放的路程，国家和社会需要整体的稳定和团结，需要我们一同努力工作，朝向更高的方向迈进，"和谐一致"是走向彼岸的最佳方式，它既是我们要达到的目标，也是我们奔向目标的条件。民族之间的和谐共处，在当今似乎比以往任何时代都更加迫切，尊重各民族的民族权益，尊重各民族的发展，是中华民族整体进步的重要内涵。和谐文化、和谐社会的象征，展示各民族文化和历史的中国民族博物馆，在这里所发挥的作用，是其他任何项目和工程都代替不了的。

尽管人们赞同和认可，我们的国家级民族博物馆到今天也只能说是处在筹建的过程中。当然，它的筹划，得到各级党和政府部门的高度重视，经过20多年的努力，早已进入到实质性的建设当中。作为外行如我者，说起话来容易，真正办起事来可能需要多方面的努力，虽早有中央政府的批复，各级部门的协调，但建设如此级别的国家民族博物馆，而且修建的水准与日俱增，没有精美的设计、广阔的空间、技术的改进，是不可行的，关键的问题还是这座博物馆的修建要有前瞻性，要考虑几十年甚至上百年的时效，到那个时代，博物馆本身也应该成为国家和民族保护的文物。由于它要承载的内容过于繁杂，所包含的意义过于深远，加上具体的选址、设计、资金等等各方面的要求，需要较长时期的筹划建设，这也是可以理解的，不过，以国家现在的实力，该馆也经过了20多年的论证筹建，要在不太长的时间内真正地建立起来，也属常理。看看北京西客站、国家大剧院、奥运场所等诸多大型工程的建设，我们相信国家是有实力完成民族博物馆的建成的。当然，这所博物馆承载的东西与上述建筑都不是一回事，也不能类比，但从一般的建筑学角度考虑，还有一定的可供参考的地方。但愿我们的国家民族博物馆能在人们的热望中矗立而起，那时，最高兴的不仅是为此而努力的博物馆本身的全体成员和国家民委，还有关心和热爱民族事业的人士，更有全国56个民族的全体成员。

（本文是应中国民族博物馆为该馆筹建23周年而写的纪念性文字，曾刊载该馆编：《我们共同的期待：中国民族博物馆筹建23年纪念文集》（非正式出版）"专家心声"部分，2007年，第88—90页。此文系首次正式发表）

我在北大历史学系学习的点滴记忆

今年是母校历史学系建立的第 108 个年头，对于国外有长久历史的学校而言，100 余年并不算什么，但是对我们国家现代意义上的大学来讲，这样的年份如同耄耋老者，似乎悠久流长。谁都知道北京大学是清末维新变法的产物，这所学校与近代以来的中国社会发展有着不可分割的联系，能在这所大学吸收其养料，分享其乐趣，感受其精神，领会其意念，是许许多多的青年才俊的旷世追求。

我本人是这其中的一个幸运者，于 1979 年考入历史学系中国史专业，1983 年本科毕业后又跟从王永兴先生攻读中国古代史专业隋唐五代史方向的（硕士）研究生，至 1986 年毕业，之后我就在中央民族大学历史系从事这方面的教学和研究工作，算起来离开母校 21 个年头了。这些年来，支配我事业和人生的最重要的精神信念，就是在北大，特别是历史学系 7 年学习生活的美好记忆，以及由这种记忆所形成的精神理念。这点毫不夸张，它确实隐藏在我的内心深处，时刻激励、鞭策和鼓舞我自己。历史系学给我留下的印象方方面面，在这篇小文里，我只打算就自己比较熟悉，或有一些接触的老师谈谈感念和往事，以此感谢他们，并向他们表达一个学生的敬意！

一

我的硕士指导老师是王永兴先生，记得上大学的第二年，我和宁欣、张京华、曲爱国、白兴华几个学生就跟从他学习隋唐史。

当时引起我兴趣的一是能在图书馆有专门的研究室供我们学习，免去了一大早到图书馆抢占座位的烦恼；更重要的是有专门的先生指导学习，机会难得，这样一直跟随王先生在图书馆的213和219房间学习，到研究生阶段仍旧如此，前后达6年之久。这种生活方式对我后来产生了很大影响，至今仍保有痕迹。

张传玺老师（我们当时的习惯是老一辈学者如邓广铭、周一良、商鸿逵等称为先生，其他一般都称作老师，如今这些中年的老师也都进入古稀之年，被称作先生了。不过我这里仍旧保存了当时的称呼，显得更亲切）是我进入大学之后最早接触的老师之一，他负责教我们中国通史的秦汉部分。当时系里安排中国史每人讲一段，讲的多是自己擅长的领域，每个老师的特点也能比较充分地展现出来，这对我们学生很有好处，我们可以从他们身上学到不同的东西，体会不同的风格。而中国史专业80级以后的中国古代史课程（如果记忆不错的话）就归两个老师完成，一个讲上半段，一个讲下半段，老师讲得固然不错，但却失去了多样性，我觉得不如我们79级幸运。

这种多样性的好处很快就显示出来了。

张老师说一口山东日照方言的普通话，十分有意思，而他为人也很风趣，讲课眉飞色舞，说到兴致之处，就在讲台上伴以动作，模仿课中涉及的人物，逗得大家前仰后合，上他的课感觉很轻松，所以每到中国古代史课的时候非常开心。接下来的课程是魏晋南北朝史。讲课的祝总斌老师的风格则完全不同于张老师，他不善开玩笑，但为人谦逊和蔼，有君子风格，很喜欢与学生亲近，征询讲课的意见，热心地解答同学们的问题。这些印象我至今难忘，某些情景似乎离昨天不远。后来我又选修了他开设的魏晋南北朝史专题课，当时他主要讲的是那个时期的宰相制度以及君相关系,后来形成了《两汉魏晋南北朝宰相制度研究》一书①。

说到这里我还想起田余庆先生,他虽没有给我们上通史课,但是在我本科高年级的时候开设了魏晋门阀制度的专题课,我在读研究生阶段也曾选过田先生相关的课程。因我学习隋唐五代史,魏晋南北朝史对隋唐的影响直接而深远,所以我一般都选修魏晋南北朝史,田先生开设的课,我都尽量选修。田先生是另一种类型的老师,他表情严肃,眉毛厚重,给人以威严之感,不像祝总斌老师那样能随意接触。事实上,田先生学问的深厚,我当时也问不出所以然来。听田先生讲课是一种享受,但这要付出代价:由于他研究的程度深,仅凭本科的水平(况且还在上学中)听起来比较吃力。我记得本科时他讲的许多问题虽然有意思,但似懂非懂,后来慢慢地有所领悟了。田先生的讲课和文章都像陈年老酒,得慢慢地、一点儿一点儿地品尝,才能尝到其中的味道。至今,他出版的几部作品我都曾认认真真地拜读过,对其基本理路应该说是不陌生的。

我从田先生和祝总斌老师那里学到的另一个治学的方法就是以讲的课程为学术研究成果,形成专著发表。这样的作品经过多年的磨合,特别是作者不断地修正和改订,质量相当高。而且像田先生这样以学术为生命宗旨的研究,其作品的精深自不在话下。这样的治学精神对我有很大的影响。我自己发表的第一部学术作品就是在这种精神影响下完成的。

现在再回过头来谈谈张广达先生。他继祝总斌老师之后教我们隋唐五代史。显然,张先生既不同于祝先生,也有别于田先生,他的特点是脑子灵,外语好,接触国外的信息多,思想活跃,眼界开阔,颇有现代学者的气质,我觉得这是他最明显的特点。

许大龄先生教通史中的明朝和清朝前期一段。许先生又是一

---

① 北京:中国社会科学出版社,1990年。

位令人难忘的老师。他与祝老师一样谦逊和蔼，但风格不同。给我印象最深的是他讲课时投入的神态，执著而率真，这种率真没有造作之嫌，是他真情的流露。他经常陶醉在自己的叙说之中，如果听者能与他合拍互动，就会被他的讲述深深吸引。在课下，许先生对同学的问题是有问必答。记得有一次我和另一位同学去他家里拜访，许先生热情接待，对我们的问题详细而耐心地解释，甚至连同其他问题也一并讲述，说完之后习惯性地对我们说："我讲的这些都是一家之言，属胡说八道，只供你们参考而已。"历史学系学生之间对许先生有个说法，即他对明史的材料，如文集、野史、笔记小说之类的文献谙熟于胸，他家里的文献资料也异常丰富。这点与社科院历史所的谢国桢先生很相似。谢先生也以史料见长，据说他家里收藏的有关明清的文献资料多得无法统计。当时有许多学者收藏资料丰富，但立论谨慎，不喜声张，有孔子的述而不作之风，这与我们今天的时尚不大相同。今天学者们以著述丰富见长，著作等身已不是非分遐想，论文数百篇、著作十几部甚至数十部也不是什么稀罕之事。但给人的感觉是今天的作品多数不如上一代学者的质量高，尤其是与那些满腹经纶的饱学之士的佳作相比。不过由于时代的不同，完全述而不作也不是办法，学术思想和学术品格的承传除了教授弟子和学生之外，作品传留后世可能更加久远。

  教近代史课的老师叫张寄谦。她的风格不同于上述任何一位。这位张老师也是视学术为生命的拼搏者，她不苟言笑（在我接触的印象中还真的没见她笑过），大概只有在讲课中什么内容引起兴趣，偶尔之中展露笑意，但旋即就消失了。听说张老师自己一人生活，抚养子女，想起来生活的担子是很大的，但她无所顾忌，一心一意扑在学术研究上，其敬业的精神，只要你同她见面就能有所感觉。张老师的这种精神与田余庆先生视学术为生命的品性，在北大历史学系中是普遍存在的，也是这个系的内在精神和气质。

由于我没有其他学校历史系上学或进修的经历,不好做切身的比较,然而大凡有学术传统和影响的系科应该具有良好的学术空气;相反,一般性或不大好的系科,其学风大概也不会很好。我在历史学系学习的7年中,如果说受到的影响和熏陶表现在方方面面,但这种精神影响是最大的。

二

以上几位老师主要是教我们中国史的,现在我再谈谈教过我世界史的老师。

周怡天老师是我接触最早的一位。他教世界史的古代埃及和两河文明阶段,他给我的印象是讲课很自信。当时系里给我们提供了一套世界史参考资料,其中有马克思主义经典作家关于世界历史某些问题论述的汇集,用他的话说就是"小本语录",他在讲课中老是说"这个问题可以参考小本语录",于是"小本语录"就成为79级中国史和80级世界史专业学生(我们与80级世界史学生同上大课)人人知晓的经典话语。

朱龙华老师以研究古希腊和罗马文明而著称。他的名气比较大,同学之间议论教师的时候,都说朱老师讲课讲得好,对古希腊和罗马有深入的研究。他的年纪似乎也大一些,反正我记得他的头发有些花白了。他讲课的特点是投入,不过他投入的方式是背对着我们自我欣赏,偶尔转过身来面向学生,但马上又掉过去面对黑板了。

马克垚老师给我们讲世界中古史。马老师一副书生模样,我记得他讲课的地点是在俄文楼,当时我们坐的是长条木凳,时间一长就感觉不舒服,所以特别希望早点下课,好舒缓舒缓身子。马老师讲课的口头禅是"这个问题还没有搞清楚",一堂课中大概得说好几次,我对这句话的印象很深。还有一个印象是马老师说话的方式。他讲话软绵绵的,声音不大,因我坐在前几排,能够听清，后排的我就不知道了。不过马老师的学问做得好，为人很谦和，只是我们这些以中国史学习为中心的学生，与世界史的老师接触比较少，最直接的方式就是听听课罢了。

杨立文和郑家馨两位老师教我们世界近现代史。杨老师可能是湖南人，但他普通话讲的很不错，声音洪亮，颇能激励人心。虽然讲课的具体内容早已忘记，但他站在讲台上说话的神情和打手势的形象仍如昨日。他可能属于讲课激动型的，慷慨陈词，指点江山。与他对照的郑老师则温文尔雅，我印象最深的内容是他所讲的非洲史中的南非部分，他很少情绪展露，更多的是娓娓道来，站在讲台上显得忙忙碌碌的。他给学生的印象是"有一颗同情心"，但在期末考试中想获得高分却不那么容易。

还有一位张芝联先生，他以研究法国史著称，但我没有机会听他的讲课。不过张先生名气很大，而且外语好，尤精通法语。张先生好像书香门第出身，服装洋化，具有西学的风气，与历史学系中国史出身的学者气质明显不同，在当时改革开放刚刚起步，人们的衣着还相当朴素、陈旧，张先生的穿着打扮与其他人比起来，显然洋化得多。我与他比较近的接触是在一次北大历史学系接待法国汉学家谢和耐访学的活动中。当时邀请谢氏讲演，地点在临湖轩，谢氏的讲话由张广达先生翻译，张芝联先生也出席讲演会，遇到翻译的难点时，张芝联先生就会补充几句。后来在报上看到他获得法国方面授予的（大概）骑士勋章，是对他长期从事法国学术研究和中法文化交流的表彰。

北大历史学系的世界史在国内非常有名，其综合实力至少数一数二，但我学的是中国史，对世界史的了解很有限，直接听过课的老师都是教通史的，未曾听课或谋面的老师还很多，所以我在这方面的记忆有限。

三

说到母校历史学系的教师,自然不能不讲到老一辈学者。我的导师王永兴先生也属于这一辈,除他之外,有邓广铭、周一良和商鸿逵等先生,后来吴小如先生从中文系调到中国中古史研究中心(即现在的中国古代史研究中心)。这四位先生,我听过后二位的讲课。邓先生当时只给宋史专业的研究生上课,周先生大概也如此(只开研究生的课),但邓、周二先生名气大,影响远,尤其邓先生是历史学系主任,我们经常在会议上看到他,听他讲话,也出席他的讲座,由于是名教授,自然成为学生们议论的话题,所以我们对邓、周先生是比较熟悉的。

说到邓先生,综合回忆起来,最深的感觉就是他像个纯粹的学者(事实也是如此)。他的相貌端庄挺拔,服饰庄重朴素,但又非常讲究,一水儿的中式服饰,头发输理整齐,一尘不染,给人的第一印象就非同一般。果然,邓先生是很有个性的学者,我对这种个性的理解是他不媚俗,以学业为终身诉求,追求学术达到忘我的境地。在我上学的时候,邓先生已逾七十,但他的心态依旧年轻气盛,特别表现在他所撰写的学术争论性文章中。我觉得邓先生学术上最具特性的就是这类文章,我读的最多的也在这里。他的文章不但字句优美,说理性强,最佳之处就是文章中蕴涵着某种气势,甚至可以说是某种豪(霸)气,但邓先生可不属那种与时代脱节的老先生。现在我还能记得他给历史学系师生开设有关岳飞《满江红》是否伪作的讲演的情景。当时学术界对这首词的作者是否是岳飞而产生争论,不少学者怀疑岳飞有此能力撰述。邓先生的观点是该词确为岳飞所作,他举了很多例子证明,我现在只记得他讲话的肯定语气,以及强化语气的手势。不论在他的文章里还是讲话中,邓先生都有一股激情,这是很难得的。

邓先生对历史学系和中国中古史研究中心的建设发展起了重

要而关键性的作用,这也是很多人经常谈及的。对我们学生而言,享受更多的益处是邓先生以他的名望邀请了不少学者来历史学系讲学,我知道的有国内的王利器、谭其骧、吴于廑、胡如雷、漆侠,香港的牟润孙和美国的刘子健等等。

与邓先生相比,周一良先生是另一种类型的学者:邓先生属于国内自己培养而成名的专家,周先生则是喝洋墨水成名的,他与张芝联先生都是燕京大学的毕业生,周先生后来到美国留学。他在给学生们讲话的时候说到"一二·九"运动时,自己当时正在美国上学,无缘参加。与他前后留学的有吴于廑、杨联陞等,在当时的留学生中,周先生是出类拔萃的一位,深受名家学者如陈寅恪、胡适等人的赞赏。我们上学时他在历史学系与邓先生、商鸿逵先生资格最老,但他的风格有些洋化,与邓先生明显不同。周先生年纪较邓先生晚6年(邓先生1907年生人,周先生1913年生人),他继邓先生之后任历史学系主任,这时候的周先生又恢复了以前的形象:穿着得体,讲话洪亮,逻辑严密,精力充沛,70多岁时仍旧骑着自行车。同学们看到周先生的神态和矫健的步伐,都感觉他的行为与年龄不相称,比实际年轻许多。

但周先生的经历却相当复杂和坎坷。说复杂是与其他老师相比而言的。周先生出身世家,经历新旧社会的对比,特别是在新中国成立后他抛弃了过去的一切,投入到新时代的建设中,他受组织的调派,从魏晋南北朝史转到世界史领域,后来又参与各种政治活动,直到我们上学的时候才重新回归魏晋史的研究,这期间遇到种种的波折,他的处境一度困惑和难受。我记得80年代之初,周先生正值情绪低落之时,他的穿着也不讲究了,好像整天穿着一件大棉袄似的。后来读到周先生自己和其他人写的回忆录、纪念性文章等,周先生的内心世界和诸种经历我们就逐渐知道一些了,对那一段历史算是有了比较清楚的了解。

商鸿逵先生与邓先生同龄,他给我们上过清史的专题课,我现在清楚地记得他说满族王公贵族晚上睡觉时习惯在枕头底下放一把刀，但不知为什么。他在课上讲康熙，但是说着说着就谈到了日本电视连续剧《资三四郎》。商先生特别能讲，而且特别喜欢与学生们交流，交谈时我们根本插不上话，只见他侃侃而谈，我特别喜欢他课下的闲聊，从中学到许多知识和技能，只可惜商先生过早地去世了。那是 1983 年（大约）11 月的一天，商先生早晨下楼散步，不慎从楼梯滑落，送到北医三院后未能抢救过来。二公子商全是我们研究生的同班同学，他也喜欢交谈，这点与商先生很相似。商先生去世后，商全就转到许大龄先生门下受业了。

吴小如先生开设的《左传》选修课我参加了。吴先生特别有怀旧感，他更注意外表穿着，头发梳理得井井有条，裤线挺直，服饰与邓先生一样属传统中式；吴先生的情感也很中式，他在讲课中所谈的内容和语气，都让我联想到传统的士大夫或知识分子的形象。吴先生也是有家学的传统，他对此也很看重。说到这里，我想起张寄谦老师在编辑邵循正先生的《素馨集》时说过这样的话：像邵循正先生这样的学者有深厚的家学传统，本人又天资聪慧，加上勤奋好学，留学国外，受到良好的中西学术熏陶，他们的起点较之苦寒之士，显然具有优越的条件，他们的文化境界和学术水平，非一般学人所可企及[①]。张老师既是描述事实，也发生无限感慨，只有深谙其境者才有如此之感叹！北大历史学系中的周一良、张芝联、吴小如等先生大致都可以归属这类学者。

四

上述老师和先生是我曾经跟随学习、听过课的，也有几位听过讲座和系里会上所闻所见的，还有许多老师我不是很熟悉，交

[①] 见张寄谦：《邵循正史学成就探源——写在〈素馨集〉出版之际》，载《近代史研究》1994 年第 6 期。

往很少，这里就不多说了。我在前面说过，历史学系的7年生活对我的一生有重大影响，尤其是各位老师和先生对学术的执著追求，以及在追寻过程中所表现的精神气质，对我们这些学生产生了深厚而长久的影响。毫不夸张地说，这种品性对我而言，是促进我进步、激励我事业发展的动力之一。在今天的形势下，我觉得回忆和发扬老师的治学精神，对我们自己如何工作，如何敬业，都有示范性作用。现在，学术界和思想界到处都在谈论学术研究的品德和规范话题，高等院校也多设计奔向国际一流的发展规划，这些都无可厚非，只要自己条件具备，都可以树立高水平的远大目标。然而今天高校在办学过程中太急功近利，尤其是以行政尺度量化教学特别是学术研究，学者们整天陷入到琐碎或急进的研究里，真正认真思考、读书或吸收养料的时间反倒所剩无几，与我在学的1979—1986年相比，现在的物质条件要好许多，但我们的学术研究太过功利化。对古代史而言，凭借研究者自己的专长和兴趣进行研究的似乎越来越少，像老师们当时做学问的那种情景似乎也少见了。所以我总的感觉是今天的学术成果成倍增加，但高质量的、经过潜心研磨的产品所占的比例不够大。在这种情况下回想起上学时期的各位老师的音容笑貌，不仅有亲近感，也更值得回味和学习。

（原载《历史学家茶座》（总第8辑）2007年第2期，济南：山东人民出版社，2007年，第95—102页）

第六编
教学文论

我对美国高等教育的几点看法

——以康奈尔大学为例

我于2001年1月至5月去美国康奈尔大学(以下简称"康大")应邀为亚洲系学生开设两门课程:"中国的民族与民族关系史"和"中国历史上的长城"。在5个月的生活中,我经常就美国的情况与中国进行对比。因为这是我第一次去美国,以前的了解只限于报纸、杂志和电影、电视等新闻媒体,这次则是亲身感受,感觉自然是不一样的。不过,我以前通过媒体了解美国还是不算少的,到那里以后,起码在道理上讲是熟悉的。

中美两国相距悬远,两国之间的相同点很多,但不同的地方更多,这涉及生活中各个方面和各个层次。现就我自己的了解和观察所得,作一简单介绍。必须说明,下文所谈及的内容,尤其感想和议论之类,主要是我自己的看法。因我处在康大校园之内,了解美国也是从这里出发,因而是不全面的。

一、美国高等教育的基本情况

康大是美国常春藤大学之一,建于1865年,1868年开始招生。它在美国大学中不算最早建立的,比如哈佛、耶鲁等距今已有300年以上的历史,但也属于早期私立大学的系统。美国的大学分成私立和公立两类,公立学校一般是在20世纪陆续设立的,在全美3000多所高校中,私立大学以其建校时间早、质量高而著称,公立大学的名声不如私立,属于二三流之列,但其中也不乏佼佼者,如西海岸的加州伯克利分校等。康大在美国大学的排名中基本上在前十一二名左右，据2001年的统计则排在第十名的位置。其实，就学校整体而言，前十几名的大学几乎没有什么差别。任何的统计和排名都有局限性，都不能绝对地说明问题。

对康大的介绍，我分成以下几点。

第一，办学经费。

与世界任何国家相比，美国大学的经费可能是最高的。以我所在的中央民族大学为例，一年由国家拨款大概是0.4至0.5亿人民币，复旦大学是1.5亿人民币左右，英国的牛津是1.5亿英镑，康大则是15亿美元。如果全部换算成人民币，则牛津的办学经费是15个亿，康大是123亿。其间的对比值是：0.5：1.5：15：123。中国目前的总产值大约是1万亿美元，相当于美国的八分之一左右，美国总人口是2.8亿人，而中国则是12.9亿；美国的大学3000多所，而中国仅1000多所。中央民族大学的办学经费与康大的办学经费相比较，相差240倍。

也许有人会说，中国目前还很穷，拿不出更多的钱办教育，对高校的投入已经够多的了。但从上文看，中国的国民生产总值是美国的八分之一，但是高校的投入却是美国的一百分之一到二百分之一，这样的差距与生产总直显然不相符合，只能说明中国不像美国那样重视高等教育。说到这里，我似乎有所感觉，美国是以教育立国的国家，高等教育在美国发挥着举足轻重的作用，美国之所以处于世界的领先地位，最重要的是它始终在创造力上领导世界。这种创造力来源于知识和技能，而提供知识技能的源泉就是高等教育。没有高等教育，就没有美国的发展。与此相对应，中国传统立国的基础则是政治。中国古代以科举考试为核心的"高等教育"体系是为政权培养官吏为目的的，属于精英教育，归根结底是为政治服务的。到20世纪60年代和70年代，中国在几乎废除了高等教育的情况下，国家机器仍旧在运行，不过那是在自我封闭的状态下运作的。当中国处在自己内耗和政争的时候，其他国家却在飞速地发展,远的不说,亚洲四小龙就是在这个时期发展腾飞的。中国的不重视教育使中国丧失了一次又一次的发展机会。这个教训的沉痛是无法估量的。

第二,办学的自主权。

对一所学校而言,自主权决定学校办学的基本方向和学校的质量。就中美两国的高校讲,美国高校的自主权比中国大得多。我在那里的切身感受是,康大的任务就是培养人才,进行科学研究,此外似乎就什么都不管了。康大的学校特点更明显,它就是一所学校,而不是社会,它负责人才的培养和向社会输送。至于它如何培养,以什么方式培养,那是学校自己的事情。我们都知道,任何国家培养人才的最终目的是为各自的国家输送高质量的学生,康大也不例外。中国同样重视人才为国家和民族的建设发展服务。但是在康大你看不到思想政治教育这类课程,是他们不想灌输爱国家、爱民族的思想吗?我的印象中美国人的爱国情结也十分浓厚,但是他们却没有政治理论课程,他们是通过什么形式教育爱国的呢?是渗透到平常的一言一行当中,特别是渗透到社会的理性和公平、合理的行为规范当中。他们在大学的主要任务就是专业课程的学习,将专业与科研结合起来,并通过大量的国内外的学术讲座充实和丰富学生的头脑,在追求真理的过程中去感悟人生。他们受教育的方式是接触大量的来自不同方面的知识和信息,让学生们自己去分析。我感到他们的教育方式最大的特点是理性的追求,即培养学生在各种问题和各个方面都要讲理性、追求真理。所以我看到的整体情况是大家以讲道理为荣,而道理的依据是现存的各项规章制度。

具体说到学校的自主权问题,我还是举一个例子说明。

好像是发生在哥伦比亚(或耶鲁)大学身上。据说,有一位该校毕业的富商,他的家族相继向该校捐赠了大量的钱财,这位富商也要向学校赠款千万美元,但他提出了附加条件,即他有参与聘请某些教授的权利。学校校长在商议之后，决定不接受这笔赠款，原因是他提出的条件损害了学校办学的自主权。与此同时，我在网上看到国内某所大学聘请一位演员为（兼职）教授的消息，两相对比，心中甚不是滋味。我不是跟这位演员过不去，根据他的专业程度，我想他还达不到大学教授的水平，以不够专业水平的人被大学聘请为教授，这里除了有借助名人效应的因素外，看不到其他的动机。顺着这个逻辑，我们似乎可以归结为：一个大学借助非学术名人去增加自身的声望，这对大学的正常发展并不是最好的办法。较之国外的正规大学相比，中国大学的自主权较少，特别是独立思考的能力受到各方面的制约，以前为政治马首是瞻，今天又多了一个市场的导向，导向本身不是什么坏事，但在导向当中大学自身品格的削弱则是值得注意的倾向。现在中国的大学趁着"211"工程，都想办成世界一流的大学，似乎加点钱，投投资金，开足马力拼搏一阵子就唾手可得。这种急迫的心情可以理解，但是轰轰烈烈的方式则是要不得的。

第三，办学的方式。

我在康大期间，给我最突出的印象是平静。与中国大学比较起来，康大很少搞什么大规模的活动，尤其是与学术、学校无关的活动。康大的学期就是学生上课，教师教课，学生与教师进行交流。与此同时，康大的学术讲座很多，每天都有好多场学术讲演，例如我所感兴趣的就有前伊朗国王巴列维的长子举行的讲演、以色列前任和现任驻美大使的讲座、巴勒斯坦阿什拉维以及美国国会议员、其他学校的教授、学者等等，至于自然科学和医学、农学等专业性的讲座就更多了。这些讲座代表了某些领域的最高水平，或是某些政治家的观点，或者是学术研究的前沿课题，对提高学生的学术水平和思考能力十分有用。只有经过这些熏陶和训练，学生才能获得实质性的进步。这一方面，国内大概只有北京大学等名校可以媲美。北大的优势就是课外的讲演和讲座很多，而且层次很高，通过讲授，学生直接了解最前沿和最新的研究成果，或者是最新的观点。而其他学校就相差一些，可能受到条件的限制，不过我们长期形成的故步自封的心态也是制约进一步发展的原因。而当我们意识到自身不足的时候，我们就拼命采取措施，心情很着急，但是办法却并不一定都到位。长期以来，我们形成的以行政手段办学的思想，现在仍旧深入人心，而这与世界名牌大学办学的宗旨有相当距离。以行政手段办学形成的思维是行政为中心，而教学和研究所追求的是实践理性。大学的宗旨是培养人才，是以追求真理达到人才的专业性和技能性，但更重要的是在追寻真理的过程中培养学生思想品德的完善。这是大学的根本任务。

行政是国家经营、管理的操作方式，不言而喻，这是必须的，但它与追寻真理是两回事，完全以行政手段办学而不考虑办学的规则，最明显的弊端是行政思想干扰大学人员的教学和研究活动。这样的例子不胜枚举。比如，大学的教师本业是教学科研，但是由于行政给人们提供了晋升和发展的机会，特别是能给他带来房子、工资和额外收入的机会，他觉得搞行政很有实惠，所以他就放弃了教学转而搞行政。我不反对个体的人从事这项工作，因为人各有志，可以找到自己理想的发展机会。而且从我们的学校实际情况考虑，高层次的教学科研人员从事学校的管理本身是好现象，毕竟比那些层次不高的人员更上一层楼。我所要强调的是，在我们的学校，人们应该以从事教学科研为乐趣，为职业，以自己的职业为生命。只有这样，才能搞好教学和科研，你教出来的学生才能成为高品位的人才。学校工作说到底就是培养人才，要培养好的人才，教师本身要有高素质，为有高素质，必须从事科学研究工作，否则高不起来。这样的规律不仅在中国实用，在美国实用，而且在全世界都实用。遗憾的是，我们说起来能听懂，但做起来就很难，这正是我们存在的差距。

第四，为人民服务。

当前的中国，在经济利益的驱使下，为人民服务的宗旨被许多人掺杂了强烈的赚取利润的意图。只要你到一个地方，你就会发现，当你受到热情招待的时候，对方始终关注的是你口袋里边的钱，如果你没有钱，态度则立刻转变。这种情况，我在美国就没有感觉到，也许我见识太少，我所到过的经营场所，不论你是否买东西，对方对你的态度都是一样的。

现在再回到学校上来。康大给我的印象是，学生交纳学费给学校，学校就要提供给他们相应的服务。在这里教师是为学生服务的，具体的方式就是教学，所以教师必须对学生负责，即教师敬业成为是否合格的起码标准。我没有看到或听到教师三心二意或马马虎虎的现象，他们每天从早晨到晚上，几乎都在看书、上网、备课、去图书馆查阅资料，再有就是辅导学生。他们每天很累，但是与中国教师相比，他们的工作比较单纯，即所从事的就是本业。这样虽然累，但心情是愉快的。中国的教师除了业务以外，似乎受各方面的干扰很大，其中的人情世故施加给他们的负担太大了，教师的本业有时候成为他们处理的末业了，他们还要照管很多本应由他人管理的事务。所以矛盾很多，大家每天都处于人为的纠缠之中，颇为烦恼，脾气也就增加了。

学校是为学生服务的，以学生为中心。学生是否学到了真正的东西，他们会做出判断的。对于教师，学生们有各种各样的评论。我所教过的学生，他们在同我聊天的时候，会对每个教师进行议论，这个老师学问深，那个教师讲课好，从这位老师学到了很多，而那个老师没有印象；而教师也在同样在议论学生。康大的学生基本上来自高中的前5%之内，其生源相当好，学生们经过挑选和考试、面试入学，也是百里挑一的，所以我见到的各个都很聪明。据说普通的学校学生比他们差多了。康大与学生之间已经进入良性的循环之中，即学生选择康大，就业的机会多，而好学生毕业后在社会上产生的影响，对康大的品牌又是提升，这样就更能招收好的学生。这样的互动，使名校更加名校。

第五，校园环境与建筑。

康大在全美高校中，其校园景色的美丽数一数二。校园占地面积为745英亩，合近4500亩，分为中心、东、西、南、北校区，这以外的是花园、自然保护区、树林、溪水、峡谷等计3000英亩，还有200英亩的野生保护区。校园以外则是树木和草坪，同其他大学一样，康大没有校园围墙，它与周边的自然景色连成一片，北部则是高尔夫场地，使人置身于大自然的怀抱之中。这种景色我在中国没有看到。康大与中国不同的是，它是以大学为核心形成的小镇，在纽约州的中部偏南，这里到处都是树林和草坪，大学坐落在丘陵之上，在校园内外，随着丘陵的起伏，学校的建筑就在山上和山间，称得上错落有致。大学以外的地区十分开阔，用我们的话说可以向周围任意开阔，不过这需要与当地政府协商。事实上，康大的校园已经够大的了，目前它无须更多的土地。

康大的建筑都以个人的名字命名，这些建筑的修造资金均是他们捐赠赞助的，美国其他大学也是如此。这种情况应该值得我们借鉴。美国人发家之后，他们会把相当一笔钱投入学校，一般是给母校。这是非常好的方式。中国目前有了这样的苗头，相信今后会大量地投入，这样，中国的高校在资金问题上就有多种来源渠道。以捐赠者名字命名的建筑物，比如我所在的亚洲系的楼房叫洛克菲勒楼，修建的非常精致。这是我对美国建筑的普遍感觉。我觉得他们建筑楼房与中国最大的不同就是不赶时间，一切都是精雕细凿，绝不马马虎虎，所以建筑看上去不论是外观还是内部，都很精细，而且坚固，长时间以后仍旧如此。中国的建筑总是提前完成修建，再不就是层层转包，甚至偷工减料，修建好的楼房给人的印象很廉价。事实上，我们所花费的钱未必少，主要是承建的方式有问题，很多人都盯着这块肥肉，都想从中捞取好处，这样层层转包，最后的房子质量就可想而知了。

康大校园内到处都是绿树和草坪。这是美国与中国最大的不同。整个国家都是如此。乘飞机往下看，在美国看到的是青山绿树、河流，而在中国的北方则是裸露的土地，几乎没有树木，河流只剩下干涸的河道。大家都说生态要保护，可是中国目前的环境存在的问题之大，已经超出了人们的预想。刚回到北京，空气中弥漫着大量的尘土，同样是刮风，在纽约州感觉的是略带湿润的凉爽的清风，而北京则是尘土飞扬。问题的关键不是风，而是地上的尘土。美国地上都是草坪，土地被覆盖，而北京的裸露土地太多，所以我建议北京要防止沙尘暴最好的办法是将一切裸露的土地覆盖草坪。

第六，图书馆。

美国大学给人印象最突出的是图书馆。图书馆提供的条件连欧洲也不完全具备。以康大为例，全校有19个图书馆，共有图书600多万册、700多万缩微胶卷、87000件声像资料、63200多种期刊和杂志。开馆的时间是早上8点至晚上11点，星期六和星期天到下午6点。任何人都可以进入，不需要任何证件，但是借书则须身份卡，教师的借阅时间是6个月，学生可能是3个月。我经常去的图书馆是专门收藏亚洲各国如中国、日本、韩国等国家的克拉克图书馆，这里以中文文献最丰富，书库可以随便进出，书库之外有许多小的阅览室，图书馆建筑得十分精致讲究，内部的装修和设计显然是很专业的。在图书馆读书确实是一种享受。更值得一提的是，图书馆的工作人员待人周到，使你处处感受自己受到尊重，比如你去借书，管理员总是说："我能帮你吗？"借完后他会说："谢谢！"人们之间说话的声音从来都控制在很小的范围内，没有大声喧哗，不仅在图书馆，在所有的公共场所都不大声说话，更没有争执。

第七，学校的主体。

美国学校的主体是学生和教师，行政和后勤完全为学校的主体即学生和教师服务。这是铁定的主题。每个人都很敬业，即我做什么工作，我很清楚，在工作时固然有闲聊的情况，但是只要有顾客或服务的对象来，立刻转向顾客，在中国对待顾客那种待答不理的现象我本人还没有遇到过。你在学校的任何部门办事，人多，你就按照顺序排队，办公的人员从不刁难你，让你不痛快。你能感觉到，他们是在帮助你，为你解决问题。就学生而言，教师对他们很尊重，尽可能帮助他们解决学习中的问题；教师与学生完全是平等的关系，没有以势压人的现象。敬业精神给我很深刻的印象。

第八，教师的职业精神。

从上面的叙述中不难理解，康大的教师敬业是普遍的。我还没有发现不敬业的教师。以亚洲系为例，每个教师每天早上都到系里办公，当然前提是学校为教师提供良好的工作条件。亚洲系几乎每个教师都有一间办公室，10到25平方米左右，小课就在办公室上，配备一台电脑、办公用品等。教师们一天的工作就是备课、上课、读书、上电脑、去图书馆，他们关心的就是自己的教学和研究，虽然每天很累，但是生活很简单，人事关系没有中国这样复杂，每人管好自己的事情，别人的事情不加干涉。在中国，教师们要为自己的职称去努力，可悲的是，职称的获得不完全依据学术成就，还须要人事关系，于是职称的获得要通过钱权的努力，这样一来，与职称没有必然联系的人也可以通过这种途径获得职称，中国的教授不值钱的现象就出现了。这种情况在美国是不存在的。因为它的规范严整，与此无关的人根本就没有这样的想法，即使有也得不到。我的感觉是，既然是大家定的规则，任何人都要遵守，没有人有权破坏它。中国与美国的差别，我倒不认为中国的规章制度不完备，问题是中国的规章制度制定以后，有许多人并不去遵守它，特别是一些有权力的人凭借权势去破坏它，或者以种种手段不去遵守规则，而对此的干预不多，于是规则就不严肃了，造成人们在规则面前熟视无睹的现象。比如在公共场所某地贴上"不许吸烟"的招牌，抽烟的人不会因为自己违反规则而内疚，相反表现为无所谓的样子。

现在再谈教师的待遇问题。大学教授的年薪是7—10万美元，副教授5万左右。而康大的住房（自己的小楼）价格是5—14万之间，可以长期贷款。吃穿用行所需的费用不多，在康大买二手小汽车很便宜，所以生活问题是不用发愁的。他们消费的与中国人不一样，我们基本生活之外的钱就不太多了，他们可能用于出国旅游什么的。这种情况下的教师再不用功读书教学，或再不敬业，也真是说不过去的。

二、学术研究

学术研究是美国高校的主要任务。高校之受重视，一是它为国家培养人才，二是它是国家的学术和知识的源泉，是国家的思想库。如果没有大学，美国就不会有今天这样的强盛局面。拿美国与中国相比，可以这样说，美国是以知识和教育为主建立的国家，大学则是知识和教育的渊源和载体，大学是美国文明之源；而中国传统上是个以政治为主的国家，中国的知识和教育是为政治服务的，它发挥的作用是解释政治存在的合理性。所以近代意义上的大学体制不会在中国产生，其原因即是如此。进入20世纪以后，大学教育才被引入中国，然而到60年代和70年代，中国可以事实上废除大学，按照自己的方式继续发展。直到70年代末，中国已经认识到大学教育对国家发展所起的实际作用，大学教育才走上正轨。但我们仍然注意到，中国的大学教育体系仍然缺少独立性，大学仍旧处于被支配的地位，这对它的真正发展仍有制约的负面作用。

现就我所知，谈以下问题。

第一,对中国的研究。

美国对中国的研究与中国对美国的研究,我的感觉悟是不一样的。中国民众阶层对美国的了解比美国民众阶层对中国的了解要多一些;但是美国的学者和研究阶层对中国的了解比中国的学者和研究阶层对美国的了解要强。原因是,美国是世界上最发达和富强的国家,它的一切都很吸引中国的普通民众,大家通过新闻媒体、电影电视和期刊等途径去了解美国,力图从中获取我们需要的东西,这种情况是十分正常的。而中国对美国而言则是一个巨大而陌生的国家,然而是一个比较落后的国家,它无须从中国获取它所需要的很多东西,所以没有吸引更多的注意力,加上两国之间的价值观、信仰等诸多不同,所以中国在美国普通人的心目中只是万国之中的一国。但就知识界和学术界而言,美国则对中国关注得多。以大学为例,美国大学设置的有关中国和东亚、亚洲的系所及研究中心,几乎在每所大学,特别是比较重要的大学都有。具体的数字我没有记录,但是在网上很多。凡是与亚洲、东亚有关的系所,大都涉及中国、日本、韩国,尤其是中日。而我们国家设置的有关美国的系所,相比之下少得多。中国大学历史系中的世界史专业有关美国的、社科院中的美国所等,数目是非常少的,这不仅与美国的中国机构不成正比,而且与我国的大国地位也不相称。问题的严重性还不只这些,因为你缺少对美国的研究,你对美国的了解就不深入,与之打交道就会陷入被动。问题还在于,作为向世界发展的中国,倘若不能清醒真正地认识世界,是绝对不行的。

第二,研究中国的学术刊物。

美国对中国的研究重点是在近现代社会。就历史学而言,也是以近现代史为重点,其刊物和杂志也是最多的。由于我的专业兴趣,我更关心古代史方面的内容。在康大克拉克图书馆有许多西方国家(也有印度等东方国家)出版的关于中国的学术刊物,其中美国高校出版的即有 Journal of Contemporary China (Colby College, Waterville, USA), China Review International (University of Hawaii), Late Imperial China (the Johns Hopkins University Press), Chinese Literature (University of Wisconsin), Early China (University of California, Berkeley), Journal of Sung-Yuan Studies (Columbia University), Ming Studies (the University of Minnesota), Position: East Asia Cultures Critique (Duke University Press), Tang Studies (Tang Studies Society), Twentieth-Century China (the University of Michigan)等等。

美国研究中国的学术刊物种类十分丰富，几乎每个朝代都有专门的刊物发表专业论文，其丰富程度有些超过了中国本土。这些刊物的作者，除了少数其他国家的之外，大多都是美国各大学的教师和研究人员。我没有作过统计，但给我的印象是，美国研究中国历史和文化的学者及相关人员是不少的，几乎每所较有规模的大学里都有从事与中国有关或有点关系的学者。康大研究中国的有亚洲系、历史系、政府系、经济系、法律学院等，其他系所也有个别人员的研究涉及中国（的某些方面）。这样加起来的人员就不算少了。其他大学的情况与此类似。

第三，学术研究的规范性。

学术规范成为今日中国学术界的主要话题。这是因为研究当中的违规现象时有所见，在某些地方甚至愈演愈烈，这自然引起坚持学术规则的同行们的强烈不满。因为学术研究是追求真理的过程，如果掺杂着污七八糟的行为和不良的心态，真理不但不能寻得，还会糟蹋真理和正义，所以学术研究是一项崇高、正义而严肃的工作，不容半点含混。但是有些研究者缺少学术道德和规范，以非学术的行为从事研究，出现了极大的混乱。现代学术研究的规范性基本上是在西方奠定的。它经过长期的发展，已经形成了一整套的行之有效的规则，通过这些规则，学术研究得以健康正常地进行。西方的学术研究违规的现象也有出现,但是一旦违规,违规者的学术声誉就要受到严重的损失,以至于其前景可能因此而丧失。其所受到的惩罚之严重,使违规者不敢越雷池一步。我在美国的时间较短,没有遇到学术研究不规范的问题。他们的学术刊物发表的论文都是匿名审稿制,很少通过关系发表论文的。因为大家都遵守规则,所以就迫使你也同样遵守。中国违规的现象之多的情况,与我们现行的体制有关。比如大学里评聘职称的规定,将发表的文章、论文数量、在什么规格刊物上发表,特别是字数的规定,都给人以尽快发表文章的鼓动,而对那些耗费时日的苦思研磨者则相当不利。职称和晋级采取的措施都掺杂了不少非学术的因素,这实在是害人不浅,违背了学术研究的正确方向。我觉得这是中国学术研究之不规范的主要原因。我们在同国际接轨的时候,学术研究必须遵守规范,这样的研究才能获取真实,接近真理,也才能获得国际的承认。

(本文原载《探索与争鸣》2004年第1期,第35—37页)

有关我校本科教学质量的若干想法

——以历史系为例

我写此文出于以下几个原因：首先是学校对本科教学的重视，尤其作为文件下发的《关于编辑出版〈中央民族大学本科教学研究〉的决定》表现得更具体①。实际上，不论在这之前还是之后，我们对本科教学一直是比较重视的。就我本人而言，从1986年至今20多年中，本科教学一直占据我工作的中心位置，我直接带硕士研究生是从1996年开始，带博士研究生更晚在2005年，而本科生教学从我工作的那天就开始了，不知不觉地在心里生了根。这是其二。其三，本科阶段对学生而言是转折点，研究生的学习叫锦上添花。我清楚地记得2001年在康奈尔大学讲课之余，听学生议论，本科生才是康大的嫡传。不管这种说法是否属实，美国名校的本科学生的确是学校重点培养的对象②。其四是我们自己的学校，记得上海的一所高校学生评选十大优秀教师，入选者多是那些兢兢业业埋头教学的老师，而名气大，但却很少上课或者在校内偶尔露头的知名者被淘汰不少。看来，学生们自有他们的想法。我自己生活在学校里，教学又是那么重要，对这些当然都比较关心，现在学校提倡撰写文章相互交流，自然是好事一桩。不过，我的这篇文章，重在经验，缺少模型式的实证研究，算不

---

① 见《中央民族大学文件》，民大校发（2006）414号。
② 美国大学的情况也不好一概而论，但有些以本科为主的学校，规模并不大，办学质量堪称一流，这是有目共睹的。他们的高校主要是找到了自己办学的特点，各有所长。有关情况可参见薛涌：《人文学院的价值》、《大学集团与21世纪的中国》，载同作者：《谁的大学》，昆明：云南人民出版社，2005年。

上西文语境内的"科学论文",倒类似传统的东方式经验杂感,这一点必须事先说清楚了。

一、数量与质量的关系

估计不错的话,我校发展比较明显的是在1993年改名"中央民族大学"以后,特别是进入教育部"211工程"建设行列,"985工程"则属又一个锦上添花。此前也在发展,但步伐不如现在这么明显。这个阶段又以2005年为界线,前面的办学思路是把规模搞大,以此增加分量;2005年以后,办学方针则转为强化教育质量,稳定数量。今后的发展思路是在质量上打主意,把学生培养成全国一流大学的水平,学校整体发展的思路,用校长的话说,就是办成研究型大学。

老实说,我对此是比较认同的。作为经历这些场景的一个教师,对学校的发展和转轨,自己还是有相当感受的。我总觉得目前中国办大学就像搞经济一样,在发展的初期特别重视数量,先有粮吃,吃饱了才能精雕细琢,中国为什么特别重视GDP?原因也就在这里。等发展到一定程度,特别是进入发达国家的行列了,质量的关注才真正被全体国民所认同。现在的教育的确就是这样,数量先上去,再搞质量。不管有关部门认可不认可,最近若干年发展的路子,基本上就是这个逻辑。从上个世纪90年代以来,现今的高等教育早已超过大众化指标,毛入学率已达21%,2005年全国各类高等教育规模超过2300万人,其中普通高校招生504万,在校学生1561万[①]。这与20世纪70—80年代相比,有天壤之别。由于人数上升,大学生从原来的"天之骄子"变成普通一员,人们不再对他们寄以顶天立地的厚望,只求在众多寻找工作的大军中谋得一个稳定的饭碗,或掌握生存的一技之能。

[①] 参见《2005年全国教育事业发展统计公报》,中国教育和科研计算机网(http://www.edu.cn),2006年7月6日。

从近年大学生就业的情况看，北京、上海这类大城市和发达地区，学生找工作成了问题，一个职位都有众多的眼睛盯着，于是乎有人说大学生太多了，多到几乎没用了。可是若将眼球放开一点，看看欧美日本，人家的普通市民多数都是大学毕业，比例奇高，大学教育早已成为国民素质教养的体现，比较而言，我们尚处在普及之中，相信今后的路向，仍旧是发展，直到13亿国民中相当多而不是一部分人接受大学教育。依此而言，高教的发展前景仍旧广阔。从这个角度论，扩大招生规模办好大学教育，是合乎中国国情的。作为全国高校中的一员，我校同样扩大，也合情理。

但话得分两头说。扩招使更多的人享受高等教育，但在目前的情况下还受诸多因素的限制，硬件如教室、操场、教学设备、住宿条件，软件如教师队伍、学术环境等等，承载都是有限的。考虑到我校的情况，扩招之后，着重质量，应该说是切合实际发展的。从理论上讲，扩招和限招而注重质量，是一个范畴的两个方面，其间的关系是辨证的。没有前几年的扩招，我们的地位就有可能保不住；而扩招过大，势必质量下滑，原有的教学设施和教师队伍远远满足不了扩招的速度，于是出现了许多问题，关键的是质量不能很好地保证。在这种情况下，稳定数量，提升质量，加大硬件和软件特别是教师队伍建设的力度，就成为学校的重中之重。关于这一点，结合自己熟悉的历史系谈点感受可能更直接。

历史系的本科学生从20世纪80年代末以后，基本维持在每届30多人，在全校是很少的；后来为求发展，又增加了文化旅游专业，每年两个班70人左右。全系教职员工现今31人，其中教师26人，师生比刚好符合教育部的规定。在学校扩招的过程中，我系的招生也多了一些，但数量不大。历史学属于长线专业，社会上不怎么看重，第一志愿较少，生源的质量受到制约，我们面临的问题倒不是人数太多了，而是如何将现有的学生都培养成才。

什么叫做"才"？这也因人而异，市场上说你有本事把事情干好就是成才，学校的统计则说你找到了工作就是成才，而教师说你掌握了学习本领，进一步深造也是成才。

尽管说法不一，但总有共通之处。作为文科学生，写一手过得去的文字，说一口还算清楚的话语，懂得人情世故，能够礼貌待人，有一点发展的潜能，让人看出来你跟没上大学的那些人有所区别……这些都是基本的指标。如果你要是深入学习，经过各种考试能过关，就说明你没白学了。当然，你高于上面的指标更好，说明你更有本事。

在上面的评判标准当中，我个人更倾向于专业成才的考量。至少在我的课上，我没少向学生们灌输成才的想法，关于这一点，我想在下面专门谈论。

历史系的另一个任务，就是如何配备更好的教师，以保持本系教师队伍的稳定和质量的提高。1956年建系的时候，我们聚集了一批在全国有影响的专家学者，像翁独健、费孝通、林耀华、傅乐焕等等，其中有的从事历史学教学，有的从事民族学教学。20世纪80年代，随着民族学的恢复，搞民族学的专家与历史分流，组建民族学系；历史系教师又有退休、调出的，人数渐少，如何吸收优秀的人才进来，就成为本系发展的关键。1986年分进一批新生力量，现在都已成为教学骨干，但他们已步入中年，有些也调离了，青年教师奇缺，后备不足，为此，这几年来我们在这方面没少用功，现在总算引进几名很不错的青年教师。

就历史系而言，我们与其他院系不大一样，我们面临的主要任务对教师而言是配齐队伍，争取有高质量的青年教师充实；对学生而言是如何稳定专业信念，以此为基础全面发展，适应社会的需求。就目前而论，这两个目标算是初步实现了。

二、学生的质量表现在什么方面

上文说到数量与质量的关系，对历史系而言，似乎后者更重要，原因可能出自以下两个方面：

第一，历史系的基础比较好，重视研究，以科研促进教学，有长期的传统。的确，就我校而言，历史系建系是比较早的，而建系的基础则是当时的研究部。研究部汇聚了燕京大学、清华大学、北京大学从事民族学、社会学、历史学一批知名的专家和学者，从而奠定了中央民族学院办学的基础。历史系和现在的民族学与社会学学院分享了研究部，1956年建系后开始独立发展，当初的学术传统被后人继承，直到今天仍旧持续，不论教师还是学生，都以此自豪，在他们身上一代又一代地承传着。

第二，历史学是个基础性学科，古往今来，不知有多少人关注它，重视它，积累丰富，研究的成分居多，要涉足历史，就要有积累，要学习和会通古人和前人的东西，以此办学，势必要强化研究性的内容。这是学科属性决定的。

正因为这样，历史学在20世纪初期中国兴办大学以后，它就成为各个学校文科的中心之一，受到广泛的关注，一批又一批的知名学者执教，一批又一批的学生毕业，加上传统的熏陶，历史学就成为学校的顶梁柱之一，或是最有厚度的系科。这种情况一直持续到20世纪80年代。记得我们考大学的时候，理科数理化，文科文史哲，这些学科吸收的学生，往往是分数较高的。但随后的形势就急转直下，应用性的、新衍生的、交叉性的、能够给人带来直接实惠的学科后来居上，成为家长追逐、学生报考的热门，这无可厚非，随着时代和形势的变化，特别是追求物质发展的社会，为了毕业后有一个好的工作，那些社会需要的行业成为学生选择的重点，是人之常理。历史学因其学术性，特别是与现实有距离而逐渐被人忽略，成为所谓的长线专业受到冷落。作为个体的选择无可厚非，但作为国家大学的整体教育组成部分、保持文化发展和传统继承的载体及其功能，则应引起国家和政府及相关人士的重视，这也是应该的。

正是出自这种考虑，教育部于20世纪90年代中期，在全国大学中选则若干具有优良传统和办学实力的文史哲系科，以"国家文科基础学科人才培养与科学研究基地"的形式，重点支持一批，目的是加强这些系科的学术研究和人才培养，使中国传统文化在高校中得以阐扬和发展。办学的方向是以研究促进教学，学生将来既可以直接走向社会，也可以继续深造。这个办法的出台，是对应用性大潮的冲击、传统学科被削弱、避免丧失传统做出的回应。

历史系作为全国为数不多的历史学基地的建设单位，从1995年起，开始有了转机：在硬件设施的配置方面，购买了电脑、投影仪、照相机等设备，办公系统逐步更新；又引进若干年轻教师，使队伍得以稳定；学生享受基地班助学金，有了外出参观和实习的机会；每个班级配备了两个班主任，一个负责日常工作，一个业务指导，学生们得到了细致的照顾，他们的专业学习心态得以调整，学习风气明显加强，质量一年好于一年。主要表现在：

一、自重点建设基地的高校创立全国性的"史学新秀奖"以来，我系每届都有学生的论文获得二、三等奖项。顺便一说，这种奖的含金度是很高的，全国历史学基地学校有二十几所，后来又扩展到其他重点院校，有些学校专门组织学生多次练习和选拔，各校竞争激烈，评奖以教育部为名，由南开大学主持，评审重在论文质量，我们每次都能获奖，说明我们的学生撰写论文的能力获得了校外同行的肯定。考虑到我们二十几个教师，一二百个本科学生，每次不落地获奖，可以证明基地对历史系办学的质量，起到了很大的推进作用。

二、获得全国史学新秀奖虽说是个别的现象，但是它的背后则有整体的基础。事实上，早在历史系进入基地之前，我们就很关注学生的专业学习，这也是本系的传统。我记得早在1989级历史学专业学生入学后，系里就规定在撰写学年论文和毕业论文的基础上，增加毕业论文答辩的环节，由教师组成小组对所有学生的论文进行严格的审查，像硕士论文答辩那样，使本科学生具备撰写学术文章的能力。这项工作由系主任主持，年逾80高龄的王锺翰先生与大家一起出席答辩会，不论是学生撰写论文答辩，还是老师审读提问，都十分认真和规范，现在想起，仍历历在目。这个举措，比学校的规定早出许多年。据我所知，当时的想法就是让学生写论文更认真，没有更多的考虑。正是在这些措施中，历史系一步一步地走到今天，才能在全国性的学术评奖中屡次中标，这是长期积累的，可贵之处是已深入人心了。

三、学生的质量还表现在继续学习的能力有明显的提高上面。如前所言，成才的标准因人而异，我这里只从专业深造的角度而论。进入21世纪，本系学生考研的数量呈上升趋势。基地建设中有一条，就是保证学生进入研究生学习的比率加大。当然近年就业压力增大促使学生考研增多也是不容忽视的因素。值得我们关注的是，我们的本科学生免试向外校推荐而被接受的，近年来一直稳中有增，入选的学校包括北京大学、北京师范大学、中国人民大学、中国社会科学院研究生院、复旦大学、厦门大学等，这些学校都是全国的优秀学校，知名度很高，而它们之接收我们的毕业生，显然是看中学生们的质量，特别值得指出的是，各校自己的推荐者和外校报名的人数大大超过招生的数目，大家处在同一起跑线上，靠的就是实力。每年还有不少通过考试进入这些学校和其他名牌大学的，这说明历史系学生的专业素质是获得校外同行的认可和社会承认的。这种情况在我们学校还不是十分的普遍。

三、教师的素质表现在什么方面

历史系之能被人称道的东西，还有一样，就是教师的素质比较高。这也是传统影响和积累的结果。建系时期的师资力量，不仅在学校，就是在全国高校同行中称得上一流，应该是没有水分的。进入80年代以后，如上文所说，历史系的教师队伍减少，曾经一度危机，好在1986年以后从外校分进来一批硕士，加上本系留校的（博士、硕士）研究生，队伍逐步稳定，这些教师经过长期的教学与科研的锻炼，卓有成效，成为历史系的骨干和学术带头人。目前，这支教师队伍中青年居多，绝大多数具有博士学位，承担全系的教学和科研工作。与建系之初相比，这批教师的特点表现在：

第一，受到了系统而良好的教育。从小学经中学到大学，再到研究生，学历完整，学位齐全。所受专业的训练基本是历史学，尤其注重实证性训练，基础雄厚而扎实。

第二，思维比较开阔。这主要是专业学习中受到的训练比较正规，加上多人到国外名牌大学出访和学习，与国内外学术界联系广泛，有些还经受其他社会科学方法的训练，现代通讯又提供最新的研究成果和个人专攻的前沿信息，使他们具备比较开阔的学术视野，又因本人的勤奋努力，长期熏陶和训练，教师队伍整体素质在我校是比较高的，与校外同行相比，也不逊色。这不只是我的看法，就我所接触的人或听到的议论，也有同样的感觉。

第三，还有一条很关键，就是从事历史研究的人注重读书。这倒不是说其他专业就不重视，相对而言，历史学的学习和研究，书本是第一位的。古人常说读万卷书、行万里路，像司马迁那样，一部《史记》完成了，大江南北也游历了。殊不知行万里路的目的是为万卷书的写作做准备，目的还是集中在读万卷书上。今天我们研究历史的条件好多了，有名胜和古迹游览，还有现代化的通讯交流，更有便捷的交通参观考察，但这些都属锦上添花之举，但要学好历史，首要的工作还是文献的阅读。大凡搞历史的人通常的嗜好就是阅读，这是最基本的。说得绝对一点，如果没有甘心坐冷板凳读书的习惯，最好不要问津历史，学了又坐不下来，不会有真正的成绩。就我的了解，历史系的教师坐板凳的工夫普遍比较过硬，好在它不时髦，也没有多少人聘请讲学，或到外面做点投机什么的，自己坐在书房里浸泡，时间一长，心态就安稳了，随着阅读的增多，学问就渐渐做成了。他（她）自己是这么过来的，要求学生自然也是这样的。其好处就是诚实认真、努力勤奋，这是做学问的通则，每个学科都是如此，我所知道的历史系教师，这样的情形是居主流的。

我想我上面说的这些会得到大部分老师的认同。就我自己而论，我一直是这么认为的，这里不妨再说说自己的想法。

上大学本科的时候，我就认定今后从事历史学的教学和研究了。20世纪80年代初，大学生中有不少人是比较看重专业的。我之选择到民族大学，就是因为这里缺少隋唐五代史的教师，而这恰是我的本业。来到之后，一直从事隋唐五代史的教学和研究；另外，我系以民族史为特色，而这段历史也正是多民族共创的繁盛时期，中古时期的民族关系也是我的关注重点；长城是连接中国古代游牧与农耕两大文明和众多民族的交汇点，离开长城就说不清历史上的民族关系，所以长城历史也是我关注的内容。

前面说了，教师的素质体现什么方面才是合格的好老师呢？我认为有这么几点值得关注：

第一，对本专业的热爱与精益求精。这本是作为教师的基本要求，但现今很有强调的必要。我们学校发展的基本方向是办成研究型大学，这对教师提出的要求是很高的。什么叫研究型大学？

学术界虽然说法不同,但大体上有基本的认识[①]。像国外的哈佛、普林斯顿、牛津、剑桥以及国内的北大、清华、复旦等学校,都可以说是研究型大学,当然它们之间特别是国内高校与国外同行相比尚有差距,但基本的指标大都是有一流的教师队伍、高素质的学生、研究与教学的有机结合、浓厚的学术和人文气氛……与之相比,我们的差距还很大。就教师而言,我认为虽然有差距,但心向往之,应该是我们进步的动力。如果连这种想法都没有,那么要办成研究型大学显然是不可能的。心向往之的前提是对本专业的热爱。我的专业是历史学,从大学本科二年级开始,我就涉足隋唐五代史,它给我带来了无穷的乐趣,对它的研究,是我从事教学的动力。研究型大学的课堂教学应该就是研究成果,北京大学历史学系的传统也是这样。我上学的时候,老师们讲授的内容,与他们的研究是一码事。比如田余庆先生的《东晋门阀政治》一书[②],就是他多年讲课的结晶。我曾经选修过他的课,他上课的内容,就是自己研究的东西。大家普遍反映,田先生讲的内容深,受启发,但对初学者而言,开始的时候有点跟不上。顺便一说,对专业学生而言,不要过多地去考虑怎么通俗易懂,应该将功夫用在深度和创新上,这对学生的提高非常有用。当时我们课堂上不懂的地方,就去图书馆查找相关文献,自己补充,这对自己的训练很有好处。而田先生对学问的精益求精,那也是出了名的。我听说他每发表文章之前,都要左改右改,修订甚至十余遍,发表的东西篇篇有新意,用现在时髦的话说都属原创性文章。这种治学的精神对我们影响很大,至今引为榜样。

第二,做学问与做人的相互促进与统一。这话说起来比较容易,但做起来,特别是长期坚持,就很难了。过去强调做学问要

[①] 见丁学良:《什么是世界一流大学》,北京:北京大学出版社,2004 年,第 10—49 页;参见潘永华:《我国研究型大学战略发展的思考》,载《教育发展研究》2004 年第 5 期。
[②] 北京:北京大学出版社,1989 年。

孜孜矻矻，做人则要老老实实。现在这句话同样有道理，而且今天尤有强调的必要。为什么呢？今天的高校教师队伍比以前庞大，从事学术研究的人也较以前多得不得了，俗话说林子大了，什么鸟儿都有。由于发展过快，配套设施不完善，出现了不少违规的事情。学术界内，做学问不严肃，甚至抄袭剽窃诸如此类的，没少困扰大家；中国学术文章的数量上去了，但质量堪忧。这些都反映出对待学术的不严肃，当然做人的基本原则也不同程度地被破坏了。这种行为对学生的教育产生的负面影响很大，最终影响的是学校、学生本身和国家的高等教育。所以我觉得今天特别有强调老实做学问、老实做人的自觉。只有这样，我们的学问才能地道，做得更好，培养的学生才能合格并优秀。

第三，思维的活跃与宽厚兼容。与世界接轨，对教师提出了新要求，就是应该具备活跃的思维和宽厚的胸怀，对学术一方面认真严谨，另一方面则谦逊求实，特别能接受不同的观点和争议，有一棵宽容的心。关于这一点，我近来特别有感受。20世纪前叶的史学大家，他们接受的教育既包含传统的学术训练，又吸收西方近代社会科学的成果，在史学的方法上突破了前人的窠臼，做出了超越时代的贡献。他们成功的关键，就是兼容并包，方法多样，思维开阔，训练有素。20世纪历史学的成绩，以他们最为突出，这是有目共睹的[1]。现今是全球互通的时代，历史学作为传统学科，有中国自身的特点，但西方史学优秀的东西，自然也是我们所关注的。中国传统的考据学具有深厚的底蕴，以至于要研究中国史，不懂考据就不能成功。但史学中的解释性学术，西方更有深度，他们主要借用社会科学的方法解释历史，构建学说体系。陈寅恪曾经说过："一时代之学术，必有其新材料与新问题。

---

[1] 许纪霖对20世纪知识分子有专论，可参见《二十世纪中国六代知识分子》，《许纪霖自选集》自序，桂林：广西师范大学出版社，1999年。

取用此材料，以研求问题，则为此时代学术之新潮流。治学之士，得预于此潮流者，谓之预流。其未得预者，谓之未入流。此古今学术史之通义，非彼闭门造车之徒，所能同喻者也。"① 这段话蕴涵的心态值得我们留意。"预流"与否，反映出治学者的心态是否胶柱鼓瑟、拘泥成态，还是欣然接受、勇于创新？显然，后者更被认可。陈先生是中西兼通的大家，他之有如此成就，是中国传统治学与西方社会科学训练相互结合的结果。中学重考证，西学重思辨，将二者结合，是一条比较好的路子②，至少对我们而言，力图朝这方面努力，继承良好的学术传统，做到训练有素，心胸开阔，对与自己不同的学说兼容宽待，吸收其长处，不足的地方则应引以为戒。

第四，人文训练与社会科学训练相互结合。何炳棣先生将他治史成功的关键归结为有系统的社会科学方法的训练，他说："稿历史必须借鉴西洋史的观点、方法、选题、综合，必须利用社会科学，有时甚至自然科学的工具。"③ 我自己在这方面没有系统的训练，但是在学习和研究的过程中，经常遇到类似的问题，如果就史料本身是得不到确解的。比如唐史里的李林甫，在玄宗时期，掌握朝中大权，专权达19年之久，前后无出其右者。他在历史上遭人痛骂，没有好名声，但玄宗为什么还信任他？恐怕仅凭史料是说不清楚的，这可能就要借助政治学的理论去解释了。另一个遭人痛骂的宰相卢杞，他的名声也很差，但德宗就是信任他，因为他能给朝廷解决危机提供办法，而向有好名声的其他大臣虽有声望，但对现存的急迫问题手足无措，纸上谈兵，皇帝对他们就只能敬而远之。这类问题，单凭历史文献本身是解决不了问题

---

① 见陈寅恪：《陈垣敦煌劫余录序》，载同作者：《金明馆丛稿二编》，上海：上海古籍出版社，1980年。

② 关于传统史学和西学，蒋廷黻有论，参见沈渭滨：《蒋廷黻和〈中国近代史〉》，载蒋廷黻：《中国近代史》附录，上海：上海古籍出版社，2004年。

③ 见何炳棣：《读史阅世六十年》，桂林：广西师范大学出版社，2005年，第324页。

的，如果拘泥史料，就有可能陷入古人的就事论事的困境，必须要有社会科学的理论做支柱。我以前在研究唐朝中期参与镇压安史叛乱的铁勒将领仆固怀恩，注意到他被人诬陷与回鹘、吐蕃勾结谋反时，仆固本人感到十分委屈，但最终还是叛离了；轮到汉人郭子仪，他受到猜忌的程度不下于仆固怀恩，但他仍旧忠诚老实，没有任何的不轨或对抗行为，是郭子仪比仆固怀恩老实忠厚呢，还是别的什么原因让他们的行为如此不同？这时候要做分析仅靠史料就不够了，我借用了民族学的有关理论，从民族认同的心理去解释，就比较能说明问题①。这些都说明，研究历史，除了自身固有的方法之外，相关学科理论或解释系统，对我们深入认识事物是有很大帮助的。

  上面几点，只是自己的初步认识。经过20年的教学，作为一个教师，我深深地感到我校的发展是明显的。我刚来的时候，学校正处在发展过程中，90年代开始，发展的力度增大，到今天，可以感受到发展的速度。纵向看，目前阶段是我校半个多世纪中最好的时期；但横向比较，特别是与国内名牌大学相比，我们还有很长的路要走，发展的空间还很大。作为学校发展的核心，还是前清华大学校长梅贻琦的那句话，"所谓大学者，非谓有大楼之谓也，有大师之谓也"②。教师的整体素质是关键，值得欣慰的是，学校在这方面已经高度重视，并有相关文件出台。对我们自身而言，还是恪守职业，认真钻研，上好每一节课，培养好每一个学生。

---

  ① 参见拙文：《仆固怀恩充任朔方节度使及其反唐诸问题》，中央民族大学历史系主办：《民大史学》(1)，北京：中央民族大学出版社，1996年；《民族关系史研究中的史料问题——从阿布思和仆固怀恩个案谈起》，瞿林东主编：《史学理论与史学史学刊》2004/2005年卷，北京：社会科学文献出版社，2005年。

  ② 这是梅贻琦1931年12月到清华大学就任校长一职时说的一句话。此处参见马国川《不在于有大楼，而在于有大师》，http://www.luobinghui.com "梅贻琦纪念馆"，2005年9月27日。

（本文原载鄂义太主编:《加强教学建设，提高人才培养质量——中央民族大学本科教学研究》第1辑，北京：中央民族大学出版社，2007年，第121—134页）

历史文化学院本科生质量的评估

——一个教师的感觉和臆测

自 1986 年在本校历史系(现更名为历史文化学院)工作至今,已逾 22 个年头,这期间,我一直担负着本科教学的任务,其中最重要的一门课程就是"中国古代史"。这是本学院教学的基础课,属于重头戏,作为长线专业,历史文化学院对青年学生的吸引力呈现下降趋势的最近若干年来(尤其是上个世纪 80 年代末到本世纪开始那段时间最突出,最近几年有所好转,趋向正常),如何稳定学生的专业思想,为今后学习树立信念,这门课连同"世界古代史"、"历史文选"等就成为本学院学生发展方向的导引性课程,其重要性不言而喻。

那么,通过这些课程的学习,经过四年系统的专业训练,今天历史文化学院本科学生的质量如何呢?近来人们对高校扩招之后其质量的保证普遍存有疑虑,认为数量扩展了,质量却在下滑,这似乎成为共识而见诸于新闻媒体的报导或专家同行的议论中。身为教师的一员,我这些年来一方面为一年级学生讲授"中国古代史",另一方面也为高年级学生开设"隋唐五代史"等专题课,与不同年份不同学生多有交往和接触,应该说对当下的大学生们是比较了解的,至少不算陌生。下面,我就自己的感受谈谈我对今天历史文化学院大学生的质量问题。

一

我之所以选择这样的题目,是它在今日成为教育界乃至整个社会关心和讨论的热点,其背后隐藏的是人们对高校办学质量关注的心情。自己生活在学校里,对国家高等教育尤其是民族高等教育的发展也比较关心;同时又在学校教课,整天接触学生,对他们的教育情况,特别是自己言传身教究竟发挥多少作用,也同样关注。这两方面的情况促使我撰写此文。

说到学生的质量,作泛泛而论,是比较容易的,可随口而出,但是要从学理上把握,就要进行质量跟踪调查,从事实和逻辑角度立论,从中国高等教育历史的纵向与国外同行的横向进行科学性的对比,才能更加准确地定位,所以,这个问题又是非常复杂的事情。特别是,我们习以为常的所谓"质量"又是一个相当抽象的词汇,不同的人有不同的理解,站在不同的角度观察,也会有很大的差别,"质量"是一个既不易定量又不易定性把握的概念。但是,事情奇妙的地方也就在这里:我们每个人都有直觉性的感悟,也就是印象性的东西,而这类观察往往也能看到问题的所在。的确,质量问题是我们今天所面临的最关键的、迫使我们必须严肃对待和解决的问题。

由于我本人没有进行科学研究性的探索,也不掌握相关高等学校教育学研究的专业技能,我的观察只能是感知的,所以我就加了一个副标题,以说明我在这篇文字里是从什么角度观察和思考的,希望不至于说得太离谱。

二

首先,我要谈谈民族大学历史文化学院的学生在全国高校中招生质量的定位。

从国家规定的硬性指标看,我校既是上个世纪 80 年代初遴选的全国重点大学之一,也是 90 年代教育部颁定的"211 工程"建设大学,更是 21 世纪初国家"985 工程"入围的大学,应该说在全国高校中是比较不错的,更是民族院校的排头老大;在历年非官方（或民间）排列的全国院校中，我们的位置基本上是在前100名之内，主要原因是我校以民族学、民族语言和民族历史等人文学科定位，其他学科相对薄弱，现在虽有很大的改观，但并没有撼动整体格局，缺少理工等自然学科强项的积累，影响了排位。不过正如人们认为的那样，这种排位有很大的局限性，设立的指标也未尽合适，这些可不去管它。总之，我校的整体位置，在全国来讲，还是不错的。

但历史学科处在一个相对尴尬的位置：它以研究过去为主，与现今直接打交道不多，学成之后，不能像计算机、会计或经济、法律那样直接服务于工作单位和社会，在急进功利的氛围下，它已淡出人们的视野，不再成为学生报考的热门专业。因此，历史类的学生，单从高考的分数而言，是不能与文科其他热门专业的学生相比的，而且录取的第一志愿所占的比例也不算高。这种情况全国普遍存在。我校地处京城，与有历史学科的高校相较，尚不能与北京大学、清华大学、人民大学比肩，它们多是全国数一数二的名校。受制于此，我校历史文化学院学生高考的分数，要比上述学校低一些，但身处好地方，整体学术气氛比较浓厚，能比较多地吸引全国各地的考生，生源不成问题。历史系考生的分数，我的估测，大概相当于全国重点院校历史系的平均水平，这是就全国而言的；至于在全国民族院校中，我们的生源质量无疑是最好的。

在我校内部，历史文化学院考生的分数比经济、法律、管理、新闻传播等学科学生要低些，这些门类多属于热门或比较热门的，报考的人自然就多、竞争就大了。

其次，再谈谈我校历史文化学院学生的特点。

所谓特点是与校外比较的，即我们的学生多数是少数民族。我刚参加工作的时候，历史文化学院通常招收中国史和民族史两个班，隔若干年再招收满文清史班。来自少数民族学生的比例，占全体本科学生的70左右。这种情况到两个世纪之交，就有了改变，汉族考生的比例逐渐加大，与此并行的是女生增多，原来一个班只有若干女生，发展到一半，到现在的多半。性别比率是全国共有的，而民族成分多则是我们的特点，这是由我们学校的性质所决定的。随着上述情况的变化，少数民族考生的质量在逐渐地提高，学生考分也呈上升的趋势；但在这同时，学生民族特性在逐渐减少。我在历史文化学院工作的前后，这种感觉很明显：刚参加工作时接触的学生，具有比较明显的民族特性，现在则比较淡化了。民族之间的差别在逐渐缩小，这是各民族社会生活和经济水平提高的结果，随着各民族政治、经济和文化交往的增多，彼此的联系也日益密切，社会发展的趋同化成为近年民族院校的趋势，虽然从政策的角度讲更鼓励各民族保持自己的生活和文化的多样性。

三

上文的第一点，概括了我校历史文化学院入学生源的质量定位，后一点则指出我校学生的特殊性。从整体情况看，历史文化学院生源的质量呈现的是上升趋势而不是相反。我之所以有这样的感觉，主要是从学生学习的成绩角度着眼的。就我所接触的层面而言，以前学生的学习成绩似乎不如现在，这可能有如下几个原因：一是他们中学教育的基础比较薄弱，因所处多系民族地区，整体教育比较滞后，成绩不是很理想；二是民族考生比较多，当地教育质量不算高。经过多年的发展，民族地区教育水平有明显的提高，文化统合程度较以前密切，民族教育的差距缩小，汉族考生比例增加，所以现在的学生学习普遍好于过去。

但我这个感觉，主要是从应试的角度考虑的。事实上，将今天学生与上个世纪70年代末80年代初的大学生比较起来，可以看出双方有明显的差别。70年代末的学生，特别是77级和78级，他们有着丰富的社会锻炼和人生阅历，上大学是他们追求学术和人生理想的首要途径，年龄较大，十分珍惜难得的学习机会，在学校各方面的表现成熟得体。特别应当指出的是，那个阶段的高等教育还处在精英教育阶段，能够走向大学学习，是千百万青年的崇高理想，而77、78级学生又是"文革"十年人才积累的佼佼者，各个方面都很优秀。所以今天学生与他们不能作类比，应当说77、78级的学生处在特殊的时代和条件下，有其不可比的因素。

今日的学生，是在社会走向正常的状态下学习的，将来的情况也与此差不多：他们处在国家经济建设和社会发展的道路上，高等教育随着国家整体的发展也有突飞猛进的迈步，由精英式转向了大众化，高教的地位整体上升，但学生个体的位置则下降，不再以"天之骄子"为称，真正成为社会的普通一员了。接受高等教育，是他们人生的"必经"甚至"必备"的路径，变成走上工作岗位的前提了。

在这种情况下，入大学之前，他们所做的一切，就是准备高考。为了能够考上，学习并应对考试，就成为他们唯一的任务。目前的考试，是以笔答为主，虽然题目的灵活性年年有改进，但唯一的目的性选拔的标准并没有放弃。换句话说，不论学生怎样努力，只要以规定得好了的高考标准性答案的考试制度为宗旨，学生们记忆性的功能就是他们取得成功的关键，至少是核心的要素。这些现象在我的课堂上学生回答问题时表现得很明显，我下面还要专门谈到。现在，结合我上学期给2007级学生上"中国古代史"课程的体会，谈谈我对他们的整体印象，因为课程结束不久，答卷也刚刚批改完毕，印象也是比较直接的。

四

老实说，我对2007级学生的印象相当不错，就如对2006级一班那样。这两个班级的"中国古代史"都是我教的。我与他们的交往比较多，学生们积极主动，学习的热情很高，他们提出问题，我来回答，对我讲授的（"中国古代史"是学年课，分两个学期上，我开设的是前半段，从远古文明到魏晋南北朝；隋唐至清朝中叶的后半段由其他老师上）某些问题求证和探索，积极主动地与我交流，更多的是他们看书的心得体会，还有相当多的内容是征询我如何读书和学习的。以2007级学生为例，他们在课下经常与我交流，中午12点下课后大家在一起交谈甚至接近1点，由此可见同学们对学问求索的精神。这给我留下了深刻的印象。这是其一。其次，学生们上课时精力集中，虚心好学，与教师形成良好的互动，我讲起课来，也有十足的精神。

给我印象最深的，是学生们在课堂上积极表现。我也知道，刚入学的学生，是经过紧张复习和考试一路过关斩将走过来的，对大学怀着美好的愿望和预想的兴奋心情，这是他们人生的一个转折，处在告别过去、展望未来的当口。正是如此，新学期的课程，对他们而言，有着与过去不一样的心境。"中国古代史"这门课程能否上好，上得是否成功，对学生今后的学习和发展，就有十分重要的、带有导向性的作用。还好，学生们学习的热情普遍高涨，态度端正，课堂上积极配合，效果颇为理想。

但是在期末考试的时候，问题就出来了。我给学生出的古代史的考题，分成三个部分，第一部分是名词解释，第二部分是简答题，第三部分是问答题。名词解释共有8题，分别是"山顶洞人"、"盘庚迁殷"、"齐桓公"、"商鞅变法"、"匈奴"、"张骞通西域"、"《齐民要术》"和"北周与北齐"；简答题有二，即"你对西周时期的宗法制是怎样理解的？请简要叙述"，以及"项羽和刘邦之间，你更欣赏谁？你的理由是什么"；问答题同样是两道，一是"东汉的前期，中央集权进一步强化，中后期开始出现外戚宦官专权，以致朝廷斗争激化，你是怎样理解这个问题？"二是"东晋南朝时期，南方的社会经济有了比较明显的发展，请问，你是从哪几个角度看待这个问题的?"

我出题的标准,是以本课配备的《中国古代史》教材(朱绍侯、张海鹏、齐涛主编,高等院校文科教材新版上册,福州:福建人民出版社,2006年)为主。其中名词解释均为讲课和教材中最基础的部分;简答题和问答题也都属于课程讲授、教材中必须掌握的内容。易言之,这些题目本身,对大学生而言,是他们应该掌握的内容。我设计这些题目的时候,考虑到学生以前的基础和知识面,没有加进学术界研究的新成果;相反,我在课堂上讲授的内容,倒有许多研究领域里新的问题,尤其是热点,包括国内外研究的倾向等。为使学生复习顺利迎接考试,也考虑到他们刚刚入学需要一个转变的过程,我出题的思路,还是以课本教材为主。

考试的结果,基础性的部分,即名词解释和简答题,大家回答的普遍较好,基本上满足题目的需要,内容充实,点位确切。但是问答题部分就不甚理想了,从卷面上看,这两道题虽然都是书本上的内容,但需要学生把它们综合起来,以叙述的形式根据题目的要求进行提炼、概括和总结,还要加进学生自己的分析,有一个尺寸的把握程度问题。事实上,我在课堂上也多次讲到,目前学生们最需要的,是如何分析问题和解答问题,要掌握解决问题的方法和技能。大学上学,主要的目标是培养人的才干,特别是能力。大多数学生在回答这两道问题时,基本上是就事论事,不能很好地展开,有些学生回答的内容过少,甚至还没有简答题的内容充实。看来,学生们之所以有这种表现,可能跟他们过去偏重记忆性回答的方式有关,正如考完试之后一个学生对我说的那样,在回答思考性的问题时,心里没谱,不知道如何下笔。这种现象有一定的普遍性。学生们比较擅长于给定的答案,他们偏向记忆,只要内容确定,通过一段时间的背记,就能应付考试了。一旦遇到有思考的空间,特别是空间比较大、也比较灵活的问题时，有些就六神无主、不知如何下手了。这是应试教育的结果。对此，我早有准备，因为这种情况不只2007级如此，以往历届学生也同样存在。所以我在课堂上早早地给学生打预防针，要他们平时多看书，多思考问题，特别要养成撰写读书札记的习惯，到时候不但能写一手漂亮的学术文字，也为今后深入学习奠定基础。话是这么说了，学生们似乎也同意或认可了，但这不是一朝一夕的事，得慢慢地转变。不过，有一个学生这部分回答得相当出色，他是全班唯一一个90分的学生。他回答的内容充实、具体，论述的格式也有讲究和安排，据其他学生说，他看的书蛮多的，肚子里有东西，回答才能有词儿。他在课间也经常问我问题，问的都挺有水平的，我感觉他的长处是看书较多，知识面较宽，这应是文科学生具备的素质。我觉得今天学生存在的问题（尤其是文科），主要是阅读量不够，回答问题时不能左右逢源，甚至无话可说。阅读量上去之后，还有一个文字表述的修炼问题。这也是很重要的，我阅读学生考卷和撰写的论文，碰到写作好的时候，精神为之一振，但这种情况不多，这与平时写作训练的不足，有直接的关系。

五

通过上课和考试，我对2007级同学的学习和综合素质，大体上有这样的看法：

在精神风貌上，他们进取，追求进步，有一股积极向上的精神；在专业学习中，他们认真努力，刻苦钻研；在课堂的表现上，积极配合，与教师互动，思想活跃。他们存在的问题，我觉得有这么几点，一是专业学习中记忆性的成分多，分析性的东西少。这主要不是他们本身的问题，而是高考教育的结果，这点我在上面涉及了。二是学生们试图分析问题，从他们与我的交谈中有明显的表现，但以前这方面训练少，还缺乏相关的知识和技能，在考试的问答题中暴露出来。三是阅读的学术著作不足，远的不说，单是进入大学以来，学生们以上课为主，课下浏览和阅读专业图书的机会和时间都有限，阅读的东西显得太少。这些正是他们与70年代末大学生存在的差距。如果不考虑中学阶段，仅就入学之后的一个学期而言，学生们看书的多少，在各个高校中有很大的差别，所谓名校，或以学术见长的学校，学生入学后能很快进入专业学习，阅读较多专业论文和著作；与之对照，不太好的学校，学生们则将主要的精力放在课本和有限的参考书里，时间一长，他们应付考试的能力上升，但是专业的训练却很少，专业技能就薄弱了。历史文化学院的学生，在这方面处在全国什么位置呢？由于没有具体的调查和数据的掌握，我不能做出量化性的计算，还是凭感觉说话吧。

　　对他们专业训练的估测，我想从以下两个角度谈：一是推荐研究生，二是参加全国高校"史学新秀奖"的入选。前者注重综合，后者纯粹是专业水平，正好可以互补。

　　推荐研究生是指经过本科三年多专业的学习，将那些学习成绩优秀、有发展潜力的学生免试推荐进入硕士研究生阶段的学习。这是教育部为鼓励优秀人才进入专业学习的一项举措。历史文化学院在1995被选入"国家文科基础学科人才培养和科学研究基地（历史学）"，按照教育部有关文科基地的要求，进入基地班学习的学生，至少应有50%以上的学生能够直接推荐上硕士研究生。限于我校的条件，历史文化学院的基地班免试推荐的比率远远没有那么高，基本上是在10—20%之间，后来稍高一些。历史文化学院对推荐的条件，是以专业学习为主，兼顾德智体美的全面发展，根据学生的各方面表现，列为表格进行量化性评定，排列出全班的名次，再根据学校教务处制定的比率遴选。从我了解的情况看，以最近若干年为例，我们推荐的学生，已有很多被北京大学、中国人民大学、北京师范大学、中国社会科学院研究生院、复旦大学、厦门大学等著名大学的历史系（院）等接收，他们入学后普遍表现比较优秀，在研究生的学习中逐步发展成才。历史文化学院这种历年推荐被名校录取的情况，在全校的院系中表现得是很突出的，在某种程度上说明历史文化学院培养的本科生，至少就被推荐的这些学生而言，是比较优秀的，他们之被名牌大学接收，反映出历史文化学院的教学和教育被同行所认可，历史文化学院培养的学生质量也得到社会的承认。

"史学新秀奖"是"国家文科基础学科人才培养和科学研究基地（历史学）"组织的以全国重点院校历史学科本科学生撰写的论文（主要是毕业论文）评定为主，每两年评选一次，到现在已经5次。一二等奖各2名，三等奖5名，入选的标准纯粹凭学术质量。自从首次评选到最近的一次，历史文化学院参加评选的历届都有学生的论文入选获得奖项。顺便一说，全国各个重点大学都很重视这个评选，很多学校事先动员，有重点地专门部署，参选人数多，而我系的学生相对较少，系里也向学生宣传和介绍这个奖项，但组织的力度一般，可是每届都有入选者，说明学生撰写的论文比较有质量，反映出学生对论文内容拓展的深度、对学术界研究情况的把握，乃至撰写的学术规范的遵守等等，都达到了较高的水平。当然，指导他们写作的教师的辛勤培养是必不可缺的。

"史学新秀奖"是考察学生的学术论文的，能够获奖，反映学生撰写论文的水平，也是他们学习特别是研究能力的表现。这些年在与学生的接触中，我感觉到有不少学生对专业的学习还是非常认真，也很有发展的潜力。譬如2004级有一个学生，他对五代十国史的研究兴趣异常，记得他们那个年级开始找老师撰写学年论文的时候，他同我联系，将自己撰写的五代南方十国的一篇论文拿给我看，我阅读后觉得这份论文分析深入，说理透彻，能够通过史料的分析理解背后不为人知的隐情；另外，文字表达流畅而成熟，很像是多年研究者的笔调。我同他聊起，他已下载了很多五代十国史的文献和今人的研究成果，他对学术界的情况了解细致而深入。这反映出该生的业务水平已超出常人，具有深入发展的潜力，我认为是研究史学不可多得的人才。像这类对历史如此着迷的学生并不多见，每届也就有那么几个，其他著名大学的历史院系中可能比较多，像我院这样比较小的单位，典型的好学生是：上课认真听讲，做笔记（自从多媒体课件普及以后，做笔记的现象逐渐减少了），期末考试之前认真努力地复习，考试的成绩比较理想，分数较高；政治上追求进步，担任班、系和学校等学生组织的干部，外语学习优秀，综合条件优越。像那类以史学研究见长的学生成绩和其他的表现反倒不如这些学生，因此在免试推荐中不具备综合竞争力，这是目前普遍的现象。我觉得这与学生本人没有关系，主要是现存的规则和安排决定的。当然，各个学校之间也不完全一样，有的比较重视专业，有的比较重视综合。

六

以上，是我对本校历史文化学院本科学生教育质量的初步观察。如同上文所说，这种观察没有学理的依据，是感观和经验性的，属于直觉的范畴。但因是我本人直接接触的感知，我自认为还不是太离谱的。评价学生的教育质量，最好的方式是从教育学的原理着手，有系统、有数据地进行，这些是专门性的考察和调研。但它也有局限性，往往不够生动，也缺乏鲜活的特性。我上面讲的多是自己平时的接触，虽是感觉，但却直观，不妨作为一种说法存在。我在本文结束的时候对我所教的学生的整体评价，还是上面的那个意思：积极的向上大于消极的懈怠；学生中潜在的能力和才干，经过系统而科学的训练，在今后会得到深化和迸发的。今天的学生质量（或素质），虽然还存在着种种不尽如人意的地方，但他们得到了中小学全方位的培养，又经过大学系统和完善的学习，加上各种工具性的课程要求，整体上的学科训练，要比他们以前的兄弟姐妹来得严格和完整，虽然今天的教育行政措施细化，规矩反复繁杂，各种各样的婆婆也在增多，但是学习的条件和资源也相应地增加了，而且增加的幅度很大，物质条件比起改革开放的初期，不知要好多少。所以我对今天学生质量的上升，从发展的趋势讲，是抱有乐观态度的。但是真正全方位地提升，还要做许多工作，改动的不只是高校本身，涉及的是整个社会，特别是发达国家高校办学的经验和教训，对我们有直接的借鉴意义。

（本文系"中央民族大学 2007—2008 年度教学改革'面向21世纪的《中国古代史》研究型教学模式探研'立项项目研究成果"教改论文之一，原载鄂义太、陈理主编：《加强教学建设，提高人才培养质量——中央民族大学本科教学研究》第4辑，北京：中央民族大学出版社，2009年，第337—345页）

我对"中国古代史"教学中"人文"概念的理解

我自 1986 年进入中央民族大学历史系（现更名为历史文化学院）工作以后不久，就开始给历史系本科生上中国古代史的课程，至今已近 20 年。古代史一般分作两段，前一段从远古讲起，到南北朝的末期结束；后一段则从隋朝开始，直到清朝中叶。我绝大多数讲的是前一段，只讲过几次后一段，所以对前一段算是比较熟悉的。这么多年来，古代史是我教学工作中的重要内容，连同隋唐五代史，构成了我在历史文化学院教学中本科课程的两大主干。讲了 20 年的课程，要说没有什么想法，那是骗人的，但是与同行们比较起来，特别是在学术研究中取得重要成果而被公认为优秀的人相比，自己在这方面还有很大的距离。现在把我个人讲课中的某些想法说出来与诸位同好交流切磋，不妨是一个较佳的选项。但我写作此文的格式，不采取通常的学术文章的套路，而以个人的体会和感受这类随笔似的方式，可能更有亲近感，与大家交流起来可能不那么一本正经。更主要的是，若是按照常规文章写起来，要引经据典，参考国内外的最新研究、教学成果，这样可能要耗费很多时间和精力（当然这些是必须的），其结果更像是论文交流，倒不如文风更松弛一些，可能把论文不能说的东西自如地讲出来，大家在轻松愉快的交流中彼此受益，这里不妨先采用这种写法一试，请谅解。

一

我要表达的内容有以下几项：先谈谈什么是"人文"；再谈谈我们为什么需要它。如同文章的题目所示，我这里着重的，是自己的理解和想法，可能更抽象一点，或者更宏观一些。

"人文"这个词现在被人们议论得都熟透了。这个词的词义来源有两个方面，一个是中国自身传统的，一个则是西方的。中国传统里的"人文"的概念，比较明确的表述是在春秋战国时期儒家和墨家等学派的宣讲当中。儒家以孔子为核心，对当时社会巨变所出现的动荡，特别是战争对社会和百姓造成的灾难表现出忧心的态度，希望执政集团能够善对社会和民众，孔子学说的"仁"最能体现对人世与社会的关怀，后来孟子集中地发展了孔子的仁学。这条思想的脉络成为儒学中的一条主线而持续下来。但是，成为统治阶级意识形态的儒家学说所宗奉的"仁学"，是以统治集团对国家和民众治理的"仁政"而展现的，换言之，在中国文化里，人文的思想伴随的是整体的概念，强调的是要求统治阶级或统治者对民众和社会施行宽厚的政治，而不是暴政。在他们的心目中，仁政、人文，都是集体的概念，个人价值、人格的尊严，特别对个人的重视，基本上是不存在的，或者说主要不是从个体的角度考虑问题的。

与此相反，西方人文的出发点恰恰是以个人为中心而展开的。西方人文主义可以追溯到古代的希腊和罗马，特别是中世纪后期出现的文艺复兴，打破了欧洲封建神权，以人的价值为核心形成解放人的自身而出现的社会思潮，以后又在西欧形成新一轮的人文精神，并影响到美洲大陆，这一整套的人文主义，虽然内容纷繁复杂且多变，但其宗旨则注重个人的价值与尊严，这是东方所不具备的。由此，同一个"人文"，即使仅用中文来表达，也应该有不同的语境和含义。这是我们首先要搞清楚的。

东西方的人文主义关怀体现在社会的方方面面，但以大学的表现为核心。事实上，如果我们仅就大学发展的理念而言，二者对"人文"的理解有迥异的差别。西方近代含义的大学最早产生于南欧的意大利，后来转向法国和英国，再传至德国，进而影响全欧洲。近代大学在欧美的文化传统，就其包罗的核心价值，用学者们的话概括，大学首先是一所教育和教化的机构，它着重培养人，使受学者成为有教养的，即gentleman；其次，大学随着社会的发展，应该成为研究的中心，成为社会发展的思想源泉；并最终为整个社会服务[1]。以培养有教养且有文化品位的人，有思想、有价值追求，并为社会服务的人，是西方大学近代向现代转型过程中形成的核心观念。与此相对应，中国传统中具有的大学性质的机构，比如汉代的太学和隋唐以后的国子学系列，其宗旨是为国家官员队伍培养接班人，办学的宗旨就是为国家特别是统治阶级服务，要求舍弃自己而为国家做出奉献。中心是国家、集体，而不是实现个人的价值。在传统中国的这套培养人的机构里，个人的概念基本上是不存在的。中国现代意义上的大学，都来自西方，至少已有的历史常识告诉我们，以人为核心追求的大学理念，我说的是有一套系统和思想路数的理念，在传统中国社会是不存在的。因此，通过大学模式而体现的"人文主义"，东西方存在的差别是很大的，我们所说的"人文"理念，是近代以来经过发展和改造但不离其宗旨的思想，只能来自西方而不是东方传统。

二

　　我上面表述的意思已经很清楚，今日理解的"人文"来自西方，强调的是以个体的人为价值和尊严的思想，大学所体现的核心，也是以培养个体的人为诉求的。中国大学在清末创办，基本

---

[1] 参见丁学良：《何谓世界一流大学》，载同作者：《什么是世界一流大学？》，北京：北京大学出版社，2004年，第10—49页。

上是学习西方确立起来的,特别表现在大学的框架、学科体系和制度性等硬件的设施方面,当然,人的精神、思想这些软性的价值体系也随之而来,但与前者相比,这种软性的思想价值,伴随着强烈的中国传统文化的要素,思想、价值这些东西,与硬件设施之不同,即它所吸收西方的东西不是被动和全盘的,而是二者的相互调和与相互影响的。在影响与吸收的过程中,西方人文主义自然成为一个内容进入中国的大学体系,但没能持久,到1952年院系改制,我国高校就屏弃了西方的套路而采用苏联的模式,这不单硬件如此,更重要的表现是软性的采择,即学校贯彻的是几乎全盘是苏联的思想和学术体系。之所以如此,是当时的中、苏所贯彻的集体与国家的利益高于个人的价值与尊严的思路更有一致性和共通性,这几乎成为那个时期国家的核心追求。换句话说,东方集体主义的文化价值,是1952年高校改制的背后精神。从这个精神出发,我国的高校办学,秉承的宗旨就是国家、民族的复兴,而对个人价值、培养个人品质的诉求,则被淹没在这股洪流之中,逐步削弱。

这个问题说起来也颇为复杂。1952年院系调整与改制,若单单就政府指导思路而言,采用苏联模式办学,自有当时的背景和现实诉求所在。作为经验和总结,这股学制背后所隐藏的文化要素,可以追溯到20世纪新文化运动所反映的中国人对固有文化价值理念的批判与排斥上面,导致的直接后果就是以西方文化取代传统文化。这种用西方的思潮,不论是人们熟悉的"中体西用"还是"全盘西化",尽管具体的诉求千差万别,背后的思路都是一样的:即面对西方的文化,中国文化自身如何发展?至少主流的思想界与理论界,乃至受此影响的政界,都必须要解答这个问题。1949年前的中国,采取西方模式办理大学,1952年之后也是来自西方的,但不是欧美而是苏联的。对传统文化的批判意识,不论宗奉欧美还是效法苏联,都是一致的。这种思想的内涵,就是对传统中国文化的否定。这才是1952年改制的文化要素。实际上，我们今天所面临的问题，同样如此。这也就是我们为什么要重新提起所谓的"人文"问题了。

三

今天高校的改制，面对的形势是1952年之后确立的体制，也就是说目前高校办学的模式又重新回到取法欧美大学的道路上来，不论文字的表述是什么，其中的发展模式是清清楚楚的。改制的背后，是苏联体制大学的专业分科过于单调而狭窄，不利于学生的全面发展与训练，培养的学生没有文化品位，极端一点说就是制造了很多产品却没有生命感。西方大学培养人的精神、品质以及全面综合素质的追求，成为现在大学改制的一个方向。伴随着这种改制，学术界和思想界也在追寻和思考着一个长久持续的课题：即重新创造中国自身的文化，在当下全球背景下形成中国自己的文化模式。这个模式不同于古代传统，也不是西方文化的简单复制，中国自身的能量很充沛，不可能全盘吸收。那么，融通中西，并以全球为背景的中国文化再造，至少已成为文化精英的共同追求了。

处于这种思想文化之下的高等学校，人们最关心的话题之一，就是重塑大学的"人文精神"。这又回到了本文最初设定的"我们为什么需要它"的话题。

不错，20世纪70年代后期开始的改革开放，使中国大学重新回到欧美的发展轨道，然而我们面临的紧迫形势又促使中国的大学走上了一条超前的快速发展道路，不论是招收的本科生，还是硕士生、博士生，短短几十年间，我国的招生规模、在校学生乃至毕业学生人数，都跃升至世界首位，其速度之快，为其他国家所未有。数量剧增的同时，产生了一系列问题，主要是质量的下降，尤其是高校潜存的功利和俗世观念，非但没有减弱反而增加，最突出的表现就是教育的行政化趋势在一步步地增强，这是当下人们对高等教育出现问题的最直接的批评。教授地位的弱化、学校办学自主性的丧失，促使人们深思，更加关注中国高教事业的发展方向，尤以赞颂陈寅恪"独立之思想，自由之精神"为标志，衬托出教育界的有识之士对当下大学教育体制的不满。

这种办学氛围下的学校，功利性和俗世风气的强化，让高校自我定位的品格进一步削弱，原本少得可怜的人文学术气氛在不少高校中涤荡无存了。这是我们强调加强人文精神的现实背景。

四

话说到这里，我才进入到增进人文气氛与"中国古代史"课程教学的关系层面。

事实上，我前面所说的是大陆中国近年人文缺失的历史与现实原因。今天，社会特别是高教学界争当世界一流大学的呼喊声，里边涉及最多的一个话题，就是要有人文的关怀。什么是当下的人文关怀呢？就是中国传统学问的复兴，尤其是在全球话语下中国传统文化的复兴。具体说，高校里的中国传统文化的代表者——文、史、哲这些学科，对了解中国的过去、增强中国文化的认同，具有其他学科所不具备的功能。于是，文史哲就在很大程度上蕴示着人文氛围和人文精神了。我这么表达是从理解和赞同它的角度着眼的，但也有不少人并不认同，甚至对这些好高骛远的学术采取敬而远之的、或干脆不理的态度，当下求学的背后，是就业、争钱、有好前景的个人现实主义的追求，这几乎成为报考大学的学生和家长共同宗奉的信条，以至于上大学与谋生、讨饭碗成了一对一的直接关联。所以，中国高校内部的生存状况，充满了强烈的为直接目标所带动的功利性诉求的情绪。它的好处是给学生带来就业的机会，但它的功利则使学生对公理、正义、公平、人性这些人文核心内容追寻的漠视，甚至丧失。我认为，这种情景不能说在每所高校都存在,但至少应引起我们的注意。

考虑到上述情况,中国历史(特别是古代史)的加强,应当是缓解这种功利诉求的有效的解决办法之一。与其他学科相比,古代史内容的设计,能让人去欣赏,具有知识内涵,人们了解它之后所反映的心境更具有审美的、思考的意境,也更有情趣。虽然人文的内容多得言人人殊,但不可否认的是,它所具有的丰厚的意蕴会使人陶冶情操,变得文雅,具有修养,这是我所理解的人文在当下的内涵。我这里再举近代史为例来烘托我的主题。

近代史在大陆中国的讲授,就以往的主流趋势而言,是一部充满着中华民族抗争外国帝国主义侵略的奋斗史,本有丰富内容的近代历史,以往强调留给人们印象的,好像就是一部斗争史,只有斗争才有出路,可说是一路打拼厮杀过来的,这种历史读后会让人伤痛,也令人愤世嫉俗,以至于看到任何的外国(人)时内心都留有一种过去曾经被欺负的感觉。受此熏陶的青年一代,伴随他们成长的精神,就是与人抗争或自我独尊。我要指出的是,这种心态不是个别的,而具有普遍性。在中国今日走向世界大国的行列中,以这种看来某种程度上被扭曲的心态去迎接世界,你想想,其后果应当会怎样?

可能我过于强调这种心理了。不错,近代史学界最近二三十年的发展,出现了从不同角度、不同场面重新解释中国近代道路的尝试,使国人体察出近代中国发展的多面相,人们看世界的心态逐渐调整到宽松平常的轨道中,但还不够,我们的心态还要做调整,调整的重要内容,就是加强人文情节的关怀。换句话说,我们还缺少与中国向大国地位发展相配套和相适应的文化心理,特别缺少人文的情感。人与人之间良好关系的确立,如同孟子主张的人性本善一样,这些东西可以使人们内心变得宽厚和温暖。这些就是我们目前所面对的现实。我认为,解决这些问题的方法多种多样,但高校的教学与研究,增加文史哲为代表的人文主义的因素是其中长久持续的良方，就我从事的教学而言，古代史应当是这些人文内涵的核心之一。

五

我从事古代史的教学有 20 年之久，总的感觉它对加强人文氛围、增进学生人格的养成，都有良好的促进作用。现在，我从人文关怀的一般议论转到我自己对古史教学的一些经验和体会的认识上面。

每当遇到"学历史有什么用"的问题时，我很难说清楚，总觉得它重要，可是不能给学习者带来具体的、直接的好处，实际上它的好处就是给人以知识修养，培育人的品格，陶冶情操，但这些对找工作困难，甚至连谋生的饭碗都没有的人而言，无异于锦上添花，他们需要的是雪中送炭。人文的东西，对目前许多人而言，就是这种状态。当一个人需要吃饭，你给他听音乐，不是音乐没有用处，是此时的他不需要。人文的境况，好像就是这样。然而，个体的人的情况，尚且可以理解和解决，但大学之需，仅仅停留在培养技术工匠的层次，却是要不得的，长久下去是很危险的。其原因如同上面所述，中国当下缺失的东西，就是人文的关怀。我们悠久历史发展形成的优秀思想和美德，在近百年的抗争和自我淘汰的声浪中被抛弃和浪费掉了，处在承传文明、增长知识技能的高校自身的人文关怀也已荡然无存，今天我们要恢复的，恰恰就是这些。古代史课程的开设，是在向学生讲授的同时，感染着他们的精神，促使他们对传统文明给予宽厚的认识，增加他们对人类进步的关怀，理解不同文明之间的交往、融通，以及共处；另一方面，通过古代史的学习，对学生个人品行优质内容的增加，也是一个好办法，塑造人格，品德修养，使学生成为自我追求进步，心怀祖国与世界，善待他人等等，这些都是人文关怀的核心内容。正如一个美国教授所讲到的那样，大学的价值，就在于一个学生毕业之后,他(她)可能忘记了所学的具体内容,但他(她)的意识里所潜藏的那个记忆,却是最有价值的。大学的本质不在于你学到了什么,而是通过它你的思想、品德、人格是否上升了。这里的核心价值,就是人文主义的关怀。文史哲,如我熟悉和从事的古代史课程,毫无疑义是人文关怀的内容。20多年的讲授,学生受益匪浅,尤其是我所在的学校是以培养各民族学子为宗旨,对他们进行古代史的教育,传播文明要素,构成了人文关怀的核心。因为民族的问题,我们所开设的古史,除了与兄弟院校开设的一般内容相同之外,我们对历史上的民族与民族问题关注得似乎更多一些,而现今学术研究的深入,也的确从材料上和史实上提供了更多的各民族共同发展的历史内容,至少距今数千上万年的各地所呈现的新石器文化遗址,清晰地展现出文明的多样性与多元化的发展趋势,进入王朝之后的一项重要内容,就是中原以汉人为主体的民族如何与周边非汉人诸群体的互动,则是王朝时代中国文明进程的核心内容之一,尤其是农耕文明与游牧文明的交往,成为历史时期中国社会发展的主流趋向,所谓南北关系是我们理解中国古代文明各族群体互动的核心,其根源即是民族群体与文明形式差异而呈现出来的。

中国古史文明历程的再现,以讲课的形式在高校里反映,以我们自身与国家、民族文化血脉的承载与承传相联系,这就是当下中国大学所需要的人文内涵,由此而形成对中国传统发展路径的理性认识及建立此上的解释系统,在解释与传播的过程当中形成我们(包括讲者与听者)的文化特质,就是我们所强调的人文关怀。以这种关怀在看待中国传统的基础上对当今中国文明的动向做出更为理性的解释和树立更为负责任的信念,则是我们今日的工作,以此再确立中国未来的发展方向,则这个方向所具有的伸展空间,显然更加明朗,这是其一。其二,以理性、文明的心态看待中国传统的同时,对世界的理解,也能抛弃自我独尊的狭隘心态，特别是抛弃以往教育中养成的对外仇视的心理或极端自卑的心态，使我们能够宽容地善待不同的民族与文化，形成共处一球、合而不同的生存意境，进而在新的时代弘扬中国和东方的文化，这种文化是经过现代的改造、吸收人类文明优秀特质而得以升华与发展的新文化。我想，中国古史在构建这种文化的过程中是一项不容忽视、也不可替代的要素。

这就是我所理解的古代史在人文精神阐扬过程中所占有的位置和发挥的作用。

（本文系"中央民族大学 2007—2008 年度教学改革'面向21世纪的《中国古代史》研究型教学模式探研'立项项目研究成果"教改论文之一，曾提至 2009 年 3 月在北京大学举行的由该校历史学系中国古代史教学团队举办的"海峡两岸'中国古代史'教学研讨会"交流，此文系首次发表）

师生问答录

问：老师决定将历史作为自己终生努力目标的初衷是什么？又是什么促使您选择隋唐史作为主攻方向的？

答：这主要与当时的社会背景有关。在我上学的那个时代，文史哲被公认为是比较好的研究方向；另外一个就是进入大学之后受到了一些老师的影响。

问：我们知道老师的大学时光是在北大度过的，能不能谈一下北大与民大在学风等方面的不同之处？

答：北大那时的教育主要是一种研究性的教育，学生不是处于一种被动的学习状态。那时候课时很少，一个星期大概几节课，所以那时的学生没有被束缚在课堂上，学习并不只是听课、记笔记，大部分时间都掌握在学生自己手里，你可以就一个自己感兴趣的问题进行比较深入的研究，可以和老师一起探讨，也有别的方法。比较有特色的是学术沙龙，你可以加入进去，发表你自己的看法。当然，你也需要为自己的理论寻找依据，这就得去图书馆查阅资料，慢慢积累，并且不断思考，这种方式培养出来的学生才能具备比较好的、独立研究的素质。我们现在这种教育体制呢，学生完全处于一种被动状态，被固定在课堂上，认真听课，也不作笔记，课时很多，学生完全被老师牵引着，没有独立研究问题的空间和时间，加上现在的考试制度，使得学生更多地在记忆力上得到发展，就是说，只要你的记忆力足够好，那么考试就可以拿到不错的分数。这样的学生应该说是很听话的，但在无形之中他们的思考能力、研究能力都受到了限制。就现在国内较好的大学而言，清华、北大、复旦等等一些学校在这点上做得比较好，而我们学校则有不小的差距。

问：老师最欣赏的历史人物是谁？对于历史人物的评判标准又是什么？

答：对于这个问题我无法给出一个确切的答案。对于一个人的看法在很大程度上是一个动态的过程，在不同的时候、不同的阶段，我们对历史人物的评论是不一样的。从这个角度说，我对历史人物的看法也不是恒定的。

问：现在社会舆论普遍流行这么两种说法：一种说法认为历史专业是"四大养老专业"之一；另外一种观点认为，像百家讲坛这类节目会让一些学者迅速走红。您怎么看待这两种现象呢？

答：这两个问题应该说都是从各自的角度来评述的，这两种现象都是有依据的，就像第一个问题，历史学的学者属于研究者中间较有特点的一类。打个类比，自然科学的研究需要研究者的年龄段可能比较年轻一些，特别是所谓搞工程的、研究自然项目的，年龄的最佳时段可能在30到50岁之间；而历史类呢，在过去的传统里很多学者的研究可能在50岁以后才达到高峰，这种现象比较多，因为像文史这种人文精神比较浓厚的学科，时间积累的越长东西就越丰富，它积累的时间比其他学科要长，也许要20几年的时间才能建构一个整体不错的知识框架，这个知识框架的构成主要是以阅读大量的各方面史料和学术作品为基础的。框架构建好之后，大概就到了40岁了，基本走上了正轨；随着年龄的增长，领悟的东西会越来越多。从这个角度看，史学这个东西和年龄段有一定的关系。它不是让你付出太多的体力上的透支，绝对一点说，史学工作者坐在书斋里是可以做出很好的学问的，当然有实践会更好，那叫"锦上添花"。

由此看来，五六十岁或者六七十岁同样可以做很好的研究，这种现象是比较多的，但不会一直不变的传下去，现在时代变化了，以前的史料的积累是个基本功，现在的史料来源则很多，你可以随时取用，所以现在成才的年龄要比以前提前了，30岁40岁成功的人也不少，这些都是技术条件变化带来的结果，它给你提供的机会越来越多，你的研究延续的时间也相应增加了。

对另一个问题的回答，即是说如果要迅速出名的话，起码我个人是不欣赏的，迅速的出名固然可以扩大你的影响，但与那些一直从事研究的人相比，他们默默无名却辛苦工作，没有获得应有的名声，这样相比，可能有点不公平。但话还得分两头说，有的人比较擅长研究，有的人既长于研究，也长于讲演，适合于百家讲坛或其他形式的演说，通过这种形式扩大学术影响（包括讲者个人的声誉），这种成才的方式，我觉得也无可厚非。问题的关键不在于形式，而是内容，特别是讲者对学术的态度。比如你上了百家讲坛以后，出的书的质量若是把关不严，或者出了问题，这就会引起争议和批评，读者就会说你态度不认真了。你既要有很好的积累，又借助这样的媒体向全国听众广播和宣讲你的学问，并以此精神感染他人，这样的效果就会很好。所以说，迅速的公众化和一心做学问这二者之能和谐衔接就是很好的方式，只要你愿意这样，我觉得无可厚非，个人兴趣不同，可以根据自己的情况做事，这也是现代社会人性化的体现。

问：现在历史系学生就业比较困难，许多并非真心想学历史的人选择考研，其实只是将其作为一个平台，您对这种现象怎么看？

答：这种现象实际上是我们的教育发展到一定程度出现的一种常象，现在中国的教育和科技都不是最发达的，也就是说我们并不是摸着石头过河。其他国家，比如日本、韩国、新加坡，特别是欧洲和美国，它们早已走在中国之前，为大学毕业生提供的就业机会和成才的形式已经在摆在我们前面，换句话说，我们要走的道路，就是它们已走过的。现在我们国家的高等教育已不再是精英教育了。精英教育是在计划经济体制下实行的，它的一个前提是：只有较少的人才能获得高等教育的机会。它所提供的人才与国家之需要二者不对等，就是说需要大于提供，所以就业机会很多，大大地满足甚至超出这些精英的需求。因为少，所以才称其为精英；因为少，所以才是最好的。现在，高等教育推广之后，情况是什么样呢？就是大众化了，由于受过高等教育的人数成数倍甚至数十倍的增加，提供就业的机会和毕业生之需就变成了前者少后者多的局面，特别是在大城市和开发地区，这种情况十分突出，以至于出现"毕了业就等于失了业"，与前期精英教育的大学生相比，不啻天壤之别。

但若是从普及化的角度讲，大学教育其实就像我们的九年义务教育了，它的普及对每个受教育者以及整个国家都有好处，它使人变得更加聪明，更加文明。作为个体的人，你必须要学习，从而为你今后一生的业志奠定基础。按照现行就业（尤其发达国家）的理念，毕业以后任何工作都是毕业生所需求的，一个地区满额之后，就业者可以转向其他地区；城市满了，可以去乡镇，甚至是农村。在这样的环境下，应聘者的就业机会就会空前地增加。这种思路与计划经济体制下的就业观念颇相差别，我们在任何地方都有可能就业，进而通过具体的你我他的个人提高而提升整体民族的素质。用这样的思路去衡量，可能就不存在我们刚才说的那种毕业即失业的情况了。但这毕竟是道理，实际上，我们还没有把自己的门槛降低到一个适当的位置，所以就出现了一个如你所说的那种现象。

问：那么您觉得这样的学生他们应不应该再花三年的时间去读研呢？

答：我个人觉得，这是一个个性化的选择。我刚才给你提供的是比较宏观的背景。从个体看，就看你个人是怎么想的了，如果你自己喜欢这个专业，而且你对自己的学术生涯又比较重视，那你可以通过考研来提高自己的学问，走上你希冀的道路，理论上讲你可以找到更好的工作，甚至可以到国外去留学，你将来会在这个领域有所成就的。另一方面，如果你喜欢本科毕业后马上就有工作，或者正好有一个位置等着你，那你完全可以不读。你的选择性很大，这个选择是根据你个人的具体情况决定的。如果抛开个体，就整体而言，理论上说只要自己家庭条件允许，我们都是鼓励读研的。我们鼓励的唯一理由就是趁着年轻上学多读些书，用学校比较优良的学术熏陶自己，为今后工作积累更加丰富的学理性的东西，我认为这个很有必要。总的讲，我们看待这个问题应该是根据个人的情况做决定，做最佳的选择。怎么才能最好的契合，这是自己解决的问题，我们不能代替。

问：老师您对一些继续读研的学生，在主攻方向方面有什么建议吗？

答：这个还是要看自己，根据个人情况而定。比如说，你喜欢外语，且程度特别好，那你不妨选择跟中外有关的，比如世界史，或中西关系史；如果你特别喜欢古文，又很擅长，你就可以选择古代史；你很可能特别喜欢现代史，想看一看当代问题的背后情景，你就可以选择这方面的。要结合你个人的具体情况，包括你所考的学校、你欣赏的老师等等，这个问题是个性化的，没有普遍的答案。总之一句话，就是各取所需。

问：现在大学越来越注重学生的实践能力了，那么我们怎样才能把历史专业与实践相结合呢？

答：不同学科与实践的结合，其方式是不一样的。我的想法就是说，史学的实践不是让你去推销书或干干别的之类的，历史学的实践不一定要直接接触社会（当然这么做更好），你要能通过书本去体验人生的阅历和了解社会的复杂，以古见今，以今知古。每件事情历史文献（资料）中有很多的内情需要我们挖掘，你通过发掘这些东西培养出一种分析能力，然后通过你的分析，采用流畅的表达，去训练你的思辨，目的是解决这个历史问题。这就是我们所说的实践能力。这对你今后的发展有莫大的好处，它训练的是你的思维，培养的是你的能力。你今后在公司干活，或从事社会工作，这些都能切实地运用到你的实践中去。所以我的理解是史学能够培养你的分辨能力，形式可能多种多样，但是形式背后的能力分析是你所擅长的，这个会给我们带来实践能力的提高。我认为史学的实践目的就在于自身能力的培养，包括智力的和情绪的，至于实践的方式，不妨多样化一些更合适。

问：我们学校的校训是"美美与共，知行合一"，对于学生来说怎么才能达到修学与修身合一呢？

答：作为学生，你们是不是觉得这个很难达到啊？费孝通先生的话"美美与共，知行合一"就是说作为一个社会，要有"和谐"的理念和追求。学校可以说是一个有理想并追求和谐的地方，学校是由学生和教师共同组成的，作为历史系的教师或学生，我们自己有什么想法，会影响一个小组，一个班级，如果大家都被这种气氛熏陶，受到良好的训练，这些人就会有好的发展。我们一方面是促进人（学生）的发展，一方面是提高自身，这是一个良性的互动，在竞争中达到和谐，而不是踩在别人的肩膀之后把他撇开一边就拜拜了，这样的氛围就很糟糕。因此，校训的那句话不论从抽象的意义上还是实用的角度讲都很有价值。

问：能就您的经验给我们提供一点学习历史的方法吗？

答：第一，学习历史还是传统的那句老话：以古鉴今。培根说过，历史是使人变得聪明的学问。但是我们怎么样变得聪明，这里有一个从概念到技术的转变的过程。在我看来，当你学习历史的时候，就已经开始形成一个分析史实的理论系统和框架了，然后你就用这个系统或理论架构去鉴别古今，分析当下，你会形成一个比较开化的认知领域、相对成熟的思想境界和追求真理的精神面貌。从古人看今天，从今天知古人，达到古今相通，进入到一种情境，这是其他学科所不具备的。

第二，我们知道，过去的事情很复杂，今天同样如此，复杂的程度甚至更大。学习历史，要掌握事情的复杂层面，将我们的思维、观念培养得更加成熟，通俗说就是"遇事不惊"，要有理性的精神。这是一方面。另一方面，我们在学习过程中要在复杂的事物中刻意地追求积极的精神，不要太片面，更不要使我们自己太阴暗，精神上也不要偏执，应该更加阳光，形成向上生活的态度，同时要谦逊谨慎。史学的方法不是单一而是多样的，面对问题，我们要学会从哪几个方面思考、从哪几门学科的角度解决这些问题。等你把这些问题摆出来以后，你就开始理性的思考，理性是我们非常需要的。这些对培养你个人的信仰也是很重要的，甚至可以形成你的生活方式的主要内容。我觉得这些对我们学习历史的人而言是重要的东西。我这里所强调的都是心态的问题，具体的学习方法，从我的课程里、课下与学生的交流中都有具体的阐述，这里就不再重复了。

问：怎样取舍不同学者的不同历史观点？

答：看待历史问题有不同的角度，古人看问题和我们看问题的立场和观点都不一样，对一件事情或一个人的评判存在着不同的说法，这个很正常，只有一种说法了，反而就不正常了，因为强势的一方阻止了别人的不同意见，这在过去是比较多的。历史本身是多层面的，要怎么表达，取决于历史的记载和编纂的人，今天的研究者和读者，也是根据自己的感受来理解历史的，所以我认为记载下来的历史，不论是现象还是史实，都不是单一的，更多的是彼此不同的。在这些纷繁复杂的层面中，有的方面合理性大一点，有的就小一点；有的可能带有比较强烈的主观色彩，有的可能比较公允。从不同的角度看同样一个事件是历史学家的治学基础，尽可能地摒弃单方面、单角度观察问题的弊端，我们的目的就是采取合理性较多的那一面，合理性小的则有可能被放弃，但这并不妨碍某些人从不同角度看待这个问题。我们对历史研究中出现的观点的取舍标准，我个人的想法就是多看看你这个观点有没有较大的合理性，如果有，就可能吸取和借鉴，进而增进我们自己的分辨能力。

（这是2008年4月与中央民族大学历史系[现改名历史文化学院]2007级本科学生就专业学习进行的问答，曾刊载于学生自办的中央民族大学历史系团总支团刊《思想者》总第34期，2008年，第39—42页）